# 对外传播研究中心成立十周年
# 研究文集

“对外传播理论与实践研究”丛书 ☆ 中国外文局对外传播研究中心 选编

# 境外媒体涉华舆论年度分析报告

（2004—2013年）

陈燕 主编

China International Publishing Group
中国国际出版集团
外文出版社
FOREIGN LANGUAGES PRESS

图书在版编目（CIP）数据
境外媒体涉华舆论年度分析报告 / 陈燕主编. -- 北京 ：外文出版社，2014
（对外传播理论与实践研究丛书）
ISBN 978-7-119-08982-9
Ⅰ. ①境… Ⅱ. ①陈… Ⅲ. ①舆论－研究报告－中国－2004～2013 Ⅳ. ①C912.63
中国版本图书馆CIP数据核字(2014)第178473号

"对外传播理论与实践研究"丛书
总 策 划：姜加林

责任编辑：孙　明　王　翀　杨　璐
装帧设计：吾昱设计工作室
印刷监制：冯　浩

境外媒体涉华舆论年度分析报告（2004-2013年）
陈燕　主编


出 版 人：徐　步
出版发行：外文出版社有限责任公司
地　　址：中国北京西城区百万庄大街24号　邮政编码 100037
网　　址：http://www.flp.com.cn
电　　话：010-68320579 / 68996067（总编室）
010-68995844 / 68995852（发行部）
010-68327750 / 68996164（版权部）
印　　制：北京蓝空印刷厂
经　　销：新华书店 / 外文书店
开　　本：787mm × 1092mm　1/16
印　　张：21.5
字　　数：300千字
装　　别：平装
版　　次：2014年8月第1版　2014年8月第1版第1次印刷
书　　号：ISBN 978-7-119-08982-9
定　　价：49.00元

# “对外传播理论与实践研究”丛书编委会

# 对外传播研究中心成立十周年研究文集编委会

主　任　姜加林

编委会成员

陈　燕　于运全　黄长奇　杨　平
王　眉　宁曙光　孙　明　孙东哲
王　虹　王育宁

# 序

# 构建中国特色社会主义对外传播理论体系

中国外文局局长　周明伟

中国外文局对外传播研究中心成立十周年，是一件值得纪念和庆贺的事情。十年来，对外传播研究中心的成果不仅推动了外文局的事业发展，还对推动我国的对外传播理论研究工作和相关学科建设作出了卓有成效的努力，对外宣事业发展产生了积极影响，得到中央领导同志和相关部门的充分肯定，在外宣工作大局中发挥了重要作用。

十年树木，百年树人。有着六十多年光辉历史的外文局是中国特色社会主义对外传播理论研究的重要发源地和根据地。我国对外传播理论研究于20世纪80年代兴起，外文局率先起步。外文局原局长段连城和今日中国杂志社原副总编沈苏儒是“双星”开拓者，两人都是经验丰富、中英文俱佳的外宣专家，又都有志于学术理论研究。段老和沈老是邻居，业余时间常在一起切磋学术。段老曾说：“‘德不孤，必有邻’，我们的观点可谓相辅相成，我们对创建‘对外传播学’这个新学科的愿望也同样强烈。”段老在1988年出版《对外传播学初探》，是第一个提出建立中国对外传播学的开拓者，其专著被学术界称为“拓荒之作”。沈老紧随其后，不久也推出第一本业务专著《对外报道业务基础》。在此基础上，段老1993年出版了专著《怎样对外介绍中国》，沈老1999年出版了专著《对外传播学概要》，均是对外传播领域不可多得的奠基之作。2004年，外文局对外传播研究中心成立，接过二老对外传播理论研究的大旗，将建设中国特色社会主义对外传播理论研究基地作为新的奋斗目标。

对外传播研究中心经过十年的发展，已经成为国家重要的外宣理论研究基地和思想库。

十年来，对外传播研究中心培养和锻造了一支高水平研究队伍。在对外传播理论研究和国际涉华舆情研究领域拥有近百名的专业研究人员和特约专家。他们拥有过硬的政治素质，良好的理论素养，较高的研究水平，经历过一系列重大研究任务的实战考验，表现优异。

十年来，对外传播研究中心承担了一系列国家重点研究课题。在“中国威胁论研究”、“对外传播中的国家形象设计”、“新形势下提升国际传播能力的战略研究”等课题研究中，形成了核心优势，发挥了理论研究服务决策的重要作用。

十年来，对外传播研究中心建成了国内知名的全球涉华舆情研究基地。研发了涵盖全球主流媒体、主要智库的多语种国际舆情数据库，编发《外宣研究与参考》、《境外涉华舆情》等二十余种舆情研究产品，向中央和相关部门动态提供全方位涉华舆情信息和研究成果。

十年来，对外传播研究中心建立了机制化的对外合作交流基地和平台。通过主办《对外传播》、《网络传播》、《中国翻译》等国家级专业期刊，紧密联系了国内外学界和业界。与国内外知名高校和专业机构共建了多个研究基地和协同创新中心，搭建了业内认可度很高的年度性“全国对外传播理论研讨会”、“全国翻译工作座谈会”、“中国政治话语传播研讨会”等高端跨界交流平台。

本次出版的研究文集共有十本书，研究内容涵盖国际涉华舆论、对外传播学理论发展、新媒体、政治话语等多个方面。《境外媒体涉华舆论年度分析报告》、《国际涉华舆论热点透视》分别按照时间和热点事件进行舆情分析，展示了一幅立体动态的国际涉华舆情“图景”。《中国共产党国际形象研究》剖析了境外媒体、国际智库、国外出版社的涉党报道和研究情况。《海外涉华书情研究》呈现了国际图书市场和海外涉华图书出版的调研成果。《境外涉藏舆情研究》系统分析了近十年来境外涉藏舆情的发展变化特点与规律。《融通中外：中国政治话语的国际传播》汇编了第一届中国政治话语传播研讨会的论文和发言观点。《中国对外传播学源流与发展》、《新媒体与国际传播》和《对话世界——<中国翻译>对外传播翻译理论与实践文集》则精选了《对外传播》、《网络传播》、《中国翻译》杂志上发表的高质量论文。《对外传播研究中心大事记》再现了中心十年成长的点滴和足迹。

当然，这十本书，只是对外传播研究中心十年研究成果的一个缩影，也只是中国对外传播理论研究事业的一个剪影。

沧海横流，方显英雄本色。当前，我们正处在一个伟大的变革时代，我们从来没有像今天这样离实现伟大民族复兴“中国梦”如此之近，同时也必须准备进行具有许多新的历史特点的伟大斗争。习近平总书记指出，中国需要更多地了解世界，世界也需要更多地了解中国。我们要努力以当代中国价值观念，展示中华文化独特魅力和国家形象，努力提高国际话语权。讲好中国故事，传播好中国声音，阐释好中国特色。新时期对外宣传工作使命光荣，责任重大。

实践永无止境，理论创新永无止境。中国对外传播的新实践对理论研究提出了新的更高要求。对外传播理论研究必须紧密结合新形势、新任务，立足我国对外传播的当前实践和未来趋势，研究新实践、新技术条件下的新问题。其中，对以下几个问题的研究和回答，将对我国未来的对外传播事业具有重大意义。

一是如何进一步加深对外部世界的了解和认识？对外传播的吸引力、影响力，以及有效性和针对性，不仅取决于内容与形式，一定程度上也取决于中国和世界的相互了解。改革开放三十多年来，我们对外部世界的了解已经有了巨大的飞跃性变化，但是还有很多问题我们依然知之不多或一知半解。加深对外部世界的了解，是我们向世界说明中国的基本要求和解决对外传播针对性的“本钱”。

二是如何构建融通中外的对外话语体系？随着中国国际化程度不断提高，同世界联系日益紧密，中国特色社会主义道路、理论体系、制度以及中国的核心价值观等在语言转换（翻译）方面面临很多挑战。一些相关概念表述在现有各式各样“词典”和“百科全书”中难以找到现成的翻译，或是字面翻译没有错误，但实际上辞不达意的情况比比皆是。因此，我们不仅要深入了解、不断适应现有的规则及话语体系，更要着力打造融通中外的新概念新范畴新表述，并在国际话语体系中发挥作用。这事关我们与不同文化、不同制度、不同理论进行交流、交融、交锋的能力与水平，事关我们能否具备一个大国应有的国际影响力。

三是如何讲好中国故事、传播好中国核心价值观？党的十八大以来，新一届中央领导集体一系列执政理念、执政方略以及核心价值取向，在国际社会引起高度关注和热烈反响。比如，“中国梦”、“新型大国关系”、“命运共同体”、“丝绸之路经济带”等提法，就是中国共产党执政理念与价值追求的最新表达。如何以一个大国的世界观、气度胸怀、深厚的文化积淀和丰富生动的语言来深入理解、诠释和传播好这些概念和理念，阐述好中国人的精神追求和价值取向，是当前以及今后一个时期对外传播理论研究和实践的重大课题。

四是如何利用新媒体开展对外传播？随着新技术的不断应用，传播的形式和内容都进一步向着多元、多样、多变的方向发展。新媒体也已成为舆论斗争、竞争的主战场。如何利用发展迅猛、形式多样的新媒体开展对外传播，不断适应技术创新对传播内容、形式、机制、人才等提出的新要求，同时趋利避害，防患未然，把握新媒体环境下舆论传播的主动权、主导权，也是一个重大而迫切的研究课题。

新形势不仅带来了新的问题，也为对外传播研究带来了新的机遇。十年，是一个终点，更是一个新的起点。对外传播理论研究事业同样使命光荣、责任重大。构建具有中国特色、体现时代特征、服务工作大局的对外传播理论体系任重而道远。希望有关方面和社会各界继续关心和支持对外传播研究中心的发展，希望对外传播研究中心的各位同事继续凝心聚力、攻坚克难，以踏石留印、抓铁有痕的劲头，勇攀新高峰、再上新台阶。

衷心希望本研究文集能够为中国特色社会主义对外传播理论研究提供有益的借鉴和启示，也欢迎大家提出批评和建议。

是为序。

周明伟

2014年8月6日

# 出版说明

本书汇编了传播中心2004年至2013年10年期间全部境外媒体涉华舆情年度分析报告。这些报告在一定时期内为有效开展对外宣传和国际舆论引导，及时研判国际涉华舆情发展趋势，提供了参考线索和决策依据。

通过这些分析报告内容的变化，可以看出国际舆论对华认知的变化轨迹。可以说，这10年国际舆论环境在发生于我有利的变化，中国国家形象得到改善和提升；同时，“西强我弱”的国际舆论格局和复杂多变的涉华舆论特征仍然存在。这些变化和特点也不断说明舆情工作的重要性。

为如实反映研究原貌，本书在编撰过程中仅对涉及内部工作的内容进行了删节，统一了编辑体例。希望本书的出版，能对国际涉华舆论研究提供一定的帮助。

10年来，国务院新闻办对传播中心的舆情研判工作给予了及时的指导和帮助，在此表示感谢！

对外传播研究中心

2014年8月

# 本书文章作者

（按姓氏笔画排序）

于运全　王　岩　王　翀　王洪波
宁曙光　任春艳　刘新兰　刘　柳
孙　明　张丹萍　李占英　陈　春
陈　燕　孟令燕　姜加林　姚　瑶
章义发　谢恩平　董　丽　雷向晴
翟慧霞　等

# 目　录


## 第一章：专题研究 / *1*

近年来境外涉华舆论的特点及趋势分析（2001年-2005年） / 3

新世纪国际涉华舆论形势的变与不变（2001年-2011年） / 16

## 第二章：年度报告 / *41*

2004年度境外媒体涉华舆情分析 / 43

2005年度境外媒体涉华舆情分析 / 116

2006年度境外媒体涉华舆情分析 / 144

2007年度境外媒体涉华舆情分析 / 152

2008年度境外媒体涉华舆情分析 / 172

2009年度境外媒体涉华舆情分析 / 200

2010年度境外媒体涉华舆情分析 / 234

2011年度境外媒体涉华舆情分析 / 248

2012年度境外媒体涉华舆情分析 / 265

2013年度境外媒体涉华舆情分析 / 293

# 第一章

# 专题研究

- 近年来境外涉华舆论的特点及趋势分析（2001年-2005年）
- 新世纪国际涉华舆论形势的变与不变（2001年-2011年）

# 近年来境外涉华舆论的特点及趋势分析

（2001年-2005年）

从总体上看，进入21世纪以来国际舆论环境中的中国国际地位始终在稳步上升，我对外影响力不断增加，在一系列重大国内外事务和热点问题上，如和平发展、人权、民主政治建设、军事力量、环境保护、民族宗教政策等方面，发挥了主动引导和积极影响国际舆论的作用。同时，受到中国快速发展的影响，西方媒体越来越重视中国，客观理性地关注中国开始成为多数媒体的选择。境外媒体涉华报道的数量以及客观报道中国的程度呈逐年上升趋势，而且这种变化还在继续。但是现阶段西方舆论仍旧存在大量对中国的误解、误判、偏见甚至歪曲，国际舆论的力量对比在短期内不可能发生根本转变，西方也并未放弃以意识形态手段制造反华舆论的做法，但传统意义上的西方舆论阵营对华报道倾向以及国际舆论的总体态势正在发生对我有利的变化。

纵观近年的国际舆论环境，有以下六个方面的显著特点：

## 一、“中国崛起”是近两年国际舆论关注中国发展的核心议

**题，也日益成为国际社会和媒体的共识。随着对中国全方位报道的增多，舆论总体趋势中的积极因素也在增多，中国的国际舆论形象不断清晰和具体，涉华报道具有热点多、数量大、深入报道增加的特点。**

**1．涉华报道数量明显增加。**

2001年至2004年，根据对境外13家世界知名英文主流媒体进行的定量统计，以每年第二季度涉华报道总量为对比，结果显示逐年增加一成左右，而且一直呈现上升趋势。尤其是2003年以来形成了国际舆论中的“中国报道热”，涉华报道不断升温。

2004年，美国、英国、加拿大的全球知名媒体《财富》、《卫报》、《环球邮报》，都针对当代中国的发展变化进行了有一定规模、正面的专题报道。其中《环球邮报》调动36名编辑记者，以《中国正在崛起》为题，用近一年的时间，以70余篇文章系统介绍了中国经济、社会、文化、教育、军事等各个领域的成就和进步，这在该报报道中国的历史上还是第一次。根据同年对美国《纽约时报》、《华尔街日报》、《亚洲华尔街日报》，英国《金融时报》、《卫报》，加拿大《环球邮报》，新加坡《海峡时报》等7家主流报纸的分别统计，年涉华报道量多则2900条，少则900多条。

同时，涉华报道的深度也在增加。根据2005年对美英3种综合时政类期刊《时代》、《新闻周刊》、《经济学家》的统计结果，三刊与2004年相比，涉华报道量平均增幅达到35%，是通讯社、报刊等平面媒体中涉华报道增长最快、最多的，报道的集中度和内容的丰富程度也居前列。

**2．关注中国的角度发生转变。**

西方媒体从过去一贯以“问题报道”为主，开始务实地关注中国各领域的变化和由此带来对全球的影响，关注经济、外交以及改革等领域的政策与进展，报道中的意识形态色彩开始有不同程度的减弱，相对客观的报道分析增多，与中国有关的消息，很快在短时间内占据媒体的重要版面。德国《法兰克福评论报》的报道形象地说，“不论人们打开哪份美国报纸，几乎每天都能读到对中国的详细报道、分析和评论。”对于中国发展中的问题也不再一概否定。

**3．显示出全方位报道的特点。**

境外媒体普遍认为“中国崛起”是不可逆转的趋势，因此对于中国国家整体实力的发展变化成为媒体跟踪报道的主要内容，进而关注中国的快速发展将会对全球经济、国际关系、地缘政治乃至世界秩序等各方面带来的长远影响，认为“中国融入全球市场经济一体化是一件史无前例的事件”，“中国作为整个大国的崛起将影响全世界”。因此，境外媒体纷纷从传统的政治议题转向对中国政治、经济、外交、社会、教育、科技、文化等领域的全方位关注。2004年至2005年间，美国《财富》杂志、《商业周刊》、美国有线电视新闻国际公司、英国广播公司分别以大容量、长篇幅、多语言的专题或专刊形式，详细报道中国，成为这一阶段境外涉华舆论的一个明显变化。

**4．对“和平发展”的关注和疑虑。**

西方舆论在承认中国的综合实力和国际影响力在增加的同时，认为中国也正在把日益扩大的经济影响力转化为国际政治优势，视最初的“中国和平崛起”为“挑战”，认为“中国的崛起可能是这一时代最为巨大的地缘政治变化”，这种论点也是西方舆论比较一致的看法。因此，自2003年以来，伴随“中国崛起”的舆论增多，“中国威胁论”、“遏制论”、“融合（容纳）论”、“引导义务（责任）论”等就成为西方舆论对待“中国崛起”问题的四种代表性态度，疑虑和质疑中国的“和平崛起”。在这种情况下，《中国的和平发展道路》白皮书受到国际舆论的高度关注，各国主流媒体都及时广泛地报道或评论白皮书的内容和意义。

**5．中国的国际形象得到改善。**

2004年底至2005年，西方一些著名媒体、专业机构、民间组织分别采取自主或委托的方式，以普通民众为调查对象，进行了多国多项涉华问题民意调查。除个别调查目的是针对美国外，其他问卷都是直接针对中国或以中国为主设计的。这些调查结果受到美、英、法、日、俄、加等国主流媒体的普遍关注和广泛报道。媒体报道的调查结果表明：当前中国的国际形象优于美、俄，与英国比肩；认同中国与大国改善关系；中国的国际影响力在上升，境外公众对中国的态度在改善；对中国经济、军事实力增长感到威胁或担心。

## 二、高度关注我十六届四中全会以来的政治改革、重大施政方针及改革开放的政策走向，更加关注中国国内问题，积极评价中央提出的“科学发展观”、“和谐社会”等执政理念，及时捕捉关系中国今后发展方向的重大政策信息。

### 1. 党的十六届四中全会开启政治改革的新时代。

2004年党的十六届四中全会后国际舆论对中央新领导层的关注，是境外媒体不多见的以正面报道为主的议题，舆论普遍赞扬了新一届中央领导集体关心弱势群体的亲民作风，在打击腐败方面采取更强硬的措施等，对新领导层进行政治改革予以期望。媒体尤为关注近年出台的各项党政改革措施，对中央提出加强党的执政能力建设、修改党章、将尊重人权和保护私有财产写入宪法、废除《城市流浪乞讨人员收容遣送办法》、非典期间的高官问责以及《行政许可法》等多项施政法规和措施，进行了广泛评论。但不少舆论对这种体制内的改革始终抱质疑态度，认为上述改革是“理性渐进”而非制度的民主化，新领导层面临很大的制度性制约。

### 2. “和谐社会”是社会发展主题。

2005年初，中央关于构建“和谐社会”的一系列部署更加引起境外媒体的关注，西方主要媒体和周边国家媒体都对此作出迅速反应，指出“和谐社会”将成为当今及今后一个时期中国社会发展的主题。舆论的主要观点是：“新一届领导集体正在进行一场旨在改善和缓解社会矛盾的新的战役”，“力图实现社会的公正，提高执政党的形象，确保中国共产党的执政地位”，“旨在纠正政府发展政策，不是从市场经济后退”，“和谐社会的构思，与时俱进地回答了当今中国最迫切的现实需求”。

**3．“新农村建设”显示重大政策转变。**

一段时间内，“三农问题”一直被境外舆论关注，对征用占用土地、城乡贫富差距、农村人口流动、乡村民主政治建设等问题的报道比较集中；而中国政府近年采取的一系列解决措施，也得到及时的报道。2006年“两会”期间，境外媒体对这届“两会”的报道呈现出与国内热点明显的一致性，这是自2005年“两会”期间境外关注中国建设“和谐社会”以来，境外报道农村问题最集中的一次。媒体普遍注意到，无论是政策重点还是具体措施，中国政府的执政方针和经济发展模式都发生了重大变化，显示了中国建设“和谐社会”的决心，显示中国政府在平衡经济发展与社会稳定之间开始倾向后者，被舆论称为“大陆改革历史上前所未有的政策转变”。

**4．“十一五”规划体现科学发展观念。**

2005年以来，舆论注意到“十一五”规划的基本方针，昭示“科学发展的政治思想载入了规划”，“标志着执政的中国共产党从为增长而增长的发展模式，向可持续发展战略的政策转变”，从而使境外关于中国“科学发展”、转变经济增长方式的报道持续不断，广受关注。日本《读卖新闻》的评论说，“十一五”规划的目的在于改变发展至上主义，转为重视缩小差别和保护环境的稳定增长路线。

**5．关注市场经济改革方向的争论。**

随着中国对外开放的不断深入，以及国内改革面临的紧迫问题不断显现，境外舆论越来越多地关注中国21世纪最初10年的改革走向。2006年“两会”前后关于贫富差距问题引发的市场经济改革方向的争论，以及人大会议搁置对《物权法》的审议，均被舆论认为是中国“传出的矛盾信息”。美国《纽约时报》评论说，这是“意识形态尖锐化的表现”，是“中国改革遭遇左派狙击”的结果。

## 三、中国经济发展信息在国际上具有广泛需求，关于中国经济、社会发展方面的境外媒体关注率最高，成为日常报道和一般性关切内容，同时也不间断地炒作贫富差距、环境问题以及社会突发事件的负面舆论，并与中国的意识形态、政治制度挂钩。

### 1．关注宏观经济政策对全球经济带来的影响。

媒体普遍认为，中国的经济发展改变了全球经济性质，影响全球贸易格局。尤其是在中央近年陆续出台一系列经济“降温”政策后，境外有关中国宏观调控的报道日益升温，媒体对我宏观调控的手段选择、政策走向、效果和政策延续性最为关注，多数报道给予肯定，但也认为依靠行政手段和现行经济制度进行调控难以根本奏效。

与此同时，境外舆论对中国经济社会发展的关注角度越来越宽，对中央政府发布和实施的各项重大措施尤其关注，包括中国政府发布的各项经济统计数字、中国政府每年公布的GDP增幅、外汇储备、贸易顺差等数字，都成为境外媒体关注和评论的热点。2005年第一次全国经济普查和修正GDP，在国际舆论界产生了迅速和广泛深刻的影响。

### 2．金融体制改革和人民币汇率成为长时间舆论热点。

境外主流舆论一般从西方经济学观点出发，对我金融体制表达了“政府控制、国家垄断”的批评，但也对我国政府采取的改革措施给予了积极客观的评价。

按照我国加入世贸组织作出的承诺，2006年12月之前向外国全面开放银行业，因此关于金融体制改革的境外关注十分敏感。2005年中国政府向两大国有银行注入450亿美元，10天内美英多家主流媒体先后发表评论，报道量之大、跟进之及时、报道之密集都是少见的。随着中外经贸关系的不断扩大，围绕人民币汇率的争议也在持续。2005年5月至7月间，我进行汇率改革和人民币兑美元汇率的变化，都形成了西方媒体密集报道的热点。

**3．贸易磨擦和能源需求一再引起媒体关注。**

中外贸易摩擦增加，能源需求引发的发达国家对中国的警惕与钳制，是西方媒体报道的重要内容，中美、中欧经贸摩擦曾数度成为国际舆论的热点。舆论对2005年6月中国和欧盟在上海就解决纺织品贸易问题达成一致予以积极评价，但认为中美贸易摩擦的真正问题在于其被政治化，同时指出中国可能成为自己重商政策的受害者，过于依赖出口可能对中国经济不利。舆论对中国经济高速发展引发的能源需求表示警觉和担忧，中国公司在海外并购事件曾引起广泛关注，认为中国是促使能源等原材料价格飙升的主因，并指责中国与美国政府敌视的产能国合作过密。

**4．舆论日渐凸显中国环境问题的严重性。**

西方舆论始终视中国为环境问题最严重的国家，中国的环境保护问题向来在涉华报道中占重要位置。在肯定中国政府作出努力的同时，舆论普遍认为中国的环境形势依然十分严峻，尤其自2004年下半年开始，围绕这一话题的讨论有逐渐增热的趋势。2005年底，针对松花江和广东北江两起水污染事件，西方舆论形成针对中国环境问题的报道焦点；青藏铁路通车和三峡大坝建成，也都引发了境外媒体对中国环境问题的再度关注。总体上看，中国水危机、空气污染、沙尘暴等环境问题是西方舆论比较关切和经常性报道的话题，目前有进一步增多的趋势。

**5．知识产权问题成为当前舆论关注点。**

伴随中国经济全球化进程的加快和中美贸易摩擦加剧，关于知识产权问题的媒体关注和涉华报道不断增加，国际舆论在这个问题上基本对我持批评态度。但舆论对2005年9月胡锦涛主席在美关于知识产权问题的讲话反应积极，认为“是迄今为止在这一问题上所做的最强有力的保证”，同时认为实际效果还有待观察。

**6．社会问题的报道多为负面评价。**

西方媒体在评述我国经济领域发生的变化时，看到中国的成功，但同时负面评价中国发展中出现的问题，附带对我政治、经济、社会、法律制度的批评性言论，借机宣扬其民主观和自由观。境外媒体热衷报道涉及中国贫富差距、社会保障、征用土地等问题的群体事件，艾滋病防治、矿难事故、禽流感疫情等内容也是境外媒体经常性的报道内容。

**四、中国“全方位务实外交”牵动外媒注意力。舆论对我外交政策的调整和变化反应敏感，围绕我高层出访、在国际和多边事务中的积极表现、与大国和周边国家关系、能源外交等重要事件的报道及时，报道的深度和广度增强。舆论普遍认为，中国的对外政策日益成熟和务实。中美关系特别是两国经贸关系是媒体报道的重点，具有持续时间长、关注热点多的特点。**

境外舆论比较一致的看法是，中国虽然已经迅速成为国际上一支不可忽视的政治力量，“在全球战略中的地位得到了前所未有的重视”，但中国21世纪以来的外交活动是以“协调”为基调的外交战略。

**1．积极评价中国高层出访和参与多边事务。**

近年来，中国国家领导人频繁进行双边访问或参与多边国际会议，国际舆论普遍进行集中和详细的报道，总体评价积极。舆论认为，中国政府近年呈现出一种灵活的全方位外交政策，成果卓著。

境外媒体以朝核六方会谈和参与国际会议等为报道重点，积极评价中国在多边和国际事务中发挥的作用，认为中国积极参与国际热点问题的解决，在国际事务中扮演着日益重要的角色；中国致力于承担更多国际责任，体现了一个负责任的大国形象。舆论评价称，“中国现在视自己为主要参与者，因而显得有信心、有主见”。

**2．与大国关系受到普遍关注。**

舆论最关注的仍属中美关系，而中美经济关系被认为是影响双方关系最重要的因素，中美贸易摩擦、能源冲突、人民币汇率、知识产权保护、国防建设和台湾议题始终是舆论热点。

媒体总体认为，中欧关系在解决争端中平稳发展，“与对美关系相比，在中欧关系上，双方在政治和外交方面悬而未决的问题较少，经济方面的合作是支柱。”

媒体对中日关系普遍抱观望和悲观态度，认为影响两国关系的因素日趋多元化和复杂化，除了历史遗留问题外，双方各自的战略考虑和民族主义情绪也是影响中日关系的重要因素。最近舆论开始重视中日战略对话和今后两国关系走向，认为现阶段中日两国正进入“两强并列”的结构性调适期，对日本政府右翼倾向不抱过大希望，但提出中国对日民间工作刻不容缓。

舆论虽然关注中俄之间不断密切的政治、经济联系，但分析认为中俄的战略合作意义不同：中国更多地是出于与美、日的战略制衡需要，以及经济发展面临的巨大能源需求；而俄国内关于中国威胁的舆论始终没有消除。

**3．警惕我与发展中国家的合作关系。**

国际舆论对中国日益重视与周边国家和发展中国家的关系多有报道，认为战略牵制、平衡外交、确保资源是中国周边外交政策的实质。中印关系的发展越来越受到境外媒体的关注，多数舆论认为中印既是竞争对手，也是合作伙伴。中非合作以及中国在拉美地区日益增长的影响力受到媒体关注，尤其关注我关于中非建立战略伙伴关系的表述。拉美当地媒体虽然认为“目前没有迹象表明，中国经济上的进步会取代美国在地缘政治上的影响力，”但由于中国在世界经济中的重要地位，已经从三方面向拉美地区形成挑战：中国有巨大的市场，中国是强有力的竞争者，中国崛起迫使拉美地区重新考虑自身发展战略。

**五、“中国威胁论”成为西方舆论特别是反华舆论势力再次炒作的重点。特别是2003年以来，国际舆论中兴起新一轮“中国威胁论”，突出特点是美国为首的西方国家以舆论战的形式牵制中国，在全球公众中形成“中国威胁”映象。分析其舆论走向：由战略威胁向具体的经济社会领域扩展；由传统安全威胁向经**

**济威胁、市场威胁、能源威胁扩展；由军事、政治等“硬实力”威胁向国际影响力、经济吸引力、文化价值观等“软实力”威胁扩展；由主要在一些发达国家中传播开始向发展中国家扩展。“中国崩溃论”逐渐淡出，“中国责任论”开始兴起。**

90年代以来“中国威胁论”一直在国际舆论中形成发展，2003年开始形成新的舆论思潮。舆论以美国和西方媒体为首，并逐步扩大到第三世界。新一轮“中国威胁论”主要有以下四种类型：

**第一类：对现有国际秩序带来威胁。**

这一类观点认为，中国崛起会改变现有国际秩序和地缘政治架构。一些西方政界、学界和传媒界人士从传统的国际关系理论及历史经验出发，认为一个新的大国崛起必然改变国际地缘政治力量对比与结构，中国的崛起将促使亚洲进入其势力范围，预示国际社会领导体系霸主地位的改变，对原有的国际秩序带来了重大挑战。

**第二类：军事威胁。**

认为中国军费的过快增长意味着可能使用武力解决国际争端。中国将把美国视为潜在敌国，不惜实行先发制人的攻击性军事主义政策。中国的军事发展不是防御型的，而是攻击型的，这充分说明中国在准备战争。

**第三类：经济威胁。**

这一类的舆论影响最为广泛。认为中国强大的经济竞争力不仅会威胁到欧洲各国和美国的就业，同时还会损害正在失去市场份额的其他发展中国家；对东南亚和周边国家来说，中国经济高速增长使之受害的比例大于收益。并且中国是世界上发展最快的温室效应制造者，其经济奇迹正在耗尽世界资源，造成能源紧张，迅速变为对地球生态平衡的最大威胁。

**第四类：对西方自由民主发展模式的威胁。**

这一类观点带有明显的意识形态色彩。认为中国在长时间内对世界具有的威胁性，不仅来源于其政治制度，还有传统文化和强烈的民族主义；已经增强经济实力的中国，成为美国在价值观方面最大的竞争对手，因为中国模式会对民主自由模式构成威胁。

分析“中国威胁论”的主要发展趋势，一是将更紧密地联系中国崛起的现实，伴随中国的发展长期存在，伴随中国崛起的全过程；二是“中国威胁论”尽管有多种观点，但是主张遏制和主张规范是两个主流观点；三是国际舆论普遍对中国崛起持有戒心，会在较长时间内对这个问题给予密切关注；四是舆论已经开始关注中国“软实力”的增长对国际社会产生的“威胁”和影响。

## 六、有关传统议题的注意力有所转移，但对中国政治体制的偏见和预先设置议题的情况始终存在。与其他领域的报道相比，有关人权、民族、宗教等传统议题的报道数量并未明显减少，但热点和比重相对下降。“台湾问题”始终是国际舆论涉华报道最敏感的问题，涉藏、涉疆、涉法轮功问题的境外歪曲报道一直未断。尽管上述问题通常以负面舆论为主，但基本上难以形成热点。

**1．中国的民主程度最受关注。**

根据2005年对美国《纽约时报》、《华盛顿邮报》、《今日美国报》三家在美发行量、影响力最大的日报的跟踪抽样统计，涉及政治主题的报道占65%，而民主和人权问题是重要内容，其中中国的民主程度最受关注。而且，在美国三大日报报道中体现出来的中国民主状况是负面的。在提及中国民主程度的报道中，仅有11%的报道认为中国是民主的，高达89%的报道认为中国不够民主或是很不民主。这次调查对于人权问题的报道也是以负面为主，67%的报道认为中国的人权状况很差。主观曲解和意识形态偏见十分明显。

从整体情况看，境外舆论对我政治生活信息的解读，多数为负面。我强党的执政能力建设、党员先进性教育、查处反腐败案件以及民主政治建设的其他进展情况，一般被认为反映了中共的执政危机，并对其有效性表示质疑。有关中国人权问题的歪曲报道在绝对数量上并未减少，尤其是利用“六四”事件持续攻击中国的人权状况和政治制度，是每年敏感时期前后不变的议题。2006年适逢“文革”40年，境外一些别有用心的媒体早在2005年就已经开始有预谋的制造舆论。

**2．认同我港台政策趋向灵活务实。**

近年国际上比较关注的港台舆论事件主要有：香港23条“立法风波”，立法会选举和特首换届；陈水扁推动岛内选举、“修宪”、“终统”等“台独”进程；两岸协商“三通”和直航包机；《反分裂国家法》出台；岛内在野党接连访问大陆，以及2006年6月弹劾陈水扁等。这些事件使涉港台问题的国际舆论呈现更加纷繁复杂的特点，舆论背后是多种利益的牵动。特别是舆论反复渲染“武力解决”台湾问题的严重性，美国在“台独”问题上的两面态度，西方媒体企图长期主导、影响香港舆论的意图，成为涉港台舆论的基本特点。但从近年的舆论倾向看，中央对港台工作思路的调整变化，得到多数媒体特别是周边媒体的认同并给予积极评价。

**3．民族宗教的报道增加新的因素。**

民族问题的报道主要集中在涉藏、涉疆问题上，但其变化的角度是由原来单一地攻击我民族自治制度，扩展为在对少数民族地区经济社会发展进行报道的同时，强调这些地区被有计划的“同化”、“汉化”和遭受“破坏性开发”，少数民族逐渐失去自己的民族特色，而东部发达地区才是西部大开发的真正受益者。达赖与中央政府的接触以及青藏铁路建设产生的影响，是2005年以来在关于西藏的报道中相对集中的报道内容。

近年来，西方媒体注意到中国宗教政策的变化，并关注《宗教事务条例》的出台和世界佛教大会在中国召开，认为中国开始认识到宗教在社会发展和全球政治格局中可能产生的影响。舆论近来报道中国国内基督教徒人数增加，新宗教法规给予宗教团体更大活动空间；中国与梵蒂冈的谈判进展，也引起了媒体的关心。但总体上多数报道的偏见很深，一再批评中国缺乏宗教自由。

**4．不断攻击我新闻管理体制。**

对于中国的新闻管理体制，境外舆论长期以来都是以负面评价为主。但面对中国新闻出版体制改革以及加入世贸组织后的市场开放，一些媒体也开始关注其变化。外界认为，中国媒体环境正发生重要变化，而中国对新闻的控制会越来越力不从心，特别是互联网是新闻控制的难点。2005年中国出台《互联网新闻信息服务管理规定》和2006年初美国四大网络公司的国会听证事件，成为西方媒体不断攻击中国新闻管理制度最集中的一次反映。这次舆论事件反映出，西方认为互联网是施加意识形态影响的新技术手段，“新技术将会对中国的政治和民主制度产生深远影响”。由此看来，今后围绕互联网开展的舆论斗争会更加激烈。

# 新世纪国际涉华舆论形势的变与不变

## （2001年-2011年）

进入新世纪尤其是党的十六大召开以来，面对复杂多变的国际环境和艰巨繁重的改革发展稳定任务，我深入贯彻落实科学发展观，牢牢把握社会经济发展的重要战略机遇期，改革开放各项事业不断向前推进，全面建设小康社会取得重大进展，综合国力和国际地位大幅提升。

从国内形势看，在这一阶段，我国经济发展取得显著成就，快速发展势头进一步凸显，首次成为世界第一大外汇储备国、第一大出口国、第二大进口国，并一跃成为世界第二大经济体；我国与世界的关系进入新的发展阶段，开启了彼此相互影响的新时代，不仅顺应全球化浪潮主动融入国际体系，与世界形成了更紧密的联系，而且跻身世界经济和外交舞台中心，对世界产生了全方位的影响，国际地位显著提升。与此同时，我国经济社会发展正处于重要转型期，随着经济体制、社会结构和利益格局的深刻变革和调整，发展中不平衡、不协调、不可持续的问题仍然突出，思想观念日益多元，利益诉求日益多样，矛盾问题日益多变，我国因此面临一系列新的问题和挑战。总体来看，我国仍然是发展中国家的属性没有改变，仍处于并将长期处于社会主义初级阶段的基本国情也没有改变。

从外部环境看，进入新世纪特别是2008年国际金融危机之后，世界加速进入格局调整和体系变革时期，我所处的国际战略环境由此步入不稳定期。第一，中西方力量对比发生深刻变化，传统大国主导地位日益淡化，包括中国在内的新兴发展中国家崛起势头强劲，推动世界朝多极化方向发展；第二，西方对华加紧实施“两面下注”战略，外部世界对中国迅猛崛起抱有的疑虑、恐慌、排斥等复杂心态和过激反应，尤其是我国家安全挑战之多、涉及范围之广、周边地缘战略环境之恶化，为近年来所罕见；第三，全球信息化进程日新月异，以互联网和手机为代表的新兴媒体的迅猛发展逐渐打破传统媒体的垄断局面和信息传播的地域限制，新媒体在舆论传播中的影响更为突出，国际国内舆论的互动传导作用更为明显，我面临的国际舆论环境也日趋复杂化。

基于上述背景因素的变化，新世纪以来国际涉华舆论也呈现出新的特点和内容。一方面，境外媒体感受到中国经济发展速度和国际影响力的显著提升，正视我作为崛起中大国地位的进一步确立，对中国话题的关注和重视前所未有，对涉华事务的报道和评论广泛深入且更加务实，我舆论引导意识和国际传播能力的增强也使外界对华认知出现一些积极改变，国际舆论环境开始发生于我有利的变化，我整体国家形象得到明显改善和提升；另一方面，境外涉华舆论主要被西方主流媒体所垄断的局面没有改变，一些西方敌对势力通过舆论手段对我进行西化分化的图谋也没有改变，各种防范遏制我和平发展的负面论调不断翻新，西方国家在对我合作借重的同时，遏制打压的一面更加突出，要求我承担更多国际责任的期望和呼声随之增加。总体来看，当前国际涉华舆论纷繁复杂且充满两面性，我面临的国际舆论环境有所好转但结构性矛盾和张力仍很突出，“西强我弱”的国际舆论格局没有根本改变，复杂多变的舆论特征将进一步凸显并会在一段时期内长期存在。

## 一、新世纪以来国际涉华舆论的变化

**1. 中国话题受到前所未有的重视，涉华报道数量和密度显著增加，专题报道和封面文章不断涌现。**

伴随国际形势的发展变化、我综合国力和国际影响力的显著提高以及中国与世界联系互动的日益密切，中国越来越作为一个举足轻重甚至不可或缺的因素受到前所未有的重视，外界对中国信息的需求也迅速增加。中国不再是世界媒体关注的配角和冷门，而是成为争相报道和深入研究的主角，关注中国正在成为国际舆论的普遍现象。2000年－2011年，外媒关于中国的报道数量、报道密度和所占篇幅逐年增加，涉华热点事件或人物经常占据英美各主要报刊的国际版面头条甚至登上封面，境外媒体的“中国报道”热潮随之兴起，英国《卫报》将其称为“中国问题英文报道的黄金期”。

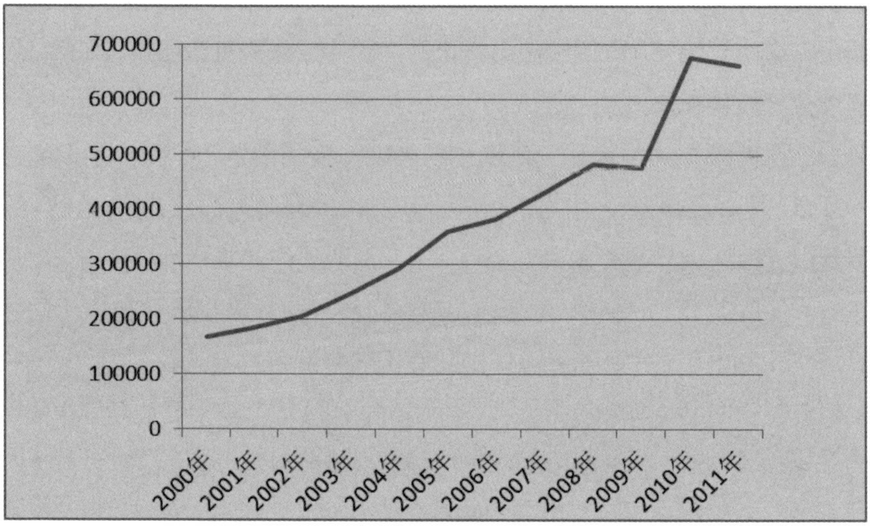


2000年—2011年境外媒体涉华报道趋势图

近年来，美国、英国、法国、德国、加拿大、日本等西方国家主要媒体纷纷以专题、社评、访谈、封面文章等形式更为深入地分析中国，围绕我国内重大活动或热点事件推出一定篇幅、较为客观的特别报道或盘点文章，对我国际地位、外交战略、大国关系、经济发展、军事动向等从不同角度进行解读，甚至开辟专栏或专刊图文并茂地介绍评论中国的发展变化。以2009年新中国成立60周年为例，当年9月和10月期间，美国《纽约时报》的涉华报道共有30篇文章与这一主题有关，内容涉及国庆准备活动、国庆典礼现场、中国的发展道路、中国军力增长、外界反应评论等方面；英国《每日电讯报》10月30日刊发16个版面组成的《聚焦中国》专刊，介绍中国近年来在经济、文化、社会生活以及民族事务等方面发生的巨大变化；《日本经济新闻》在国庆期间，以《中国经济是世界多极化的先导》为题，推出20个版面的中国特刊，高度评价中国经济的发展以及中国经济对世界经济的贡献。

此外，美国《时代》周刊、《新闻周刊》以及英国《经济学家》等具有国际影响力的刊物也多次以中国为主题刊登封面文章，我领导人、文体明星和普通民众成为封面人物的几率也有所增加，从中国崛起、经济发展到环境问题、社会现状，这些或客观或偏颇的封面及其对人物和故事进行选择的视角，一定程度上可以折射出西方主流社会眼中的中国印象。更具里程碑意义的则是2012年1月28日，英国《经济学家》杂志在封面上醒目地标示“本刊新辟中国专栏”。这家拥有170年历史的著名杂志在70年来首次为一个国家开设专门的版面。上一次则出现在1942年，对象为崛起中的头号强国美国。到目前为止，在这本杂志上享受这一待遇的只有英国、美国和中国，其他国家则归入欧洲、美洲、亚洲、中东/非洲等区域版面。可以预见，在不久的将来将有越来越多的媒体效仿《经济学家》增加中国报道的版面和份量。

### 2．全方位关注中国发展变化及国际影响，涉华报道视角更加丰富多元，中国在聚光灯和显微镜下接受国际舆论的观察和审视。

中国的发展变化带来的不仅是境外媒体涉华报道密度的增加，其观察报道中国的视角和内容也更加丰富多元。外媒有关中国的报道内容不再局限于意识形态传统话题，而是涉及政治、经济、外交、军事、文化、社会、环境、人权等各个领域。外媒不仅聚焦宏观层面的国家发展和社会动向，而且关注微观层面的普通百姓和不同群体，我国家和百姓生活的各个角落均被置于聚光灯和显微镜下，受到国际舆论全方位的观察和审视，我发展过程中出现的新现象、新争论和新观点尤其受到关注。

总体来看，受国际金融危机爆发和中国因素在国际舞台凸显的影响，经济和外交等常规议题在涉华报道中的比重大幅增加，外媒更加看重我未来经济走势及其对世界经济的拉动作用；我在国际和地区热点事务中的表现和作用同样引发外媒广泛评论；人权、民族、宗教等传统议题出现分化，意识形态色彩被不同程度地淡化，但对华施压意图仍然明显。近年来，随着全球化的加速发展，一些事关各国切身利益和长远发展、具有普遍性或相似性的全球性议题开始牵动世界神经，我快速发展过程中凸显出来的气候变化、环境污染、能源资源、食品安全、产品质量、人口老龄化、贫富分化、城乡差距、户籍制度、新媒体应用等民生或发展问题进入外媒视野，并日益成为常规性话题；我因利益冲突引发的维权活动和因社会心理失衡发生的一系列社会冲突事件也频繁吸引外媒注意力，不断成为热点话题；我参与全球治理和开展社会管理的能力和效果也受到外媒关注与评论。

值得注意的是，在议题丰富多元、不断变化的同时，中国与世界之间的相互关系及影响等近年来开始成为境外媒体和智库深入探讨、争论的重要话题。一方面，中国崛起与西方不振形成反差，“中国威胁论”与“中国责任论”成为近年来西方涉华舆论的两大基调，由此衍生或翻新的各种涉华论调此起彼伏，不断干扰国际涉华舆论走向和“后危机时代”的中西互动；另一方面，关于“中国速度”、“中国崛起”和中国发展模式的评论和讨论不断见诸媒体，“中国与世界关系发生了哪些变化”、“中国崛起对世界到底意味着什么”、“中国引领的亚洲世纪是否已经到来”、“西方主导世界的时期是否已走向终结”、“世界如何适应中国的崛起”等成为新世纪以来引起外媒激烈争辩的重要话题。

**3．更为关注中国新社会阶层的形成和发展，微博兴起助推传播方式的改变并成为新的信息来源，我国家形象开始从单一的精英形象向多元公众形象转变。**

随着中国对外开放程度的提高和吸引力的增强，越来越多的国外专家学者、投资机构和跨国公司的研究人员、驻华代表以及各主要媒体驻华记者来到中国、感受中国、报道中国、研究中国，成为有关中国信息的主要搜集者、新闻传播者和舆论引导者。在国家间竞争博弈等严肃的“硬新闻”铺天盖地之际，他们也希望找到一些能够反映中国社会现状的“软新闻”，从而为本国读者展示一个“有血有肉的中国”。除传统的商业、政坛、人权等议题，外国记者开始关注中国社会中兴起的中产阶级或者城市中的农民工群体，同时也更关注这些群体与新的社会阶层的形成，更加注重从中国媒体的报道中寻找中国故事，普通百姓的声音和生活比以往更加引起外媒的注意，以普通百姓生活或网络热点事件为选题的报道大为增加，官员、学者、律师、网民等均能成为他们的采访对象，使我国家形象从单一的精英形象向多元的公众形象转变。

作为最及时、最权威的信息来源，政府官员的立场表态和新闻发布一直都是境外媒体获取中国信息的重要渠道，特别是针对国际社会重点对华关切和集中论断，我通过高层表态、新闻发布会、双边交流、大众传媒等多种形式作出积极回应，引导国际舆论向着有利于中国的方向发展。但在资讯发达的今天，国内外舆论交织影响、不断联动的现象日益突出。近年来，外媒经常援引我国内专家的观点和看法以及我国内媒体的报道来印证自己的观点，甚至将国内报道热点和负面舆论作为借题发挥的信息源。特别是随着互联网时代微博的兴起包括官方微博的开通，中国网民拥有了难得的表达空间，越来越多的境外媒体注意到其无人能及的信息传播速度和传播范围，开始有意识地将我网民跟帖或微博言论纳入其信息源，特别是在国内网络热点事件爆发期间表现尤为明显。我传统主流媒体和新媒体开始成为外媒引述我国内信息源的并行渠道。

**4．对华心态复杂，报道总体客观但时有起伏，期待与忧虑交织，客观与偏见并存，舆论倾向趋于分化。**

随着中国快速发展，经济实力增强，综合国力提升，特别是在国际金融危机背景下，国际格局和战略态势正在发生转变，西方媒体涉华报道也一改过去以“问题报道”为主的作法。以西方思维定式对我进行单纯负面报道的情况近年来已不多见，对我传统政治议题的意识形态色彩有不同程度的减弱；开始正视中国各领域的变化及由此给全球带来的影响；经济领域相对客观的分析评论不断增多；对我在展现自信、开放和透明方面表现出的积极变化给予肯定；不再一味批评指责我发展过程中暴露出的问题和矛盾，而是多了一些中肯的思考和建议。总体来看，外媒涉华报道中刻意渲染的负面内容有所缩减，客观、理性的因素正在逐步增加，特别是平衡性报道内容有很大发展，已经日渐成为涉华报道的主流。

但国际涉华舆论的两面性也日益凸显。英国《经济学家》的一番评论可以用来总结外媒对华报道的两面性和复杂心态："中国如今是一个经济超级大国，并正在快速成为可以挑战美国的军事强国。但我们对中国的兴趣同样在于其政治：她是由一个和全球惯例不同的体系来管治的国家，与战后日本和印度不一样的是，未来很长一段时间中国既让其他国家着迷，也令他们感到不安"。一方面，中国持续高速的经济增长奇迹令外媒惊叹和羡慕，特别是在西方深陷债务危机、经济持续低迷之际，外界希望借鉴中国的发展经验，借助中国的经济实力，对我拯救世界经济危机的期待加深，对我借重的一面加强，涉华舆论的积极面得到凸显；另一方面，也有对中国迅速崛起的嫉妒和不安，依据西方大国崛起轨迹看待中国未来发展，担心中国崛起将改变现有国际格局、取代美国的主导地位、对美国霸权地位带来现实和战略挑战，对中国未来发展的不确定感也在加强。在军事安全领域对我进行牵制、加强防范的呼声有所上升，警惕我发展模式可能对西方政治体制及价值观构成挑战、戒备我援助欧债危机借机收买欧洲的论调也很有市场。从2010年开始发酵的南海问题更使我面临严峻的"舆论围堵"局面。

**5．西方智库对中国的研究力度明显加强，通过各种渠道展示对华研究成果，成为影响国际涉华舆论风向的重要力量。**

中国实力的增强及国际影响力的稳步提升，尤其是金融危机以来中西方相对实力地位的加速转换，直接推动西方主要智库越来越关注中国话题。近年来，美国布鲁金斯学会、卡内基国际和平基金会、卡特中心、欧洲外交关系委员会等多个著名智库纷纷组建"中国研究"或"东亚研究"部门，集中力量从事涉华问题研究。以美国智库为例，他们对中国问题的研究从早期的汉学、历史文化，到中美关系、美国对华战略、台湾问题，再到当前中国的政治、经济、军事、安全、社会等，涉及的点和面越来越广、分析越来越深入。他们紧紧抓住我国内重大事件和时间节点，同时密切关注国际形势变化对中国的影响，以及我在地区和全球热点问题上的反应及政策调整，并以此为抓手寻找议题、深入研究。

通过立体式观察和全方位透视，西方智库提出诸多观点，形成众多有影响力的涉华研究报告，并通过自办刊物、官方网站和学术交流活动以及社会媒体等展示、传播其研究成果。西方智库是知识精英、舆论精英和政治精英的汇聚，具有知识与政策的桥梁、政府与公众的媒介等特点和优势，他们在涉华研究中的议题选择和倾向偏好，也在一定程度上起着舆论风向标的作用。近年来有关中国的“威胁论”、“责任论”、“崩溃论”等各种论调层出不穷，南海问题、东海问题等持续发酵，能源等问题成为新的热点议题，“中国模式”、“中国道路”引发热议，其背后都有智库长期研究的推动作用。

**6．周边国家涉华舆论日趋复杂，部分国家涉华舆论呈严峻态势，媒体、民众和政府三者互动共同构筑我周边国际形象。**

伴随着中国的快速发展、国际格局调整步伐的加快，我周边地区地缘政治结构逐渐发生微妙变化。近来受到美国战略重心向亚太转移、海洋能源资源的利益驱使、各国历史和领土纠纷等因素的影响，我周边国家态势在总体平稳的同时也出现了一些不稳定、不安全的现象，热点问题不同程度升温并对我与周边国家关系产生不同程度影响。总体来看，当前周边国家媒体对华关注度明显增加，涉华舆论基本面是好的、可控的。周边国家媒体肯定与中国的友好合作，认可我经济发展对本国经济的拉动作用。但部分国家涉华舆论呈严峻态势，“中国强硬论”、“中国威胁论”大有抬头和蔓延之势，这些均对我外部舆论环境和国际形象造成不利影响，我面临的周边舆论环境日趋复杂。

周边国家负面涉华舆论主要表现为以下新特点：一是边界争端成为周边国家媒体涉华负面报道的重要议题，双边关系中涉及领土主权问题的突发事件是引起负面舆论上升的导火索。特别是2010年以来，菲律宾和越南在南海问题上态度强硬，中越、中菲之间摩擦不断、冲突升级；2010年中日撞船事件发生后，中日关系出现冷淡，特别是今年以来的钓鱼岛争端不断升温，中日关系大有倒退之势。二是在涉华舆论的形成上，部分周边国家之间媒体负面涉华舆论的呼应日益增多，与西方舆论相互交织日益明显。如在与我海洋争端中，不少日本媒体与菲、越媒体将中日钓鱼岛问题与南海问题搅合在一起，共同对我施压。中国海上邻国出现“合纵连横”、共同抗衡中国的趋势。三是周边国家媒体、民众、政府三者之间的互动较以往突出。媒体对华负面报道很大程度上影响了公众的对华认知，而公众对中国的成见又给媒体炒作“中国威胁”提供了市场。在媒体和民意的胁迫下，政府对华政策的选择空间和回旋度也变小。而政府的对华行为又成为媒体和公众解读中国的一个渠道。三者互动，共同形成了涉华负面舆论的气场，对我在周边国家的国家形象产生极大负面影响。

## 二、新世纪以来的国际涉华舆论热点议题

新世纪以来，伴随外媒关注和评论中国视角的变化，九大热点议题在国际涉华舆论中得以凸显，分别是中国崛起的内外影响、中国经济的世界影响、中国外交的国际表现、涉党议题的深化、涉军议题的扩大化、社会议题的多元化、传统议题的两分化、中国发展道路和模式的争议，以及不断翻新的“中国威胁论”等论调。

### 1.“中国崛起”已成国际舆论共识，在承认中国国际影响力的同时，对中国的担忧也在增加。

外媒对“中国崛起”的关注可上溯至上世纪90年代初，由于当时世界银行及美国知名智库的学者对中国经济潜力的大胆超前预测，从而引发了西方媒体有关“中国崛起”的激烈讨论。此后，随着中国经济持续多年飞速增长，综合国力和国际影响力不断上升，“中国崛起”逐渐成为境外媒体报道中最热门的话题，“崛起”、“上升”、“复兴”等词汇常常被用于形容中国，出现在境外媒体的报道中。近年来，外媒普遍认为“中国崛起”已成为不争的事实，一些英美主流媒体甚至评价“中国崛起”为新世纪十年来全球最重大事件。

“中国崛起”引起国际舆论热议的现象，一方面反映了国际社会对中国改革开放30年发生巨大变化的认同，但同时反映了外界对“中国崛起”的一种不适应。中国崛起对西方来说，既是奇迹又是威胁。因此，外媒有关“中国崛起”的讨论，最关心的一个话题始终是，崛起之后的中国究竟会给全球带来何种影响，中国将以何种角色与这个世界相处，以及国际社会如何应对中国崛起。

外媒普遍认为，“中国崛起”成为冷战结束后全球治理格局转变中最重要的因素。在经济上，中国崛起改变了世界产业格局，在全球化时代，全世界都受其影响；在政治和外交上，中国崛起改变了亚洲力量格局，迫使美国改变其亚洲战略，

进而影响全球国际关系。尽管在欧美政要及学者之中始终有一种声音认为中国崛起是机遇而非威胁，将之与冷战时的苏联相比是错误和不明智的。但西方媒体在报道中往往夸大中国崛起对现有国际秩序的冲击，渲染将会对地区安全和世界和平的威胁。一些媒体还密切关注美国对中国崛起的态度及对华策略，提出各种对华应对之策，既有观点提出美应加强与欧洲联盟，并在亚洲建立联盟以遏制中国崛起，也有观点建议采取“融合”策略，“引导”中国成为国际体系中一名负责任的利害相关者。

**2．经济议题跃升为涉华报道的引领话题。关注重点从中国市场的吸引力转向中国经济的国际影响力，期待我对世界经济的发展和复苏做出更大贡献。**

进入新世纪，国际社会对中国经济议题的关注度明显升温，最初关注议题是希望从中国经济的发展和庞大的市场中寻找商机。随着中国经济实力不断上升，2010年GDP总量超过日本跃居世界第二，国际社会对中国经济的关注达到高潮，以往的经贸摩擦、人民币汇率和知识产权等传统涉华经贸领域中的具体议题所受到的关注度有所下降，中国宏观经济形势、中国经济对世界经济的影响日益成为外媒涉华经贸议题报道的主线。英国《经济学家》称，中国的发展不仅仅是全球经济增长的强大驱动力，中国还正在使劳动力、资本、商品和资产的相对价格发生根本变化。韩国《中央日报》认为，“中国成为‘世界百货商场’的同时，这个市场也成为左右跨国企业命运的重要地方。在中国经济的发展中，很多国家和企业都是悲喜交加。这表示，世界经济进入了以中国为轴心的发展时代”。

国际金融危机爆发后，在世界经济复苏不确定性上升的背景下，国际舆论将我视为挽救危机的重要力量，对中国经济的国际贡献抱有更多期待，认为中国经济是“全球经济希望的灯塔”、“世界经济的最大引擎”。值得注意的是，在我近来受国际金融危机影响加深、经济发展减速的情况下，外界有关“中国的经济繁荣会持续多久”的疑虑又开始增多，“中国经济仍将高速前进”、“中国经济增长中蕴含机遇”的乐观情绪和“疲软数据浇灭中国经济增长希望”、“中国经济高速增长接近尾声”的悲观论调同时并存。但总体来看，认为“中国经济发展为世界和其他国家的发展提供了机遇”、期望中国在世界经济复苏和欧洲摆脱债务危机中发挥更大作用仍是舆论的主流。

**3．外交议题强调国际舞台的中国因素和中国影响，关注我国际角色转换和外交战略调整，对中美关系及对地区影响反应敏感。**

以2001年“入世”为重要标志，中国的外交战略也发生变化，中国融入世界的步伐进一步加快，与世界的交流互动更加紧密，其作用与影响日益受到国际舆论的重视。在新世纪的第十年来临前后，众多媒体将我在国际外交舞台上的表现放在前十年与后十年的坐标中进行对比评论。美联社称，“这个10年是一个巨大的国家开始在根本和重大的方面重塑世界的时期。”爱尔兰《星期日商业邮报》预测称，“如果说过去10年凸显的是中国的国内巨变，那么今后10年凸显的无疑将是中国左右世界事务”。

在外媒眼中，中国与世界互动的加强推动中国外交在三个方面发生了显著变化：一是在国际舞台更加活跃、主动，不再回避国际热点问题。十年前，中国更为关注国内发展，尽量与相对遥远的国际问题保持距离；十年后，中国在国际事务中表现积极，对一系列重大国际事务的参与力度和深度不断拓展，在某些国际事务和地区热点问题上甚至发挥举足轻重的领导作用。从朝核问题、伊核问题到叙利亚问题、苏丹问题，中国的外交立场与表现均受到国际舆论关注。外媒强调我日益成为解决地区冲突的关键角色，期待我在国际问题中承担更多责任的呼声也日益高涨。二是更加重视参与多边活动和区域合作，主动参与全球治理，推动国际体系机制变革。外媒注意到中国要求改进国际秩序不合理之处的呼声与努力。近年来，在联合国改革、G20机制建设、世界银行和国际货币基金组织改革及权力转移中，舆论均将我视作不容忽视的参与方；外媒同时注意到，我在亚太经合组织、上海合作组织等区域性组织中正扮演越来越重要的角色。三是加强与国际社会的联系合作，海外利益日趋多元。舆论指出，一方面随着能源需求的日益增加，中国对于国外进口石油的依赖不断增强，日渐关注世界石油生产地区的局势以及自身的海路安全；另一方面，越来越多的中国公民走出国门，足迹遍布世界各地，公民的海外安全问题在中国外交工作中日益凸显。中国公民在一些热点或敏感地区的行为举止与突发事件中的人身安全和境遇也开始不时成为舆论关注的热点。

外媒特别关注中国在国际利益格局中的地位变化带来的外交理念及政策的变化，认为我在全球利益变得日益广泛且复杂，正面临在“不干涉内政”原则与维护自身“遍布全球的政治、经济利益”之间寻求平衡的一种“困境”。中国在维护领土与领海主权中表现出的坚决态度，也被外媒解读为我在综合实力上升背景下，开始放弃一贯坚持的“韬光养晦”外交政策，开始变得“傲慢与强硬”。

与此同时，作为世界上最重要的双边关系之一，中美关系的发展与变化不仅事关两国发展，更是牵动着世界上其他国家的利益，尤其是与两国关系密切的亚洲各国，国际舆论因此对中美之间的交往和博弈始终保持高度敏感。外媒认为，尽管近年来中美两国加强交往合作、有意避免直接冲突对抗，但“暗地”竞争加剧的态势却有所凸显，特别是实力对比的变化给美国各界带来较大的心理冲击，导致对中国的关注度越来越高、担忧成分越来越大。国际舆论认为，2011年美国加紧调整亚太布局正是对华忧虑的体现，美方既要借机对快速崛起的中国加以警告与遏制，又欲通过强化其在东亚地区的安全和军事存在，促使亚太力量格局朝着有利于美国的方向倾斜，从而达到战略新平衡。

**4．涉党话题成为有关中国政治报道的主导议题，关注中国快速“崛起”背后的原因，对中国政治体制改革的预期上升。**

随着中国的崛起和国际影响力的迅速提升，国际社会不仅关注“中国速度”和“中国奇迹”，而且也开始关注这一“速度”与“奇迹”背后的原因。中国共产党作为领导中国发展的核心领导力量，开始成为国际舆论关注的焦点，涉党话题日渐成为外媒有关中国政治报道的主体。党的重要会议作为观察中国未来发展方向的契机和了解中国政治发展路径的风向标，越来越受到国际媒体的重视，吸引着境外记者竞相前来进行集中报道。

出于对我党政策连续性及对外影响的关注，外媒对十六大以来中央提出的各项重大战略部署均高度重视，既有对我党在自身建设和执政方面取得成就的肯定，也有对党在当前和今后一段时期面临各种挑战的热议。对于我党的评价从过去“一边倒”的批评质疑开始转向相对客观理性。美国《基督教科学箴言报》曾评价，共产党引导中国走上崛起为21世纪超级大国的道路，这是一个意识到了自身需要采取什么举措来获取人民的支持和自身合法地位的党。美国《时代》周刊认为，中国共产党政权创造了迄今为止全世界最惊人的经济增长。

2011年以来，受国际金融危机影响，我经济增速有所减缓，同时社会转型期的矛盾日渐突出，国内外对中国政治体制改革的期待与预期上升，有关话题日益成为境外舆论热点，在党的重要会议前后更是成为外媒集中热议的话题。其中既有对我政治体制改革现状的评议和未来走向的猜测，也不乏呼吁我按照西方价值观念推进政改、批评我政治体制改革停滞、甚至攻击我民主政治发展现状的声音。香港《南华早报》称，“游戏规则改变的时刻到了：中共要么自我革新，领导人民实现经济的可持续发展和社会稳定，要么就做好未来‘硬着陆’的准备。”新加坡《联合早报》称，“为什么会出现想改革但又改不动的局面？说的简单一些，这种局面是中国政治体制两个核心方面出现了问题，一是思想意识问题，二是权力结构问题”。

**5．涉军议题的报道明显升温，对我军事动向和军队建设保持警惕，担忧我军力增强带来的挑战和威胁。**

过去，外媒对我军事和国防话题的报道多出于“军事威胁论”的主观臆断，缺乏有说服力的证据，纠缠于中国军事不够公开透明的空洞指责，几乎每年“两会”前后都会将军费预算增长作为素材炒作一番。日本《产经新闻》报道称，“中国军事预算17年来连续两位数增长，让人怀疑中国的‘和平崛起’理念。如此这般发展下去，‘中国威胁论’只会继续升级。”2010年以来，外媒对中国国防和军事报道的议题明显拓展，开始向五个方面的领域集中：一是中国核潜艇发展的动态，二是中国的网络作战能力，三是中国无人机的发展，四是中国加入“航母俱乐部”的计划，五是中国的导弹“威胁”。外媒对我军力发展和军事动向异常敏感，对中国军事实力的提升和军事新技术的进展表示担忧。大国崛起过程中的必然现象和正常发展，成为外国媒体和军事专家眼中的挑战和威胁。按照这一逻辑，外媒不时鼓吹并翻新“中国军事威胁论”的各种版本，习惯性地揣摩我军队现代化进程、实际作战能力和未来战略意图，强调经济实力提升与军事扩张的必然联系。美日等国家的军方和情报安全部门还不时炮制出各种有关中国的军力报告，渲染中国军事威胁和未来发展的不确定性，在抹黑中国的同时也要赢得国内舆论的支持，尽管报告可信度有限但给我带来的消极影响却不容小觑。

**6．对社会议题关注的触角更加广泛深入，关注我如何在经济发展和社会转型之间实现平衡，认为中国发展的最大挑战来自内部。**

诸多境外主流媒体预测，继外部崛起之后中国内部已经进入社会转型期和矛盾凸显期，由此引发的贫富差距扩大、社会不公加剧、利益诉求多样、政府公信力下滑、社会心态失衡、百姓信仰缺失等各种矛盾和问题将逐渐凸显，成为影响社会稳定的风险因素并会对中国的经济繁荣构成挑战。因此，事关百姓切身利益的食品安全、医疗保障、房价走高、城市建设、环境污染、土地纠纷等民生话题，地方群体性事件和维权事件，由经济社会发展不平衡带来的各种社会矛盾问题及相关现象正在进入外媒视野，普通百姓的生活状况开始成为外媒把握中国社会现实问题和民生冷暖的"新抓手"，草根阶层在征地和拆迁等社会问题中的弱势地位及地方发生的官民冲突更是被外媒频繁放大炒作，维稳形势及由此引发的社会管理话题不断升温。也有外媒认识到这些社会问题属于"发展过程中或发展起来以后必然出现的问题"，认为"只重眼前不顾长远"、"追求速度忽视质量"、"关注表面光鲜无视民众诉求"的发展模式必将促使矛盾进一步激化。更有一些外媒将这些社会问题与我政治体制相挂钩，认为"一党专制"必然带来腐败。

不过，近年来外媒有关中国社会问题的报道中也出现了一些积极的变化，如加大了对我解决收入分配、教育、就业、医疗、社保、环境等民生问题出台的一系列举措的报道力度，强调民生问题一直是中国政府的工作重点，未来中国民生问题的改善值得期待；一些媒体注意到我在处理重大疫情和群体性事件时增加信息公开透明度、迅速反应与处置等积极变化；一些评论文章还较为客观地分析了20年来中国社会的发展变化，承认我党执政能力增强、政治经济环境明显改善、民众满意度上升，认为中国社会虽然存在不稳定因素，但局势总体稳定。

**7．传统议题分化明显，意识形态话题已不占主流，但西方针对特定事件在自由民主人权的框架下和媒体推波助澜的广泛报道中仍对我保持施压态势。**

以美国为首的西方媒体一直以来都以“民主楷模”和“人权卫士”自居，在人权、宗教、民族、新闻自由等带有浓厚意识形态色彩的领域作为其挥舞道德旗帜的高地，对我采取双重标准，指手画脚并借机打压。随着我自身实力增强和西方对华倚重加深，此类话题在涉华舆论中已有所淡化，境外媒体在具体领域对我妄加指责的现象有所减少，但开始转向从我国内热点突发事件和敏感时间节点的应对措施中延伸出相关话题进行炒作。尽管攻击点相对分散，但西方在自由民主人权的框架下和外媒推波助澜的广泛报道中，其对华施压意图仍然明显，对我外部舆论环境和国家形象的冲击和负面影响仍然不容忽视。

与此同时，西方涉华报道传统议题之一的涉台议题，随着中央对台战略的调整和国民党马英九当选台湾地区领导人，“台独”势力在国际舆论中变得越来越缺少市场，两岸关系的未来走向和多领域的交流合作正在成为外媒涉台报道的主导话题。尽管西方仍对两岸关系发展保持高度警惕并不时出现渲染两岸军力失衡的杂音，但外媒报道基调基本客观，对两岸关系近年来的良好发展势头给予积极评价，对两岸关系发展存在的现实障碍也能够进行冷静剖析，涉台舆论总体形势积极向好。

值得注意的是，尽管传统意识形态领域的负面报道已不占主流，但新疆、西藏和内蒙古暴力事件的发生使民族问题凸显，成为西方继人权问题之后用于掣肘中国的又一利器。西方政府、非政府组织以及西方媒体经常罔顾事实、妄加评论，对我民族政策予以指责，不断对我舆论施压，粗暴干涉我内政，给我国内稳定制造障碍，给我国际形象抹黑。

**8．中国发展道路和发展模式作为新兴话题引发舆论热议，中国特色体制下的发展模式是否具有可借鉴性、可持续性和威胁性成为争议焦点。**

自改革开放以来，中国一直致力于探索出一条适合自身国情的发展道路，多年积累之后出现的长时间、大规模高速增长的经济现象被外界称为"中国奇迹"，中国成功的经验和发展道路的独特性引发国际舆论热议。特别是在金融危机冲击下，西方一向引以为傲、一直不遗余力向别国推介的自由资本主义发展模式光环黯淡，促使一些主流媒体和部分学者，理性看待和分析"中国模式"的成功之处、带来影响及面临挑战，观察中国经济成功背后的制度和文化因素，开始承认中共主导下的政治制度带来中国社会的稳定，认为我政治制度是国家繁荣发展的基础，主张西方向中国学习的声音增多。

但西方媒体在对"中国模式"的成功表示欣羡的同时，更多的是对"中国模式"充满了疑虑和担忧。出于西方价值观的道德优越感，外媒倾向于拿起放大镜透视中国，极力试图发现"中国模式"的缺陷和弊端，一方面以为西方模式正名，一方面以中国是造成西方社会政治、经济困难的根源为借口向中国施压，企图迫使中国走西方民主道路，其中还不乏"中国模式将对西方模式构成威胁"的言论，担忧"中国模式"对发展中国家的吸引力将最终威胁到西方的"自由民主模式"。近年来，西方更多将中国模式定性为"国家资本主义"，认为"中国模式"的本质属性是资本主义的，承认其独特性、发展优势和成就，但攻击其冲击国际贸易公平原则、不利创新，鼓噪"国家资本主义"是对西方自由市场模式构成威胁的主要力量。在当前我面临社会转型期、贫富分化加剧和社会矛盾突出的内部环境以及西方经济持续低迷、欧债危机不断蔓延的全球经济不稳定的外部环境的背景下，西方类似"政府主导投资与出口的'中国模式'达到极限"、"政改实现与否将决定经济可持续性"的言论不绝于耳。英国《经济学家》称，"中国过去的发展模式取得了很大的成功，但如果要持续崛起的态势就必须告别旧模式"。

**9．以"中国威胁论"为代表的形形色色的论调充斥国际舆论，不断翻新并交替出现，成为影响我国际形象的重要舆论杀手。**

作为以美国为首的西方国家对中国进行舆论遏制的一种手段，"中国威胁论"伴随着中国发展与和平崛起的整个过程。境外舆论不断利用其强势媒体的垄断地位别有用心地制造各种论调，对我发展横加指责和干涉，试图混淆视听、误导舆论、抹黑我国际形象。

进入新世纪，“中国威胁论”发展、演变成了包括中国“政治威胁”、“经济与环境威胁”、“军事威胁”和“文化、价值威胁”在内的多层面、全方位的涉华负面舆论体系。虽然具体形态和表现手法每年都有变换，但舆论的核心观点已基本定格。其要点是：中国崛起对世界格局和美国霸权提出挑战；中国经济发展对欧美战略资产安全和全球资源与环境构成威胁；中国海空战力快速提升对亚洲的和平与稳定和美国在亚太地区的军事存在构成威胁；“中国模式”和外交理念对民主与自由市场经济制度构成挑战，西方价值和原则被边缘化。

2005年以来，随着外界热议“中国崛起”达到高潮，形形色色的“中国威胁论”更是甚嚣尘上、花样不断翻新：中国经济快速发展，对进口能源和资源的需求不断增加，有关中国“掠夺资源论”开始滋生蔓延，且矛头直指我外交理念和对外政策；北京奥运会的成功举办，使得有关“中国模式威胁”的调门有所升高；围绕我在“谷歌事件”、奥巴马会见达赖、美国售台武器、中日撞船事件、黄岩岛主权争端等问题上的立场和表态，“中国强硬论”又被不断炮制；2011年前后中国经济增速放缓、面临经济发展模式重要转型之际，“中国不确定论”又开始发酵蔓延；环境气候问题作为欧美国家包括国际舆论针对中国的新地缘政治武器，要求我在应对气候变化问题上做出更大贡献并承担减排责任的呼声最近几年明显增加，“中国责任论”再次抬头。除此之外，美日等国还不时抛出各种版本的中国军力报告和国家安全报告等，进一步渲染中国的“军事威胁”和“地缘政治威胁”。在这一过程中，由美国主导的“中国责任论”更是逐渐凸显，认为中国正在崛起，但还不是个充分负责的国家，中国应该承担与其实力相称的责任，从而成为国际社会负责任的一员。其目的是既想让我替西方“分忧担责”，又想规制或影响我发展方向，大有压倒“中国威胁论”而成为我国面对的主要国际舆论的势头。

从根本上来说，这些论调都是“中国威胁论”的扩展和延伸，体现出对中国和平发展的不信任，对中国崛起影响其本国利益的担忧，以及“遏制”和“规范”中国崛起的意图，折射出欧美国家“西化”中国战略的新思维。

## 三、新世纪以来国际涉华舆论的不变

**1．三大通讯社继续主宰报道信息源，以美国为首的西方媒体仍然控制国际舆论话语权，“西强我弱”的国际舆论格局没有根本改变。**

从近年来国际涉华舆论的产生过程和发展态势看，以美国为首的西方媒体对华报道的强势心理和自我优越感丝毫没有减弱，其在国际舆论格局中的垄断地位也没有根本改变。一是主流通讯社几乎主宰报道信息源。据统计，全世界每日80%以上的重要国际新闻都是由美联社、路透社和法新社这三大主流通讯社提供。凭借雄厚的实力、丰富的经验和遍及世界的新闻机构，美国成为名副其实的全球信息霸主，几乎垄断全世界重大新闻。二是西方媒体控制国际舆论话语权。西方媒体主要是通过议题设置、先入为主、铺天盖地发出海量新闻报道，潜移默化地影响受众思维、左右国际舆论，他们按照自己设置的新闻议题对中国进行大量报道，已在全球形成一种于我不利的舆论氛围；他们还借助高科技手段和成熟的商业机制，公开或隐蔽推销西方的意识形态、价值观念和生产方式，强势勾勒能反衬自身优越性的中国形象。

**2．西方价值观主导外媒涉华报道的现象没有改变，外界对中国的误读和偏见仍然存在并继续影响舆论对华认知，使我国际形象严重脱离我真实形象。**

尽管中国与世界的联系越来越密切且彼此需要已经成为一种必然，但源于价值观的偏见与误解、意识形态的隔阂与炒作、历史的误读与曲解、国家利益的偏好与冲突，外媒对中国的了解和报道在深度上仍有不少欠缺。尤其是面对中国的迅速崛起，外界在心态失衡的情况下总是心存芥蒂地对我经济社会发展作出一系列负面评论和错误解读，想当然地认为中国崛起必然称霸世界，质疑中国当前增长模式面临不可持续甚至崩溃的风险、传统价值观流失造成当代中国人信仰缺失、中国企业发展造成美国工人失业等等。从我们自身来讲，不难看出上述内容都是由于误解所造成，大部分到过中国的西方人多多少少都会在对中国的认识上有所改变。但由于西方主流价值观的根深蒂固和国际舆论对我的固有成见，这些负面舆论还是在一定程度上扭曲了我国家形象。

即使西方媒体对中国事务的报道看似客观零散，有时也显得貌似公正，但存在于外国媒体中的有色眼镜却不会很快消失，诸如对群体性事件、维权事件和敏感事件的报道始终贯穿着西方的价值观并影响着国际舆论的对华认知，更何况国际舆论中还存在制造新闻、先入为主、断章取义、肆意歪曲甚至对华抱有敌意的势力和组织。2007年的中国食品安全和产品质量危机、2008年的西藏“3 · 14”事件、2009年的新疆“7 · 5”事件、2010年的刘晓波获诺奖事件，甚至包括2012年的南海主权争端，西方媒体在报道中都带有意识形态偏见，对其肆意炒作，放大负面效果，对我抹黑，对我国家形象产生了极大的杀伤力，我面临的国际舆论形势依然严峻。

**3. 受国内政治经济利益驱使和社会“反华”思潮的影响，西方媒体利用对华施压转移国内矛盾的做法由来已久且长期存在。**

西方国家的政治形态决定了其必然受制于各种利益集团。出于国内政治需要向中国施压以捞取政治资本，或借妖魔化中国来转移国内矛盾，打“中国牌”已成为西方政客政治斗争的常见手段或者说是一种“传统”。例如在美国国内尤其是议会和军方始终存在一股势力很强的“对华强硬派”，每逢大选之年，两党候选人都会出于选举需要对华持强硬态度，西方媒体则推波助澜，借机在中国问题上大做文章，反复强调、刻意放大与中国的矛盾和分歧，从而为各自利益集团服务。又如，中国经济的蓬勃发展吸引资金、技术加速流入，国外一些竞争力较低的行业和公司受到较大冲击，在相关利益集团的要求下，一些国家或地区实行贸易保护主义，同时宣扬“中国威胁论”为贸易保护政策寻找借口。西方历史上曾经出现过多次“反华”社会思潮，大众的观感直接影响其媒体对华态度，左右舆论风向。新世纪以来，一些西方民众目睹中国经济快速增长、综合国力上升与西方国家经济发展缓慢、社会问题增多，心态有所失衡，认为由于中国国际地位的上升，导致自身地位的相对下降，失落感、危机感甚至是恐惧感由此而生，这些情绪反映在西方涉华舆论中，导致“中国威胁论”的盛行。

**4. 外部舆论环境影响我对外传播效果的局面没有改变，我在国际舆论中的声音有所增强但仍不能有效发声。**

从外媒涉华报道的上述三个不变因素看，外部舆论环境显然已经对我对外传播的发展造成较大障碍。与日益提高的国际地位和国际影响力相比，中国对外传播能力近年来虽有所增强但影响仍然有限，而且缺乏相应的国际话语权。随着我加强“文化软实力”和提高国际传播能力建设的提出和加速实施，我对外宣传在局部和某些重大问题上有所突破和进展，但对国际涉华舆论的正面引导能力和影响力仍显不足，使得我在国际社会中的形象更多地还是表现为西方媒体笔下的中国形象。尽管境外媒体涉华报道中越来越多地引用我权威部门和对外新闻单位发布的信息和消息，但我们对外传播的信息常常与海外期待发生“供需错位”。在一些外媒关心的涉华争议性热点问题上，我主动报道的少、被动回应的多，时常在遭受攻击后才进行澄清或解释；在某些国际热点问题上，我虽进行报道但缺乏抢占舆论制高点的意识，时效性不强且不够充分，在国际舆论中总是扮演追赶者的角色；甚至有些主动设置的议程因为不了解境外受众的接受心理与思维习惯，产生了事与愿违的效果。

## 四、国际涉华舆论影响因素分析

新世纪以来，国际舆论环境开始发生于我有利的变化，涉华舆论积极面得到凸显，这是中国综合国力不断提升、国际地位显著提高、国际话语权增强的客观结果。但受到国内外经济发展形势不明朗、国际利益格局多变、全球热点问题突出等国内外环境的综合作用，以及西方国家国内政治需要和文化价值观念等历史因素的影响，境外媒体涉华舆论仍有其复杂多变和消极的一面。

**1. 内部环境：中国全方位的快速发展为扩大外界对我客观认知奠定了基础；但进入新世纪第二个十年，我面临着日益严峻的经济社会发展转型期的重大挑战以及经济增速放缓的压力。**

(1) 中国自身实力的增强和积极的外宣努力促使外界对华印象和看法发生改

**变，是国际涉华舆论形势趋于平稳的根本原因。**

纵观近年来国际涉华舆论，客观理性地看待中国正在成为主流趋势，这是全球化加速发展、中外交流互动增强的必然结果，更重要的则是中国自身的发展壮大促使外界开始重新认识这个崛起中的大国。得益于改革开放30多年来的实力积累和令人炫目的发展，中国经济总量相继超越德法英和日本，位居全球第二；中国广泛参与国际事务并在重大热点问题上发挥越来越重要的作用，在世界格局演变中的“一极”地位日益显现。与此同时，中国不断积极阐释“走和平发展道路”、“构建和谐社会”、“推动建设和谐世界”等内外政策；在重大突发事件如四川汶川地震中保持信息公开透明，赢得外界好感和称赞；以北京奥运会、上海世博会等重大活动为契机，通过“文化年”、孔子学院等多种形式深入开展多层次多领域的公共外交、文化外交和民间外交。上述这些变化和努力扩大了我国际影响，在不同程度上改变了境外媒体和海外民众对中国的印象和看法，进而影响到国际舆论的涉华报道态度和基调。

（2）**我国内改革进入关键转折期、社会矛盾凸显，加之受到全球金融危机的冲击，经济发展态势形势不明朗，导致境外涉华舆论形势的变化多端。**

当前我国已进入社会矛盾凸显期，市场化改革也积累了许多问题，使中国发展面临一些难题。如贫富差距拉大，出现两极分化的危险趋势；民生问题凸显，特别是市场经济发展所带来的社会保障制度缺失，诸如就业、住房、看病等问题严重；粗放型经济导致生态破坏和环境污染严重，特别是水资源污染和食品卫生安全问题突出；社会腐败严重，由农村土地征用和城镇房屋拆迁问题导致的群体性事件增加。如何保持转型期的经济社会稳定已成为中国发展中越来越突出的问题，外界对我进一步深化改革充满期待但又不断突出其不确定性。而在当前世界经济大环境仍然低迷的背景下，作为推动世界经济复苏发动机的中国经济增长出现放缓，更加深了外界疑虑。反映到境外舆论中，有关中国改革发展和社会经济形势的各种预测判断和论调都将表现得更为复杂和变化多端。

**2．外部因素：全球经济发展形势以及国际利益格局的调整为中国加速融入国际社会带来机遇；同时，中国与一些国家和地区的利益摩擦和矛盾冲突也在增多，在全球性热点问题上面临的外部压力在增加。**

（1）全球金融危机影响下世界格局的加速调整和深刻变化使得中国与世界的关系步入新阶段，中国参与全球事务之深前所未有，这是国际涉华舆论趋于客观理性的深层次原因。

近代以来，美国及西方长期执世界发展之牛耳，在经济、技术、政治、军事、文化、教育等各领域处于领先地位，并控制国际事务的主导权；及至20世纪后半叶，新技术革命席卷全球，经济全球化迅速兴起，全球迎来一个新的发展机遇期。中国等新兴经济体抓住机遇实现快速发展，欧美传统强国则在世纪之交的20年内总体发展停滞。尤其是2008年国际金融危机爆发以来，以中国为代表的新兴经济体很快摆脱危机影响并继续快速发展，成为国际经济舞台的最大亮点；欧美实体经济则在金融危机冲击下先后遭受重创，欧美债务危机相继爆发、个别国家濒临破产，世界经济复苏乏力、西方“独领风骚”的美景已然不再，国际经济体系和利益格局的重组实质性启动。在世界经济艰难复苏和发展失衡的状态下，以美国为首的西方应对全球和地区性问题已显出力不从心，主导国际体系的能力大为削弱，不得不与中国等新兴国家平等对话、寻求合作。与此同时，中国已经被推到越来越多的国际事务的中心位置。当今世界，重大国际和地区问题的解决离不开中国的参与，离不开中国发挥重要的建设性作用，国际舆论加大对中国的关注和客观报道也就成为一种必然。

（2）中国在加速融入国际社会的过程中与各国的利益摩擦和矛盾冲突也日益复杂与激烈，中国与世界的关系正处于一个调整与磨合的长期阶段，形成境外涉华舆论复杂消极的一面。

作为全球最大发展中国家，中国在快速发展过程中必然会遇到的问题就是各种利益摩擦以及外界的戒备心态。早在几年前就有学者明确指出，“21世纪最重大的事件就是中国的崛起”。现在，国际社会特别是固守西方中心主义和美国至上意识的西方世界突然间发现中国的崛起已经不是“远虑”而是“近忧”了。中国的发展与世界格局的变化超过西方社会的心理预期，自信受挫与心态失衡导致其将中国的崛起视为挑战和威胁。越来越多的国家不再把中国作为一个发展中国家，而是看作一个具有重大影响力的强国甚至是一个极具威胁性的霸权国家。近十年来，围绕汇率问题、贸易争端、海权与领土纠纷等议题，中国与世界大国及周边国家不断产生摩擦，如南中国海争议、美越联合海上演习、中日钓鱼岛争端、日本民间反华情绪抬头等等，均凸显了中国与外界的矛盾和冲突，也透露了外部世界对中国崛起的疑虑、担忧甚至敌意。在各国政府和学界的影响下，境外涉华舆论中的负面论调不断地在演变和扩展。

(3) 超越国界范畴的全球性问题日益突出，涉及的利益与参与主体更为多元，中国面临的舆论环境更为复杂，承受来自更多方面的舆论压力。

近年来，气候变化、贫富差距、可持续发展等全球性议题不断升温，这些问题已不再是单纯的经济问题、环境问题和技术问题，它们与金融危机、恐怖主义、核扩散、领土安全等问题一样，变成了各种政治力量之间的战略性博弈问题，不仅政府作为行为主体参与其中，为其国家谋取最大利益，包括国际组织、非政府组织、跨国企业等也表现活跃，力图成为重要的参与方甚至成为一种引导力量。中国作为全球发展最快的发展中大国，许多全球性问题表现突出，特别是在成为“世界最大的温室气体排放国”和“世界最大的能源消费国”后，其环境气候问题已日益成为外界关注的焦点，在承担国际减排责任方面正承受着越来越多的舆论压力。

**3．历史因素：意识形态、价值观念和文化差异所滋生的不信任感，导致西方媒体长期以来“丑化”和“西化”中国，对尚处于社会主义初级阶段的中国格外苛求，无视我发展阶段的特殊性，有意放大我快速发展过程中逐渐凸显的一些问题。**

在文化层面，西方人对中国文化中的“和谐”、“和合”观念缺乏了解，潜意识里认为东西方文明存在着“冲突的必然性”；在价值观层面，对外扩张是西方的生存经验和西方文明发展中不可缺少的组成部分，所以西方主流战略文化的一个基本观点就是“国强必霸”、“扩张是国家的本性”。在这种西方式的语境中，中国的崛起只能被解读为新霸权的开始，对地区安全和世界和平造成威胁；在意识形态方面，西方对社会主义中国的偏见根深蒂固，对在中国共产党领导下、坚持马克思主义理论指导、建设中国特色社会主义的中国始终充满不信任感，这也正是境外媒体从未停止利用台湾、西藏、民主、人权、自由等问题干扰、分化，甚至西化中国的原因所在；在新闻报道价值观方面，西方媒体对负面新闻的偏好具有历史传统，“坏消息才是好新闻”是新闻界历来所秉承的信条。中国作为一个正在快速发展的发展中国家，由于发展的阶段性，在收入分配、环境资源、知识产权、国民教育、人口流动、产品质量和安全等方面必然会存在一些尚待解决的问题。一些西方人士和媒体在报道中忽略中国发展的阶段性，无限放大当前存在的问题，或以西方发达国家的标准苛求尚处于社会主义初级阶段的中国，客观上造成涉华舆论的消极氛围。

# 第二章

# 年度报告

- 2004年度境外媒体涉华舆情分析
- 2005年度境外媒体涉华舆情分析
- 2006年度境外媒体涉华舆情分析
- 2007年度境外媒体涉华舆情分析
- 2008年度境外媒体涉华舆情分析
- 2009年度境外媒体涉华舆情分析
- 2010年度境外媒体涉华舆情分析
- 2011年度境外媒体涉华舆情分析
- 2012年度境外媒体涉华舆情分析
- 2013年度境外媒体涉华舆情分析

# 2004年度境外媒体涉华舆情分析

从总体上看，中国国际地位在2004年进一步提高，在国际和地区事务中增强了影响力，在一系列重大国际事务上加大参与力度和深度，发出了自己的声音，在某些国际事务和地区热点问题上，甚至发挥出举足轻重的领导作用。与往年相比，境外涉华报道的数量以及全面、客观报道的程度呈上升趋势，以美国为首的西方媒体主导国际舆论的情况没有根本改变，但开始发生于我有利的变化，媒体态度出现分化。同时，西方敌对势力通过舆论手段对我进行西化、分化的图谋没有改变，以美国为首的西方主流媒体在涉华报道的重点、热点问题上，不断制造反华舆论、进行反华宣传的一贯手法没有改变。逐步扭转国际舆论斗争中“西强我弱”的局面，仍然是我对外宣传工作长期而艰巨的任务。

## 一、总体态势

纵观全年的境外媒体涉华报道可以看出，传统意义上的以美国为首的西方媒体阵营对华报道倾向出现了于我有利的变化，主要表现在：

### 1. 全面报道中国的专题增加。

2004年，以美国、英国和加拿大的主要媒体《财富》、《卫报》和《环球邮报》为例，它们都针对当代中国的发展变化进行了有一定规模、正面的专题报道。如《财富》的中国专刊，下半年以多篇独立文章对中国的经济发展前景、独生子女、新时代女性、科技精英、水资源和水污染、文化遗产保护等各个方面，进行了系列报道。英国主流报纸《卫报》调派记者赴上海等地实地采访，在一周内连续每天使用13个整版，从城市建设到人民生活、社会伦理各方面，图文并茂地介绍了中国改革开放的巨大变化。加拿大最有影响力的全国英文大报《环球邮报》调动36名编辑记者，以《中国正在崛起》为题，用近一年时间，以70余篇文章介绍了中国经济、社会、文化、教育、军事等各个领域的成就和进步，这在该报报道中国的历史上还是第一次。

**2. 客观的分析报道有所增加。**

数据库统计资料显示，美国《纽约时报》、《华尔街日报》、《亚洲华尔街日报》，英国《金融时报》、《卫报》，加拿大《环球邮报》，新加坡《海峡时报》等几家主流报纸的年涉华报道量，多则2900条，少则900多条。除报道的及时性外，涉华报道内容中的意识形态色彩也有不同程度的减弱。

在反映中国国内重大事件的报道中，西方各大通讯社和主流报刊增加了对新华社、人民日报、中国日报、瞭望、北京周报以及重点网站等中国权威媒体信息的引用，例如经济政策、涉台和涉港议题、党的建设等。对于中国因发展而带来的问题也不再一概否定，褒贬参半的报道较多。

在经济发展问题上，不同媒体的客观倾向有不同表现，普遍承认中国特色的发展模式，与俄罗斯和改革开放前的中国比较，“既注重经济的发展，又注重提高人民的生活水平和生活质量”；认为中国是一个崛起的大国，“选择渐进的经济方针和政策，虽然既不理想也不民主，却是经过慎重考虑的，是各方妥协的结果，是为了国家的生存和稳定而制定出来的”。一些评论能够较为客观地反映事实。例如在人民币加息问题上，英国《金融时报》引用摩根士丹利首席经济学家斯蒂芬·罗奇的观点发表评论，认为一些西方国家要求人民币升值的观点，“大多是一些既自私又拙劣的借口，目的是让中国为他们缓解压力。”就连一向从美国立场出发、以研究对内对外政策著称的美国布鲁金斯学会，也开始强调对中国问题的重新研究，计划建立“中国问题研究中心”。

**3. 欧洲更多转向对中国经济的关注。**

2003、2004年，党和国家领导人胡锦涛、温家宝先后访欧，成为中欧关系发展中的一个亮点，引起当地媒体广泛关注。英国《独立观察家报》称，“中国在全球战略中的地位得到了前所未有的重视。”中欧经贸关系的发展是舆论关注的中心。英国媒体指出，在整个世界经济不景气的状况下，中国这样一个拥有13亿人口的大市场、一个以每10年翻一番的速度增长的经济大国，是推动整个世界经济发展的主要动力，正在对整个西方经济产生不可忽视的影响。德国媒体对快速发展的中德及中欧经贸关系、对华投资情况均有大量突出报道，舆论希望不要把上述关系与取消对华武器禁运和人权问题相联系。欧洲媒体主要关注的是武器禁运、经贸关系、人权问题。对于西藏和香港议题，舆论普遍认为主要是荷兰和一些北欧国家坚持在人权方面要求中国作出更多努力，也注意到美国在对华武器禁运问题上的百般阻拦，而发生在伊拉克的虐俘事件也使欧洲媒体在评说中国人权状况时低调了许多。法国媒体曾反省在人权问题上“多年来过于执着、拘泥和强调人权政治，生意都给德国人抢走了，这都是中国市场的魔力所至。”

**4. 周边舆情总体对我有利。**

相对西方媒体，我周边地区多数媒体对华态度是客观友好的，我国政府在领土界定问题上的大国姿态和正确的处理方式，很好地引导了周边舆论。2004年在领土问题上没有形成报道焦点，但局部地区仍存在敏感问题，如地区大国关系、能源安全问题、台海问题等。

除个别突发事件外，本年度周边媒体涉华报道的特点是较多关注自身和局部问题，暂时没有形成区域性的爆炸性话题。从日常情况看，俄罗斯媒体关注中国，但深入了解和正面报道不多；日本右翼报刊涉华舆论贬多褒少，主张警惕中国的论调越来越高，而日本国内舆论中担忧中日关系胶着状态的声音也不断出现；中印关系发展较快，印度媒体涉华报道明显增多。我们注意到，东南亚、南亚地区的舆论已经向对我有利的方向发展，围绕2004年国庆纪念日、万隆会议50周年和年末海啸救援工作，当地主流媒体都主动报道并对中国给予高度评价。

## 二、基本特点

本年度最受境外媒体关注并进行集中报道的内容主要有：宏观经济调控、能源问题、社会公平、群体事件、外交政策、台湾“大选”和两岸关系、香港政改等七大问题。上述问题的报道呈现出以下五个特点：

**1. 涉华经济报道数量明显增加，关注时间长，具有积极意义的报道增多，能源问题成为“中国威胁论”的新视点。**

面对中国经济的快速发展，西方媒体把“中国经济发展将会对周边国家、亚洲乃至世界经济产生什么样的影响”作为报道主题，英、美媒体称“中国飞速发展的经济几乎主宰了2004年亚洲报纸的财经版”、“2004年是中国前所未有的经济崛起年”、“中国不再是世界媒体报道的冷门，而变成媒体争先报道的主流力量”、“全世界对中国信息需求猛增，使经济学家大规模展开对中国经济的研究”。在这种情况下，关系到中国经济未来走向的宏观经济调控、能源紧张、多边贸易等问题，一直保持着较高的媒体关注度。

西方媒体在评述我国经济领域发生的变化时，看到了中国的成功，同时也附带对我国政治制度、经济制度、法律制度的评论，将中国因发展而带来的问题的根源归结为政治、经济体制，并借机宣扬其民主观和自由观。

金融体制改革广受关注，国内经济领域的重大事件对境外报道的影响比较突出。如1月份我国政府向两大国有商业银行注入450亿美元巨资，10天内道·琼斯通讯社、美国《纽约时报》、英国《金融时报》、美国之音等多家媒体先后发表评论，报道量之大、报道之密集都是少见的。由此可见，境外媒体密切关注2006年我向国外开放中国金融市场之前的改革走向，同时不断抛出“中国将爆发金融危机”的谬论，认为现有政治体制是脆弱的金融体系问题的关键，这种危机一旦发生，对全球将产生巨大冲击。

“中国威胁论”和“中国经济崩溃论”仍有一定市场。能源紧张是部分西方舆论借题发挥的主要方面，并联系我国国内政策、外交政策及周边国家关系加以评论。一些媒体将我国积极拓展石油进口途径的经济活动说成是“对外扩张”，夸大中国与其他国家的能源竞争，认为中国的石油需求将威胁世界安全。在东海海域天然气田问题上与我国存在分歧的日本，其国内媒体反复炒作我东海“春晓”气田的开采，说中国正在“根据国力伸缩领土”，鼓动政府对华采取强硬立场。美国《纽约时报》称，中国为了解决能源问题而大量修筑大坝，破坏了南亚的生态环境。英国《卫报》指责中国在湄公河上游筑坝影响下游国家的安全。总之，英、美媒体一直十分关注我国有关能源的外交活动，在制造中国“能源危机”的舆论上，西方媒体几乎众口一辞。“中国经济崩溃论”的舆论角度主要针对经济过热和环境问题。特别是后者，西方舆论普遍认为，经济发展付出环境代价，使中国不可能持续发展。

欧盟国家与美国单边主义的新保守政策保持距离，媒体持实用主义态度。中国巨大的市场吸引力难以抵挡，已经成为欧洲媒体承认的现实，他们对中国经济问题的报道并不完全在美国后面亦步亦趋。

### 2. 全球媒体对中国高层外交活动的关注度普遍提升，中国外交政策与“中国崛起”成为持续话题。

今年世界主流媒体关注中国外交工作的几个方面，分别是国家领导人的出访活动、中国的外交政策、中国在国际事务中的参与能力和中外关系。对我党和国家领导人出访亚、欧、非和拉美地区、和平外交政策、能源外交、在六方会谈中的重要作用、开辟多边贸易等方面的报道，始终是2004年度海外媒体涉华报道、追踪的内容，特别是欧美媒体集中分析报道我国家领导人出访在以往并不多见。“中国崛起”和能源外交也一度成为今年世界主流媒体关注的焦点，是本年度境外媒体关注率较高、较为持续的话题之一。可以说“中国崛起”是2004年的媒体共识。

西方媒体对中国领导人高层外交和出访活动的评论，主要集中在对中国外交政策走向和外交背后的全球经济活动的关注上，总体认为中国领导人向世界展示了中国外交新形象，对外关系的原则立场没有改变，是国际事务中不可忽视的平衡力量。多数媒体注意到中国领导人对国际性危机事件的反应速度，特别是年底印度洋海啸大灾难发生后，中国政府和领导人以及社会各界的踊跃捐献活动，充分体现出一个负责任的大国形象，使个别美国媒体对中国的无端发难无法形成舆论主流。但仍有西方媒体对于中国积极主动的外交姿态怀着复杂心态，不愿意完全面对现实，习惯对我说三道四。

美国媒体针对“中国和平崛起”观点提出“中国挑战论”，认为中国现在拥有足够的实力和影响力使美国主宰全球的目标难以实现。美国舆论承认中国的综合实力和国际影响力在增加，声称中国正在把日益扩大的经济影响力转化为国际政治优势。这种“挑战”的论点也是西方舆论比较一致的看法。

日本媒体比较关注中国多边关系动向，猜测评论中国地区战略的变化。有评论说，中国加强与东盟关系的目的是为了“挤占印度的发展空间”，“印度加强与东盟关系的目标是针对中国”；有文章说我国“增加中朝边境军事力量”，以便封堵准备“叛逃”的朝鲜军人进入中国；在欧盟主要国家主张解除对华军售禁令的问题上，日媒体认为，“中国未来会加大从欧洲进口武器装备，从而减少从俄罗斯的武器进口”。

境外媒体借能源问题评说我外交政策的较多，其中有不少夸大能源问题的严重性、挑拨我与一些国家和周边国家关系的内容。英美媒体普遍关注我国有关能源的外交活动，报道及时，评论较多。如，对中俄石油管线谈判、中日海洋石油开发之争、胡锦涛主席拉美之行、湄公河上游水力开发等问题，评论我能源政策失误、造成国际间紧张关系、外国在华企业生产受影响等。

**3．人权、西藏等传统反华议题在报道数量上比往年少，未形成主流影响；但不断变换主题和手法，通过舆论干涉中国内政，制造新的舆论热点。**

由于伊拉克战争和虐俘事件，以美国为首的西方媒体，虽然在人权等传统领域仍坚持对华保持政治压力，但调门降低，影响力减弱。从全年情况看，“人权问题”上的反华舆论，集中在人大修改宪法、“六四”15周年、香港立法会选举、国内新闻体制和社会等问题上寻找话题。

在2004年“两会”召开前后，西方主要媒体集中关注关于私有财产和人权入宪问题，有褒有贬。经常大量报道和反复炒作的问题，主要是我国公共卫生和艾滋病防治体系、农民工和下岗职工权益方面的话题，对我新闻管理体制进行无端指责和揣测，不断制造所谓新闻自由的舆论影响。

外界对“台湾问题”的报道持续全年，从上半年台“总统”大选到下半年“立委”选举、年底全国人大常委会审议《反分裂国家法》，“台独”进程和两岸关系走势始终被西方媒体关注和评论。一些媒体渲染“武力解决”台湾问题的严重性，把制造台海局势紧张的责任嫁祸于大陆，借此炒作两岸军力对比；美国在“台独”问题上的两面态度，也是媒体评论较多的话题。

上半年香港政改及中央对港政策成为西方媒体攻击的主要内容，“分化”的报道倾向十分明显，核心论点是指责中央政府破坏香港自由，如英国仍表示自己对香港负有“政治和道德上的责任”。西方媒体企图长期主导香港舆论、不断施加影响的动向需要长期警惕。

在“西藏问题”上，西方媒体以达赖和“藏独”活动为中心，自主报道数量虽不大，但仍反复指责我民族和宗教政策，话题也开始由原来的宗教、文化问题，转为所谓对民族地区实行汉族移民和经济同化。这一类的报道往往看似是对中国西部经济发展的客观描述，但结论一般是负面或故意歪曲的，即这种发展正在毁灭其他民族赖以生存和发展的地域经济与自身文化。

借“六四”15周年，西方媒体于4月底、5月初集中发表大量评论，其中大部分是借机攻击我国政治制度的报道。与往年不同，有些评论批评了当年少数不负责任的激进派学生，认为平定“六四”给中国带来了稳定，直接或间接地促进了中国这15年的经济发展。

### 4. 涉华负面报道以突发性灾难和群体事件为主，并以此批评我现行制度与政策。

国外主要媒体反映我国社会现实问题的报道，一般集中在群体事件、劳工权益、贫富分化、疾病防治、公共安全与环境保护等问题上。这些报道和评论以负面居多，除了将这些问题归咎为现行制度和政策外，多数舆论认为是中国经济快速发展带来的一系列社会问题。

10月底和11月初，安徽、四川、河南一些地方发生的群体事件，受到美、英、法及亚洲各主要媒体的普遍关注。在这一类报道中，以美国为首的西方媒体连篇累牍地发表批评性分析评论，把局部事件描绘成中国社会的“尖锐冲突”、“恶劣处境”。但同时一些报道也承认，中国对非暴力抗议常常采取容忍的态度，大部分抗议事件均事出有因。美国兰德公司中国问题专家的研究报告表示，中国的群体性抗议事件持续增加，与中国的经济增长没有关系，但显示出中国的有关制度失灵。新加坡媒体认为，中国政府管理危机的能力的确提高了，但规模不等的社会群体事件从来没有间断过。

对于国内矿难频发、拖欠农民工工资问题，西方舆论主要指责中国工人权益受到侵犯的情况很普遍，中国市场经济发展中信用制度不完善。由于中国政府对事故及报道的高度重视，美国《基督教科学箴言报》针对陕西陈家山煤矿瓦斯爆炸事件当天曝光一事认为，中国在重大事故的信息发布上表现得“诚实坦率”，一些矿难比往常得到了更迅速、更全面的公开报道。

西方报道普遍认为，中国对艾滋病出现大流行的估计不足，对艾滋病防治工作的投入不足，民众对艾滋病的知识贫乏，同时也攻击中国政府有意隐瞒艾滋病患者数字和全国范围的感染情况。路透社称，新疆地区目前已成为艾滋病散播的一个新热点。但我国领导人积极参与防治艾滋病的宣传，同样受到了国外媒体的关注与好评。俄塔社报道称，胡锦涛主席与艾滋病患者紧紧握手，是一次历史性的握手；西班牙埃菲社评价说，胡锦涛主席与艾滋病病人的握手反映了政府与艾滋病作斗争的决心。

环境问题向来是西方主流媒体关注的焦点之一，在涉华报道中占据着重要位置。英国和美国的主流媒体如《金融时报》、《经济学家》、《华盛顿邮报》、《纽约时报》、美国之音等对我国环境问题的关注程度较高。英国《经济学家》7月一期中发表对《河水变黑：中国未来的环境挑战》、《大象的退却：中国环境史》、《新消费者：富裕对环境的影响》三部论述中国环境问题著作的书评，认为随着经济的发展，中国的生态问题也在爆炸性地发展。西方媒体关于环境问题报道的主要观点是，中国的经济腾飞也对中国和中国人造成了极大的威胁，体制问题是环境持续恶化的原因。《华盛顿邮报》则称，大多数外国观察家关注于中国繁荣表象下潜在的社会问题和经济问题，其实中国现今是世界上环境问题最为严重的国家。

**5．由于中国经济实力增长和台海局势严峻，外界舆论更加关注中国国防建设，军事报道有升温趋势。**

境外特别是西方媒体十分关注中国人民解放军的现代化建设，重点报道、分析和评估我军事战略，一直跟踪评论台海局势变化、我国军队高层领导变动、武器装备的研制和采购等。

外界对《2004年中国的国防》白皮书内容反应迅速，对新时期我加强空军、海军和战略导弹部队建设情况，对我研制、引进武器装备情况的关注，也超过以往年份。外媒重视我军与俄罗斯、以色列以及欧盟主要国家军事技术的合作，并通过我国举办的航天航空技术展览、国内相关媒体的报道，分析和研究我国一年来高精尖武器装备的研制成果和我国引进武器装备及技术情况。这些报道也被一些媒体用来渲染“中国威胁论”。

随着“台独”势力加快分裂步伐，外界对我国防建设的关注往往与我对台军事准备相联系。我国防白皮书发表后，美联社认为中国是为更好地应对来自独立意图的台湾和日益增强的全球不稳定因素的威胁；日本《朝日新闻》称白皮书表明了加强军事遏制力以阻止“台湾独立”的姿态，体现在军事政策方面，就是加强海军、空军和战略导弹部队；法新社认为粉碎“台独”势力的恶性上升，是中国新的国防政策的核心内容；日本共同社则关注到白皮书对日本进行的点名批评，把日本加紧修宪、针对中国调整军事安全政策、明显增加对外军事活动，视为影响亚太地区安全的主要因素。

涉华军事报道中值得注意的是，西方一些有代表性的媒体舆论，一直在强调经济发展与军事扩张的必然联系。如美国《亚洲华尔街日报》的分析说，随着经济实力的增强，中国在军事上也发生了转变，已经开始了强盛时期外界一度称之为的“帝国扩张”，驱使其这样做的不是意识形态，而是对市场和原材料的需求。这种舆论一旦形成就会被利用来配合“中国威胁论”。

## 三、关注重点和主要观点

### 1. 政治话题：关注内容广泛，充满期待与观望。

2004年我国内政治的诸多方面仍旧是境外媒体关注和报道中国的主要内容，也是负面报道最集中的方面。

（1）党的十六届四中全会

“加强党的执政能力建设”是党的十六届四中全会的主要议题，境外媒体对此进行关注，但报道数量最多的却是江泽民同志辞去军委主席等重要人事变动。从会前猜测、臆测辞职原因到分析政策变化，外媒从各个方面予以评论分析，在别有用心地渲染所谓“政治斗争”的同时，也认为此次权力交替显示出中国的国家机器正在逐步走向现代化。

**关注人事变动**　海外媒体对党的十六届四中全会上由胡锦涛接任江泽民出任中共中央军委主席，进行大量报道，强调这是中国第一次有序的权力交接，根除了由于“两个权力中心”的存在所造成的潜在动荡因素，代表中国在结束终身任期方面迈出了坚实的一步。新加坡《联合早报》报道，四中全会上完成了三权一身的权力交接意义非凡，这不仅仅在于其深化了权力交接班的制度化，而且也在于党军关系或者军政关系的变化及其制度化。四中全会后的中央军委组成明确体现了专业和职业精神。

**展望未来政策走向**　大多数评论都认为全面接管权力后的胡锦涛同志近期内不会对江泽民同志时期的政策做出太大改变，但认为胡锦涛会更重视国内问题，将着力解决腐败和失业问题，巩固和强调稳定，对港台政策会更开明与温和。有媒体对胡锦涛进行政治改革寄予期望，但大多数媒体认为其政治改革计划只是在一党制范畴之内增加透明度与竞争力。

**负面解读我加强执政能力**　相对于报道四中全会的人事变动而言，境外媒体报道“加强党的执政能力建设”这一会议主要议题的数量不多，多数为负面解读。新加坡《联合早报》报道，十六届四中全会强调中共必须“科学执政、民主执政和依法执政”，为十多年来进展迟缓的政治改革鸣锣开道，全会开启了中共政治改革的新时代。法新社报道，中国共产党公布了一份政策文件，内容是关于如何在“敌对势力”的威胁中保持执政地位。美国之音的文章针对会议文件报道说，中国共产党领导人曾经就根除腐败的必要性发表过讲话，但从来没用如此严厉的措辞指出腐败会对共产党造成的后果。英国广播公司报道，文件对党员发出不同寻常的严厉批评，但并没有提出多少解决办法。美国之音的报道认为，四中全会“加强共产党执政能力建设”的议程是一种避实就虚的做法，表明共产党的执政能力和执政地位受到越来越多的质疑。英国广播公司报道，中国共产党发表了提高执政能力的政策文件，这无疑是承认中国共产党面临合法性危机。

（2）2004年全国人大和政协会议

对于年初召开的全国人大会议和政协会议，境外媒体进行大量报道，报道焦点主要围绕“两会”的作用、政府工作报告和修宪。

**评价代表权利和政府民主进程** 有些媒体肯定人大和政协的作用，认为“两会”的影响力在增大，而另一些媒体则持相反的态度。例如，肯定中国人大和政协的作用或认为人大和政协的作用正越来越大的报道有：美联社播发题为《中国人大权力不大但影响力增加》的文章，援引新加坡研究人员的观点说，在中央政府缺少基层反馈的情况下，人大代表为政府决策提供了了解情况的重要窗口，中央越来越重视人大代表指出的政策缺点。德国之声网站的报道说中国人大的影响力越来越大，人大代表不再是举手欢呼的机器。法国《欧洲时报》评论说，政协是中国独一无二的机构，其“国家智库”和“民主监督”的作用正日益凸显。

持负面态度的报道有：法新社播发题为《活跃代表减少和会期缩短以及中国议会的影响力》的文章，援引分析人士的话说，一批极其活跃的“两会”代表失去代表资格，这从一个方面说明人大的影响力正在减弱，使民主化在中国成为一个更加遥远的目标。英国广播公司的评论认为，中国的全国人大这个名义上的最高立法机构没有什么实权，其任务主要是推行执政的中国共产党所制定的方针政策。美国国际合众社说，中国人大的职责是向共产党制定的政策提供通行证，而不是为政府执行的权力提供一个公开讨论的平台。

**注意到政府关注弱势群体** 美国有线电视新闻国际公司报道，今年“两会”的主题不再是快速增长，而是平衡。中国领导人都将树立和落实“科学发展观”作为当前的任务，官方将把更多重心放在平衡不同地区和不同产业的需求和目标上，尤其要照顾贫困和弱势群体。德国《柏林日报》报道，温家宝在政府工作报告中唤起人们对社会问题的重视，警告人们要注意经济加速发展中的新矛盾。美联社报道，温家宝在所做的政府工作报告中表示提高农民的生活水平是政府当前“最重要的任务”。中国领导人显然担心，如果农村人口的生活水平得不到提高，中国的社会稳定很可能会受到危害。美国《纽约时报》报道，国务院总理温家宝在政府工作报告中承诺中国将稳定地发展经济并将向农村的发展中投入更多力量。

**聚焦我将尊重人权写入宪法**　今年的全国人大会议对宪法进行修订，把保护私有财产、尊重和保护人权加入宪法，境外媒体对此广泛关注，认为这是中国法律制度建设上的一个重要阶段，是中国的进步；但对其能否落实表示怀疑，认为保护私有财产入宪是中国促使国家和社会摆脱意识形态约束的表现。

各国媒体普遍注意到中国首次把尊重人权写入宪法，并对此表示欢迎。日本《每日新闻》报道，中国将保护私有财产条案写进宪法，是中国经济改革在法律制度上的一个重要阶段。西班牙埃菲社的文章指出，这将是中国历史上第一次承认合法获得的私有财产，表明这个地球上人口最多的国家形成了新的执政理念。美联社报道认为，《宪法》明确保护私有财产，使中国的法律体系首次真正地与“以市场为导向”的市场经济体制统一起来。《西班牙先锋报》刊文认为，虽然中国在人权问题上进展缓慢，但正走在正确的道路上。英国广播公司的报道认为，有关举动至少显示出中共新领导层开始考虑人权问题，这无疑也是一种进步。英国《金融时报》的文章认为，即使修宪不会带来实际成果，但作为纲领性的表白仍然很重要。

日本《每日新闻》的文章说，通过修宪，更多的民营企业家将被吸收到中共党内，社会主义政权标榜的工人和农民等“弱者代表”的色彩正变得越来越淡。英国广播公司报道认为，私产入宪标志着中共最终抛弃了1949年革命的立国支柱之一。路透社援引澳大利亚国立大学教授白杰明的话说，中共正在一步一步远离共产主义意识形态。美联社报道，中国将保护私有财产和邀请私人企业家加入中国共产党正式写入宪法，显示中国朝着资本主义方向再次迈出象征性的一步。类似的报道还有德国之声、《法兰克福评论报》和美国《福布斯》杂志等。

海外媒体对新宪法中规定的保护私有财产和人权能否落实持怀疑态度。如德国之声报道，宪法中纳入保护私有财产的内容，出现在2003年中共中央的修宪建议中，而后中国城市中各种暴力拆迁的活动反而加剧，这是一个很大的讽刺。美国《纽约时报》的报道认为，修改后的宪法不会放松对言论和政治抗议的限制，修宪也不会对法院审判的结果带来直接影响，新条款的象征意义大于法律意义。德国之声报道，《南德意志报》就中国通过宪法修改草案发表评论说，对新宪法的补充内容发出欢呼还为时过早，宪法在中国并不能保证公民的权利，公民的权利更多是由以权力机关和干部为代表的共产党给予的。法国国际广播电台的报道援引美国康奈尔大学法学博士、在纽约担任律师的李竟竟（音）的观点称，修改宪法，首先要改变对宪法的观念，中国长期以来把宪法当成革命的总结，是宣言式的东西，只对过去有意义，对现实没有什么意义。美国之音3月份的多篇相关评论质疑宪法修正案是否能给中国带来真正的变化，称中国离真正的法治国家仍有很大距离。

（3）政治改革

境外多数媒体认为中国已谨慎地开始进行政治改革，但这种改革主要是一种体制内的改革。

**对我新领导层推行政改寄予期望**　2004年对中央新领导层的报道，是海外媒体不多见的以正面报道为主的议题，主要是赞扬新领导层的亲民作风、关心弱势群体以及反腐败等等，对新领导层进行政治改革予以期望。美国《纽约时报》报道，胡锦涛主席设立了向中国著名人士咨询的制度，认为共产党公开在类似课堂的环境里征询公众意见，显示其从永不犯错的形象中进一步解脱。美国之音的报道认为，十六届四中全会的会议文件全面反映了胡锦涛的议事日程，他和总理温家宝都呼吁政府要为群众办事，但在打击腐败方面采取更强硬的措施。

**将改革归为保稳定的体制内改革**　德国之声网站的报道认为，15年前中国民主运动领导人之一、被政府称为“黑手”的陈子明最近获准到北京社会经济研究所工作，这是政治谨慎开放的标志。美国《华盛顿邮报》就全国“两会”闭幕刊登评论文章称，中共领导层正在考虑对僵化、效率低下、腐败盛行的政治体制进行重大变革。西班牙《起义报》的文章认为，“三个代表”思想的提出是谨慎政治改革的开端，中国的政治改革应重在监督党的高层，限制滥用职权的现象，应该是一种保障稳定的体制内的改革。新加坡《联合早报》刊载郑永年的文章，认为不走西方式民主道路并不等于不要政治改革，四中全会把执政党的改革视为是中共高层的最高日程，表明高层对执政党改革的迫切性已经有很高的认识。

**认为当前改革是非制度的民主化** 美国之音的报道认为，中国目前所进行的改革被一些中国学者称为“第三次革命”，是自上而下的全面改革而非自下而上的社会变革，是理性渐进有控制的民主化。新加坡《联合早报》的文章认为，官方网站以公开和开放的姿态让民众参与“两会”，体现中国民主的日趋成熟；但对网民促使国务院废除实施了20多年的《城市流浪乞讨人员收容遣送办法》和最高人民法院介入刘涌案，外媒称政府毫无原则地重视民意，会影响国家的发展大计和长治久安，践踏行政和司法机关的尊严。美国之音的文章称中国在经济市场化的同时，政治制度却没有出现标准的政治学理论所预测的民主化，这是因为执政党不肯放弃权力。

**关注中国官场出现新的政治文化** 新加坡《联合早报》报道，中国官方严肃追究三起重大事故的领导责任，表明中国开始大张旗鼓地建立领导干部问责制，充分显示中国新一代领导推进依法行政的决心。新加坡《海峡时报》报道，中国因为非典流行而免去疾病控制中心领导的职务，凸显了中国领导人所要求的官员必须对人民负责的精神。英国广播公司中文网刊登中国事务特约撰稿人江迅的文章说，中国官员引咎辞职风潮刮起，人们称之为“问责风暴”、“问责革命”，这是中国大陆官场新的政治文化。但英国广播公司的另一篇报道认为，在中国的政治体制内，人们对能否建立一种真正行之有效的高官问责制不抱太高的希望，新领导层面临很大的制度性制约。

**强调法治的实现受体制束缚** 美国之音的报道认为，《行政许可法》解决了中国行政管理上存在的“无法可依”的问题，具有重要的积极意义，但其实施将不可避免地会受到体制问题的束缚。英国广播公司的报道认为，加快“法制政府”建设涉及深层文化意识、国家宪政体制结构方面问题，《行政许可法》的实施非常不容乐观。新加坡《联合早报》的报道说，《行政许可法》宣告中国民众“跑”项目的历史结束。

（4）新闻体制

对于中国的新闻出版业，海外媒体一贯以负面报道为主，大量报道新闻从业人员受到“打压”的案例，认为中国的媒体受到严格的控制。但面对中国文化体制改革以及入世后的市场开放，一些媒体也开始关注相关变化。

**肯定我媒体环境发生重要变化**　美国《华尔街日报》报道，中国对媒体的控制稍有放宽，已经暗中允许几十家国有广播电视公司、报纸和其他媒体机构进行改革尝试，如引进境外和私人资本以及在股票市场上市等，意欲打造出类似于时代华纳或新闻集团那样的媒体航母。美国亚洲媒体网站报道，中国的媒体环境正在发生重要变化，媒体经理人逐渐拥有更多的自主决定权。德国之声报道认为，总的来说，中国媒体所获得的自由已经比以前大很多，但一旦触及党的领导地位，新闻自由还是要让位的。

**攻击中国的新闻制度及管理方式**　美国之音曾妄论我将设三级发言人制度，认为中国目前对新闻实行严格的控制，国有媒体的记者如果不经事先批准对敏感问题进行报道，会受到处分甚至解雇。美国之音就中国官方网站删减切尼在复旦大学的讲话一事进行炒作，认为这是中国新领导层采取控制舆论的一贯作法，这种行为有伤国体。海外媒体大多认为《南方都市报》前总经理兼副总编辑喻华峰和编辑程益中的被捕，是对其广东非典疫情以及后来的“孙志刚案”揭露性报道的报复，同时对《纽约时报》北京办事处研究员赵岩遭拘押一事进行广泛报道。

**突出互联网是新闻控制的难点**　随着中国媒体力量的加强和互联网的发展，部分海外媒体认为我对新闻的管控会越来越力不从心。美国之音的报道认为，尽管政府没有放弃控制，但是媒体力量的加强实际上已经削弱了政府在传媒领域的控制能力。英国广播公司报道，中国对互联网的限制措施所起作用有限，因为虽然中国政府封闭某些国际网站，但仍有不少大陆用户通过代理服务器登陆这些被禁网站。美国《耶鲁全球》在线杂志的报道称，北京利用高端技术加大对国家网络的控制，减缓网络将新观点以及自由言论引入中国的速度，有些人甚至怀疑政府早已将网络为己所用，成为“镇压”言论的工具。美国之音报道，中国政府要求中国互联网服务公司签署“自律协议”，停止散布政府所认为的可能有害国家安全的信息。德国之声报道，中国共产党与中国的8000万网民打一场“封网”的战争，恐怕不能稳操胜券，对互联网上传播的所有信息进行24小时监控是不可能的。

（5）涉港议题

因为2004年进行了香港立法会选举，海外媒体有关香港的报道几乎都与选举有关，报道内容包括中央对港政策、港人对中央政策的回应、外国对香港政改以及立法会选举结果的分析。

**认为涉港问题中央政府拥有最终决定权** 针对新华社重发邓小平关于“治港者必须爱国”的讲话和全国人大对香港选举释法，海外媒体大多解读为中央政府暗示在如何处理香港问题上拥有最后发言权。新加坡《联合早报》的报道认为，新华社重提邓小平讲话对“爱国者”的定义，是北京要定下一个政治标准来限制香港政治制度改革的自由度，中央政府是想用这一标准阻止政治权力的进一步开放。英国《金融时报》报道，中国决定对香港《基本法》的重要条款进行释法，意图将香港扩大民主的诉求扼杀于襁褓之中，这可能会导致香港政治更为不安定。美国《华盛顿邮报》报道，中央政府已经发出了一连串言辞生硬的暗示：在如何处理香港问题上拥有最后的发言权，这也使民主人士对香港迅速实行全面民主的希望逐渐化为泡影。美国《国际先驱论坛报》认为，中央政府明确表示中央对谁来治理香港、香港何时以及多大程度地实现民主有最终的决定权。

**称我对待香港“民主派”策略发生变化** 境外很多媒体认为，中央为确保在香港立法会选举中获胜，对香港“民主派”采取打压政策，但为了香港的稳定和长治久安，北京对香港“民主派”采取对话和安抚政策。新加坡《联合早报》报道，继“爱国论”、“一国主权”等一轮舆论战之后，北京与香港“民主派”的斗争方式转为“各个击破”。路透社报道，北京或许将改变对待香港问题的策略，不再一味地“严词批判”，而是采用“胡萝卜加大棒”的政策。美国之音报道，北京准备同香港民主阵营进行“认真和理智的”会谈，与香港持不同政见人士进行沟通，以寻求消除彼此对于香港政治前途的长期分歧。英国广播公司报道，中国政府向新当选的泛民主派候任香港特区立法会议员摇橄榄枝，邀其会面。

**报道港人对中央政策的反应截然不同** 海外媒体报道，香港人对于中央的对港政策出现了截然不同的反应。美国道·琼斯通讯社报道说，中国政府通过的对香港《基本法》附件的解释，看起来将使香港对民主改革的憧憬受挫，但投资者和商界人士认为释法具有积极意义，不会危及过去几十年来支撑香港经济成功的商业主导地位的现状。新加坡《海峡时报》报道，公共民调显示，中国大陆对香港普选的不赞成，已经削弱了民众对2007至2008年普选的支持率，大陆要传递的信息显然深入民心；台湾选后的混乱显示，香港不能进行一人一票的选举。但海外媒体报道更多的仍是香港“民主派”人士的抗议活动，如路透社、《纽约时报》、《海峡时报》和英国广播公司均大量报道香港“民主派”人士抗议人大释法的游行。

**分析立法院选举“民主派”失利原因** 海外媒体大多对香港立法院的选举结果进行及时报道，对“民主派”失败的原因进行分析。英国《独立报》刊登了香港立法选举的结果，标题是《香港民主派受到严重打击》。在推究“民主派”选举失利的原因时，法国《费加罗报》的报道认为，香港的功能组别选举对“民主派”极不公平。美国《纽约时报》的报道认为，中国政府在香港举行阅兵仪式，又组织奥运金牌运动员到香港表演，都影响了香港这一次的立法会选举结果。

**称“七一”游行声势及影响有所下降** 海外媒体对今年香港“七一”的报道力度并不大，主要观点是指责中央政府压制香港民主。英国《经济学家》报道，中国对今年香港“七一”的游行有所防备，尽管数十万的香港人在7月1日走上街头，呼吁中央给予香港选举特首和立法会的普选权，但今年游行的声势和政治影响显然不比去年。美国《纽约时报》报道，数十万香港居民举行游行要求民主，在某种程度上这次游行对北京的批评呼声更高。新加坡《海峡时报》报道，继香港“七一”游行之后，中央政府将考虑安排民主党内温和人士在特区政府内任职，而对“强硬派”则继续采取强硬措施，并可能在适当时机揭露他们与外界反华势力的关系。报道说，北京此次对于游行的反应要比去年镇定得多。

（6）涉台议题

由于年内进行了“中华民国总统选举”和“立委”选举，台湾当局更借所谓“公投”、“制宪”和“去中国化”，加快“台独”步伐，台湾问题成为国际社会关注的焦点。海外媒体有关台湾的报道，主要集中在选举、陈水扁的“台独”活动、中国大陆和美国的对台政策方面。

**密切追踪报道台湾选举情况** 在选举期间，海外媒体对选情做了大量预测分析和报道。选举结束后，各大媒体继续对台湾“政局”进行追踪报道，但观点迥异。新加坡《联合早报》报道，最新的“总统”选举表明台湾的民主已经深度“厚黑化”，尤其是选举前夕的枪击疑案，更凸显了台湾民主的厚黑程度。瑞士《新苏黎世报》报道，台湾的“总统”选举落下了帷幕，因选举结果发生的两大阵营争执并未引发动乱，这归功于台湾拥有一个持审视态度的公众社会，有受过优良教育的中产阶层，他们知道如何有效地使用自己不受限制的言论自由权利。

在12月份进行的台湾民意代表选举中，主张“台独”的民进党受挫，境外舆论大多认为这有利于两岸紧张形势的缓解。美国《华尔街日报》发表评论认为，选举结果使陈水扁的独立政策受阻，从而将缓解中国政府的担忧。美联社的评论认为，泛蓝阵营的能力得到加强，可以对台湾当局起到制衡作用。美国《纽约时报》认为，选举结果显示台湾选民不愿接受陈水扁近来让台湾进一步走向独立的呼吁。新加坡《联合早报》报道，陈水扁一手主导的立法院选战以失败告终，显示极端路线不得人心。

**突出“台独”势力加快分裂步伐** 海外媒体普遍认为台湾当前的“台独”势力得到极大发展，“去中国化”力度越来越大。如德国《法兰克福汇报》报道，在台湾，认为自己是中国人的人数从1992年的26%降到目前的10%，而认为自己是纯台湾人的人数则从12年前的17%上升到今天的42%。新加坡《联合早报》报道，在台湾选举中，在民进党的任何活动场地，只见成片的绿色党旗，一面“国旗”都没有。日本《读卖新闻》关于台湾问题的分析文章认为，台湾选举结果已经说明，大陆与台湾统一的可能性几乎没有。新加坡《联合早报》报道，台湾军方动手废除统一口号，“中华民国”的革命建国不算台湾史，被列在中国古代史，彰显台湾民进党加大“去中国化”的力度。

**聚焦大陆对台政策发生重要变化** 日本《东京新闻》报道，大陆的战术发生了变化。第一个转变是“维持现状”，以前中国坚决反对维持处于独立状态的现状，但陈水扁方面出现了令人担心的利用台湾“新宪法”来名副其实推动独立的事态，中国因此转而主张维持现状；第二个转变是“国际化”，中国一贯主张“台湾问题是内政”，但这次却要求别国干涉，例如胡锦涛与布什的谈话、赢得希拉克反对

“公投”的表态等，包括中法联合军演也是利用外国军队对台施压。英国广播公司报道，在经历过以前军事演习和言辞威胁的失败以后，大陆开始采取更柔和的态度，通过改善国内环境与利用国家外交来警告台湾人民切勿寻求独立。新加坡《联合早报》报道，台湾选举的结果，再次体现了北京近20年来台海政策的两大缺陷：一是缺乏具有前瞻性、远见性的计划和对策，二是对事态发展无主导权，总是被动地被形势牵着鼻子走。

12月下旬，境外媒体广泛关注中国人大审议《反分裂国家法（草案）》，认为反分裂法是针对台湾的，是从法律上抗衡台湾“公投法”和美国《与台湾关系法》，但立法不意味着立即推进统一。美国《华盛顿邮报》发表评论说，中国决定现在提出“反分裂法”，意味着北京欲对陈水扁在未来3年内走向“台独”的进程施加压力。法新社评论称，中国起草的反分裂法虽然为对台动武提供了法律基础，但不太可能对统一的时间限制明确的时间表。英国《金融时报》的分析认为，在对于中国政治最具有敏感性的问题方面立法，具有非常大的风险。一是立法计划会使台湾选民与大陆进一步疏远；二是强硬的立法会推翻美国作为台海安全局势最终仲裁者的地位；三是限制了领导层处理这种复杂问题的妥协空间。

**分析预测大陆对台动武的可能性** 陈水扁连任后，多数海外媒体都认为大陆“武力攻台”的可能性增大了。新加坡《联合早报》报道，陈水扁赢得连任后，美国军事专家警告中国最快可能在一至三年内发动台海战争。华盛顿智囊机构“安全政策中心”的中国军事专家费雪在华盛顿一场研讨会上表示，陈水扁连任可能使中国强化对台动武的军事准备。英国《简氏防务周刊》报道，若中国决定武力统一台湾，将可能在2006年实施“斩首战略”。新加坡《海峡时报》刊登了加利福尼亚大学洛杉矶分校教授汤姆·普拉特的一篇文章，题为《不要断定中国不会向台湾开战》，文章说“中国担心陈水扁会成为分裂国家的第一张多米诺骨牌，很容易想象中国为什么会对台湾启动军事选项”。海外媒体还大量报道了解放军加强军备和进行演习的消息。

**关注美国对台政策的最新动向** 美国的台海基本政策是维持两岸现状，反对大陆通过武力统一；同时为了维持两岸的势力均衡，一般持支持台湾民进党的态度。通过2004年的台湾选举和陈水扁不断的“渐进式台独”行为，美国政府已经认识到台湾民进党正努力改变现状、挑战大陆，台海战争的可能性越来越大。美国政府为避免自己被卷入战争，对台湾民进党的行为进行了约束，很多海外媒体对此都有所反应。美国《亚洲华尔街日报》报道，一名美国高层官员在接受访问时表示，与上一任期相比，布什政府更强硬的对台政策正在形成，以免台海紧张情势在未来四年演变成对抗冲突。

美国对“台独”行径的制约行为基本贯穿全年。在台湾“总统”选举期间，很多媒体报道了美国政府反对台湾进行公投的消息。10月份，美国国务卿鲍威尔访问北京时明确表示“台湾不是独立主权国家”的言论，海外媒体也做了大量报道和分析。12月下旬，美国副国务卿阿米蒂奇接受美国公共电视台的访问，认为美中关系未来最大的地雷是台湾，《与台湾关系法》并没有规定美国必须“防卫”台湾。此言一出又一次在台湾引起极大振动，但国际舆论对此反应并不激烈。

（7）民族宗教

2004年境外媒体有关民族问题的报道主要集中于西藏、新疆和地区性民族冲突，继续抨击我现行民族政策，认为中央对少数民族地区实施“汉化”和“破坏性”开发，使少数民族失去自己的民族特色。而西方主要媒体在继续造谣攻击我宗教政策的同时，也报道了中国宗教政策的变化及宗教现状。

**涉藏报道负面声音居多** 西藏问题是西方涉华报道的传统议题，2004年海外媒体报道的主要内容，仍是达赖和流亡藏人的活动及其自治主张，抨击我国在西藏实施的各项政策和举措。

——关注后达赖时期。美联社报道，达赖在接受《时代周刊》采访时表示，如果北京保证保护西藏文化，那么西藏在中国的管治之下会发展得更好。德国之声针对达赖特使第三次访京的报道认为，西藏独立不现实，达赖已不再寻求西藏独立，而是要争取藏人治藏的自治底线。美国之音的报道对照了台湾问题与西藏前途，认为一旦较为温和的达赖离世，西藏的归属将更为棘手。法新社报道，在达赖流亡西方45年后，中国领导人没有显示出近期将允许其返回西藏的迹象，担心达赖的返回会引发分离行动。路透社报道，中国强烈要求达赖放弃其西藏自治的目标，西藏问题政治解决并使达赖回藏成为可能的微弱希望变得更加渺茫，北京发表的《白皮书》排除了西藏实行类似香港和澳门"一国两制"自治制度的可能。美国之音报道，达赖的两位代表在9月对中国进行了为期两个多星期的访问，与北京在一些重大问题上仍有深刻分歧。

——以经济手段控制西藏。德国之声网站的报道认为中国是以汉人控制藏人，汉人移民西藏是北京加强控制西藏政策的一部分。美国之音的报道认为，中国蓬勃的经济似乎成为进一步加强控制西藏的有力工具，中国对西藏的大部分新投资，对汉人移居者的帮助远比对西藏当地人要多。英国广播公司报道，西藏文化正在中国政治经济的影响下面临受到破坏的危险，中国并不谈论人权及压制西藏佛教的问题，而是大谈当地的经济增长。

**批评我涉疆政策** 海外媒体关于新疆的报道，主要是认为中央在以打击恐怖主义为名对维吾尔人进行打击，攻击北京通过向新疆地区移居大量汉民来达到"汉化"新疆的目的。如美国之音报道，新疆维吾尔族独立人士在美国首都活动频繁，指责中国政府以打击恐怖分子为借口，杀害新疆维吾尔族人，并呼吁美国支持新疆独立。美国《纽约时报》刊文《丝绸之路上的民族矛盾》，认为汉族移民和破坏性的开发使乌鲁木齐几乎失去了当地蕴涵的民族与宗教特色。美国之音报道，新疆地区的局势最近几年相对平静，但这种平静恐怕是风暴来临之前的平静，北京应该扩大新疆的自治而不是靠加强镇压来维持新疆的稳定。

**渲染地区民族冲突** 英国广播公司报道，河南省发生的汉回民族冲突表明：民族问题是中国政府最头疼的一个问题。美国《国际先驱论坛报》、《洛杉矶时报》、《时代》周刊、英国路透社、沙特阿拉伯《阿拉伯新闻报》等都对此进行大量报道。美国《华盛顿邮报》的报道认为，此次冲突是中国在从社会主义到资本主义艰难转型的同时，维持共产党严格的政治体系所造成的种种紧张关系的最新体现。

**对宗教议题心态复杂** 美国《华盛顿观察》刊登了《耶稣在北京：基督教如何改变中国及全球力量平衡》一书的书评。文章说，基督教在中国的发展将对全球政治格局产生影响。美国《基督教科学箴言报》报道，一些迹象显示，中国对基督教的态度正在改变。最显著的标志就是中国的信教人数不仅在增加，而且增加的非常快，这种改变反映了官方的态度。美联社报道，中国共产党执政以来首次在北京建造两座基督教教堂，这对于一个一贯严格控制宗教信仰、经常被指责为迫害秘密信仰者的政府来说，的确是一个惊人的改变。德国海德堡大学中国研究学院主席瓦格纳说，“修建新教堂的确是一项新举措，同时也是一次很好的宣传。这是一箭双雕的做法：打击任何未获允许的活动，同时将人们拉入政府资助的教会中来。这代表了一项提议：只要遵守规定，就可以合法存在。”

美国多维新闻网报道，由美国国会成立的拥有9名成员的独立顾问机构“美国国际宗教自由委员会”日前宣布，该委员会已敦促美国国务院将中国等11个国家，定为“特别令人关注的国家”，因为其“恶劣、蓄意和持续地践踏宗教自由权”。路透社报道称，根据大赦国际组织的一份报告，过去三年，中国以打击恐怖主义的名义拘捕了成千上万名穆斯林，关闭了清真寺并取缔了一些宗教学校。美国之音的报道认为，中国严厉迫害宗教人士。美联社、《华盛顿邮报》、美国之音以及英国路透社、英国广播公司还多次刊登中国逮捕宗教领导人的报道。

（8）反腐败行动

**注意到中国的反腐决心** 海外媒体对中国近年来，尤其是新一届政府的反腐行动进行报道，认为中国政府已经意识到腐败问题的严重性。新加坡《联合早报》报道，即将出台的《党内监督条例》的推出，显示了新一届中央政府加强党内民主建设、预防治理腐败的决心。《法兰克福汇报》报道，安徽省前副省长王怀忠因受贿罪被执行死刑，这是最近20年来第三名高级干部被执行死刑，新一届政府以此表明自身要毫不留情地打击党内高级干部的腐败。《日本经济新闻》的报道认为，四中全会求稳定、防腐败，强调了加强执政能力的重要性。海外媒体也关注到十六届四中全会通过的《中共中央关于加强党的执政能力建设的决定》中严厉的反腐措辞，认为我领导人现在意识到公众对党内广泛存在的腐败现象极为不满，但同时也称文件并未提出太多解决办法。海外媒体还高度关注今年年初的审计风暴。新加坡《联合早报》报道，代表政府的李金华自曝政府强势部门的家丑，让众多关心中国反腐败前景的人看到了一线曙光。

**继续攻击中国的反腐行动** 美国之音的报道对哈尔滨市前副市长朱胜文在服刑期间自杀的死因表示强烈质疑，认为反贪已经成为有权势者排除异己的工具。美国《华盛顿邮报》报道，指责政府官员腐败而一时声名大噪的福建省连江县县委书记黄金高被解职，并接受某种形式的软禁，此事说明，尽管政府高层一直重申打击县市及省级官员的腐败，但是站出来指责中国普遍的腐败情况仍要付出一定的代价。美国之音的报道认为，中国如果只是希望通过自我约束，而不是从制度方面下手，将不会从根本上解决已经根深蒂固的腐败问题，应该真正在司法改革和新闻自由等方面有所作为。审计不是根除腐败的万灵丹，寻求解决之道就必须进行行政管理体制方面乃至更深层的政治体制改革。

(9) 人权话题

“人权问题”一直是西方涉华报道比较关注的传统议题，今年境外媒体有关中国“人权问题”报道的特点，是抓住我发展和社会转型期的一些问题，进行歪曲炒作并夸大问题的严重性。

**继续抨击中国的人权状况**　美国国务院2月25日发表2003年度全球人权报告，认为中国2002年继续存在大量和严重侵犯人权的现象。德国之声抨击中国利用服刑犯人进行强制拆迁。英国广播公司报道，欧盟外交事务专员彭定康说，中国在人权特别是民权和政治权力方面没有达到国际标准。很多海外媒体报道了中国把尊重和保护人权写入宪法，认为这是中国在人权认识上与国际接轨的表现，是一种进步，但不认为今后中国的人权状况会有较大的改善。路透社报道，宪法修正案明确规定“国家尊重并保护人权”，这是中国宪法首次规定保护人权，是一种进步，但此举不会打开控制言论自由的“闸门”。

**关于劳工权益的报道较为负面**　2004年下半年，随着中国政府重视解决拖欠农民工工资问题，境外的负面报道开始增多，时间上也比较集中。路透社报道，美国最大的劳工组织敦促布什政府在中美双方高级会谈时对中国施压，让中国政府停止对工人的残酷压迫。英国广播公司的报道指责我软禁“农运领袖”张友仁。美国彭博新闻社报道，中国北部约有6800名工人因为公司强迫员工签署“不公平”劳工协议，进行罢工。美国之音和《联合早报》分别大幅报道民工被欠薪事件。英国广播公司报道，抗议事件的规模正在不断扩大，参与抗议的人数也不断增加，中国领导人将面临自1989年“六四”事件以来，比“六四”更大风险的困境。

**利用“六四”15周年攻击中国** “六四”事件一直是西方抨击中国人权状况的主要议题，2004年是“六四”事件15周年，海外媒体更是广泛关注。但不同以往的是，境外报道的角度开始发生某些变化。

——报道相关人物现状。如吾尔开希、王丹和“六四”事件后曾被通缉并被判刑的张铭、杨建利和胡石根，就今年上书为“六四”平反的蒋彦永和“天安门母亲”丁子霖的被关押和释放，海外媒体进行了大量报道，质疑中国自称人权状况正在改善的说法。海外媒体还对赵紫阳的健康状况进行大量报道，分析其潜在的政治影响。美国有线电视新闻国际公司报道，赵紫阳的病情让中国高度警戒。路透社报道，北京对赵紫阳病情特别关注，已开会紧急应对，防止“六四”事件15周年时一旦赵紫阳去世出现社会骚动。

——重评“六四”事件。很多海外媒体认为，温家宝总理在人大记者招待会上的答问，为处理“六四”预留很大的政治空间。除传统的要求为“六四”平反的声音外，也有一些为政府行为辩护或批评学生运动的评论。美联社报道，李光耀在“六四”事件上赞同中国领导人的做法，认为如果当初抗议群众及学生成功地推翻中国共产党的统治，中国就不可能取得今天辉煌的经济成就。美国之音报道，1989年曾因支持民主运动而入狱的戴晴女士日前表示，15年前的“六四”事件不是“遭到镇压的伟大的民主运动”，20世纪80年代的中期和后期，中国本来存在着自上而下、以较小的代价和较公平的方式向法治与民主和平转型的可能性，1989年的改革实际上断送在了“极端冒险分子”手中。《世界日报》的主笔孟玄认为，“六四”事件的发生，部分原因是激进派学生不懂得适可而止，不应该把所有责任都推到中共头上。他认为，“六四”后给中国带来的稳定，可能直接或间接促进了中国这15年来的经济发展。

——报道纪念活动。海外媒体对“六四”事件15周年的纪念活动进行报道，有些媒体同时对我应对措施予以报道，称中国在“六四”前加强对异议人士的监控。德国《柏林日报》报道，随着“六四”15周年纪念日的临近，中共宣传部门加强了对媒体的检查和控制。英国广播公司报道，香港和澳门是中国领土上唯一可以举行纪念“六四”游行活动的地方。美国之音报道，在北京，几十位“六四”死难者家属在纪念日前夕举行追思悼念活动，丁子霖女士是这次全球纪念“六四”15周年筹备委员会的名誉召集人。

——评价“六四”以来中国的变化。在“六四”事件发生15周年后，很多西方媒体对15年来中国的变化进行评析，但观点迥异。美国《华盛顿新闻》发表评论性文章，认为中国自“六四”以来变化甚少。英国广播公司引用不久前获释的王有才的评论，认为中国的人权记录自15年前事件之后就没有得到实质性的改善。美国《纽约时报》的评论文章认为，15年来中共的统治正在削弱，当今的中国在任何实际意义上来说都不能算是一个共产国家；虽然政治多元化还未实现，但是社会、文化多元化已经扎根。美国《时代》周刊报道认为，当年“爱国学生”的诉求已部分获得解决，中国愈来愈重视反腐问题，对民意的回应也更为具体。

**2．外交话题：全面分析解读，积极正面评论为主。**

**（1）党和国家领导人的出访活动**

世界主流媒体对我领导人胡锦涛、温家宝年内分别对非洲、欧洲和拉美的访问，作了种种预测和密集的跟踪报道与评论。这些报道与评论在很大程度上将我领导人的重要出访活动与中国国内经济发展联系起来，即经济发展使中国与世界的关系更加紧密。

**解读胡锦涛欧亚非之行的战略意义**　法新社报道胡锦涛年初访问埃及等非洲三国时说，这是胡锦涛作为国家主席的第三次出访，反映出中国越来越需要利用自然资源来推动蓬勃发展的经济。英国《经济学家》刊文说，近一段时期，中国在非洲一直以务实的形象示人。非洲自然资源丰富，而中国的需求无尽，两者正好取长补短。美国《纽约时报》刊发题为《中国在非洲：全是贸易，没有任何政治累赘》的文章称，中国推动对非贸易格外引人注目，因为这是在非洲几乎成为国际贸易体系中的弃子时发生的，世界各国在讨论全球贸易时甚至对非洲只字不提。北京之所以迅速卷入非洲事务是因为她亟须而且越来越需要自然资源，尤其是石油。法新社播发的报道称，胡锦涛主席访问非洲三国的主要目的是进行石油外交，非洲已经成为中国在全球构建能源伙伴网络的重要一环。

5月26日至6月5日，胡锦涛主席应邀对俄罗斯、哈萨克斯坦和蒙古进行国事访问，并出席在莫斯科举行的上海合作组织成员国元首第三次会晤。路透社报道说，胡锦涛主席访问欧洲和中亚是要对外展现中国外交新形象，扩大中国影响，寻求新的石油资源，并使经济风险多样化。中亚之行说明中国越来越重视发展与不稳定但资源丰富地区的外交关系。

**认为温家宝访欧推进中欧战略伙伴关系** 5月2日，温家宝总理首次访问欧洲。英国广播公司认为，温家宝此行旨在与欧盟建立更紧密的战略伙伴关系。欧洲可借机在世界事务中发挥更大的作用，以抗衡美国的主导地位。法国《世界报》认为，中国新领导人上任后，更加重视发展与欧洲的关系，这是重新平衡中美欧三方关系的行为。日本《东京新闻》报道说，正在欧洲访问的温家宝正在推进同欧盟的“战略伙伴关系”。温家宝同德国和比利时首脑会谈时强调了促进首脑交流及加强联合国的作用，后者意味着对美国单边主义的牵制。美国舆论认为，在欧盟实现历史上最大规模的和平东扩之际，中国率先向欧盟伸出橄榄枝，将开创中国和欧洲政经合作的新局面，并加速欧亚大陆政治、经济板块的融合，促使世界政治格局进一步朝多极均衡的方向发展。中国积极推进世界多极平衡，力求“远交近悦”，各国和平共处。温家宝在欧盟东扩之机访欧，让人看到“平衡外交”中“四两拨千斤”的功效。

**肯定胡锦涛拉美之行巩固双边关系** 11月11日至23日，胡锦涛主席对巴西、阿根廷、智利和古巴进行国事访问并出席亚太经合组织第12次领导人非正式会议。法新社报道认为，此行意在扩大中国在资源丰富的拉美地区不断增强的经济影响力，并再次表明中国在亚太经合组织领导人会议上的“政治崛起”。日本时事社播发消息称，通过此次拉美之行，中国同拉美国家的关系将得到加强，这将巩固中国的国际地位。英国《金融时报》题为《拉美随着中国的调子迅速起舞》的文章评论说，拉美国家也许仍会不时地对来自劳动力廉价的中国的竞争威胁感到不安，但正在开始对中国产生好感。中国与该地区之间的商贸联系日益加强，胡锦涛对该地区的访问将会进一步巩固双方的关系。古巴拉美社播发题为《中国与拉美：战略联盟》的报道说，中国与拉美愿加强各领域的合作。该社综述了最近以来中国与拉美大国之间频繁的高层互访及取得的合作成果，认为中国日益增加与拉美国家的接触表明，中国意在消除西方领导人与媒体宣传中国经济威胁的影响，同时寻求应对美国正在与拉美国家谈判的自由贸易协定。美国之音称，过去几年中，北京在南太平洋地区的外交努力取得了不少成果。对于北京的这一不懈努力，地区战略专家们有着不同的解读。美国夏威夷亚太安全研究中心的教授若尔佛博士认为，从短期利益来讲，北京的外交战略主要是针对台湾的。

（2）我外交战略与对外政策

一年来，世界主流媒体对我“和平崛起”的外交战略、我能源外交、海洋战略以及“软实力”外交作了集中的报道，其中“和平崛起”更是主流媒体涉华舆情关注的焦点。

**关注“和平崛起”新战略** 在我国的外交伙伴中，美国的超级大国地位与中美关系的结构性矛盾使得美国对于我国的崛起具有持久的敏感；俄罗斯和日本，既是地区性大国，又是中国的邻国，基于历史恩怨与现实竞争关系，对本区域内的国际政治力量变化天生疑虑；而欧洲作为另一支具有全球影响力的国际力量，却是同中国的结构性与地缘性矛盾敏感度最弱的外交伙伴，因而能够较客观地评估中国“和平崛起”。

一年来，“和平崛起”“中国崛起”是世界各大主流媒体涉华报道中频繁提及的词语。有些报道进行理性剖析，有些报道加以质疑，有些报道蓄意夸大事实。总的来说，赞誉者众，非议者寡。代表性的观点主要有：

——“和平崛起”将对亚洲地区和世界产生很大影响。美国《亚洲华尔街日报》刊文指出，中国在亚洲地区的崭新姿态几乎体现在所有政策领域。亚洲的力量格局正在改变，中国也许正重新担负起传统职责，在亚洲大陆扮演核心角色。美国前贸易代表巴尔舍夫斯基撰文称，“中国的‘和平崛起’对美国、欧洲和其他发达国家都会产生短期和长期的影响。中国不仅在亚洲地区，在整个世界舞台上都将发挥越来越大的影响。中国的‘和平崛起’表明，经济崛起与其在外交上的崛起是同时进行的。”美国霍普金斯大学国际问题高级研究院中国研究项目主任戴维·兰普顿撰文称，“中国的崛起使其在亚洲的经济和外交影响力与日俱增。中国实力的日益增强使得美国的长期和近期政策都需要做出某种调整，或许是重大改变。中国的崛起给地区联盟和安全结构、美国在该地区权力的运用以及华盛顿使用制裁及其他政策手段的能力都带来重大影响。”

美国《耶鲁全球化》在线杂志刊文《东南亚和美国都必须适应中国的崛起》。文章认为，中国已经以惊人的速度崛起为一个仍然处于早期上升阶段的地区强国，东南亚和美国制定的任何地区安全战略都必须以中国与日俱增的实力为中心。

——中国崛起对西方国家来说是竞争也是补益。英国《金融时报》刊登题为《中国不是在领跑，她只是追上来了》的文章称，有必要从恰当的视角来看待所谓的“中国崛起”。首先，中国已经“崛起”这种理念是极其错误的，事实上，中国只是东山再起；其次，中国的迅猛发展显然使全世界受益，然而一些分析人士仍然将注意力集中在为中国崛起付出代价的一面；再次，与其说中国的崛起对西方国家的利益构成竞争，不如说她对西方国家的利益是有补益的。“中国崛起”仍在继续，但是西方国家可以通过理性分析为应对这种情况做更充分的准备，而不是歇斯底里和夸大其词。

——和平崛起关键在于“大中国圈”的和平整合。新加坡《联合早报》刊文称，中国领导层正在严肃关切中国崛起的外在影响。文章说，中国本身的内在关系应当说比外在关系更为重要，其中“大中国圈”的和平整合的重要性尤其明显。“大中国圈”的整合可以从三个方面来看：第一是国家的安全转型和整合问题；第二是香港和澳门问题；第三，也是最重要和最困难的是如何和平解决台湾问题。内部问题解决不好，和平崛起只会是空中楼阁。

——和平崛起与中国的国际角色。新加坡《联合早报》刊文说，“和平崛起”概念的提出最初是为了回应自90年代初以来盛行于国际社会的“中国威胁论”和“中国崩溃论”。但是，“和平崛起”不应当停留在被动的回应上。作为一个崛起中的大国，中国需要自己的世界秩序观。文章称，“和平崛起”的主体不应当局限于“和平地崛起”，更重要的关切应当是中国崛起之后对世界和平的责任。如何确定自己的国际行为模式，不仅应当成为“和平崛起”概念的一部分，更应当是中国崛起之后成为一个责任大国的必需。

——以经济实力为杠杆为政治和外交服务。美国之音报道说，北京正在潜移默化地把日益壮大的经济影响力转化为国际政治上的优势，从周边国家乃至整个亚洲入手，力图彻底改变冷战后形成的国际战略格局。报道指出，尽管目前对于许多亚洲国家来说，中国的存在意味着利润与开放的市场，但是中国正在日益以经济实力为杠杆，为政治和外交服务。

——中国的崛起是否和平还不确定。《日经新闻周刊》刊登题为《中国向亚洲邻国推销“和平崛起论”》的文章说，和平崛起是为了减少中国经济快速发展带来的敌意。东亚地区，中国与日本两大强国之间的竞争将更加激烈、直接。“和平崛起”将成为“和平攻势的一部分”，而中国的崛起是否和平还不确定。有日本学者认为，历史上的经济强国最终都无一例外地走向军事大国的道路，中国未来能否信守承诺，持续坚持和平崛起的原则，仍有待观察。美国《华盛顿时报》报道，弗吉尼亚大学教授杰夫·勒格罗对中国成为真正强国后是否会遵守国际惯例持怀疑态度。他说，中国可能会用武力强迫台湾与大陆统一，并迫使美国卷入军事冲突。华盛顿战略研究中心亚洲问题研究所所长罗斯·芒罗说，从长远角度看，中国会成为美国的战略对手。

——开明崛起的中国也挑战。美国乔治·华盛顿大学国际关系学院院长、著名中国问题专家哈里·哈丁及《纽约时报》的相关报道指出，在美国又开始出现一个值得注意的新论点，即“开明崛起的中国亦挑战论”。这一论点认为，随着中国更开明和更开放，中国不断增长的外交和文化等“软实力”也可能对美带来新挑战，一个奉行开明外交政策和主张“和为贵”思想的中国对美国在亚洲乃至全球影响构成的“软挑战”则更微妙、更棘手，也更难应对。美国《华盛顿时报》刊登题为《世界谨慎看待中国崛起》的文章。文章说，中国着重发展本国与国际社会的关系是“明智之举”，因为此举缓解了其崛起造成的压力。

——欲成为一种新风格的超级霸权。日本学者称，中国在亚洲的扩展一直受俄罗斯的压制。中国的集权政治和中央计划对前苏联地区有强烈的影响。中国极力在中亚建立新关系以适应其在该地区的经济发展纽带，并试图用花言巧语和外交来推动其作为一个不具侵略性新型超级强权的地位。和平崛起是一种柔力。中国的方法是现实主义和理想主义的混合，想成为一种新风格的超级霸权。

**强调能源问题推动外交** 随着我国经济的强劲增长，能源需求不断增加，能源问题上升到国家战略的高度。能源问题因此成为境外主流媒体的关注焦点，一些媒体对我能源问题进行深入分析，更多的媒体则是蓄意夸大我国能源危机，扭曲视听。

——能源外交领域将有更多摩擦。美国之音报道说，中国在世界各地寻求石油资源。中东的石油生产国和俄罗斯一直是中国的传统伙伴。中国同时也在周边地区寻求石油，并集中力量扩展与中亚国家的合作。中国在拉美寻求石油，与西方交恶国家建立石油合作关系，其中包括伊朗和苏丹。因此，整个能源外交领域将会产生越来越多的摩擦。美国《评论》月刊刊登题为《中国一沙特联系》的文章说，中国经济的发展促使其能源需求与日俱增，但在中东地区中国还是个新手。中国具有庞大的市场并能为沙特提供军援，中国也可以帮助沙特抵御美国的威慑，而且中国不像美国那样企图改变阿拉伯人的生活方式或强加自由或民主制度，但是在发展双边关系时还有一些因素需要权衡。文章称，中国将发现在中东地区开展工作风险极大，有可能影响与其他大国尤其是美国的关系。

——中国与周边国家关系紧张的原因所在。新加坡《海峡时报》刊登题为《能源需求加剧了东海和南海的紧张气氛》的文章称，海洋油气资源关乎中国未来，中国未来经济、现代化和繁荣不仅将越来越依赖于进口石油和天然气，而且其依赖于动荡不安的波斯湾和政治不稳定的西非提供石油的程度看来也将提高。美国《亚洲华尔街日报》刊登题为《北京对能源的热衷》的文章说，中国对石油难以抑制的渴望是日益恶化的中日领土争端(钓鱼岛)背后的真实原因。中国与一些东南亚国家最近围绕南海问题又起争端的原因也在于此。这种渴望可能挑起中国与邻国的争斗。

——领导人亲自开展资源外交。日本《日本经济新闻》刊发题为《中国加速“资源外交”》的文章称，为缓解急速增长所带来的能源不足问题，中国领导人率先与产油国和大国的首脑举行会谈，构筑以能源领域为中心的合作关系。这似乎也将给能源大部分依赖进口的日本带来巨大影响。中国的目的是，通过这一系列的资源外交，在广泛的经济领域内构筑合作关系，营造从海湾产油国稳定地进口石油的环境。

**称我重视“软实力”建设**　“软实力”概念最早由哈佛大学约瑟夫·奈提出，定义为“通过吸引别人而不是强制他们来达到你想要达到的目的的能力”。世界主流媒体越来越关注我国的“软实力”战略和“软实力”建设。

——中国从战略角度充实“软实力”。《日本经济新闻》发表题为《中国在增强“软实力”》的文章称，中国共产党内部已达成共识：包括知识和文化范畴在内的“软实力”与军事实力和经济实力等“硬实力”一样，是推动国际政治的重要实力因素。因此，中共开始谋求从战略角度充实自身“软实力”，在围绕人权等问题的论战上体现出针锋相对、寸步不让的姿态。

——中国取代美国成为对东南亚最有吸引力的国家。美国《纽约时报》发表长篇文章称，随着中国经济的飞速发展，中国正在取代美国成为对东南亚最有吸引力的国家，东南亚的年轻人把到中国留学作为时尚。在东南亚和太平洋地区，北京正在大力推销自己及其语言。新加坡国立大学东亚研究所所长王赓武说，“在一些国家，‘中国热’似乎正在替代中国恐惧。”这篇文章引用美国前外交家和学界人士的话称，美国在东南亚的影响力正在走下坡路，中国成为冉冉升起的新星。

——中国“软实力”的吸引力将改变世界。美国《基督教科学箴言报》发表文章，认为经济活力和最近的其他成就正在扩大中国的影响力，特别是在亚洲的影响力。威斯康星大学中国问题专家爱德华·弗里德曼说，“中国‘软实力’的吸引力必然会改变世界，特别是亚洲。”实际上，北京已经以其所说的“更多的信任，更大的合作”的外交政策在自己的亚洲后院取得最明显的进展。

——纪念郑和与扩张海上势力。德国之声网站刊登题为《中国纪念郑和下西洋引起周边担忧》的文章，该文转述一些东南亚国家和地区专家学者的话说，“在一些分析家眼中，郑和舰队的航行带有更多的军事色彩。对郑和下西洋的种种粉饰，从某种程度上折射了中国政府正在进行扩张海上势力的尝试。”“许多东南亚国家对中国在该地区的扩张表示忧虑，他们怀疑中国海军的战舰是否有朝一日也会和郑和舰队一样兵临城下，美国很可能也有相同的担心。”日本时事社在评价中国纪念郑和的报道中指出，此举一为树立海洋大国形象，二为体现现行路线的正确性。

——“北京共识”取代“华盛顿共识”。伦敦外交政策中心5月发表《北京共识》的论文称“北京共识”正在取代“华盛顿共识”。美国《国际先驱论坛报》网络版刊登的题为《中国将以自己的方式改变》的文章，称赞中国以循序渐进的方式推进政治改革果断明智。英国《卫报》刊登题为《中国解决亿万人民温饱问题的经验》的文章认为，中国的崛起为其他国家提供了除西方发展模式之外的一个强有力的选择。墨西哥《每日报》刊登的题为《中国：亚洲的地平线》的文章认为，“中国奇迹”是依照自身情况理智制定社会经济政策的结果。这些文章，都或隐或现地对中国“软实力”的增强及对世界的积极影响表示赞许。

（3）国际事务参与程度

一年来，我国越来越积极地参与地区和国际事务，主持和斡旋朝核问题的六方会谈，参与由联合国组织的维和行动，主动派出中东特使斡旋巴以冲突，并通过上海合作组织加强同组织内其他五国的国际安全合作、共同反恐，并且已成为推动上海合作组织内部合作的主要力量。世界主流媒体对我国国际参与能力和履行国际责任的报道与评价可归纳为以下几点：

**聚焦六方会谈** 先后三次主持和斡旋朝核问题的六方会谈，是我作为负责任的大国积极参与地区和国际事务的最有力说明。多数媒体对我国发挥的作用给予积极评价，但其中也不乏负面论调。

——中国在六方会谈中扮演重要角色。美国《国际先驱论坛报》报道称，中国开始在朝核会谈中扮演越来越积极的角色，这种反应与其在1994年核纠纷中谨慎小心的行为相比真是大相径庭。法国国际广播电台报道说，在朝核危机六方会谈第二轮谈判中，中国扮演的角色十分重要。因为这符合中国自身的国家利益，即保持朝鲜半岛的稳定乃至整个东亚地区的稳定。美联社发表评论文章称，组织六方会谈给中国的外交家们提供了一个充分展示自身外交能力的机会。中国的努力使美国和朝鲜这两个只有战争没有任何外交关系的国家坐在一起进行谈判——这的确是一个不小的成就。文章还说，六方会谈也使中国的国际地位显著提高，同时，中国通过六方会谈也向世界表明，中国在避免核扩散方面是一个负责任的大国。

——第二次六方会谈正成为中国外交的转折点。日本《每日新闻》报道说，中国正在越来越密切地参与地区安全问题。东北亚地区的“和平与发展”对中国来说是一个切实的课题。报道说，从这次开始进入实质讨论的六方会谈正在成为中国外交的转折点。可以预见，会谈还将对“台湾问题”产生影响。

——中国以新形象出现在国际外交舞台。马来西亚《新海峡时报》发表评论性文章，评述中国在刚刚结束的六方会谈中的成功。文章称尽管在北京举行的第二轮六方会谈没有获得突破性进展，但美国与朝鲜一致认为中国圆满地完成了主持协调的工作，其国际形象又一次得到提升。文章说，我们看到中国在国际外交舞台上以全新的形象出现，其扮演的角色受到举世瞩目与称赞。

——“中国利益”永远放在首位。新加坡《海峡时报》报道，美国参议院外交委员会的两名高级官员表示，在六方会谈中过度依靠中国可能会造成一些麻烦，尽管北京与华盛顿有共同的目标，即朝鲜半岛无核化，但是中国“在整个过程中会永远将其自己的利益放在首位，而其利益与美国的并不一致。”中国扮演着平壤与华盛顿之间的传话筒，而后者与朝鲜几乎没有什么直接接触。

**关注中国与七国集团** 中国在全球经济中扮演的角色越来越重要，中国是否应该纳入七国集团成为世界主流媒体报道的热点。

——七国集团应该接纳中国。英国广播公司报道，七国集团承认中国在全球经济中扮演的角色越来越关键，非常希望同中国这个亚洲巨人更加密切地接触。七国集团希望能够接纳中国，并寻找与中国加强对话的方式。中国在世界经济中扮演相当重要的角色，允许中国在将来的某个时候参加七国集团的会议肯定是相当有帮助的。美国《耶鲁大学环球报》发表评论文章称，没有中国的参与，任何世界性经济问题都不可能在会议上得到有效的商讨、解决。文章说，中国在全球经济中扮演角色的重要性已经大大超过大多数七国集团国家。文章最后表示，将中国排除在七国集团之外实在是可笑之至。任何一个全球经济问题都需要中国的参与或者合作。日本《东京新闻》刊登题为《中国的影响力明显增强》的文章称，中国在成为拉动世界经济的“引擎”的同时，其影响力也在增大，因为中国将继续进行生产并大量消费能源，七国集团决定同中国进行正式对话。《东京新闻》另一篇题为《对经济高速增长的中国投以热切目光》的文章称，中国首次参加了与七国集团的正式聚会。在围绕世界经济的会议上，中国的发言权和影响力将进一步增强。此次邀请中国参加七国集团会议的目的是谋求与中国沟通。

——“对抗路线”转为“对话路线”。《日本经济新闻》刊发题为《七国集团对话政策：避免摩擦、优先对话》的文章称，中国首次以特约来宾身份参加七国财长和央行行长会议，新的国际经济协调框架开始运作。主要国家转而采取避免同中国发生正面冲突、密切关注中国金融紧缩措施和人民币改革动向的态度，把存在各种风险的中国拉入对话场所并放在首位。对华战略之所以从“对抗路线”转为“对话路线”，是因为加深了对中国经济复杂性的理解。

——加入七国集团是中国发展的需要。新加坡《海峡时报》发表社论称，如果现代地缘政治中经济规模是重要因素的话，那么中国应先于加拿大和俄罗斯成为七国集团成员国。中国经济的迅速发展要避免“硬着陆”，中国必须更好地整合于全球的体制之中，必须继2001年加入WTO后负担更多的国际责任。参加七国集团财长会议就跨出了很好的第一步。

——胡锦涛出席“七国集团峰会”凸显中国务实外交。法国《欧洲时报》刊登文章称，胡锦涛打破惯例，首访七国集团峰会既表现了中国外交的务实端倪，也表现出中国外交与时俱进、逐渐放弃一些意识形态束缚、进一步按国际规则办事的愿望。文章还说，世界格局也许正在进入重新洗牌的关键时刻。

（4）地区和国家关系

世界主流媒体对中外关系的报道主要集中在我国同美国、俄国、日本、欧盟以及周边国家和其他国家的关系上，主题主要涉及双边经贸关系、高层互访、能源、领土争端和历史问题等领域，从不同角度解读中国的大国外交和多边外交。

**中美关系** 境外主流媒体关于中美关系的报道主要集中在中美经贸关系、中美石油争夺和“台湾问题”上。

——中美经济有互补性。美国《华尔街日报》发表头版头条评论文章称，中国经济的快速发展为美国经济提供了有力的支持，中国正逐渐融入由美国主导的全球经济秩序。美国《今日美国报》的报道说，由于中国成为不可忽视的经济力量，美国也受到影响。两国经济当然可以互为补充，美国为中国提供技术、资金和管理策略，而中国提供给美国消费者大量的廉价物品。但是中国颇具威胁的发展逐渐影响到美国的工业。中国是美国的对手还是伙伴？答案是两者皆有。报道指出，中国对美国经济的影响会继续增长，两国会为各自的利益继续进行角逐。

新加坡《海峡时报》发表评论文章，论证中美因全球化必将越走越近。文章称，成功进行全球化的国家之间的关系是经济、政治上的伙伴或竞争对手。这些国家的力量大小都取决于全球化的程度，因此使用武力弊大于利。中美经济依赖程度迅速增长，中美的安全和繁荣面临着共同的威胁，这可能给双方带来加强双方信任和增强双边关系的信心的机会。

——炒作中美能源冲突。美国《华盛顿邮报》报道，中国真正影响美国利益的其实是世界油价的问题而不是美国的就业情况。正是由于中国经济快速发展形成了对石油的强烈需求，进而导致世界油价快速攀升，这种价格的攀升直接影响到作为世界石油第一大消费国——美国的利益。报道指出，不论如何，美国国会在讨论能源政策时，请永远不要忘记“中国效应”。美国《洛杉矶时报》发表评论透视中国成为世界第二号石油消耗大国的背后所隐藏的危机，为中美可能爆发冲突从而引发世界大战而担忧，并建议美国现在就应该采取行动帮助中国，遏制危机的苗头。如果没有一个全面的策略以防止中国成为与美国比肩的石油消费大国，中美两个超级大国之间的冲突迫在眉睫。美国应该同中国进行诚恳的对话，促进两国之间进行前所未有的合作，彼此都能得到巨大的经济利益。

路透社报道说，美国和沙特两国数十年来的战略联系可能面临着压力，因为沙特现在转而满足中国不断增长的原油需求。沙特、中国的外交关系在升温，他们也在寻求成立合资能源企业。新加坡《海峡时报》报道称，中美两国可能在未来几年面临更大的经济冲突。如果对全球经济进行简单概括，那就是中美两国在资金和自然资源方面的争夺。历史已经表明，对石油等资源需求的增长将使中国与美国在中东、亚洲和拉丁美洲激烈竞争。

——“台湾问题”仍是中美关系的重要砝码。新加坡《联合早报》刊登文章说，尽管台湾的和平独立是美国和台湾之间最大的共同利益，但这个最大利益能否实现则取决于中国大陆。两岸的经济发展会受制于国家安全的考量。无论是台湾牵着美国的鼻子走也好，还是美国操纵台湾也好，走到了极点，必然造成中美两国的恶性互动。美国之音报道说，中国政府依靠武力威胁和国际打压的方法对台湾施压，可能使台湾的人心渐行渐远，应该考虑新的两岸构架。美国之音还有报道说，维持台海局势的稳定符合美、中、台三方利益。中国必须认识到台湾民众逐渐增强的台湾意识，中方应该采取更有弹性的做法。

**中日关系** 世界主流媒体主要关注中日关系中的“政冷经热”、民间对立情绪、历史遗留问题、东海划界和领土争端等问题；集中报道8月上旬的亚洲杯中日足球决赛，批评中国球迷的过激行为。其中，部分日本媒体蓄意夸大事实，把体育赛事政治化，并质疑我能否成功举办2008奥运会；有些报道对当前的中日关系进行反思，并提出有建设性的观点和建议。

——评点中日关系走向。英国《金融时报》刊文认为，中日关系的现状是政治冷、经济热。这反映出日本人对中国观念的变化，从几年前的“中国威胁论”转为“中国机遇论”。文章说，务实地看待众多的商业机会或许会给修复陷入困境的中日关系提供一条出路。新加坡《联合早报》发表社论称，中日关系更根本的问题在于日本如何看待中国的崛起。从日本自视甚高的民族性格以及在国际经济上的优越地位备受挑战的角度而言，中日问题的纠缠与攻防，同经济战略地位的此消彼长不能说关系不大。报道指出，中日两国的和平共处与正常发展，对亚洲地区的繁荣与否是关键。新加坡《联合早报》又报道，虽然中日两国在历史问题、美日同盟、能源观念等方面分歧严重，但双方的国家利益决定中日既要坦诚面对分歧，也应该在其他重要方面推动可能的合作。报道称，中方对日政策，也应该有可改进之处。北京的对日政策如果能明智地进行若干“微调”，相信可以防止两国关系恶化，也利于减少日本国民对中国的普遍反感，提高中日关系将来改善的可能性。

——领土争端仍是两国关系症结所在。美国《华盛顿邮报》刊登一篇文章，就中日两国在钓鱼岛问题上的争端评析日本同邻国的关系。分析家说，中日两国间的这场外交争吵突出说明，在二战结束60年之后，日本同其亚洲邻国之间的敌对情绪依然存在，中国和韩国对日本的侵略记忆犹新。文章说，最为敏感的问题也许是未解决的领土争端。新加坡《海峡时报》就钓鱼岛事件发表评论文章称，双方都应该少考虑一点过去，多想想未来。两国政府都应该劝阻本国人民不要参与民族主义组织或个人进行的军国主义性质的表现，都应该为未来能够心平气和地讨论领土争端和战争赔偿而努力。英国广播公司报道说，东京都知事石原慎太郎说中国威胁到日本安全，指责中国声明对日本的一些属岛拥有主权。石原慎太郎坚持东京不必为战争期间侵略邻国而道歉，他说日本为亚洲国家抵挡了西方帝国主义，如果日本不和白人作战，亚洲将会殖民化。

——东海能源开发再起争端。日本共同社报道说，东海油气问题的进展使日中两国卷入了越来越强烈的冲突，这两个地区经济大国之间的能源争夺令人瞩目。报道说，在此激烈冲突的背后，既有经济快速增长和能源需求紧俏的中国的坚定决心，也有资源匮乏的日本力图减少对中东地区石油的依赖等因素。美国之音报道说，日本在“七七事变”67周年纪念日这一天正式开始在东海进行能源勘探，激起中国方面的强烈反对。专家认为，中日两个能源消费大国应当消除历史猜忌，在能源开发方面展开合作，才是惠及双方、有利世界的正道。新加坡《联合早报》发表评论称中日东海合作是可能的。首先，主权本身是手段而不是目的，而且主权理论在发展，主权的内容在变化。中国和日本两个亚洲大国，应当在国家合作的理论与实践上做出自己的贡献。其次，在东海问题上，中日双方没有更好的选择。任何单赢的方案都是另一方所不能接受的。再次，对中日两国，油气资源的重要性日益上升。搁置主权归属问题，直接商谈合作开发油气资源，不失为明智之举。再拖下去将使双方的不满与猜忌越来越多。双方与其继续被动应对，不如主动应对，谋划出一个为双方所能接受的合作制度框架。

——球迷事件引发中日关系大讨论。对于8月上旬亚洲杯足球赛期间中国球迷的过激行为，及随后的中日媒体大论战，海外媒体作了许多报道和分析，全方位和多角度地讨论中日关系。

美国《纽约时报》报道说，中国年轻一代滋长的反日情绪可能成为阻止中国政府增进与日本经济和政治关系的流行的表达方式，年轻一代并非按中共命令行事。中国迅速发展的互联网是发泄反日情绪的主要论坛。美国《国际先驱论坛报》刊登题为《过去的创伤可能影响日本的经济未来》的文章称，“日本在亚洲杯赛上受到的冷遇还构成了一个经济问题，尽管表面看来两者好像没有太大关系”，“日本拒不为过去的军事侵略表示悔过的做法可能破坏其未来的经济增长”。美国之音报道说，对于中国球迷来说，国家的荣誉事关重大。中国的民族情绪浮上表面，中日两国之间虽然在经济上关系密切，但历史宿怨经常给两国关系蒙上阴影。

英国《金融时报》报道说，决赛后中国球迷的表现引起疑问，特别是在日本，人们质疑中国是否能够成功主办2008年奥运会，因为中国显然不能控制公众的仇外情绪。法国《解放报》刊登题为《中国输球又失控》的评论文章称，中日对决显然成了中国球迷为日本侵华战争和30年代日军大屠杀报仇雪恨的战场。文章说，这种并不太单纯的民族主义情绪源于历史上的中日之战，也显示了双方没有妥善处理好战后问题，仅靠官方的宣传是难以抹平战争裂痕的。新加坡《海峡时报》发表评论文章称，亚洲杯并没有成为2008年北京奥运的体面预演，反而显示出在中国经济繁荣形势下的仇日情绪，揭示了政府在控制日益焦躁的民众方面无能为力。

《日本时报》发表评论说，中国球迷对日本球队及球迷表明了他们的公开敌意。文章说，一种宿命论的和平主义和对战争责任的推卸在战后的日本不断加强着，就像是一枚硬币的两面。日本人民应该从此次与中国的冲突事件中找到区分这两面的方向，从更为理性的角度去接受和平主义，并认真地在战争责任问题上进行再思考。该报发表评论说，我们在质疑中国球迷文化素养的同时，也应该反思一下为什么中国人的仇日情绪会如此强烈。文章认为，在现阶段，两国领导人应该清楚，发展互惠的经济关系才是双方的首要任务。两国领导人应该让停滞的对话继续，使感情让位于外交。

新加坡《联合早报》报道说，在亚洲杯足球赛期间，中国球迷的“反日”言行在两国政府之间引发一场小风波，两国媒体更是发表了一些相互指责的言论。文章说，关键是双方能否从中得到一些启示，从更宏观和长远的角度，审视双边交往的现状，处理双边关系的未来，而不是背负着历史包袱前行。新加坡《海峡时报》发表评论文章称，从中日亚洲杯决赛这些事件中得到三个启示：第一，历史和解是必要的。一方必须道歉，而另一方必须原谅。第二，和解是能够实现的。法德两国领导人二战后抛弃历史包袱达成和解就是先例。第三，亚洲的未来。中日两国达成历史和解非常重要。中日两国的和解对于亚洲未来的和平也是至关重要的。

**中俄关系** 俄罗斯是我国大国外交的重要国家之一。2004年，世界主流媒体对中俄关系的报道主要围绕经贸、能源等问题。美国《明尼苏达星报》的报道称，中国的繁荣成为中国同俄罗斯政治摩擦的根源。俄罗斯同日本的关系一直很不稳定，但近期，俄罗斯同日本、韩国和朝鲜积极改善关系，俄罗斯希望将他们发展成为自己的地缘盟友。俄罗斯对中国经济发展心存顾虑，原因在于担心中国对能源的需求可能导致中国兼并矿产富饶的俄远东地区。

美国之音报道说，俄罗斯总统普京打算在连任后扩大与中国的战略伙伴关系。两个强有力的大国重新结盟并分别在不同场合公开宣布反对美国的霸权主义，在处理车臣和新疆的伊斯兰激进组织方面也有许多共同语言。美国的两个潜在对手目前重新走到一起引起美国的担心。美国之音还报道称，俄罗斯在密切注视中国的外交政策，特别是中国在中亚地区的外交攻势，以及获取能源的努力。俄罗斯领导层还没有准备好把中国当做一个平等的全球性的政治和安全伙伴。虽然双边能源合作领域出现障碍，双方只要把注意力集中在加强接触上，就能进一步推动双边关系。从长远的战略和经济目标来说，双方互有需求，合作是最可能的趋势。

**中欧关系** 世界主流媒体对中欧关系的报道主要围绕高层互访、双边贸易以及是否解除对华武器禁售等问题。

——经济合作是支柱。日本《东京新闻》报道说，与对美关系相比，在中欧关系上，双方在政治和外交方面悬而未决的问题较少，经济方面的合作是支柱。

——反对解除对华武器禁售。境外媒体针对欧盟讨论是否解除对华武器禁售的问题议论颇多，许多媒体将其与中国的人权及台湾问题联系在一起。英国《金融时报》在社论中提醒法国总统希拉克及欧盟不能忘记中国的人权纪录。该报认为，欧盟国家出售给中国的武器，可能会被用来镇压国内异议分子、伸张南海岛屿主权，或攻打台湾及对付援助台湾的美军等。

——中法不可能是常规时期的战略同盟。2004年，中法互办文化年，两国高层领导互访，各种交往频繁让两国关系进入历史最好时期，但有媒体却从其他角度对中法关系进行不同解读。新加坡《联合早报》评论中法关系时说，在中国的对外关系中，北京与巴黎之间的关系并非是最大的主纲。中法关系无论多么密切和友好，其重要性都不可能超越北京和华盛顿之间的关系。即便中法之间可能会联合牵制美国的单边主义，那也只是必要情况下的战术合作，而不可能是常规时期的战略同盟。美国《时代》周刊也撰文评论说，中法关系与中欧关系虽然进一步加强，但未来关系却受到中美关系及台海局势等许多不稳定因素的影响。

**与周边国家关系** 2004年，我国更加致力于处理好与周边国家的关系，争取以和平方式解决地区冲突、领土争端，积极开展和加强对外经济、贸易、技术、文化等领域的合作，共同致力于地区的繁荣与稳定。

——建立亚洲新体系。日本《日本时报》报道说，随着中国在地区、国际寻求“大国”地位，北京的外交政策显然也是越来越复杂积极。报道说，北京“新”外交最显著的体现在于处理与美国、日本与东南亚的关系方面。尽管北京可能承认民族主义的过度蔓延会对国家的内部稳定造成威胁，但她精明地对此进行驾驭，建立一个“新”的亚洲光荣感，并希望以此建立一个东盟+3（日本、韩国、中国）的亚洲政治、经济、安全与文化新体系。

——在中亚国家间的威望迅速上升。美国《纽约时报》报道说，中国和西邻中亚国家的交往，绝不仅只是要购买大量能源产品而已。中国将势力扩展至中亚，几乎可以说是发展新疆计划的自然延伸。中国在中亚国家间的威望显然在迅速上升。日本《东京新闻》报道称，中国加快了与中亚各国加强合作关系的步伐，其背景是出于对确保能源资源及应对伊斯兰原教旨主义势力等安全保障方面的战略考虑。中国采取了“重视中亚”的姿态。新加坡《联合早报》报道称，中国通过上海合作组织，加强了和组织内其他五国的国际安全合作，目标是要共同反恐。专家认为，中国这样的外交攻势除反映中国自身的理想外，其实也是历史使然。因为前苏联向这些国家的民众灌输了仇华思想，指责中国元朝的蒙古大军曾经侵略及奴役中亚国家人民。

——中印开展合作。美国《国际先驱论坛报》报道说，中印两国之间的经济关系迅速发展。考虑到两国经济的互补性以及它们22亿人口的庞大市场，双方合作的增加可能会在今后显著改变世界贸易平衡。

——中韩高句丽归属问题。2004年，中国“高句丽”申遗成功使得高句丽归属问题再次引发中韩两国争议。世界主流媒体纷纷加以评论。美国《纽约时报》刊登题为《在古代和未来的王国中寻求和平》的文章称，作为最亲密的区域经济合作伙伴，中韩两国同意就1300年前从地图上消失的古王国国界问题进行心平气和的讨论，试图以此来弥和建交12年来最严重的危机所带来的裂痕。这充分显示了历史在现代亚洲的分量。日本《日产新闻》刊登题为《韩国媒体支持日本》的文章说，韩国近年来高涨的“中国热”近日却急剧降温。这是因为，对于中国在高句丽归属问题上的“蛮横”，韩国国民的“厌华情绪”扩大。

更多媒体对高句丽之争的原因进行分析和评论，有些报道蓄意夸大、扭曲事实，争相炒作，以误导两国民众、恶化双边关系。韩国《朝鲜日报》报道说，中国学术界大炒“高句丽属于中国历史”的“隐性”原因是：第一，中国担心，一旦南北朝鲜统一，而高句丽被证明是属于朝鲜历史，那么很有可能在中国的东北地区与朝鲜产生领土争端。第二，如果“高句丽属于中国历史”被广泛承认，那么中国就可以事先在中朝边界设立防御工事，免受朝鲜政变影响；此外，将高句丽纳入中国历史，这样也可以给居住在中国境内的朝鲜族人一种归属感，打消他们要与朝鲜统一的希望。美国《华盛顿邮报》发表评论文章称，中韩之间出现的争端凸显现代外交危机。评论说，高句丽争端出现的真正原因是中国官员企图让目前的国界得以保留，以防朝鲜突然分裂致使该地区动荡。驻北京的分析人士认为中国官员的目的，是为了减少类似西藏、新疆等地难以控制的少数民族对中国维护统一法令的抵触情绪。美国之音的报道指出，中国和南北朝鲜关于高句丽的争论由来已久，之所以最近才引起外界关注，一是因为中国和朝鲜申报高句丽遗址，二是因为中国2002年启动的所谓“东北工程”，专门研究东北边疆历史上的疑点和难点，而高句丽就是研究重点之一。美国历史学教授易小熊说，中国和朝鲜半岛的争端是一桩扯不清的公案。

（5）**中国公民的海外安全**

2004年，中国公民海外遇难事件时有发生，中国政府更加重视维护在海外的中国公民权益，我外交部门在关注外交大事的同时，也越来越关心一些原本被认为是“琐事”与“小事”的事情。外交领域，开始呈现出越来越浓重的“外交为民”色彩，中国加强了通过外交方式和外交手段保护中国公民在海外的人身安全和合法权益的做法。境外媒体对此多有报道。

**肯定“以人为本”的外交** 法国《欧洲时报》刊文评论说，中国政府在处理莫克姆海滩中国人遇难、巴基斯坦汽车爆炸案、戴高乐机场塌顶、中国工人在阿富汗遇袭等事件中，时时关心每一个普通公民的生命安全，体现了中国领导人全新的领导作风和“以人为本”的精神。

**强调中国难以独善其身** 法新社报道说，亚洲强权中国和日本目前都有人民在伊拉克遭虏为人质，他们在与世界接轨的残酷现实面前，如今都突然有了觉醒。报道称，对中国和日本而言，绑架事件顿然提醒他们：在快速缩小的世界中没有任何国家可以“独善其身”。分析家说，随着中国大陆百姓扩展到全世界，中国很可能会遭遇更多全球化的阴暗面。美国多维新闻网报道，近年来，中国公民多次在不稳定地区遇险，更不用说海外华人了。海外分析家指出，这让中国人明白了一个血的教训：在国际化加强的今天，在日渐“缩小”的世界上，任何大国，包括不具侵略性的中国，在冲突和战争中都难以独善其身，危险甚至牺牲在所难免。

**指责中国炒作赵燕事件** 7月，中国公民赵燕在美国遭毒打事件引起中国同胞的公愤，我国官方、媒体甚至普通民众都强烈谴责美国警察的恶劣行为，在互联网上形成舆论攻势，维护了我国公民的合法权益，但是此举却被美媒体诋毁为蓄意炒作。美国之音报道称，官方媒体新华社的网站设立了网友评论栏，中国网民纷纷发帖留言，所有刊登的评论基本都是谴责和怒骂的声音，指责美国野蛮、没有人权，还打着人权旗号指责别国并到处干预。美国之音还有报道说，针对中国公民赵燕在美国被殴事件，中国媒体进行了相当充分的报道，报道的角度和重点都是美国警察侵犯人权、无缘无故、不分青红皂白、出手打人，还用辣椒水喷赵燕的眼睛，特别强调“一瓶辣椒水都快喷完了”。文章说，尽管美国政府和司法部门对赵燕案进行了妥善处理，但是纵观中国官方媒体，仍然可以闻到一股浓烈的反美的火药味。

### 3．经济话题：密切跟踪报道，客观中性报道居多。

2004年国际舆论的热点与国内舆论基本同步。宏观调控（经济过热）、金融改革、能源短缺等关系到中国经济未来走向的话题，受到最多关注；在华投资的政策法规、投资环境、中外贸易与经济合作、热点行业经济等话题，既与外国公司在华利益息息相关，又为国外投资者提供参考，也保持着较高的媒体曝光率。

（1）宏观调控

今年4月，党中央、国务院陆续召开会议研讨经济过热问题，并先后出台一系列“降温”政策。随后有关宏观调控的报道日益升温。回顾历史可以看到，从改革开放至今，我国已经历了三次经济过热和宏观调控。每逢此时，我国政府进行宏观调控的方式选择、政策走向、效果和政策延续性都是国际舆论关注的焦点。

下面举出西方媒体评论我宏观调控的几种较有代表性的观点：

**利用“经济过热”炒作环境问题** 从国际舆论反应看，本次宏观调控得到普遍的认可。他们从保护环境、维持经济平衡发展的角度肯定了控制经济过热的合理性和必要性。英国《独立报》载文称，中国经济过热导致的资源危机已经给国内生态以及世界环境带来了巨大的破坏，采取措施调控经济过热迫在眉睫。

环境、能源、资源问题一直是西方世界关注的热点，值得警惕的是借报道“经济过热”，渲染、炒作我国的环境和能源问题，炮制“中国”威胁。美国之音报道认为，中国日益扩大的资本输出以及大规模耗费原材料将对其他国家形成威胁，欧美发达国家对中国经济持续的高速增长表示担心。英国《金融时报》则说，中国正由世界工厂变成世界垃圾场。

**强调我以行政手段主导宏观调控** 西方媒体从其价值观出发，认为我宏观调控主要依靠行政命令推行，市场工具被闲置。相关报道基本都是对中国的批评。英国《金融时报》认为，在中国大陆，信贷更多由政治而非理性来引导，因此中国经济“软着陆”的真相就是依靠行政措施进行调控。美国《华尔街日报》刊登卡内基国际和平基金会中国项目主任裴敏新的文章，认为中国是在运用行政法令而非市场手段来给经济降温。英国《金融时报》刊登题为《行政控制仍在中国起重要作用》的文章认为，尽管中国政府决定用加息等货币政策工具来控制银行贷款，但同时也将继续利用行政命令来控制贷款。

但西方媒体也认识到，中国治理经济过热是一个非常复杂的过程。美国之音的报道指出，中国的经济调控始终面临着巨大的失业压力。如果经济紧缩过快，会严重减少就业机会，从而影响到社会稳定。美国《外交政策》双月刊刊登加利福尼亚大学圣迭戈分校中国和国际事务教授巴里·诺顿的文章，从西方经济学角度，就如何解决中国“经济过热”向中国政府提出建议：使经济非政治化，消除政府决策、政治影响对经济的干预，允许利率和汇率调节价格；不要用行政管制代替宏观经济调节手段；人民币升值，有助于缓解通胀压力，为过度投资降温；削减政府开支，适度上调利率；银行私有化；揭露官员的腐败现象。

**宏观调控效果和走向存在歧见** 关于宏观调控的走向，西方媒体的观点各异，同一刊物也常常编发意见相左的文章。来自不同利益集团的“分析人士”从本集团利益出发，结合个人对中国的“了解”，发表或褒或贬的意见。有的认为中国将成功实现“软着陆”；有的认为“硬着陆”的可能性更大；有的认为中国的宏观调控已见成果，不可放松；有的则认为效果不明显，部分行业的泡沫不减反升。相关的负面报道主要集中在以下三个方面：

——周边国家受到冲击。4月28日，温家宝总理在接受路透社记者采访时透露，中国政府将对“过热”的经济采取紧缩政策。此话一出震撼全球金融市场。严重依赖中国市场的日本、韩国等国更是首当其冲，股价大跌，尤其是钢铁、电子、石化等产品主要出口中国的行业股票损失惨重。韩国各大媒体连续在头版显要位置刊登中国经济降温的消息，发出“温家宝暗示紧缩政策，国际股市发抖”、“中国因素使汉城股市大跌”、“中国冲击波使韩国经济对中国依赖日益加深”、“中国打喷嚏，韩国经济感冒”的惊呼。

日本也对中国经济降温忧心忡忡。日本《经济学人》杂志刊文分析在“中国特需”的背景下，中国调控经济过热会给世界经济带来何种影响。文章认为，美国的消费热、中国的投资热和日本的出口热已经构成了世界经济增长的主要“发动机”。现在中国经济出现泡沫，一旦经济增长率低于7%，将对严重依赖出口的日本、韩国等亚洲国家产生巨大影响，对未来世界经济构成威胁，甚至可能导致世界经济再度跌入谷底。

——中国“经济泡沫”将破裂。日本贸易巨头“伊藤忠集团”首席执行官丹羽宇一郎在接受英《泰晤士报》专访时称，中国现在的发展速度太快，导致生产所需的能源紧缺。这种紧缺发展到尖锐的时候，人们将疯狂抢购物资，引发物价飞涨，继而导致市场崩盘。他担心届时对华投资的跨国公司将遭受重创。德国之声引用摩根士丹利首席经济师罗奇的话认为，“中国经济一些领域的投资热已经到了这样的程度，以致泡沫破裂的可能性已经不能排除”。

——宏观调控使私营企业受打击。出于意识形态偏见，西方舆论一向指责中国的经济体制，认为政府出于政治考虑压制民营经济的发展。尽管国有经济“效率低下”，但仍受到政府政策等方面的“保护”。从这种偏见出发，西方媒体认为本次宏观调控中的铁本事件、限制信贷政策等都使私营经济受到打击，纷纷表示“同情”。美国《商业周刊》载文称，中国的经济减速政策正在扼杀私营企业：国营企业能够以官方利率获得贷款，而私营企业却不得不在黑市贷款，支付20%甚至更高的利息。美国《华盛顿邮报》文章认为，江苏铁本公司关闭及中国各地许多民营项目的放缓表明，私营企业是中国宏观调控的牺牲品。中国政府实行“紧缩信贷，打击违规的金融和土地交易”等政策，带来的负担都落在私营企业家身上。英国《金融时报》载文称，私营企业无法获得足够的营运资金，间接促进了非法的地下钱庄的兴旺。中国政府实行信贷紧缩后，国有银行往往拒绝给予私营企业贷款，却竭力维持“具有政治影响力”的大型国营企业。

（2）经济形势

**称我艰苦争取“市场经济国家地位”** 根据我国加入世界贸易组织时签订的协议，中国在15年内被定义为“非市场经济国家”。这一定位给我国的国际经贸交往带来很大的负面影响。为及早摆脱我在应付他国反倾销时的不利地位，我国政府做出了多方面的努力。对此，西方媒体认为我正在利用经济影响改变贸易规则，并指责中国经济体制仍然存在诸多问题。英国《金融时报》认为，中国正试图通过谈判的方式努力挣脱“非市场经济国家”的枷锁。在过去一年里，中国对贸易伙伴国加大了游说力度，敦促主要贸易伙伴改变对中国经济的模糊定位。泰国、新西兰等国已宣布承认中国为市场经济国家。分析人士认为，中国的全方位出击表明中国正在加速推进其贸易政策的制定，而能否推翻非市场经济国家的定位已成为建立起这种更主动的贸易政策的关键所在。该报认为，对国外投资者来说，中国公司对资本市场的轻慢态度才是中国不能获得“市场经济地位”的原因。文章认为，近年来国有企业中国网通、建设银行、中国银行和中国电力国际以及民生银行这样的私有企业都热衷于海外上市。实际上它们需要的不是融资，而是一个“海外上市公司”的头衔，因此对资本市场抱轻视的态度。中国公司的财务管理混乱，不遵守市场规则，这些事实更能说明“中国绝不是一个市场经济国家”。

**认为失业的负面影响正日益显现** 英国《金融时报》文章认为，中国的经济增长始终是在巨大的失业压力下实现的，失业问题对中国有正负两方面影响。正面影响是：为中国26年来的持续发展提供了丰富的劳动力资源，缓解了工资增长的压力，从而使中国的制造业长期保持低工资成本的优势。中国政府基本上没有为农村剩余人口提供社会保障，所以，大量的失业人口并没有真正对政府构成财政负担。

文章着重分析了失业对我国经济增长的负面影响：大量失业人口的存在，使中国的经济增长模式始终难以完成由投资推动型向消费主导型增长的转变。巨大的就业压力使政府和企业缺乏经济结构调整所需要的宽松环境，而低廉的劳动力成本阻碍了推动技术进步的动力。这些因素将妨碍中国经济的长远国际竞争能力。另外，大量失业人口不仅给中国经济增长带来压力，而且也给中国的国际经济关系带来微妙影响。中国频遭反倾销诉讼表明，以大量失业人口为基础、凭借低廉劳动力优势的出口加工型经济增长遇到了越来越大的国际阻力。

**关注我“三农”问题的举措与效果**　美国《当代中国研究》杂志主编程晓农在接受美国之音采访时，抨击我从未真正重视农业问题，并称“政府的政策欠佳是中国农业得不到发展的主要原因”。他指责农业税是将养农民干部的沉重负担完全转嫁到农民头上；对于农民来说，国家又不肯承担已经承诺的、宪法所规定的义务教育的开支。文章还引述德克非典农工大学经济学教授田国强的观点，认为中国政府对乱占农田行为的整顿“忽冷忽热”，缺乏长效的土地保护制度。只有增加土地的转让和流通、最终实现土地私有化，才能真正保护农民的土地。他还指出，要最终长期解决“三农”问题，政府需要大力并从根本上着手普及教育，酌情实行免费教育。

**分析评论我当前市场投资环境**　英国《经济学家》发表的“中国商务调查”特刊系列文章认为，中国市场、投资环境、企业、金融体系等方面存在诸多问题，将成为投资者的“噩梦”。作为西方权威财经杂志，该特刊通篇充斥对中国政治经济体制的否定，如“中国的面积和人口规模对外国公司而言是障碍而非机会”、“中国人均消费能力很低，大多数中国人没有多余的钱用于消费，他们因对未来感到担心而把微薄的收入中的大部分存入银行”、“过去几十年中，中国人无论是在基础研究，还是在极其重要产业的先进设计方面都没有取得什么进步”等。

美国之音报道称，在世界经济论坛《2004－2005年全球竞争力报告》中，中国经济的竞争力从第44位滑落到第46位。报告认为，中国经济虽然在持续高速增长，但由于依然存在普遍的行政干预经济的现象，且官僚主义严重、腐败猖獗、会计规则混乱，中国的宏观经济环境受到很大影响，经济竞争力有所削弱。

**追踪中国经济“奇迹”背后的不足**　美国麻省理工学院国际问题研究员乔治·吉尔伯伊在《外交》杂志发表的题为《“中国奇迹”背后的迷思》的文章中指出，对于中国经济的迅速崛起国际上目前有两种反应：一种是对中国经济前景的非理性夸大，导致许多外国投资者急于抓住与中国企业合资的机会，而不顾这些企业的实际经营状况如何；另一种是对中国经济取得的成绩与发展潜力的过高估计使“中国威胁论”的呼声越来越高。文章表示，这两种反应都是错误的，因为均忽略了中国经济“奇迹”背后的严重不足。吉尔伯伊认为，中国的经济问题归根结底是由政治因素造成。目前显现的第一个后果是，为了制止一个政治上独立的私营领域的崛起，中国政府极力扶持国有企业，并推行有利于外资的政策。这导致外国企业在中国的工业品出口中占据领先地位，在中国的国内市场中也获得了重要的位置。结果，中国的工业领域只剩下效率低下但仍具实力的国有企业和技术上越来越占主导地位的外国企业，而私营企业到目前为止还不具备与这两类企业平等竞争的能力。第二种结果是，没有改革的政治体制在中国的企业管理人员中滋生出一种追求短期利润、地方自主和经营过度多样化的“企业文化”。他说，绝大多数的中国企业把注意力集中在培养与上级官员的特殊关系上，拒绝建立横向联系，放弃了为长远利益进行的技术发展和投资。

**认为知识产权保护需要加强** 英国《金融时报》发表文章，批评中国软件行业的芯片盗版，认为对于知识产权失窃以及政治风险的担心，是阻碍外国芯片企业在中国投资进行制造或设计的重要因素。该报在又一篇题为《中国对专利保护真有承诺吗?》的评论中，认为中国国家知识产权局先后撤销辉瑞制药有限公司、葛兰素史克公司所持有的两种药品的在华专利，这些举措将使“中国公司放手在国内生产仿制药品，且无受讼之虞”，暗示中国政府暗中支持国内公司生产仿冒药品。该报同时指出，中国政府在履行入世承诺方面已经取得显著进展，为外资的进入创造了机会。

（3）能源问题

近年来随着我国经济的高速增长，作为工业发展基础保障的能源领域出现局部短缺。为保障国民经济持续、平稳的发展，我国政府积极调整能源政策，参与世界能源资源的合作与开发，促进石油进口来源多样化。这一调整，引起国际社会的极大兴趣。中国的能源政策将对国际油价产生何种影响？中国在能源上与世界其他国家存在何种竞争？未来中国和美国是否会在石油资源分配上发生冲突？这些都是西方媒体关注的焦点。

**突出计划式管理制约能源供应** 对于我国的电力供应紧张的状况，西方舆论的报道多有夸大和不实之处。美国《华盛顿邮报》报道称，中国的电荒已导致不少工厂削减生产，一些宾馆和饭店被迫切断供热。缺电可能会打击不少企业，甚至会造成大批的裁员和失业。

关于造成能源问题的原因，一些西方媒体将我能源紧缺归结为政府预测失误造成的能源供需不平衡，并据此认为中国的能源短缺并非是资源性短缺，而是一种制度性短缺。美国《华盛顿邮报》称，中国政府严格控制石油资源，从根本上错判了市场的能源需求，导致了今天的紧张局面。法国《世界报》认为造成中国能源短缺的原因有：一是促使中国经济过热的一些主要产业，如钢铁、铝、水泥和汽车等，消耗了大量能源；二是中国领导人的严重规划失误；三是煤炭产业混乱不堪。该文作者认为，目前中国电力行业管理体系和项目审批体制造成了电力需求与电力建设难以匹配。电力项目的审批程序极其繁琐费时，电力建设还需要根据电源进行规划，但这些规划与市场实际变化差异很大，甚至比较混乱。

英国《中国经济》季刊发表题为《中国电力的盛衰循环》的评论。文章举例说，上世纪90年代初，中国由于工业需求急升、电力不足，带来了投资建电站的热潮。到90年代中期，电力消费增长开始崩溃，导致电力过剩。现在，由于缺电，中国又计划兴修多座电站。文章预言中国电力建设将再次陷入盲目的“缺电——疯狂投资——过剩”循环中。作者认为，只要中央计划继续控制电厂建设和电价制定，中国电力建设的盛衰循环就将一直持续下去。

**暗示中国推动世界能源价格上涨** 自2002年起，全球商品价格表现出持久而强劲的上涨态势，其中尤以与经济形势关系密切的工业原材料及能源价格表现最为突出。对此，一些西方媒体指责中国采购促使能源原材料价格飙升，还有媒体认为中国是造成世界范围内通货膨胀的主因。法新社报道称中国的钢铁、石油需求给全球工业造成压力，大大哄抬了国际市场上原材料以及相关产品的价格。英国《金融时报》称，受国内燃料紧缺的影响，中国很有可能收紧焦炭出口配额，从而可能加剧全球钢铁业业已严重的燃料短缺。英国《泰晤士报》文章认为，有越来越多的证据显示，中国所进口的石油远超其国内需求，暗示中国“囤积”石油是造成国际原油价格上涨的主要原因。

**夸大能源竞争忽略能源合作** 西方研究机构预计，到2020年，中国石油的对外依存度可能接近60%；而美国目前的石油对外依存度为58%。西方舆论认为中国的能源扩展必然与美国、日本以及其他石油进口大国存在冲突，并有可能导致与其他国家的关系出现紧张。英国《金融时报》刊登题为《亚洲的能源竞赛》的评论，认为胡锦涛主席的非洲之行表明，“中国正为推动其有史以来规模最大的工业革命而渴求能源”。文章举例说，在亚洲，日本是全球最大的能源消费国之一，中日在俄罗斯输油管道问题、东海大陆架资源问题的争夺日趋白热化，在传统的石油输出地中东地区也有交锋。在南海海域的领土主权及资源归属上，中国与东南亚国家摩擦不断。作为世界第二大发展中国家，印度对能源供应的需求也在不断提高。因此，亚洲国家在能源方面的争夺远多于合作。

德国之声网站刊登评论，认为中国与邻国的陆上边界谈判已基本完成，下一个目标将是划分海上边界，进行大陆架的勘测，这已经引起与中国素有领土纷争的菲律宾、越南、马来西亚等国，以及日本、韩国等国的紧张。美国《亚洲华尔街日报》载文称，中国对马六甲海峡石油航线的担忧显示，中国对能源的关注带有冷战时代的偏执狂色彩，也使中国与周边国家的关系面临进一步恶化的风险。

美国《纽约时报》刊登题为《中国在资源上出手阔绰也许并非实力象征》的文章。文章指出，过去一年里，中国政府及一些大公司的足迹遍及全球，开展巨额的收购活动。但这并不意味着中国最终会崛起成为美国真正的经济对手。在许多分析家看来，中国在全球范围谋求资源，为此支付了远远高于市价的高昂代价，这是其脆弱和缺乏国家安全感的征兆。

**认为我海外能源并购影响国际政局** 美国《华尔街日报》报道称，面对高涨的油价，中国石油公司也积极加入了全球范围积极勘探原油的行列。文章进一步指出，许多西方大型石油公司都在紧缩开支，而中国的大型石油企业却不吝巨资，在中东、伊朗、远东产油区进行大手笔的并购活动。美国之音播发美方分析人士对中国寻求石油资源的评论，他们认为中东的石油生产国和俄罗斯一直是中国的传统伙伴，但出于石油、边境贸易和国家安全的需要，中亚国家成为中国新的发展对象。由于中国同与西方国家敌对的苏丹、伊朗等国建立石油合作关系，将有可能与西方国家产生更多的冲突。他们还认为，为获取石油，未来中国将越来越多地介入中东政治。美国之音报道还称，中国石油公司在伊朗积极活动，使美国从经济上孤立伊朗的努力遭受打击。

**预测中日两国的石油之争在所难免** 西方舆论认为，中日两国能源对外依存度的相象性、主要进口油气资源的同源性以及地缘政治经济的相关性，将不可避免地导致中日两国在国际石油市场展开竞争。从东海油气田到俄罗斯铺设石油天然气管道，从伊朗到非洲，在世界主要石油产地，中日的能源争夺几乎无处不在。日本媒体更加关注中日两个大国在能源方面的较量。他们一方面大谈“中国特需”、“中国机遇”，承认中日经济高度的相互依存关系；另一方面却制造所谓“中国能源威胁论”与“中日能源冲突论”。日本近畿福祗大学教授冈本幸治在日本《世界报道》上提出，日本应建立亚洲海洋联合以牵制中国。具体来说就是争取建立连接台湾、东盟和印度的海洋联合，一边牵制反日情绪强烈的中国和韩国，一边建立能与美国抗衡的亚洲经济区。冈本幸治认为，现在有很多日本企业在华设厂，这只会造成“对中国的依赖”，为了“不过度陷在中国”，并且也为了不受压制，有必要在亚洲建立另一个基轴。而台湾、东盟和印度与日本有共同的利益关系，尤其是发展迅猛的印度“对于未来的日本是重要的国家”。

**建议亚洲国家积极开展能源合作**　与此同时，日本国内一些有识之士指出，中日只有开展能源合作才符合双方利益。美国摩根士丹利公司网站发表该公司经济师罗伯特·费尔德曼的文章，认为在能源之争中，中日都没有寻求单边解决方案的资源和军力，因此在能源领域走向合作成为必然。双方在节能、水资源等多个领域都有合作的可能。香港《亚洲时报》在线报道认为，由于领土和历史问题中日关系已经陷入僵局，东海天然气田争执使两国关系进一步恶化。如果这种僵局继续下去，日本将不得不选择接受中国的联合开发建议，利用这一机会扩大同中国在开发能源方面的合作。日本《每日新闻》社论称，亚洲特别是中日应该采取合作姿态应对油价上涨。社论认为，目前世界新增石油需求大都集中在亚洲地区，但亚洲国家之间没有相应的协调机制，不得不为“亚洲石油溢价”承担损失。

（4）金融改革

按照我国加入世贸组织做出的承诺，2006年12月之前，必须向外国全面开放银行业，银行体系的改革重组已迫在眉睫。作为我国金融业的主体，国有独资商业银行的改革尤为引人注目。此外，随着中外经贸关系不断扩大，围绕人民币汇率升值与否的争议也在升温。利率上浮、资本市场与国有银行体制的改革，证券业的整顿等业界动态也受到西方媒体的关注。

由于所有制及管理体制的差异，境外主流舆论从西方经济学观点出发，对我国的金融体制表达了“一边倒”的批评，负面报道仍然集中在国有银行的“政府控制、国家垄断”上。但一些媒体对我国政府的改革举措给予积极客观的评价。

**炮制新一轮“金融危机”论** 2001年中国入世以及1998年亚洲爆发金融危机后，西方学者纷纷撰文对“中国脆弱的金融体系”表示担忧，认为中国面临金融危机的风险。相关讨论在2002年下半年达到一个小的高潮。2004年，伴随中国采取措施调控“经济过热”，外界在担忧中国经济“硬着陆”的同时，再度提出“中国将爆发金融危机”的观点。美国《商业周刊》网络版刊登该刊首席经济学家迈克尔·曼德尔的评论文章认为，中国是在一种半社会主义性质的政治体制之上建设现代经济的，这种混合体制是问题的关键。他预言下一场金融危机5年后将在中国爆发，5年内中国的金融系统将遭遇重大冲击。墨西哥《全球化》月刊刊登西班牙亚太问题研究员巴勃罗·布斯特洛的文章称，脆弱的银行业、巨额公债、高失业率、腐败是中国面临的四项经济考验，中国政府如不能有效处理这几大问题，未来就有可能爆发金融危机。另外，外刊普遍认为如果中国发生经济危机，不但对国内社会甚至政治产生严重影响，还将对整个地区乃至全球产生重大冲击。

**谨慎欢迎国有银行体制改革** 我国国有银行改革主要包括公司制、股份制改造和海外上市三大内容。今年1月，我国政府向中国银行与中国建设银行注入450亿美元资金，该举动被西方媒体视为中国政府向银行业“开刀”的大动作。外电普遍认为此举的目的是在对外开放金融市场前，培养本国有潜力的银行业竞争者。英国《金融时报》报道说，中国政府的注资不是“免费午餐”，要接受政府资助的国有银行必须实行更严格的公司治理制度。从长远看，这一举措有利于中国金融业的健康发展。《金融时报》还发表文章，高度评价中国银监会颁布的“新范例”监管制度，认为这一制度将引起中国金融业“一场影响深远的变革”，对中国经济乃至世界经济至关重要。

境外媒体从西方经济学角度，批评只要中国政府对银行业进行控制，国有银行的改革就毫无意义。美国《华尔街日报》发表多位西方金融投资管理人士对中国银行改制成立股份公司的评论，他们对中国政府在四大国有商业银行改制问题上的能力和决心表示怀疑，理由是政府仍未放开对国有银行的控制、仍在采用指令形式限制银行放贷。英国《金融时报》载文称外国投资者无意入股中行，他们认为在政府主导的背景下，即使拥有中行的股份，也没有足够权力影响其运营。俄罗斯《远东问题》双月刊第3期刊登俄罗斯科学院远东研究所副所长贝格尔题为《2003－2004年中国政治与经济中的主要事件和决定》的发言。贝格尔认为2004年中国政府对金融体制的改革“没有导致真正的变革”，失败的关键是没有改变所有制的性质。他认为只有切断银行同政府的联系，从而改变银行的目标、管理方法和原则，才能使银行活动的透明度和效率达到国际水平。

**关注央行加息对全球经济的影响** 10月28日，央行宣布将大多数存贷款利率上调0.27个百分点。对于此次加息，西方媒体基本表示肯定。美国财政部长约翰·斯诺说，中国提高利率表明其在朝着自由市场原则迈进。美国《华尔街日报》报道认为，中国宣布9年来首次上调利率，显示北京正在采取更加市场化的手段来调控过热的经济。《日本经济新闻》发表社论称，中国提高利率是控制经济过热的最佳选择。另一方面，西方媒体更关注此次加息对世界经济、国际市场产品和原材料价格的影响。美国《纽约时报》刊登题为《亚洲市场对中国加息反应平静》的社论，认为央行此次上调存贷款利率的幅度很小，不会立即产生很大影响。中国的加息决定最终会间接地为亚洲各国企业高价进口原材料节省开支。但英国《金融时报》文章持相反观点，称中国利率上调震动全球市场，金属价格受到冲击、油价下跌、债券市场反应强烈。受益于中国高速增长的亚洲各经济体更担心中国提息后对外需求疲软，从而影响其经济增长。另外，西方媒体还推断中国的加息可能不会浅尝辄止。美国《华尔街日报》报道称，此次加息可能只是中国为遏制过度投资而启动的一系列加息的开端。

**指出人民币汇率之争的本质是贸易之争** 新一轮“人民币升值论”萌芽于2001年下半年。2003年2月，日本财相盐川在七国财长会议上提出，人民币应该升值。随后美国财长斯诺公开表示，希望中国实行以市场为主导的更灵活的弹性汇率政策。这场由日本挑起、美国担纲主演的人民币汇率之争全面上演，让世人在全球通货紧缩压力面前再次聚焦人民币。

在依赖“中国特需”的背景下，人民币升值可能给中国经济发展造成损害，这也是美日不愿看到的。因此美日等国敦促人民币升值的压力在2004年有所减弱。美国《华尔街日报》发表头版头条评论文章称，中国经济的快速发展，为美国经济提供了有力的支持。日本最大报纸《读卖新闻》和第二大报《朝日新闻》发表长篇社论，认为中国经济发展的“特殊需求”和美国经济一道，支撑着以出口为主导的日本经济复苏。美国之音报道说，自从中国加入世贸组织以来，在对世界其他国家的出口都在下降的情况下，美国对华出口增长了66%。日本最大的经济类报纸《日本经济新闻》也发表评论指出，随着中国经济的持续发展和进口商品的大幅增加，中国已经成为促进日本经济复苏的主角，甚至可以说“中国打个喷嚏，日本经济就要感冒”。法国《费加罗报》认为，在重新评估人民币汇率的问题上，美国不想态度过于强硬。因为一旦中国抛售手中的美国债券，美国经济将出现灾难。

另外，对人民币汇率问题的报道受西方国家不同利益集团的影响较大。有深厚财团背景的《华盛顿邮报》、《洛杉矶时报》、《泰晤士报》等，多数时候支持中国的汇率政策，受到劳工组织和保守力量支持的美国《国际先驱论坛报》和合众国际社等则极力抨击我国的汇率政策。历来标榜“中立”、“客观”的《纽约时报》报道则时好时坏。

**欢迎中国政府整顿证券业** 中国金融改革的重点一直是银行业。然而，随着2004年南方证券危机、国债回购黑洞和德隆系崩溃浮出水面，证券业改革也引起了国外媒体的关注。围绕中国政府接管南方证券，西方媒体的评论有褒有贬。正面报道肯定中国政府在利用市场手段加强金融业监管方面进行了有益尝试；负面报道主要批评中国证券业秩序的混乱，一些媒体批评政府监管不力。英国《金融时报》报道说，南方证券被政府监管部门行政接管，揭示了中国证券行业财务状况薄弱的问题，也将损害股票市场的信心。亚洲新闻网报道称，南方证券被接管不过是冰山一角。近年来股市的惨淡使许多证券公司转向使用客户资金投资房地产等“赚钱”的行业，一旦泡沫破裂，这些公司就濒临破产。美国道·琼斯通讯社报道说，中国市场对监管机构行政接管中国南方证券有限公司的消息反应平淡，表明中国投资者对政府有能力维持金融系统稳定充满信心。

美国《华尔街日报》文章认为，中国的监管机构正在加紧整顿“摇摇欲坠”的证券业。文章认为，中国的证券公司近年出现了巨大亏损，主要应归咎于中国股市监管不力且缺乏透明度。证券公司利用政策空隙，在股市进行投机性操作。与此同时，频爆丑闻导致了公众对券商的信任危机。文章也认为，面对证券业的危机，中国证监会采取的措施表明，政府正在更多地依靠市场力量进行调节，并积极欢迎外资进入。

（5）行业与地区经济

西方媒体涉华经济报道在内容上注重突出服务性。知名媒体尤其是国际性的财经媒体，如英国《经济学家》、《金融时报》，美国《华尔街日报》经常发表中国投资环境、行业投资前景评估之类的专题。行业与地区经济的发展受政府决策影响较大，又与投资者的利益息息相关，因此每当我国政府实行新的投资管理政策、地区发展策略或是出台新的行业管理规定，西方各大媒体往往会在一段时间内进行跟踪报道，刊发业内人士、分析家观点各异的评论，为投资者提供参考。投资前景决定了地区与行业经济受关注程度的大小。

**认为汽车行业崛起面临体制弊病** 美国《华尔街日报》题为《中国汽车制造商瞄准海外市场》的文章认为，尽管中国的汽车制造业在价格和质量上都难以达到国际标准，但中国的工资水平在未来几十年仍将保持较低水平，并且中国和东盟有望在2010年前签署自由贸易协定，中国南部的汽车制造商距东南亚和澳大利亚更近，这些因素对他们非常有利。本田公司已正式在广州设立新厂，专门生产出口欧洲的轿车。这标志中国首次成为汽车出口国。但国外投资者认为，中国出口的汽车不可能席卷国际市场。"中国政府坚决主张外国公司以合资形式进入中国"，是妨碍中国汽车出口的一个主要障碍。外国汽车及零部件制造商不愿在合资公司生产出口汽车、与中国合作伙伴分享利润。《华尔街日报》的评论还认为，中国的汽车产业政策抑制了竞争。文章称，在中国的汽车行业获利最大的一直是外国汽车制造商及其中国合资伙伴，造成这一现象的根本原因就是中国旨在保护少数国有企业的汽车产业政策。这一政策抑制了竞争，使缺乏效率的国有汽车零部件制造商依然能够获利。这样的保护政策实际上反而不利于国有企业面对竞争，提高自身实力。

**我国内新兴行业发展受到瞩目** 西方舆论还关注钢铁、医药、电脑游戏业等新兴行业。美国《华尔街日报》认为，中国一流的钢铁企业不断提高产品质量，显示出良好的长期前景。随着中国的钢铁制造企业掌握船舶、轿车和家用电器上所用高端钢铁的制造工艺，他们将在中国国内及国际市场上对国外产品形成越来越大的挑战，这可能给日本、俄罗斯、台湾和韩国的钢铁厂带来灭顶之灾。美国之音称，中国医药市场发展迅速，到2010年，销售额将达到600亿美元，而且有可能在2020年成为世界上最大的药物市场。英国《金融时报》认为，中国游戏业将成为亚洲地区的主要市场及内容供应商。到2007年，中国网络游戏业的市值将达8.07亿美元。

**认为我振兴东北经济困难重重** 英国《经济学家》认为，中国政府振兴东北经济的策略带有“巨大的政治风险”。如果振兴东北的计划没有实现，地区间经济的不均衡会更加明显，会威胁到社会秩序。更大的风险在于，东北地区是中国国有经济的“大本营”。如果振兴东北战略发挥了作用，资本主义经济形态（指外资和民营经济）得以在东北发展，“共产党对权力的掌握届时都会面临威胁。”美国《商业周刊》文章认为，解决劳工问题是扭转东北经济形势的关键。如果东北经济发展继续停滞不前，工人的不满与骚乱就有可能激化。另外，振兴东北也面临着三大困难：国有经济占绝对主导地位，社会保障负担沉重；当地政府的腐败；当地官员不善于与外部世界打交道。

由于东北三省与日本毗邻，双方在经济合作上拥有广阔的发展空间，日本媒体更为关注我国的“振兴东北”战略。日本《时事解说》杂志刊登评论文章《关西经济界对中国东北三省寄予厚望》称，日本关西经济界正积极扩大与中国东北的辽宁、黑龙江和吉林三省的关系，认为上述地区是仅次于沿海地区的最有经济发展潜力的地区。关西经济联合会（简称关经联）成员冀望中国对东北三省的优惠措施能够更加完善，以便向该地区发展的日本企业把广大的俄罗斯市场也纳入视线，获得巨大商机。关经联成员也担心，历史问题是来华投资的最大风险。最明显的例子是，此前丰田公司推出的名为“霸道”的运动多功能车，该车的广告因涉及民族情绪在中国国内一度遭到抵制。

### 4. 社会话题：报道内容多元，负面声音占一定比例。

境外主要媒体对我社会问题的关注面较为广泛，不仅包括传统议题，如环境保护、社会贫富分化、民工潮、社会群体事件等，也关注2008年奥运会的筹备、医疗卫生体制改革以及社会保障白皮书等时事热点，相关涉华报道日益多元化。总体来看，2004年境外主要媒体对我国社会新闻方面的报道与评论中负面报道较多。

（1）公共安全

公共安全主要包括公共卫生、公众安全两部分。公共卫生方面的热点话题有禽流感及非典防治、艾滋病防控，公共安全方面的问题包括矿难、食品安全、灾害等。2004年中国煤炭生产行业、重工业和其他行业的安全事故频发，引起国际舆论的关注。每当事故发生，西方主流媒体都会在相应时间进行集中报道。总的来说，在公共安全方面，国外媒体的报道以负面批评居多，但一些媒体注意到我国政府积极采取对策，给予相对客观的评价。

**关注疫情防控及信息公开** 2004年年初，中国发生禽流感以及非典个案引起国外媒体的高度关注。国际舆论对我境内禽流感的发生原因与政府采取的防治措施关注较多，评论褒贬兼有。

——以人为本处理疫情。日本时事社播发报道说，中国连续两年受到传染病的考验，但这次面对禽流感中国采取了积极有效的对策。法国国际广播电台的报道称，世界卫生组织对于中国防控禽流感蔓延的行动给予赞扬，如关闭大城市的家禽市场，特别是决定扑杀在疫点周围3公里以内的所有家禽。法国《欧洲时报》在题为《以人为本，中国快速应对禽流感》的评论文章中指出，中国在阻击禽流感的战役中充分体现“以人为本”的宗旨，即把百姓身体健康和生命安全放在第一位。中国领导人这种忧民、亲民的作风得到了百姓的理解和好评。中国在处理疫情的过程中透明得当，也赢得了世卫组织的肯定和表扬。

——缺乏监测体系根除禽流感威胁。法新社、美国之音、英国广播公司等在1月底和2月初的报道均称，中国缺乏充分的报告和监测系统来根除禽流感的威胁。美国《亚洲华尔街日报》的文章说，一些科学家认为，中国南方的养殖方法、气候和人口密度为传染病病毒的出现提供了有利条件，增加了出现流行病的风险。

同一时期，法新社、英国《泰晤士报》和美国《商业周刊》都曾发表文章说，禽流感病毒早在2001年可能就已经在中国出现。比如《商业周刊》发表题为《中国：新的瘟疫，相同的隐瞒》的文章，怀疑中国政府又像隐瞒非典疫情一样隐瞒禽流感疫情。

**评价我非典防控工作** 境外媒体对我境内发生非典个案给予关注。

——肯定中国积极防控非典。日本《产经新闻》报道说，广州市发现非典疑似病例后不久，一年一度的春运高峰到来。为防止非典随人流扩散，中国的火车站、机场都采取了禁止体温38度以上的旅客搭乘的措施。美国《华尔街日报》的报道称，中国政府禁止野生动物交易给非典以重击。自1月份中国官方规定禁止野生动物交易以来，再也没有出现过新的非典病例。科学家和关注公众健康问题的人士认为，禁止野生动物交易是非典未能卷土重来的一个重要原因。俄塔社报道说，中国政府已批准将非典疫苗用于人体临床研究。全球有数十家试验室在进行非典病毒及其疫苗的研究工作，但中国对非典疫苗的研究远远领先于其他国家。英国广播公司报道，在伦敦开会的科学家们表示，有信心认为非典病毒已经在中国受到控制。

——管理体制存在漏洞。《日本经济新闻》刊登记者发自北京的报道称，中国重新发现了非典病例，而且感染源被认为是预防和治疗的核心部门——位于北京的中国疾病预防控制中心，这表明中国防止非典感染的管理体制存在漏洞。英国广播公司报道说，中国为抗击非典大规模灭杀果子狸等动物，这与毛泽东的灭“四害”运动如出一辙。毛泽东动员全国农民灭除“四害”，现在造成灾难性的后果。麻雀被过度捕杀造成蝗虫成灾、庄稼被破坏，引发的饥荒造成数百万人死亡。

**对艾滋病防治的两面评价** 近年来我国境内艾滋病感染人数呈逐渐上升趋势，艾滋病的蔓延还引发了一些社会问题。中国的艾滋病防治问题在全年都受到境外媒体的关注。

——领导人重视艾滋病防治受好评。俄罗斯俄塔社报道称，胡锦涛主席在世界艾滋病日来到医院与艾滋病患者紧紧握手，并呼吁整个社会不要歧视艾滋病患者，这是一个历史性的举动。中国政府目前正在通过大量宣传来推广避孕套的使用和健康的生活方式。中国已经开始临床研究艾滋病疫苗，今后将进一步完善艾滋病的防治，尤其是偏远地区患者的治疗工作。西班牙埃菲社评价说，胡锦涛主席与艾滋病病人的握手反映了政府与艾滋病作斗争的决心。美国之音以《中国决心认真解决艾滋病问题》为题，报道河南省派出工作人员到该省的艾滋病重灾区蹲点，国务院副总理兼卫生部长吴仪会见民间艾滋病活动人士高耀洁。报道认为，这些举措表明中国政府希望严肃认真地解决艾滋病问题。法新社和英国广播公司也对此事进行了报道。美国之音的另一篇报道说，联合国艾滋病规划署12月公布《中国艾滋病防治联合评估报告》后，艾滋病问题引起中国领导人更多的注意。

——艾滋病蔓延迅速，政府民众准备不足。路透社报道称，中国新疆地区目前已成为艾滋病散播的一个新热点，仅次于位于恶名昭彰的"金三角"毒品生产区附近的云南省。根据世界卫生组织和中国卫生机构的最新统计资料，以维吾尔族为主的中国新疆地区的艾滋病感染人数，现在已经达到每年新增1000人。美国之音的报道认为，中国艾滋病已经进入快速增长期，吸毒、卖淫等各种社会问题是造成艾滋病大规模流行的主要因素。报道认为，中国对艾滋病出现大流行的估计不足，对艾滋病防治工作的投入不足。民众对艾滋病的知识贫乏，中国能用于遏制艾滋病的时间和机遇已经不多，若不迅速采取有效措施、加强国际合作，中国将成为世界上艾滋病感染人数最多的国家之一。艾滋病流行不但会成为中国的国家性灾难，还将成为全球性问题。

**指出能源需求与安全生产互相矛盾** 路透社认为，由于能源需求上升，政府在惩处非法矿主的同时，却在下达鼓励生产煤炭的命令，导致非法煤矿屡禁不止。美国之音对我国今年发生的煤矿安全事故给予持续报道。仅9月至11月，就有相关报道10余篇。报道内容主要就频繁发生的煤矿事故抨击政府对煤矿工人安全问题的忽略，指责政府的相关政策。报道认为，能源需求和政府不当的政策是煤矿事故频繁发生的主要原因。

法新社的报道说，国际劳工组织安全与健康专家卡瓦卡米认为，尽管近年来中国政府在改善劳动安全方面做出了努力，但仍然跟不上其工业化的步伐。中国的工厂和其他工作场所的安全状况仍然十分"危险"。"报告的事故和致命意外呈下降趋势……但小型企业仍有许多事故可能没有向政府报告。"新加坡《联合早报》称，尽管中国正迅速成为世界工厂，但各行各业普遍缺乏劳动安全保障，这一情况必须加以改善，才能减少因安全问题引起的伤亡案例。美国之音报道说，在中国经济以每年近百分之十的速度迅猛发展的同时，百姓为此付出沉重代价，其中之一就是大量的工伤死亡事故，多为农民。报道分析了其中的原因，认为农民工缺乏最基本的权益保障。美国之音的另一篇报道说，近年来中国各地屡屡发生火灾等致命事故，主要原因是安全设施不合标准。维护公众安全成为中国的当务之急。

**肯定我对事故的报道更坦诚** 美国《基督教科学箴言报》以《中国灾难报道较以前公开》为题，对陕西陈家山煤矿瓦斯爆炸事件进行评论。文章说，事故于11月28日上午7时发生，10时新闻机构就发出消息。相比于以往发生的类似事件，曝光速度提高很快。10月20日和11月20日发生在中国东部的矿难也比往常得到了更迅速、更全面的公开报道。这表明中国领导层在重大事故的信息发布上，表现得“诚实坦率”。

**批评食品质量安全监管不力** 英国广播公司报道，中国的食品卫生状况令人担忧。有毒有害食品往往是经过媒体曝光后，有关政府执法部门才进行查办。美国之音的报道分析了中国食品安全问题的原因所在。报道认为，消费者缺乏辨别真伪的知识、政府监管部门渎职以及地方政府对中央政策阳奉阴违等是最主要原因。

（2）环境问题

环境问题一贯是西方媒体对华关注的焦点之一。2004年下半年，围绕这一话题的讨论有逐渐升温的趋势，外媒评论中国环境污染的程度、后果，特别是对全球环境的影响。主要观点如下：

**指出环境恶化日益突出** 英国《金融时报》的报道说，中国的人口、资源与环境的恶化可能会影响中国工业的持续发展。英国《经济学家》评论认为，随着中国经济的发展，其生态问题也在爆炸性地发展，对环境的侵蚀作用引起人们的担忧。新加坡《联合早报》报道称，中国目前有40多个大中城市出现较严重的地面沉降灾害，导致每年损失数十亿元人民币，其中长江三角洲、华北地区的地面沉降主要是人为过度开采地下水造成。中国是世界上地质灾害最为严重的国家之一。各类地质灾害平均每年造成1000多人死亡，经济损失上百亿元人民币。

**认为后果严重会影响全球** 美国《国家地理》德国版推出中国环境评估专题。专题报道认为，中国经济腾飞带来了危险的阴影：严重的环境问题和新的疾病对中国和中国人造成了极大的威胁。照搬西方消费方式加剧了环境问题，并且带来了全球性的后果。自由亚洲电台则报道，联合国的环境专家警告说，亚洲地区的沙尘天气在过去半个世纪里，强度已经增加了五倍。这一趋势正在全球形成越来越大的自然灾害，对人类健康和经济发展都带来威胁。

**分析环境持续恶化的原因** 英国《金融时报》文章称，信奉“先生产、后生活”的中央计划经济对环境造成巨大的破坏。中国已经陷入了环境危机，如果不进行政治体制改革，很难从根本上扭转环境危机。中国必须对当前的发展方式做出彻底改变，否则大片区域将出现生态崩溃。

美国之音报道认为，中国的环保体制是“从上到下”的设置，不同于西方国家“从下到上”的体制。比如，美国先有民间环保团体，美国国家环保局1972年才成立。在这之前，民间组织一直在呼吁环保的重要性。相比美国这种“从下到上”的过程，国家环保局在中国成立已经有几十年了，但是民间环保组织一直到90年代才出现。

美国《纽约时报》对中国环境问题进行持续报道。该报发表题为《污染破坏中国农村》的文章称，淮河流域的严重污染给当地农民带来严重威胁。报道认为，淮河流域是中国治理环境失败的象征。尽管中央政府出台很多措施治理污染，但是给予经办者极少的执行权力。地方官员出于本地利益考虑，没有动力打击污染。久而久之，农村成为污染最为严重的牺牲品，并且越发贫困。报道还给出了具体数字和实例说明问题的严重性。

（3）社会公平与社会保障

2004年国内一些地区发生了不同规模的群体性事件，这些事件的发生往往与弱势群体权益受到侵害有关，引起了国外媒体的广泛关注。相关观点有：

**称政府消除危机的能力不足** 英国广播公司报道称，中国民众的抗议和上访规模正在不断扩大，参与抗议的人数也不断增加。报道认为，民众的不满主要归咎于政府的政策，主要是工资纠纷、国营企业重组、社会保障和拆迁问题等。美国《华盛顿邮报》在题为《社会不安挑战中共政权》的报道中指出，抗议活动已经引起中国高层领导的警惕。新加坡《联合早报》刊载的郑永年的分析文章《中国越来越多社会群体事件表明什么？》认为，尽管社会群体抗议事件在世界各国都有发生，但中国所发生的事件反映出社会的分化程度以及政府官员与人民之间的矛盾。作者认为，中国政府在如何控制社会群体事件或者社会运动方面积累了不少经验，有能力对一些突发事件进行危机管理。但是，管理危机不等于消除危机根源，后者比前者更重要。

**继续关注中国“三农”问题** 美国之音报道认为，近年来中国的上访活动一直呈上升趋势，上访民众大多数都是农民，这反映出在中国“三农”问题已十分突出。文章认为，从上访农民的“遭遇”可以看出中国的村委会选举仍然是在基层党组织和政府操纵之下进行的，并不代表农民的意愿。《英国日报》、德国之声、日本共同社等媒体对群众上访问题也都给予了相关报道。

——“民工潮”势头不减。美国《纽约时报》以《中国民工潮经久不息》为题，报道中国民工潮虽然已经涌动多年，但是没有“退潮”迹象，如今达到新的历史规模。中国正在上演世界上最大规模的居民迁移。由于迁移没有跨越国界，所以其他国家没有给予过多关注，但是其规模已使曾经重塑美国和西方现代国家的移民浪潮相形见绌。目前，政府正在鼓励移民，其短期目标是为工厂和工地提供廉价劳动力，长期目标是为了都市化。每一个现代国家为了走向繁荣都不得不从以农村为基础的经济转向城市为基础的经济，中国这个拥有世界1/5人口的国家正在与时俱进地进行这种转变。

——拖欠农民工工资。新加坡《联合早报》以《农民工的血泪》为题报道称，2003年底到2004年初，中国政府严令各地清理拖欠工程款和拖欠农民工资。国务院组成联合调查组分赴各地督查，建立清欠进度日报，情况通报和督办制度。但最近从外地到沈阳打工的7名农民工因得不到工钱，集体吞食安眠药企图自杀事件，反映出农民工权益保障制度还未完善。报道最后评论说，并不是每个农民工都有机会见到总理或中央其他官员，重要的是在制度建立后要认真贯彻。如果制度只是一个空中楼阁，仍无法保障弱势群体的利益。

美国《华尔街日报》的文章说，根据北京官方媒体公布的一份调查，在近1亿民工中，有73%的人被雇主拖欠工资。该报还援引新华社的报道说，拖欠民工工资反映出中国市场经济在信用方面仍不够完善。文章说，中国每天签订的合同有半数没有兑现，其中包括逃债、使用假冒商品以及虚假广告等行为。文章还同时提到因在总理面前告状而闻名的四川农民熊德明的事例来证明该问题存在的普遍性。

**报道工人权益在外资企业中受侵害** 美国之音报道说，许多在外资企业工作的中国工人的生活条件和工作条件得不到保障，中国工人权益受到侵犯的情况很普遍。德国《世界报》发表《中国工会敢同美国公司较量》的文章说，一些跨国公司不允许中国工人建立工会组织。这些公司已经被媒体点名曝光。据报道，截至2003年底，中国大约有8500万人在300万家私营企业里工作，其中只有3000万人加入了工会组织。最受指责的是沃尔玛公司，该公司在中国的员工多达1.9万人。沃尔玛公司在其全球的企业中都不允许建立工会组织，因此中华全国总工会并非单独作战。今年10月初，该机构和世界工会联合会在北京举行会议，准备对沃尔玛发起联合作战。

**负面评价当今社会的贫富差距** 中国在经济发展过程中出现的贫富差距拉大现象，一向是境外媒体关注的重要内容。德国之声网站从积极方面报道了中国的扶贫工作，引用世界银行总经济师巴塔萨里的话说，“中国的扶贫是人类最有成效的范例”。中国的进步将有利于保证实现联合国关于2015年之前将全世界贫困人口减少一半的目标。

2004年3月，中国政府公布本年度新增贫困人口8500万。美国《华盛顿邮报》随即刊登题为《中国的分化》的文章。文章说，中国的城市和农村正在发生迅速分化。美国之音的文章说，中国赤贫人口不降反升，有很大一部分原因是因为部分扶贫的资金被截留和挪用，而到不了真正需要的人的手中，这样造成了贫困人口不减反增的现象。另外政府的各种税收也是造成穷人更穷的原因。

**关注我发布首份社会保障白皮书** 2004年9月初，中国政府公布了第一部《中国的社会保障状况和政策白皮书》，对养老保险、失业保险、社会福利、农村社会保障的现状及相关政策进行介绍。国外媒体在肯定白皮书积极意义的同时，认为农村地区的社会保障应该得到加强。

美国之音引用美国学者的评价说，中国政府首次公布有关社会保障现状和政策白皮书，这本身是一个进步，反映出新领导人亲民的新姿态。但是报告所谈到的社会保障范围主要仍限于城市人口，广大农村地区在各项社会保障方面存在十分严重的问题。报道认为，造成目前社会保障不足的主要原因有：中央政府过于注重经济发展，社会福利资金严重不足；地方政府各行其是，多数地方政府财力不足，使广大人口仍然得不到足够的生活保障。目前中国政府应该做的是尽力维持政治经济环境的稳定，对弱势群体和下岗工人必须提供足够的保障，同时也应该修正国家政策重点，将环境保护、公共卫生、社会保障和福利与经济发展、促进投资同等看待，才能够确保社会不发生动荡。

**报道我养老制度及福利体系** 目前，中国有1.3亿多人口年龄在60岁以上，是世界上老年人口最多的国家，有关我国养老制度及福利体系的话题也引起一些境外媒体的关注。

路透社报道称，美国的战略及国际研究中心发表的一份报告指出，中国目前的养老金系统应该让更多的劳工阶层承受得起。中国同时需要建立贫困老年人社会保障机制。分析人士指出，中国正面临可能发生的养老金支付危机，如果处理不当，这一危机将消耗财政资源并威胁社会稳定。美国之音针对中国养老制度评述说，随着中国人口老龄化速度的加快，中国政府目前面临的一个紧迫问题就是退休养老的问题。虽然中国1997年进行了城镇养老制度改革，但如今养老资金的积累却存在巨大的空缺。

美国彭博新闻社的报道称，中国正将超过19万的国家公司出售给私人投资者，但由于工作的纠纷以及政府在撤除其从“摇篮到坟墓”的福利体系后，没有其他支持措施，中国面临的劳工纷争将会越来越多。美国之音报道说，中国近年来劳工矛盾引发的大规模群众抗议活动越来越严重。由于政府无法向退休和下岗职工提供福利，下岗工人聚众抗议的活动也越来越多。

**（4）雅典与北京奥运会**

中国在2004年雅典奥运会上的优异表现受到国内外舆论的一致关注。雅典奥运会结束后，舆论转向2008年北京奥运会的筹备情况，报道特点一是盛赞我国运动员在雅典奥运会期间的表现，预测2008年北京奥运会上中国队将取得佳绩；二是跟踪评述北京奥运会筹备进程。

**高度评价中国军团的雅典佳绩** 英国广播公司报道说，中国在雅典奥运会上创下历史最好成绩，以金牌第二的成绩紧随体育强国美国之后。中国已经迅速成为一个体育强国，完全有理由相信2008年奥运会上中国将取得更大辉煌。俄罗斯今日体育网发表题为《中国正在发生真正的体育革命》的文章认为，雅典佳绩被视为整个中华民族的胜利，更为2008年的北京奥运会注入了最好的强心剂。文章引述执教俄罗斯女排多年的知名教练卡尔波利的话说，“中国曾经向前苏联取经。如今，一切要颠倒过来，俄罗斯和其他一些国家应当向中国学习。”路透社题为《中国正在成为下一个世界体育超级大国》的文章认为，中国正在不断取得进步，已经具备了成为下一个超级体育大国的潜质。

德国媒体大量报道中国运动员在雅典奥运会上取得的骄人成绩。《柏林日报》的文章说，中国正在改变奥运、掌握奥运。中国不仅要向世界展示经济，也要展示体育。《柏林每日镜报》的文章指出，中国在雅典奥运会上的表现表明，中国正在成为超级大国。德国体育在线发表题为《他们什么都行》的文章，称赞中国运动员打破其他一些国家多年主宰的局面。《德国世界报》发表的文章称，中国经济发展令世界激动。体育与经济相辅相成，这似乎也验证21世纪的世界将不再是美国独霸天下。

**预测中国将在体育上取得更大成就** 中国在雅典奥运会上一举超过俄罗斯成为夺取金牌总数第二的国家，许多媒体认为这并不是一个终点，而是中国体育继续崛起的重要契机，预测中国军团会在北京奥运会上取得更好的成绩。

美国《国际先驱论坛报》文章称，中国在金牌榜上名次的上升成为其国际地位不断提升的晴雨表。对2008年北京奥运会而言，这些比赛仅仅是一次预演。中国崛起为一个奥林匹克强国的事实反映出其庞大的规模和日益发展壮大的经济实力，但这也是中国政府将国家推向国际体育最前线的努力结果。文章还认为，中国的成功靠的是持续、艰辛的努力，没有任何偶然，也不是因为超水平发挥。中国目前正在经历其社会发展史上规模最大、影响最深远的城市化进程。与此同时，她也在进行着一场真正意义上的体育革命。

英国《卫报》发表文章称，中国奥运成功源于广泛基础，归因于一个以国家体育总局为中心高度组织的系统。另外，境外媒体在报道中都在一定程度上对于今年的奥运冠军刘翔、篮球巨星姚明等给予特别关注。比如美国《华尔街日报》发表对姚明的专访文章，称姚明是中国篮球的“长城”，是美国职业篮球的核心队员之一。德国媒体称，中国选手刘翔在田径场上取得的优异成绩是中国在本届奥运会上的最大收获。

**认为举办奥运会应为城市发展服务** 英国广播公司以《北京奥运场馆变动的反思》为题分析北京奥运的筹备工作。报道说，雅典奥运的做法是先搞公共设施，再搞体育专用设施，先把机场地铁建设和环境卫生搞完，建体育场馆放在最后，因为市民对建场馆不太关心，只是体育界人关注。然而，北京奥运的做法正好相反。是整个城市为奥运服务，还是奥运促进城市发展，这值得中国政府思考。

——奥运工程可能会助长经济过热。美国之音报道了北京修改奥运建设方案。报道称，北京正按照节省成本、减少潜在财政风险的原则修改奥运场馆的建设方案。其中最引人注目的调整是修改了原定耗资35亿人民币的“鸟巢型”体育场方案，代之以更简朴、更省钱、更务实的设计方案。但报道认为，奥运工程可能会助长经济过热。报道进一步举例说，讲究“面子”的中国人绝不会在排场和气派上输给外国人。目前北京推出的奥运会配套工程，包括交通、城市改造、消费和基础设施建设的总价值将达到3万亿人民币。经济学家担心，中国已经出现基本建设战线过长、固定资产投资激增、通货膨胀压力上升的局面。在这种情况下，奥运场馆和配套工程的建设可能会在更大的经济范围内助长经济过热现象。

——需要建立成熟的商业体育产业。另外，一些媒体在报道中国队取得成绩的基础上分析北京奥运带来的体育商机。美国《华尔街日报》报道，体育能带来巨大的商业利益，认为中国是一个巨大的市场。美国道·琼斯通讯社的报道认为，四年后举行的奥运会预计将使中国的首都发生翻天覆地的变化，但是奥运会举办成功的一个重要元素仍然缺乏，那就是一个成熟的商业体育产业。虽然在这个世界人口大国不乏庞大的观众群，但能够极大影响媒体和广告等行业收入的商业体育产业仍然是未开发的处女地。

——国家形象重于体育运动。美国《时代》周刊亚洲版的文章批评了中国运动员的早期培养制度。文章认为，中国人并不是一个天生热衷于网球或者体操的运动民族。中国的体育精神源于急于摆脱殖民时代的“东亚病夫”形象的民族主义思想。人们把体育方面的成功看成是中国日益强大的象征。因此很多孩子在9岁之前就从各地小学里被挑选出来，不管他们对运动是否有兴趣，都会被送进政府开办的体校。正是在这种背景下，才有中国在奥运会上突飞猛进的表现。

### 5. 军事话题：报道与评论兼而有之，不乏担忧与质疑之声。

（1）中国军队现代化建设

2004年下半年以来，世界上一些主要国家媒体十分关注我军现代化建设的总体情况，并发表了大量评论和报道，认为我国军队加强现代化建设的目的是为了全面提高在未来现代战争中的作战能力。美国《亚洲华尔街日报》认为，“中国正采用新方法实现军队现代化”，“中国将着手创建一支与自己远大战略抱负相匹配的军事力量”。

**关注我空军和海军新战略**　外电分析称“中国空军建军思想已发生转变”，将充分吸纳近年来国际军事斗争的经验教训，向空天一体、攻防兼备和信息火力一体的现代空军挺进，并将努力使空军与陆、海军并立，在以空制空、以空制地、以空制海的各种作战形式中全面参与，建设能在全空疆作战、能实施远程反应的战略空军。中国空军新战略思想变化集中体现在提升装备性能与人员素质，在硬件和软件两方面双管齐下的背景下提升空军的战斗力；实现向“战略空军”的转型和加强空军信息系统的整体作战能力等三个方面。

日本《世界周报》认为，“中国海军基于国家战略，已经确立了近海防御战略，其使命是防御来自海上的侵略，保护国土和海上权益，统一祖国。中国所说的近海，是指从日本到台湾、菲律宾一线的内侧海域，称为第一群岛线，把东海及南海看作是自己的‘海洋国土’，中国在寻求摆脱过去的沿岸海域的防御构想。”该文还称，“中国能否成为21世纪的海洋强国，中国海军能否控制西太平洋的霸权，还要取决于美国及日本的对策。”美国《华盛顿邮报》分析认为，中国军队加强现代化建设旨在提高海军的战斗力。中国海军近年来多次出访亚洲、美洲、欧洲的一些主要国家，海军舰艇的航迹遍及太平洋、印度洋、大西洋等；尤其令人关注的是，中国海军自去年底以来先后与巴基斯坦、印度、法国的海军舰艇在上海举行双边联合海军演习。这是中国海军发展史上的一个重大突破，表明中国海军正在迅速成长壮大。

**报道我全面加强军队建设**　作为军队现代化建设的一部分，我为应付未来20年可能面临的威胁将建设一支快速反应部队，外电对此进行大量报道。英国《泰晤士报》刊登《简氏》信息集团资深防务分析家查尔斯·海曼的文章认为，由于“缺乏必要的技术和预算”，中国“军队永远也不可能更新其所有军备”。因此“中国将对其部分武装部队进行现代化建设，并以大约五个陆军师为骨干组建一支规模较小但灵活机动的部队，再配上一支人数大大减少的海军和一支能力出众的现代化空军，以努力创建一支有能力应付其在今后20年会面临威胁的精英作战部队”。

日本《产经新闻》刊载题为《中国推进空军和海军的高新技术化》的文章认为，中国已意识到在高新技术时代的战争中取胜的关键在于“培养能应对复杂情况的高级人才”，相继设立空军和海军所属的“长春空军航空大学”、“郑州防空兵指挥学院”和“广州海军兵种指挥学院”等三所军事院校，“目的在于训练和培养参谋和技术人员，培养学生具备复合型的（作战）知识、经验和能力，能够应对各种兵器的中级指挥人才”。

**炒作中国国防经费预算** 境外媒体非常关注我每年的国防经费预算，其中多数国家和地区只是关注我国防经费预算概况，比较客观地认为中国虽然“大幅度”提高国防经费，但是相比美国及西方国家来说，中国的国防经费预算还是维持在一个比较低的水平。只有美国和日本媒体一唱一和，大肆渲染我国防经费增长意在针对台湾。例如，英国广播公司报道，中国全国人民代表大会年度会议宣布将国防开支增加约12%，这是其多次大幅增加国防开支中的最近一次。西班牙埃菲社报道说，2003年中国国防预算总额为1853亿元，比前一年增加9.6%。这一数字自1989年以来从未低于10%，尤其是2001年和2002年各比前一年增加17.7%和17.6%。尽管西方国家有颇多疑问，但不可否认的是中国国防预算要比美、英、法、俄等国家少许多。但日本《读卖新闻》发表文章直截了当地说，“中国增加国防支出是在瞄准台湾”，“把阻止台湾独立视为最优先课题的中国军队，正迅速加强台湾海峡沿岸地区的军备”。美联社引用台湾媒体的报道说，“台湾‘国防部’谴责中国宣布将把国防支出提高11.6%，并说此举将对地区和平构成威胁”。

**聚焦我军武器装备现代化** 境外主要媒体对我国高技术军事装备的关注主要有以下方面：一是有关我国自行研发和生产最新军事装备的动态；二是有关我国从俄罗斯进口整体军事装备，从以往整体军事装备为主转向以进口武器生产技术为主的新策略。

——反映我国自行研制和生产最新军事装备。2004年，美国、英国和加拿大等国家均先后报道我国自主研制的新型“中坚”空中预警引导机情况、中国加快“宋级”潜艇生产速度、中国新型导弹研制情况、反映中国先进主战坦克下线等新式武器装备情况的发展，认为我军在武器装备现代化方面取得新的进展。

——反映我军对俄罗斯国防技术的需求。2004年俄罗斯舆论多次分析我军武器装备进口的变化情况，有三种看法：一是认为欧洲不生产中国军队现代化建设所需的武器装备，因此即使欧洲解除对中国的“武器禁令”，在今后20－30年内中国仍然会对俄国防技术具有一定的依赖性；二是认为今后中国有可能希望获得更多的俄罗斯先进军事装备的生产技术，以便自行生产；三是部分俄罗斯军事专家担心军事实力的不断增长会令我在未来成为俄罗斯的军事“对手”。

（2）全方位开展军事外交

一年来，美俄日等国媒体对我国积极开展的高层军事外交活动、与外国军队的联合军事演习等活动十分关注，认为“中国准备接受多边军事对话的目的是为了牵制美国”。《日本经济新闻》发表文章称，军事战略是中国安全保障的关键，目前中国正就准备接受多边军事对话问题，试探日美韩及东南亚国家的意见。这意味着一向对多边军事对话态度谨慎的中国人民解放军将开始转变策略。中国此举似乎是为了回击布什政权的先发制人战略，并牵制其单边主义。

**关注中美军事高层领导互访** 年初，美军参谋长联席会议主席理查德·迈尔斯将军访问中国；7月，梁光烈总参谋长在北京会见美军太平洋总部司令法戈海军上将一行，10月又应邀请成功访问美国。对此，美国、日本和其他国家媒体都作了相应报道和评论。外媒普遍认为，从中美两国长远战略利益出发，两军加强交流合作，共同为维护国际稳定发挥应有的作用，是促成梁光烈访美的最主要因素，也是中美两军未来发展的大势所在。

**报道我参加国际间军事演习** 上半年，中国军队与法国军队进行海上营救的军事演习；下半年又参加由“上海合作组织”成员国家组织的以反恐为预设目的军事演习等，上述举动引起美国和境外其他媒体的重视和关注。美国《亚洲华尔街日报》的文章称，在法国和中国海军举行联合军事演习时，人们不禁要问：巴黎是否又在破坏美国的政策？因为“法国多年来一直寻求与中国结盟以推进实现多极世界目标”。美国可以认为，中国眼下只不过是在打“法国牌”，就像多年前美国对苏联打“中国牌”一样。

（3）高级将领人事变动

境外媒体对中央增选海空军和第二炮兵司令为军事委员会委员，任命熟悉台海局势并擅长现代高新技术作战的海空军将领担任中国人民解放军总参谋部副总参谋长职务特别关注，分析称此举旨在提高我陆海空三军现代联合作战能力。

境外媒体对于中央军委人事变动及时进行报道。新加坡《联合早报》文章认为，中国人民解放军“空海军和二炮司令进入军委决策层标志着中国军事战略的重大转变”，表明解放军将超越传统的“大陆军”观念，迈向陆海空三军以及太空联合作战的新阶段，其目的是“准备高新技术条件下的现代化战争”。

中央军委分别任命两位空海军将领接任退休的副总参谋长，这在国外军事界引起不小的震动。国外报道和评论认为，此次任命结束了自1976年以来一直由陆军主导总参的传统，反映出中国军事思想的变革，赋予海空军以更重要的角色，使中国人民解放军总参谋部主要领导的技术专长起到互补作用，更有利于我军处理台海地区的军事危机。

（4）加强对台军事斗争准备

2004年上半年，在台湾大选前后，美国、日本、台湾以及东南亚国家主要媒体都非常关注我国加强对台军事斗争的准备工作。

**称军事演习意在牵制台湾**　我军在新年伊始实施军事演习计划，引起台湾和欧美专家的关注。他们认为这些军事演习的内容与以往不同，重点是提高情报战能力，目的在于牵制台湾。日本《产经新闻》发表文章称，中国人民解放军的军事演习以掌握台湾海峡制空权为目的。俄罗斯《新闻时报》载文说，中国军队在东山岛的演习体现了“真打”和“真备战”思想。

**聚焦我对台战略新思维**　境外媒体纷纷通过我军组织的各类军事演习来分析和研究我军未来对台作战思想和具体可能采取的作战样式，认为我从政治和军事两方面对台施加压力。外媒称，中国大陆的军事演习“具有针对性”，透露出对台作战的新战略思维，主要是进行“舆论战、心理战和法律战等相关的演练”。新加坡《海峡时报》报道，中国采取具体举措，“加紧在台湾海峡做好开战准备”，并力争夺取台海地区的制空和制海权。美国舆论认为，2005年—2010年间，中国在经过8年的精心准备后将有能力发动“闪电战”，在美国来不及介入的情况下令台湾的防务陷入瘫痪。美国国防部的报告也指出，“中国人民解放军相信对台最有效的军事攻击战略是出其不意、攻其不备”。

**猜测对台作战的样式** 境外媒体分析我军可能在未来对台作战中采取的几种作战样式。法新社报道，“为了能够迅速对台湾采取先发制人的军事行动，让华盛顿措手不及，只能面对既成事实”，中国所制定的对台作战方案包括“电脑网络攻击、导弹袭击、封锁台湾的港口、像北约对南斯拉夫那样进行空袭，或者直接入侵”，以及“斩首战”、“瘫痪战”和“攻掠战”等。

**评估我军对台作战能力** 多数境外媒体对我军的对台作战能力进行综合评估后认为，“海峡两岸军事力量对比越来越不平衡，大陆占据明显优势”。英国广播公司报道，除拥有约500枚已经部署妥当的导弹、许多战斗机和潜艇外，大陆在诸如信息战、电子战和特别军事行动之类的其他领域也取得了重大进展。再如，日本政府内部的一项极机密分析报告披露，“台湾海峡双方的军事力量到2009年将出现逆转”，中国可能在2007年取得台海的制海权，2009年取得台海的制空权。

（5）《2004年中国的国防》白皮书

2004年底，我国发表《2004年中国的国防》白皮书，全面介绍中国的国防政策及近两年来国防和军队建设的发展。短时间内，境外媒体发表大量的报道和评论。

**关注反“台独”内容** 美联社报道，拥有世界最大规模正规军的中国发表的这份白皮书显示，其将增强军队的现代化，以更好地应对来自有独立意图的台湾和日益增强的全球不稳定因素的威胁，但白皮书并未具体说明中国针对这些威胁将采取哪些具体措施。路透社注意到，这份白皮书的发表正值中国全国人大常委会审议《反分裂国家法(草案)》之际。分析人士认为，草案会从法理上要求政府在台湾宣布独立的情况下采取军事行动。白皮书也指出，中国军队将粉碎台湾的任何独立企图。法新社评论说，白皮书明确表明，粉碎“台独”势头的恶性上升是中国新的国防政策的核心内容。白皮书虽然提到包括朝鲜核问题和日本修宪计划在内的一系列威胁中国安全的因素，但重点还是针对如何处理两岸紧张的关系。

日本广播协会称，中国时隔两年发表国防白皮书，是为了消除“中国威胁论”，同时也是为了在台湾问题上表明更为强硬的态度，以制止寻求“台湾独立”的动向。新加坡《联合早报》的分析文章指出，白皮书将遏制“台湾独立”列为首要国防目标。解放军正在为台海可能出现军事冲突作准备。白皮书表明，解放军的建设已由过去主要以陆军为中心，逐渐转变为向海军、空军、第二炮兵（导弹部队）倾斜。海军要特别加强两栖作战能力，空军要逐步由“国土防空型”转变为“攻防兼备型”，以提高夺取制海权及制空权的能力。第二炮兵要确保常规导弹可以精确打中目标，以及国家在受到核武攻击时能进行核反击。在不涉及台湾问题的部分，白皮书表明其主要强调的仍是中国维护和平、寻求稳定的意愿。

**质疑军费数据的准确性** 新加坡《联合早报》文章说，中国官方公布的军费数字，准确性向来受到外界质疑。但美国军方也有出于自身目的而刻意夸大中国军费的倾向。一些比较中立的军事专家估计，中国今年的军事开支应在450亿美元左右，和日本大约处在同一水平。美国之音报道称，中国实际军费数字是官方公布的4倍。

**日媒不满点名批评日本** 日本共同社重点关注白皮书中关于日本的内容，注意到中国把日本加紧推动修宪进程、调整军事安全政策、发展并决定部署导弹防御系统、对外军事活动明显增加视作影响亚太地区安全的主要因素。共同社援引一名西方军事分析人士的话说，中国在国防白皮书中以这种方式对日本进行点名批评是罕见的。

### （6）美国发表《中国军事实力报告》

美国国防部在2004年度《关于中华人民共和国军事力量问题的年度报告》中，称中国迅速提升军事实力意在武力统一台湾。其中讨论了今后20年中国人民解放军军事与技术可能的发展方向，以及中国的国家战略、安全战略、军事战略、军事组织和作战理念可能的发展方向。路透社评论说，“中国加强了攻击性军事力量的发展，研制了更多先进的导弹和能破坏卫星的激光器，并加强了地下设施的建设，所有这一切都是为了在可能发生的台海冲突中取胜，并以此向台湾施加压力”。日本《产经新闻》报道，“美国认为中国在加强进攻台湾的军事实力”。

与往年类似报告相比，美国专家认为五角大楼在2004年度《中国军事实力报告》中的“鹰”调明显下降。中国问题不再像以前那样是一个容易被政治化的问题，对中国军事实力发展的估量和评价更为公平和全面，就连“鹰”派代表人物——美国国防部长拉姆斯菲尔德也说，“中国崛起未必会引发战事”。

（7）日本炮制“中国军事威胁论”

日本防卫厅发表的一年一度的《防卫白皮书》认为，中国军事力量致力于从“量”向“质”方向的转换，逐步转向应对现代战争的主体态势。在这一基本方针下，中国削减陆军，加强了核武器和导弹力量，并以海、空军为主加强了全军现代化建设。下半年以来，日本部分媒体针对我国在东海地区进行海洋资源的调查、开发以及台海局势的发展，大做文章，竭力渲染“中国军事威胁论”。

**日智库炮制“中国军事威胁论”** 一年来，日本首相小泉纯一郎的智囊团精心炮制“中国军事威胁论”，视中国为日本“假想敌”。《日本经济新闻》报道，小泉纯一郎的私人咨询机构“安全与防卫恳谈会”决定，在提交的报告中将中国视为日本周边的军事威胁。日本共同社报道说，日本在其新防卫计划大纲中“首次将中国列入影响地区安全因素”。在大纲中明确谈到了对付恐怖活动和大规模杀伤性武器等“新威胁”的必要性，同时也反映出面对中国军事力量的增强，日本政府在其领土和海洋权益等方面对中国产生了戒备心理。

**设想我对日攻击的三种可能性** 日本为改变其防卫政策到处寻找借口，蛊惑人心，防卫厅甚至设想中国对日攻击的三种可能性。日本《东京新闻》报道，日本防卫厅“设想中国攻击日本的三种可能性：一是“在海洋资源权益问题上发生对立”；二是“在尖阁诸岛（编者注：即我钓鱼岛及其附属岛屿，下同）主权问题上发生争执”；三是“中国同台湾的冲突波及日本”。

**炒作“中国潜艇侵入事件”** 下半年以来，日本主要媒体大肆炒作“中国”潜艇进入日本海域的事件，认为中国海军“设定”了在发生紧急情况时确保距大陆沿岸约1000公里的“制海权”范围，以增强潜艇部队作用的目标。日本《产经新闻》

报道说，“中国核潜艇”侵犯冲绳海域。日本《读卖新闻》也报道说，潜艇事件将成为日中关系的新导火索，声称“日本政府决定，一旦确认入侵日本领海的潜水艇为中国籍，就立即向中方提出抗议”。

# 2005年度境外媒体涉华舆情分析

2005年，中国进一步成为国际社会和国际舆论关注的焦点，中国崛起与中国影响力不仅是国际社会政治精英讨论的话题，而且是普通公众切身感受到的存在，而西方媒体也比以往更重视中国。现阶段西方舆论仍旧存在大量对中国的误解、偏见甚至歪曲，国际舆论的力量对比短期内不可能发生根本改变，但是客观、理性地看待中国，逐渐成为国际上主流媒体的选择，这是一个趋势，也是全球化信息时代舆论的必然选择。这个变化趋势显然是受中国快速发展的影响，预计这种变化还会进一步增强。

## 一、总体态势

**1. 通过渲染中国的崛起，采取夸大成绩、突出问题、放大不良影响等不对称报道手段，通过新闻报道的微观真实掩盖宏观失实，炒作新一轮“中国威胁论”。**

新一轮“中国威胁论”具有涉及领域宽、影响范围广、内容庞杂等特点。所涉及的领域，由过去的所谓传统安全威胁向市场威胁、能源威胁扩展；由过去所谓的军事、政治等“硬实力”威胁向国际影响力、经济吸引力等“软实力”威胁扩展；由过去的所谓战略威胁向具体的经济社会领域扩展；由过去的主要在一些发达国家中传播开始向发展中国家扩展，尤其强调中国的现实威胁。所涉及的范围，不仅在美国、日本泛滥，在欧洲、俄罗斯、印度、东南亚乃至拉美和非洲地区也有一定市场。尤其值得关注的是，新一轮“中国威胁论”在第三世界国家也有一定的舆论市场。

**2．国际舆论中的中国正面形象在上升，涉华报道总体趋势积极因素增多，中国的国家形象正处于历史性的演变和重塑期。与前几年西方主导的国际舆论“一边倒”情况相比，舆论环境正朝着对我有利的方面发展。**

随着经济全球化的不断发展和科技进步的日新月异，中国与世界的联系更加紧密，相互影响和依存度逐步加深。中国的发展对世界的影响已经达到足以引起世界主流媒体重视和积极反应的程度，成为当前一个全球性的话题。随着中国影响力的不断增强，“中国已成为一个世界新闻中心，将越来越多地吸引世界各地人们的视线”。2005年国际舆论的主线是围绕“中国崛起”问题展开的。中国被描绘成：一个经济快速发展，各方面影响力不断增强，未来发展存在诸多问题和不确定性的崛起中的大国；是“自由开放的市场经济和严密控制的政治体制相结合”的国家。

尽管西方舆论仍然存在不少对中国的误解、偏见甚至歪曲，且国际舆论的力量对比还未根本改变，但是客观、理性地看待中国，开始成为国际上主流媒体的选择，这也是全球化信息时代的必然选择。这主要体现为“两个改变”：一是长时期西方舆论涉华报道“一边倒”的情况正在发生改变，舆论呈现多元化；二是关注的焦点在改变，恶毒攻击和故意歪曲事实的报道不占主流，报道内容已不限于意识形态等传统领域，经济、社会等各领域取得的进展普遍受到关注。以往，西方媒体报道中国主要以政治精英为主，致使其多以意识形态的模式化来塑造中国形象。近年来，许多西方主流媒体纷纷推出有关中国的专题报道，在国际舆论中掀起“中国报道热”，而且大量增加了以中国普通人为选题的报道，展现了中国积极的国民形象。美国《新闻周刊》（5月9日美国版）和《时代周刊》（10月3日亚洲版）还分别以中国著名演员章子怡和“超级女生”冠军李宇春作为封面人物。这对全球公众来说，更易产生心理和情感的共鸣，不仅给中国公众舆论进入国际舆论空间创造了条件，也使我国家形象从单一的精英形象向多元的公众形象转变。由此带来的挑战是，中国公民的整体国民素质、不断上升的民族主义情绪成为影响国家形象的重要因素。同时，中国“软实力”的提升正在逐渐成为国际舆论和“外交政策专家们所关心的一个热点问题”。中国的“软实力”体现在国际行为模式之中，对外部世界发挥的影响力已不仅限于经济发展的实力，中国通过参与国际活动的积极姿态、增加市场的吸引力等各方面，提升了自身的地位和国家形象。随着我加大对外文化交流和推动汉语走向世界的力度，境外舆论认为，这是中国文化复兴、影响力不断增强的表现，也是“软实力”得到提升的重要方面，这些都使中国的国家形象变得更为丰满和完整。

**3．涉华报道保持自2004年以来持续和较高的关注度，与中国有关的国内外重大事件不断形成热点。**

（1）数量与往年相比有较大幅度提高。

根据对美联社、路透社、法新社三大西方通讯社，美国《纽约时报》、《华盛顿邮报》、《华尔街日报》、《时代》周刊、《新闻周刊》，英国《金融时报》、《泰晤士报》、《卫报》，《经济学家》以及加拿大《环球邮报》10种著名英文报刊的数量统计分析发现，上述媒体2005年以来的涉华报道总量呈上升趋势：截止到11月底（以下数字均截止到11月底），全年总计39653篇，与2004年同期的36625篇相比，增幅为8%。

在总数为39653篇的涉华报道中，三大通讯社的报道数量庞大，占总数的76%。尤以路透社的年均报道量为最，达14006篇，约占总数的35%强。

在七种英文报纸中，报道数量最多的是英国《金融时报》，总计2882篇；增辐最高的则为英国《泰晤士报》，从2004年的606篇增为今年的859篇，增幅为42%；7种报纸平均增幅为17%。

对美英三种综合时政类期刊《时代》周刊、《新闻周刊》、《经济学家》的统计结果显示：三刊的报道量分别为99篇、77篇、220篇，与去年同期相比，增幅分别为42%、31%、32%，平均增幅达35%。在通讯社文稿、报纸、期刊三种类型的媒体中，期刊对华关注度的上升幅度最为明显。

**(2) 本年度舆论热点不断。**

2005年以来，关于中国的大事不断发生，成为境外媒体报道的热点。德国《法兰克福评论报》的报道形象地说，“不论人们打开哪份美国报纸，几乎每天都能读到对中国的详细报道、分析和评论。”这些热点包括：中国政府提出新的经济发展模式与战略，以科学发展观统领全局，制定“和谐社会”的蓝图；中国经济持续高速增长，成为带动全球经济繁荣和投资的推进器；中国外交采取积极战略，国家领导人频繁出访世界各大洲；两岸关系大事不断，台湾地区主要政党纷纷访问大陆；中日关系持续恶化；中美、中欧贸易摩擦以及人民币汇率问题、纺织品贸易纠纷、中海油竞购事件；中国成功进行载人航天飞行等。在一些传统议题方面，如人权、民族、宗教、新闻自由、政治体制等问题，虽然舆论仍以西方价值观对我持批评态度，但基本上已难以形成热点，从报道的数量上也已明显减少，内容的攻击性也在淡化。在中国经济发展融入全球化的现实面前，西方舆论的注意力正在发生转移。

## 二、关注重点和主要观点

2005年，境外涉华舆论特别是西方主流媒体围绕“中国崛起”、“中国威胁论”、“中国经济社会发展”、“中国外交”、“中央对台新政策”和“民主、人权、西藏新疆”等六个主要热点问题，对我进行了全方位、多层次的报道。

### 1. “中国崛起”成为境外舆论关注的焦点。

2005年，境外媒体最关注的中国话题是“中国的崛起”，但对“中国崛起”的关注焦点已经由经济领域转入政治、军事、安全领域，分析的重点是“中国崛起”将会对全球经济、国际关系、地缘政治乃至世界秩序等各方面带来的影响。

**(1) 境外媒体普遍认为，“中国崛起”是21世纪不可逆转的趋势，是工业革命以来国际经济实力对比第四次巨变的重要组成部分，将对国际社会产生深远影响，改变地缘政治，引起大国关系与政治架构的重新调整。**

英国《卫报》网站题为《中国即将成为另一个超级大国》的文章称，“中国已经崛起，她将日益决定的不仅仅是她自己，还有我们大家的未来。”英国《金融时报》题为《世界如何适应中国的崛起》的长篇报道，引述国际清算银行发表的2005年年度报告称，“中国的经济发展已经改变了世界产业格局。中国融入整个市场经济一体化是一件史无前例的事。像中国这样的新兴市场经济自由化所释放的强大竞争力，是导致世界产业格局变化的原因之一。”该篇文章还引述《金融时报》首席评论员马丁·沃尔夫的观点认为，中国的崛起将是全球经济实力对比的革命性巨变，可以与美国在1860年至1910年之间的崛起相提并论。美国《国际先驱论坛报》登载题为《要么现在与北京对话，要么以后对仗》的文章指出，“中国作为大国的崛起将影响整个世界。当今经济全球化的特征意味着各国要从中国进口产品零部件，这对美国包括电信和计算机在内的主要行业的生存至关重要。”

（2）**境外媒体关注伴随中国的经济发展，中国将会给世界带来何种政治影响及其对大国地缘战略的影响及挑战。舆论认为，中国崛起将迫使美国改变地缘政治战略，改变与盟国的关系，国际关系面临需要设计全新的政治架构的挑战与风险。**

美国《华尔街日报》刊登约翰斯·霍普金斯大学国际政治经济学教授弗朗西斯·福山撰写的文章指出，“中国的崛起可能是这一时代最为巨大的地缘政治变化。”美国之音引述美国乔治·华盛顿大学中国问题研究专家沈大伟的评述说，“中国对其周边国家的影响，已经基本上改变了亚洲地区的秩序。这一变化的意义不仅涉及整个亚洲，而且也波及到全球的国际关系。”西班牙《国家报》刊登题为《中国使美国处于守势》的文章说，“中国在国际舞台上崛起，日益积极地捍卫自己的利益，这迫使美国改变地缘政治战略，改变与盟国的关系。”美国《基督教科学箴言报》刊登题为《在中国崛起之时，美国打算将日本发展为最重要的亚洲盟友》的文章指出，“美国国务卿赖斯将中国的崛起称为‘全球政治中的一个新因素’，赖斯解释说亚洲目前的‘战略背景’对美国提出了新的要求，使美国必须与日本、韩国甚至印度发展更加紧密的关系，尽管美国仍鼓励与北京加强经贸往来与合作。”

（3）**国际社会有识之士对“中国崛起”的正确看法能够得到西方舆论的关注和**

**报道，其观点能够通过西方主流媒体在国际舆论中传播并形成影响。**

欧盟委员会主席巴罗佐认为，“中国的崛起应被视为机遇，而不是对其他国家的威胁。”英国首相托尼 · 布莱尔表示，“西方应该对中国的经济崛起持欢迎态度……欧盟应该把中国经济的迅速发展看作是机遇而不是威胁”。该言论得到西方主流媒体的广泛报道。美国《纽约时报》经济版发表本 · 斯坦恩题为《向中国学习，而不必担忧中国》的文章，斯坦恩说，“目前有关‘中国威胁’的报道，使人想起前苏联1957年人造卫星上天后美国媒体和中央情报局的不理智……那些看法是建立在错误的假设和歇斯底里之上的。”美国前国务卿基辛格在《华盛顿邮报》撰文指出，中国的军费开支不到美国的20%，而且中国的民族性与文化并不强调以霸权征服，因此将中国的崛起比作二战时的德国或冷战时的苏联，是不明智、错误而且危险的。基辛格指出，如果中国未来会对美国形成挑战，将会是政治或经济方面，而不是军事。美国政府现在如果对中国采取防堵政策，不但不会产生效果，也会使下一代中美两国人互相仇视与不信任，进而影响到国际社会的稳定。

**（4）部分境外媒体对中国的未来走向抱有疑虑，认为中国未来的走向令人不安，质疑中国能否“和平崛起”。**

加拿大《多伦多明星日报》刊登题为《本世纪属于中国》的文章提出，“‘中国情况’中的一些不明朗因素引起舆论关注。中国在能源和环境方面的问题如何演变，目前还无从判断。在政治层面，建立在中国共产党一党统治下的这个国家是否有能力处理迅速出现的社会变革？另外还有很多问题正在令许多人感到关注和不安。”新加坡《联合早报》转引美国国防部负责政策的副部长费思发表的演讲称，中国的未来走向是布什政府制定新国家安全战略时所考虑的四大问题之一，在新崛起的列强中，可预期中国将对国际关系有最大的影响力。像中国这样一个国家，她需要做出的最根本选择是：要不要加入发达经济群体，遵守国与国之间相处的“行路规则”。西班牙《国家报》刊文指出，怀疑主义者称，中国只是等待其经济发展为未来的“霸权”奠定基础。随着经济发展，中国军事实力必将膨胀，中国“不可能”和平崛起。

**（5）《中国的和平发展道路》白皮书受到国际舆论的高度关注，各国主流媒体大量报道评论《白皮书》的内容和意义。**

法新社报道称，中国在白皮书中重申了自己作为全球强国和平崛起的意图，旨在让外国读者了解中国的政策。路透社报道称，这份白皮书是中国采取的一项最新举措，旨在说服其他国家特别是美国，对于世界上人口最多国家经济的快速增长及其与日俱增的外交影响，他们不必担心。日本《产经新闻》刊文称，中国国务院首次通过官方媒体新华社发表《中国的和平发展道路》白皮书，总结了中国对世界经济和国际和平做出的贡献。可以认为，白皮书的发表意在牵制日美等国不断高涨的“中国威胁论”。

**（6）国际舆论对待“中国崛起”的态度并不统一，“遏制论”、“融合论”“引导义务论”是媒体对待中国崛起的三种代表性态度。**

部分媒体主张遏制中国的崛起。美国《旗帜周刊》网站一期刊登美国外交学会资深研究员马克斯·布特的文章称，“美国应努力在亚洲创建一个类似北约的组织，利用亚洲国家对中国崛起的日益不安，组建一个遏制中国的联盟。”美国企业研究所网站发表分析家丹尼尔·布卢门撒尔的文章指出，美国应鼓励日本朝更果敢的安全政策方向发展，优先考虑加强美日台安全机构间的协调，并以日本为基础，把澳大利亚和印度纳入安全结构，以应对中国的挑战。美国《国家利益》季刊夏季号认为，中国的经济发展水平预示着国际社会领导体系中霸主地位的改变，就像德意志帝国崛起所带来的改变那样。只有美欧加大联合力度，才能在一个长期范围内对中国的巨大能量起到抵消作用，使中国的经济增长和经济规模相形见绌。

有媒体主张将中国融入现有的国际体系，支持“融合论”。美国之音引述美国威尔逊国际学者中心亚洲项目主任哈撒韦的观点认为，国际社会应该承认中国的崛起和应有的国际地位，努力将中国融入现有的国际体系。

大部分主流媒体特别是美国媒体主张主导中国的发展，要求中国崛起后承担相应的国际义务。美国媒体援引美国国务卿赖斯3月11日在访问中日韩等国前夕接受的专访称，美国要争取引导中国的影响力往积极方向发展，而不是往消极方向发展。日本《朝日新闻》发表美国学者托马斯·唐纳利的文章称，美国的战略目标绝非同中国作战，而是帮助中国朝更好的方向发展。美国应通过贸易促使中国与全球加深经济联系，还应帮助其进行政治改革。美国《华盛顿邮报》刊登罗伯特·卡根的一篇专栏文章称，美国的所作所为也在影响中国发展的方向。美国《国际先驱论坛报》刊登题为《新美中对话可加强复杂的关系》的文章，援引佐利克在美中关系全国委员会就美中关系发表《中国往何处去？——从正式成员到承担责任》的演讲称，美国必须鼓励中国成为国际体系中一名负责任的利害相关者，希望中国不仅要融入国际社会，适应现有国际秩序，还要成为一名利害相关者，共同维护和发展现有的国际体系。香港《信报》称，美国保守主义代表人物最近纷纷谈论起“中国责任论”，包括国防部长拉姆斯菲尔德、现任副国务卿佐利克在内的强硬派在不同场合用不同方式表达了“中国责任”的概念。

**2．“中国威胁论”成为西方舆论特别是反华舆论势力炒作的重点。**

伴随“中国崛起”，西方舆论以其固有的价值观和报道编辑方针进行解读，特别是境外舆论中的反华势力利用歪曲“中国崛起”事实，放大“中国崛起”中出现的问题等新闻传播技巧，着力炒作新一轮“中国威胁论”。2005年境外涉华舆论中的“中国威胁论”主要围绕中国经济发展和地缘政治的战略版图展开。在论证所谓中国威胁时，更强调“中国威胁”的“综合性”、“战略性”。主流媒体普遍担心或炒作中国国家实力的增长引起的大国间实力对比的变化和国际体系的不稳定，从而威胁和挑战美国的世界霸主地位和西方主导下的国际秩序。西方媒体的炒作主要集中在以下领域：

**(1) 中国国力增长对现有国际秩序构成威胁。**

俄罗斯《晨报》刊登题为《新的中国威胁在悄然增长》的文章称，中国海外投资总额达370亿美元，约40%投在亚洲。中国在亚洲取得霸主地位只是迟早的问题。美国《华盛顿邮报》刊登卡内基国际和平基金会高级研究员罗伯特·卡根题为《“应对”中国的错误观念》的文章称，“难道中国就不可能像包括美国在内的过去崛起的国家一样，希望本着自己的意愿重新塑造国际体系吗？”美国《大西洋月刊》刊登该刊记者罗伯特·卡普兰题为《我们如何对付中国》的文章称，随着中国消费能力和军事能力的提升，加上拥有有史以来受过最好教育的农民，中国构成了对美国自由统治的一个主要传统威胁。

（2）**中国军事现代化对大国构成威胁。**

日本时事社播发题为《日本发表〈东亚安全战略概观〉》的报道称，中国大陆的军事现代化会造成台海局势动荡。日本《产经新闻》报道称，中国军事预算17年来连续两位数增长，让人怀疑中国的“和平崛起”理念。如此这般发展下去，中国威胁论只会继续升级。美国媒体广泛炒作美国国防部公布的《2005年度中国军力报告》，集中报道该报告中有关中国近几年的巨额军费开支、解放军的现代化，使台海军力对比失衡加剧，“对地区乃至美国构成了威胁”的内容。随后美日又集中报道日本内阁通过的《2005年防卫白皮书》，纷纷支持白皮书中所说“中国海军已经从原来的沿海防卫作战为主转向扩大近海作战空间，空军也从原来的‘国土防卫型’向‘攻击防卫一体型’发展”的内容。

（3）**中国经济增长威胁世界经济，消耗资源，污染环境，减少出口国就业，挑战西方工业国家的科技优势。**

美国《亚洲华尔街日报》发表题为《中国难以满足的胃口》的文章称，中国对原材料的贪婪需求不久肯定会成为美中关系中的主要问题。该报另外一篇报道称，中国产品已经渗透到欧洲市场的各个方面，这使欧洲许多一直未曾经历过全球竞争的公司处境变得艰难起来。德国《政治评论》发表文章称，越来越多的来自中国的产品进入欧洲市场，由于资金、市场等原因，一些欧洲企业把工厂转移至中国，欧洲失业率等问题越来越严重。加拿大《环球邮报》报道称，加拿大国内利益集团，尤其是工矿业大商人，对中国出于解决国内能源矛盾而开始的国外采购、并购行动感到十分恐惧，声称“发展的中国对自然资源的需求会将整个世界拖垮”。美国《洛杉矶时报》题为《中国在全球圈油》的评论称，如果面临能源匮乏，中国可能利用军队夺取储量丰富的海上油田。该刊刊登的另一篇题为《加拿大油砂中的新参与者》的文章称，中国对加拿大石油的投资引起美国的不安，一些人认为这将威胁美国的能源安全并可能造成冲突。西班牙埃菲社报道，欧洲议会对外贸易委员会通过了一份报告草案，报告称中国强大的竞争力不仅会威胁到欧洲各国和美国的就业，同时还会损害正在失去市场份额的其他发展中国家。

英国《独立报》在第一版和第二版，以整整两版的篇幅，刊登有关中国环境灾难的专题报道，编辑在《中国危机》的大字标题之下。美国《纽约时报》题为《中国下一个大增长将是空气的污染》的文章称，美国环境专家认为，加利福尼亚州1/3的空气污染将来自中国。11月，多家美国主流媒体报道了美中经济和安全评估委员会提交国会的一份报告。该报告指出，中国的国内创新和外国研发的溢出效应意味着中国已准备好在国防技术方面快速向前迈进。美国如果漠视中国的科技发展，将对美在太平洋地区的军事存在构成威胁。美国《纽约时报》、《国际先驱论坛报》、《华尔街日报》先后刊登主题为“中国取代美国成为高科技产品供应国”的文章称，中国已取代美国成为世界上最大的信息技术产品供应国。文章认为，若不是西方国家在转让所谓具有双重用途的技术（军民两用技术）方面对中国实施限制，中国的技术产品出口可能早已超过美国。

**3. 中国经济社会发展成为境外媒体的日常报道和一般性关切内容。**

2005年，境外媒体对中国经济社会发展问题的报道比重最大，对华经济报道成为西方媒体对华报道的日常性工作和经常性关切。由于受到本国受众和国际信息市场对中国经济发展信息巨大需求的激励和压力，西方媒体对中国发展取得的成就及其对世界经济的推动作用基本能进行客观评价，但也不放弃对中国经济发展的本位主义解读，对中国发展中存在的问题及政府应对突发事件的表现密切关注甚至曲解乃至污蔑造谣。

**（1）境外媒体集中报道中国经济发展对全球经济带来重要影响。媒体普遍认为，中国经济发展改变了全球经济性质，影响全球贸易格局。中国经济成为推动全球经济的引擎之一成为共识。舆论普遍赞同，中国的经济成功为大多数发展中国家提供了榜样力量，推动发展中国家对抗贫穷的斗争。**

英国《泰晤士报》刊登威廉·里斯莫格题为《这是中国的世纪》的文章认为，如果计算世界贸易增长额的话，那么其中有一半要归功于美国和中国，这使得美国和中国成为整个世界经济发展的引擎。英国《经济学家》周刊发表社论称，中国的发展不仅仅是全球经济增长的强大驱动力，中国还正在使劳动力、资本、商品和资产的相对价格发生根本变化。美国之音援引美国诺贝尔经济学奖得主阿马蒂亚·森对中国经济的看法称，中国经济对全球经济的一个重大贡献在于，世界上的其他国家可以从中国的经验中获取很多教训，特别是印度。如果没有中国的经验，印度的经济改革和开放将会困难得多。美国《外交政策》杂志1／2月一期刊登世界银行远东和太平洋地区首席经济学家霍米·哈拉斯题为《水涨船高》的文章称，中国的崛起对发展中国家而言，值得效仿而无需心存恐惧。

**（2）第一次全国经济普查和修正GDP引起西方媒体的广泛关注和集中报道，美联社、路透社、法新社、《纽约时报》、《金融时报》等西方主流媒体，特别是主要财经媒体连续播发报道、评论和专题，在国际舆论界产生广泛且深刻的影响。**

美国《纽约时报》报道称，中国统计局发布的数据显示中国在全球市场的影响力比以往更强，中国人的消费能力和富有程度比先前估计的也更高。根据新的数据计算，今年中国经济总量将超过英、法两国，从而成为世界第四大经济强国。这次对数据的修正赢得了经济学家的赞同，此举给他们对中国经济的分析和评估投资机遇的准确性带来积极的帮助。路透社报道称，中国的经济规模要比人们以前认为的大1/6。此次经济普查的一个直接结果是中国经济会看上去“比较正常”。路透社援引世界银行发表的声明称，新公布的数据将会更好地反映当前中国经济的运行情况以及中国经济中存在的结构性问题。美联社报道称，在北京努力创造就业机会和规划经济投资之际，新的经济普查数据可能会对经济和社会决策工作产生深远的影响。美国彭博新闻社评论说，中国修正了GDP数据，对中国来说这既是好消息也是坏消息。好的是一夜之间中国在全球的影响力更大了，坏的是要求人民币升值、保护知识产权和改善人权的呼声将高涨。

**（3）境外舆论全年追踪“科学发展观”与“和谐社会”，广泛关注与落实“科学发展观”，构建“和谐社会”有关的中国政府的各项政策、部署以及面临的问题。从报道内容来看，“科学发展观”、“和谐社会”是境外舆论对中国经济、社**

**会发展报道的关键词。但境外媒体特别是西方媒体对“和谐社会”的报道评论受自身意识形态局限，虽然普遍持肯定态度，却坚持认为要真正解决中国的社会问题，必须依靠推进西方的“民主化”改革。**

日本共同社发表评论认为，“十一五”规划的基本方针展示了中国新的领导集体的新思路。路透社的评论指出，“十一五规划”昭示中国共产党的政策朝着已实施了两年的“绿色GDP策略”的方向转变。“科学发展”政治思想郑重载入“十一五”规划，标志着执政的中国共产党从为增长而增长的发展模式向可持续发展战略的政策转变。德国之声网站发表《欧洲道路指引“和谐社会”》的评论称，中国人大正在讨论的“构建和谐社会”，有必要从欧洲数百年的国家建设和社会改革道路中汲取经验，特别是德国的社会民主模式。美国《亚洲华尔街日报》题为《民主是解决中国收入不平等问题的良方》的文章称，“在中国现行体制下根本没有解决这个问题的办法。特别是中国人因为缺少政治参与和公民自由而在政治上受到约束”，“民众与日剧增的不满情绪将使走向民主的过渡变得更加可能”。

**(4) 境外媒体高度关注中国“神舟六号”载人航天飞船发射成功并顺利返回，对从中体现出的中国科技实力予以广泛肯定，认为这是中国实行“科技强国”战略的结果，但也对中国开发航天技术将会引发太空领域的竞争表示担忧，甚至有媒体还称将会对美国的航天霸权构成威胁。**

日本《产经新闻》报道称，中国全力向航天大国挺进。俄新社报道说，中国在航天领域的成就体现了中国科技兴国战略及决心。法国《费加罗报》的社论说，“神舟六号”的成功表明“中国有能力加速实现技术飞跃”。西班牙《先锋报》发表社论说，“载人航天飞行反映了中国令人震惊的经济发展的本质一面——在高科技领域的极大雄心”。文章说，“中国将集中力量发展高科技，推动经济和社会的信息化发展，中国的战略是利用信息技术实现工业化。毫无疑问，中国把发展高科技作为重中之重”。日本时事社报道说，美国政府认为在航天开发领域，中国将来会成为威胁，因此加强了对中国的警惕。美国政府对中国开发太空武器也感到担心。西班牙《国家报》报道指出，五角大楼从未掩饰过对中国航天计划和政策的担心，其害怕中国将来变成美国的一个战略性威胁。路透社报道称，中国进入太空，加入了由立志探索宇宙的国家组成的精英俱乐部，也对美国构成了重大挑战，可能具有军事意义。美国《华盛顿邮报》报道说，太空飞行背后的军事潜力是使得美国在与中国打交道时充满警惕的原因。《产经新闻》援引美国国际评估与战略研究所副主任理查德·费希尔的话说，“神舟六号”的发射是在中国人民解放军的指挥下进行的，在发挥收集军事情报作用的同时，还与开发太空武器密切相关，从长远说将威胁日本和台湾的安全。

**（5）境外媒体十分警觉中国经济高速发展带来的资源、能源、环境等问题，甚至对这些问题进行过分的渲染和夸张；对可持续发展普遍表示疑虑，甚至从意识形态背景或敌视中国的角度置疑中国特色社会主义模式能不能经受外部和内部的压力。**

日本《经济学人》周刊的文章说，中国经济迅速增长的三个特征是“经济规模的加速扩大，大量生产和大量消费，以及材料和能源的‘暴饮暴食’，中国如果不迅速从量的增长转换为质的增长，将难以实现经济持续高速发展”。法新社援引国际金融机构分析人士观点，认为政府工作报告中8%的增长目标可能被再次低估，要放缓经济增速，中国政府还面临着巨大困难。美国《亚洲华尔街日报》报道称，政府工作报告明确将大幅放缓国内投资增长定为今年的工作目标之一，显示中国政府依然担心经济的快速增长可能失控。日本《读卖新闻》题为《中国的经济和军事扩张令人担忧》的社论称，如果能源和原材料价格因中国消耗过大而继续高涨，这对国际经济来说是值得忧虑的事态。

英国《今日世界》月刊8／9月号刊登英国皇家国际问题研究所可持续发展项目副研究员罗伯特·福尔克纳博士题为《生态崩溃可能来临》的文章称，“中国现在也许还没达到生态崩溃的程度，但已经可以感觉到这一征兆。如果要使福利在中期和长期内继续增长，就必须要对这个国家的基本方针进行认真的调整。”文章还称，“中国正在成为世界上发展最快的温室效应制造者，其经济奇迹正在迅速变为对地球生态平衡的最大威胁。”美国《商业周刊》刊登布赖恩·布雷姆纳题为《中国肮脏的秘密》的文章称，“中国的繁荣‘有其阴暗的一面’，这个国家正在迅速成为一个生态废墟。”英国《独立报》援引绿色和平组织的报告说，“中国经济迅速增长的负面影响是给全球的环境带来前所未有的危机。中国的发展模式将使世界更快的接近地球资源的极限，并造成严重的环境污染。”法新社转引专家的观点认为，“中国的环境问题常常是由管理不善引起的，因为这个国家并不是缺乏控制污染的技术或设备，只是缺乏激励机制”。

**(6) 境外媒体热衷炒作中国经济发展中的社会问题，高密度、长时间、多角度地报道中国经济社会发展中出现的贫富差距、农民问题、社会分配不公以及灾难等安全生产事故和疫情等问题，将原因归结为社会发展滞后于经济发展，以此将经济社会问题报道与西方意识形态、文化背景、政治制度相挂钩，往往成为攻击我国现行社会制度的“证据”和“口实”。**

日本《每日新闻》刊登题为《如何看待“中国年”》的文章说，“中国面临的严峻课题不容忽视，最关键的是贫富不均问题，这个问题不解决就可能引起动荡。”西方舆论关注到温家宝总理在十届全国人大三次会议上所做的工作报告中把解决农村问题作为最紧迫的国内问题，肯定中国政府在解决“三农”问题上做出的努力，但认为有些措施并没有触及到“三农”问题的本质。美国之音报道称，中国全面取消农业税的举措“象征意义远大于给农民带来的实际好处”。

在禽流感疫情期间，西方媒体高度怀疑中国对禽流感的防控能力，甚至诬称由于中国混乱不堪的医疗体制，中国很可能成为传染病的中心。美国《华盛顿邮报》发表《一派谎言》的社论称，“今天，全世界都在担忧禽流感爆发，而中国政府声称记录在案的禽流感病例仅有3个，而越南则是91例。她说真话了吗，如果她再次撒谎，结果将是一场灾难。”

松花江水污染事件是西方媒体借问题抹黑中国国际形象的一出重头戏。英国《金融时报》发表评论认为，这一事件集中反映出中国的三个弱点，并将由此引起北京的关注：过去20年间，中国制造业迅猛发展使环境污染成为持续的风险；中国各大城市可能很快面临水资源短缺问题；继非典型性肺炎爆发之后，人们对有关公众健康风险的官方声明有着隐约的不信任感，而这次哈尔滨出现的情况则有可能令这一情况急剧恶化。美国《华尔街日报》题为《松花江污染事件造成较长期威胁》的文章甚至认为，污染波及俄罗斯使中国的国际形象受到影响。

**4. 中国开展全方位务实外交不断成为舆论热点。**

随着我国国际地位和综合国力的日益提高，在国际和地区事务中的影响力日益增大，国际社会对中国的关注越来越高，促使境外媒体特别是国际主流媒体对中国的外交活动保持高度的报道热情。在政治外交领域，境外主流媒体主要关注中国国家领导人出访、与大国和周边国家关系、在多边和国际事务中的积极表现、经济外交与资源外交的成果；在对外经济事务中，中美经贸摩擦成为2005年舆论中的重要事件，一段时间甚至成为热点，关注的焦点主要是人民币汇率问题和中海油竞购事件。

（1）**境外媒体高度关注中国国家领导人出访，认为中国政府近年呈现出一种灵活的全方位外交政策，而且成果卓著。**

2005年，胡锦涛主席先后出访俄罗斯、哈萨克斯坦、加拿大、墨西哥、朝鲜、越南、英国、德国、西班牙和韩国等大国和周边国家，还先后出席雅加达亚非峰会、在哈萨克斯坦首都阿斯塔那举行的上海合作组织元首会议、在英国举行的八国集团与中国、印度、巴西、南非、墨西哥五国领导人对话会、在纽约进行的联合国成立60周年纪念大会和在韩国举行的亚太经合组织第十三次领导人非正式会议。温家宝总理等进行了许多重要的外交活动，特别是年初对南亚四国的访问，10月26日在莫斯科出席上海合作组织成员国总理第四次会议，以及12月4日至15日访问法国、斯洛伐克、捷克、葡萄牙和马来西亚并出席东盟与中日韩等领导人会议。以上活动均引起境外媒体的广泛关注，总体来说评价积极。

法新社播发题为《中国在欧洲发起雄心勃勃的外交攻势》的报道，援引法国分析家的话说，胡锦涛主席的欧洲之行以及其他中国领导人可能在稍后对欧洲的访问“证明中国在世界舞台的影响力日益增加”；法国《欧洲时报》发表社论说，胡锦涛主席对英德西三国的访问表明中国政府高度重视欧中关系。欧中经贸关系在2005年经历了“令人激动的一年”。

《日本经济新闻》刊登题为《胡锦涛领导集体努力开展平衡外交》的文章说，为消除美国等国对中国的戒备心理，胡锦涛领导集体努力开展均衡外交。因为对于希望实现持续增长的中国而言，与重要贸易伙伴美国、日本反目并非好事。同时，为牵制各种力量向美国一极集中，并为确保资源能源，中国对发展中国家和周边国家开展了独自外交。路透社在评论胡锦涛主席在亚非峰会上的重要讲话时指出，胡锦涛在讲话时强调中国是发展中国家的政治、经济、文化和安全伙伴，这样说显然是为了抗衡美国推行的超级大国外交。经济大国中国还承诺要与亚非国家团结合作，并将继续扮演第三世界国家领导者的角色；法新社报道说，胡锦涛希望让中国一些贫穷的邻国相信，尽管中国取得了经济成功，但不会置它们于不顾。胡锦涛强调中国外交政策的目标是维护世界和平和实现共同发展。路透社还评论说，胡锦涛主席在出席八国集团与中国、印度、巴西、墨西哥和南非五国领导人对话会期间采取平衡行动，使中国在向超级大国地位迈进的同时，没有放弃一个发展中国家的传统角色。

**（2）中国与大国关系引起国际主流媒体的广泛关注，特别是所在国媒体报道增多。**

境外媒体特别关注中美关系，围绕中国国防建设、能源发展战略、台海局势、朝核问题、中美高层互访和战略对话，以及人民币汇率改革、知识产权纠纷、贸易摩擦、中海油竞购美国石油公司优尼科等舆论热点问题，从不同层面分析了中美关系发展方向及对世界格局可能产生的影响。外媒普遍认为，经济迅速崛起、在国际舞台的日益活跃和国际影响力不断增加的中国让美国产生强烈的不安全感和隐忧，美国新保守主义对中国崛起表示担忧的同时，更多强调了中国的大国“责任”。如何处理与中国的关系，已经成为美国外交战略家们百年来未曾遇到的新课题。

11月18日至21日美国总统布什访华，牵动中美乃至全球的注意力。媒体纷纷发表评论，分析布什之行的意图、成果、影响，及美国对华政策与中美关系。美国《纽约时报》题为《总统亚洲之行》的报道称，一年来，爱恨交织的美国对华关系中恨多爱少。美国似乎焦头烂额，误以为中国经济的迅速崛起必然对美国构成威胁……希望布什与胡锦涛的会谈能超越通常在贸易与人民币问题上的抱怨，而就两国之间的整体关系展开讨论。《日本经济新闻》题为《美中关系走向成熟——求同存异大局为先》的文章认为，从布什总统和胡锦涛主席举行的首脑会谈可以看出，美中关系正进一步走向成熟。美中双方既坚持原则又能够避开分歧，追求共同利益的姿态异常鲜明。

境外媒体和国际舆论对中日关系的持续低迷表示忧虑，普遍认为现在是过去30年里中日关系最糟糕的时期。影响两国关系的因素日趋多元化、复杂化。除了日本拒不正视历史、小泉执意参拜靖国神社外，中日之间的地区大国地位之争、能源之争以及各自的民族主义情绪是影响中日关系的重要因素。今年4、5月份，中日关系再度紧张，处于建交以来最严峻的时期，引起境外媒体的深切关注。据统计，第二季度13家西方主流媒体关于中日关系的报道共达1521篇，约占同期涉华报道量的14%。期间，英美重要期刊，包括美国《时代》周刊、《新闻周刊》、《商业周刊》，以及英国《经济学家》，发表多篇论述中日关系的文章。《时代》和《新闻周刊》并以封面文章进行专题报道。这些文章评述认为，中日关系紧张的背后远不仅是双方在日本过去的侵略问题上长期以来的分歧，日本和中国陷入了对亚洲经济和外交领导地位的激烈争夺；日本已经不安地目睹到中国经济、政治以及军事力量的显著上升，日本在很多问题上开始表现出对抗中国的意愿；日本在一份国际报告中，第一次称中国为“潜在的威胁”；小泉首相2001年执政以来，由于未能迅速加快日本经济的发展，便开始越来越多地打国家主义这张牌，以争取国内支持，并且凸出日本在国际上更加自信的形象。9月，日本首相小泉领导的自民党在日本国会选举中获胜、小泉任命日本鹰派内阁并重新参拜靖国神社，舆论普遍对中日关系未来走向不乐观，并担心“政冷经热”变成 “政冷经冷”的关系。法新社播发评述文章说，通过任命强硬派内阁成员，日本首相小泉纯一郎发出如下信号——在余下任期内，日本无心与中国谋求妥协；台湾《联合报》指出，这反映出日本政坛交替之际，“新保守主义”已成为新的政治取向，可以预期，在自民党保守派接班态势明确的情况下，日中关系将难以突破目前的僵局。

境外媒体关注中俄发展务实的伙伴关系，尤其是在中俄联合军事演习期间，高度关注中俄军事合作上升到新阶段。但有少部分媒体在年末借松花江水污染事件极力挑拨中俄关系。

对于中印关系，境外媒体认为中国与印度既是竞争对手，也是合作伙伴；对于温家宝总理的到访，印度媒体进行集中报道。德国之声网站报道称，温家宝总理的出访，从地缘政治角度来看具有重要意义。鉴于美国在努力扩大其在南亚地区的势力，北京更希望保持和发展自己在南亚的政治和经济影响力；美国《时代》周刊就温家宝访问印度和中印关系发表评论认为，中国和印度可能成为朋友、对手或敌人。两国领导人的会谈将不仅仅是该地区的关注点，全世界都将密切关注。中国和印度持续的经济和文化发展使人类福祉增加的潜力是无穷的，但是两国未来发生冲突的可能性也不能忽略。新加坡《联合早报》载文称，温家宝总理的印度之行，促成中印两国建立战略伙伴关系。这不仅为两国的经贸合作、文化交流和边界问题创造新的契机，而且这两个人口大国的握手，也给本区域引进一股祥和之气，对于本区域的繁荣和稳定意义重大。东亚巨龙和南亚大象的崛起，已经为亚洲的集体复兴创造机会。而这两大经济体的联手，也令人预期，世界的重心将从大西洋的彼岸转移到太平洋与印度洋区，为一个亚洲的世纪掀开序幕。

西方主流媒体在中欧关系报道上出现分化，美欧媒体对中欧关系的报道不尽相同，都从维护各自国家和地区利益的角度出发解读中欧关系，但总体认为中欧关系在解决争端中平稳发展。针对中欧就解决纺织品贸易争端达成的协议，境外媒体均予以积极评价，认为是一个多方共赢的协议，避免了一场贸易战并给美国带来压力。英国广播公司网站报道说，中国和欧盟就纺织品问题达成一致，可以为中国企业和欧盟创造一个稳定的环境；美国《洛杉矶时报》发表的评论引述华盛顿国际经济研究所贸易专家加里·赫夫鲍尔的话说，中欧达成协议增加了对布什及其他政府的压力，迫使其进行效仿；英国《金融时报》引述欧盟贸易专员彼得·曼德尔森的话说，欧盟和中国达成的协议将有助于遏制欧洲的贸易保护主义压力，并表明贸易争端可以通过建设性对话予以解决。

境外媒体高度关注中国与八国集团的关系，认为八国集团对中国的期待与日俱增。日本《产经新闻》题为《中国要向世界昭示其影响力》的文章说，“中国将作为国际上的主要经济国家，谋求与G8协调政策，坚持代表发展中国家利益的立场，向国内外昭示其政治上的影响力”。日本时事社播发题为《中国不断加深作为大国的自信》的报道则认为，与两年前强调“发展中国家盟主”的地位不同，此次中国要以更加平等和更加硬朗的姿态参加八国峰会。中国作为一个大国的自信不断加深，即使峰会上提出人民币升值和人权等中国不愿提及的问题，中国也不会屈从于外部压力。美国《华尔街日报》刊登的前美中贸易谈判代表巴尔舍夫斯基题为《如何应对中国的挑战》的文章甚至提出，作为世界第二大经济体、第三大出口国、最大的外商直接投资目的地和外汇储备全球排名第二的国家，中国应该成为G7成员国，而不仅是该集团偶尔邀请的访客。

**（3）以朝核六方会谈、印度洋海啸援助、中国在APEC会议上的作用为报道重点，西方主流媒体积极评价我国在多边和国际事务中发挥的作用。**

美联社发表报道称，中国成功促成旨在结束朝鲜核计划的六方会谈《共同声明》表明，她在亚洲地区扮演的是一个重要的“和平缔造者”的角色，中国正在凸显其“亚洲和平力量”的形象。美国《华盛顿邮报》刊登题为《中国的机遇》的文章，认为《第四轮六方会谈共同声明》的重要性可与1905年的《朴次茅斯条约》相提并论，如果这项声明能够促成朝核问题的成功解决，那么这将标志着中国在世界舞台上的崛起。法新社报道说，中国对海啸灾难做出的反应表明，这个曾经自我封闭的国家在地区事务中发挥的作用在显现出来，并且她越来越希望积极参与世界事务。新加坡《海峡时报》引述世界卫生组织驻北京发言人瓦迪亚的讲话称，“中国政府的举动非常鼓舞人心，体现了中国政府对该地区及世界的承诺”；美国《洛杉矶时报》转引分析人士的评论说，“中国加强救灾工作是对亚洲发挥影响的一部分，首先是在经济方面，现在转向政治。中国已经建立起在亚洲的经济地位，对诸如印尼等国家，中国已经成为其最重要的贸易伙伴。中国加强影响，将威胁美国在东南亚的利益。”美联社报道称，有分析家说，在韩国釜山举行的亚太经合组织峰会上，中国实际上已经取代美国，在这个有21个成员的组织中发挥着经济和政治主导作用。韩国舆论称，中国作为APEC的成员正日益发挥着重要的作用。无论是经济发展还是贸易自由化，无论是反恐还是维护地区和世界的和平与稳定，中国的贡献都是积极而重大的。

**（4）境外媒体特别是美日媒体密切跟踪中国的经济外交，特别是在能源、资源领域的合作，对中国开展国际间石油能源领域的开发与合作尤为担忧与警惕，认为中国此举将挑战美国在世界能源领域的领导地位。**

美国《纽约时报》刊文说，胡锦涛主席和加拿大总理保罗·马丁表示，两国将在能源和贸易领域建立战略伙伴关系，深化对双方来说变得越来越重要的经济关系。北京正在寻找新的能源渠道，渥太华则希望实现国际市场的多样化。《日本经济新闻》刊登题为《中国积极开展资源外交》的文章说，中国正对亚洲、非洲和拉丁美洲积极展开资源外交。胡锦涛主席访问加拿大和墨西哥两国，签署核能发电和矿山开发协议，此举旨在确保能源以支持经济高速增长，但中国活跃的资源外交也可能与美国的安全政策相冲突。美国《财富》双周刊刊文说，最近几年一直稳定发展的中美关系可能很快会被持续的政治冲突所取代。这种政治冲突不是因为政治理念的差异而起，而是由于中国对能源和原材料的需求所致——能源需求会促使中国越来越多地介入到美国一直独享着垄断地位的一些地区。日本《产经新闻》刊文说，中国以美国的制裁对象国为对手，积极展开资源外交，美国则对中国以武器换石油保持警惕。《日本经济新闻》刊文说，对于中国确保资源的战略，美国政府的戒备感越来越强，因为中国为获得维持经济增长的资源，同敌对美国的产油国接近，并与日本加深了对立。美国《华盛顿观察》周刊刊文说，中美的能源关系也日渐影响中美关系和地区局势。日本《产经新闻》刊登题为《向非洲扩张的中国资源外交》的文章说，中国政治、经济和军事影响力的不断扩大，特别是中国的非洲资源外交，已让美国感到不安。《日本时报》在题为《消除中国对石油的渴求》的社论中指出，中国对石油的渴求是地缘政治的新噩梦，寻求能源已成中国外交政策的重要部分，迫使中国对有争议的中日岛屿问题采取强硬路线，在国际市场竞购石油公司。美联社报道，美国政府对胡锦涛访问加拿大将予以密切关注，尤其是对中国可能增加购买加拿大石油和其他自然资源保持警惕。由于美国17%的石油和能源要依赖从加拿大进口，因此华盛顿非常担心中国借胡锦涛访加之机扩大在加拿大石油、矿产等自然资源领域的投资。

（5）**中美经贸摩擦成为国际舆论的热点问题，以人民币汇率、纺织品贸易纠纷、知识产权保护和中海油收购为中心议题，美国媒体充分发挥在国际舆论中的强势地位，主导国际舆论，为美国和本媒体所代表的利益集团服务。**

2005年以来，人民币汇率问题持续受到媒体关注，特别是4月份以来，美国对人民币汇率措辞强硬，美国媒体积极唱和美国政府的政策主张，人民币汇率问题被推到了国际政治经济舞台的前沿，成为国际舆论关注的焦点。但由于汇率问题事关美国媒体所服务利益集团和美国自身的切身经济利益，在对人民币汇率问题上，美国媒体大多倾向采取全方位、多视角的报道分析方式，对人民币升值问题的报道与分析比较客观，认为升值有利有弊，理性的利益权衡较多，情绪化的感情色彩较少；并对人民币升值的原因、影响、利弊进行各种分析与解读。英国《卫报》的文章认为，人民币升值不只是象征性的，还有着重大的经济意义。美国《华盛顿邮报》发表的社论认为，人民币升值可带动亚洲其他货币的升值。美联社报道称，经济学家认为，人民币汇率调整对于美国与中国巨额贸易赤字的直接影响有限，但从长远来看，美国官员希望人民币的升值将会有助于美国的制造业。美国《华尔街日报》题为《中国调整汇率可能引发更大的人民币升值压力》的报道，引用美国全国制造商协会国际贸易部门负责人弗兰克·瓦尔戈的话说，如果人民币的升值幅度只有几个百分点，美国议员们有可能进入10月份就会恢复推动制裁法案的通过。美国《纽约时报》报道说，美国两党的立法委员警告说，如果中国提高了2.1%的人民币汇率不再继续升值，反华情绪将加剧。

中海油竞购事件集中体现美国媒体在国际舆论中的强势主导地位，竞购最终被美国媒体成功政治化，为美国本土企业成功并购营造良好的外部舆论环境。尽管在报道过程中，美国媒体因为各自长期的历史沿革、编辑方针、广告资金来源的不同，对并购是否威胁美国国家经济安全各执一词，但在政治化并购案上却很统一，报道基调倾向强调中海油的国有性质和中国的社会主义意识形态，最终在美国国内为并购案设置了高度的政治议题，为美国国会的介入做了充分的舆论准备。针对中海油竞购优尼科，据数据库统计结果显示，从6月20日到8月20日两个月时间里，美国《华尔街日报》、《纽约时报》、《华盛顿邮报》三大知名主流报纸的相关报道与评论达到104篇，其中美国《华尔街日报》甚至达到52篇。其中涉及到中海油竞购优尼科是否对美造成威胁的文章共计31篇；认为中海油竞购威胁美国安全、反对竞购的报道有18篇；而认为此次竞购对美不构成威胁、不应阻止竞购的报道数量为13篇。美国《纽约时报》题为《中国挑战》的文章认为，从中国公司竞购美泰和优尼科的情况来看，中国挑战比15年前的日本挑战要严峻得多。她似乎真的逐渐成为美国的战略对手并同美国争夺各种紧缺资源。因此，中国海洋石油公司竞购优尼科公司不仅仅是一桩生意而已。

**5. 台湾议题始终是国际舆论关注中国的焦点问题和最敏感的问题。**

台湾问题历来是国际舆论关注中国的焦点问题和敏感问题，中美台三方的任何举动都会在国际舆论界受到高度重视，引起广泛的报道和关注。

**（1）境外媒体正面评价中央对台工作新思路，高度赞赏今年大陆对台政策工作思路的变化，认为在政策与手腕上都更加灵活主动。**

新加坡《联合早报》的社论说，连战访问大陆获得成功，在很大程度上体现出北京对台工作的崭新面貌。其中，大陆对台政策思维的开放性，在具体操作中的灵活性和包容性，在追求目标过程中的进取心和自信心，都给人以相当深刻的印象，也使人们对未来两岸关系的演变感到有信心。美国《亚洲华尔街日报》刊登社论说，“连战大陆行似乎增加了两岸和平的可能性，说明北京的两岸政策走上了一条新的更有建设性的道路。”

**（2）海峡两岸对飞直航、《反分裂国家法》、连宋来访形成今年涉台舆情最大热点。媒体态度在不同阶段出现较大变化。从年初两岸实现包机多点对飞直航时好评如潮，到十届全国人大三次会议通过《反分裂国家法》后以负面评论为主，再到连宋访问大陆重新赢得国际社会及两岸民众的积极评价，上半年涉台舆情起伏较大，下半年舆论形势相对平稳。**

国际舆论对对飞首航大多持正面肯定意见。美国《华盛顿邮报》刊文说，“海峡两岸达成春节包机直航协议，这是两岸关系的一个突破。分析人士认为，这一协议标志两岸关系开始解冻。”英国《金融时报》刊文说，这一协议可能为就一些实际问题进行对话开辟了道路，并为进行更广泛的会谈铺平了道路。

十届全国人大三次会议通过的《反分裂国家法》在国际舆论中引起强烈反应，美联社、路透社、法新社三大通讯社一天之内播发49篇报道。路透社、法新社全文登载《反分裂国家法》，美联社进行部分引用。媒体关注“非和平”手段的内涵，对该法对台海现状可能造成的影响表示担忧，并认为此举给欧盟解除对华武器禁运带来变数。路透社在题为《中国通过反分裂法 目标锁定台湾》的报道中说，反分裂法强调，国家可以采取非和平方式和其他手段捍卫国家主权和领土完整，这一规定可以让北京采取战争和战争之外的其他手段向台湾施压，如制裁和封锁等，同时也可平息台湾岛内和美日两国的恐惧。法新社的报道指出，中国全国人大会议通过反分裂法，使北京在台湾采取独立行动时有了对其进行攻击的军事和法律基础。美国《华盛顿邮报》发表题为《反分裂国家法可能会使近期升温的两岸关系出现逆转》的文章说，这一举措会使近期缓和的两岸局势快速逆转。英国《卫报》在《台海两岸的角力》的文章中称，中国坚持反分裂国家法是为了与台湾和平统一，但台湾对此表示怀疑，这一点也不奇怪，不仅仅是台湾对中国运用武力恫吓感到忧虑，日本和美国均认为台海局势是双方共同关注的安全问题。日本《今日日本》发表题为《中国的反分裂法》的社论称，中国全国人大通过了反分裂法，胡锦涛主席告诫军队随时做好战斗的准备，一系列事件增加了中国大陆和台湾的紧张气氛。

对于连宋大陆行，中国国民党主席连战和亲民党主席宋楚瑜的大陆行连续3周登上美国主流媒体的国际要闻版。美联社发表评论说，连战的“和平之旅”也许正合台湾民众的意，他们对海峡两岸紧张局势日益升级感到越来越不耐烦。美国《新闻周刊》指出，北京灵活的对台政策搅动了台湾岛内的政治。美国《纽约时报》的文章指出，北京热烈欢迎连战访问大陆的做法起到了很好的作用，此举启动了一个建设性的进程，这与3月份《反分裂国家法》所造成的不良影响形成鲜明对比。美国《洛杉矶时报》的分析认为，大陆先后邀请国民党主席连战和亲民党主席宋楚瑜到访，有效地孤立了支持“台独”的陈水扁，也在国际社会和台湾百姓中赢得了更好的形象。日本《朝日新闻》、《读卖新闻》等大报均在头版位置以醒目标题及图片，报道国共两党会谈情况，突出结束敌对状态、致力于台海和平稳定等要点。《朝日新闻》认为，连战的大陆之行有望成为缓和台湾海峡两岸紧张局势的契机；《每日新闻》认为，台湾在野党领导人先后访问大陆，是台海局势的新转机。

**6. 国际舆论中中国的国家形象呈多元化特点，正面形象上升。**

（1）在2005年的国际舆论中，中国的国家形象是复杂、多面的，正面和负面的

**形象交织在一起，积极和消极的方面并存，总体的趋势是积极的因素和正面的形象在上升。**

与前几年西方主导的国际舆论中高度统一的妖魔化的中国国家形象相比，当前对中国客观认识与描述、理性评价的声音有所上升，国际舆论中的中国国家形象处于一个转型期。

尽管西方舆论仍然存在不少对中国的误解、偏见甚至歪曲，国际舆论的力量对比仍然没有根本改变，但是客观、理性地看待中国，开始成为国际上主流媒体的选择，这也是全球化信息时代的必然选择。这主要体现为“两个改变”：一是长时期西方舆论涉华报道“一边倒”的情况正在发生改变，舆论开始呈现多元化；二是关注的焦点在改变，政治上的恶毒攻击和故意歪曲事实的报道不是主流，多数媒体普遍能够正视中国各领域取得的进展，并给予积极、客观和正面的评价。

当代中国在境外公众中的认知度明显提升。今年大量的境外媒体的涉华公众调查结果证实，公众对于中国的了解与过去相比，已经和正在发生深刻变化，当今中国的形象已深入到他们的生活领域。中国形象更为具体、鲜活，不再局限于抽象的和概念化的“神秘的社会主义国家”形象。美国《华盛顿邮报》北京分社社长潘公凯说，美国人对中国庞大的“规模”印象深刻，很感兴趣。在《华盛顿邮报》的国际新闻报道中，中国新闻变得越来越重要。从读者的反馈看，他们对中国问题也越来越感兴趣。“中国20多年的经济成就使其已经成为国外投资者、公司，甚至是普通工人感兴趣的国家。”

**（2）在2005年国际舆论中，围绕着“中国崛起”，中国被描绘成：一个经济快速发展，各方面影响力不断增强，同时又存在着诸多问题和不确定性的崛起中的大国，是“自由开放的市场经济和严密控制的政治体制相结合”的国家。**

政府形象方面：社会动员和控制能力很强，更加关注民生、关注贫困人口和弱势群体，表现更加成熟、务实、坦诚和自信；但决策不够透明，工作效率较为低下，官员腐败问题严重。

经济社会发展方面：基调是一个正面的积极的形象，负面的形象虽然也很突出，但较之以前有明显改变，“中国崩溃论”已弱化并逐渐淡出国际舆论。肯定中国经济发展所取得的成就，认为中国经济高速发展，工业化和城市化不断取得进步，人民生活水平得到很大改善，取得了世人瞩目的成就；积极评价中央提出的“科学发展观”、“和谐社会”等执政理念。外媒认为我在区域平衡发展、资源、能源和生态环境方面存在许多问题：城乡差别和贫富分化在加剧，社会矛盾比较突出，社会保障体系还很不健全；中国虽然基本履行了入世承诺，但在市场开放方面的许多领域所取得的进展不够大；中国的金融体系较为脆弱、商业环境无序、知识产权保护不力。

对外交往方面：外媒认为中国已是国际体系的一员，是重要的参与者、获益者，在区域、多边及国际事务中发挥着积极的建设性作用，是有助于保持现状的稳定力量；同时，也要求中国承担更多的国际责任和义务。对中国获取资源和能源的方式持批评态度，指责我与名声不好的国家为伍影响了自身形象。在对外经济交往和合作上，认为中国是机遇与威胁的声音并存，争论激烈。

政治和军事方面：总体上，关注度和消极面有所下降，出现许多客观报道和正面评价，但西方舆论仍然以负面报道和看法居多。外媒认为“中国仍然是威权国家”，“普遍存在的严重腐败正成为社会不满的一个源头，并对国家领导层的合法性构成威胁”。虽然肯定中国在民主政治建设方面的进步，但仍按西方价值观对我持负面评价，置疑改革的方向和成效，将问题归结为体制和制度，向中国兜售西方式民主的“药方”。在人权、宗教、新闻自由等方面仍以负面报道为主。对中国发展现代化国防事业高度警惕并持负面评价；认为我积极发展进攻性力量，国防建设不透明。

**（3）关注中国形象的角度更加多元化：既认识精英群体，也进一步关注普通民众，展现了积极向上、对未来充满信心的普通国民形象；在继续关注中国经济、军事等“硬实力”发展的同时，注意到我外交和文化方面的“软实力”在不断提升。中国的国家形象变得更为丰富、完整。**

以往，西方媒体报道中国主要以政治精英为主，致使其多以意识形态的模式化来塑造中国形象。近年来，西方主流媒体大量增加了以中国普通人生活为选题的报道，展现了我积极向上，对国家的未来充满希望的国民形象。这对全球公众来说，更易产生心理和情感的共鸣，不仅给中国公众舆论进入国际舆论空间创造了条件，也使我国家形象从单一的精英形象向多元的公众形象转变。由此带来的挑战是，中国公民的整体国民素质、不断上升的民族主义情绪成为影响国家形象的重要因素。

国际舆论认为，中国利用外交与政治影响力维护国家的经济利益，中国“软实力”的提升正在逐渐成为“外交政策专家们所关心的一个热点问题”；中国的“软实力”体现在其国际行为模式之中，对外部世界发挥的影响力已不仅限于经济发展的实力，中国通过参与国际活动的积极姿态、增加市场的吸引力等各方面提升了中国的地位和国家形象。随着我加大对外文化交流，推动汉语走向世界的力度，境外舆论认为，这是中国文化复兴、影响力不断增强的表现，也是“软实力”得到提升的重要方面。

**7．传统政治议题的侧重点有所转移。**

**（1）中国的民主政治建设是西方舆论关注的焦点。境外媒体注意到中国民主政治的发展，认为中国正通过扩大民主党派在政治生活中的发言权进行有限度的政治体制改革，通过先进性教育和法制建设打击腐败，新宗教法规给予宗教团体更大活动空间。但同时也对这些措施的有效性提出质疑。**

美国之音报道称，“中国的8个所谓民主党派的发言权可能会增加，可是具体权力不会增加”；美国《华盛顿邮报》报道称，“北京采取的种种措施却无一允许司法独立，无一认可任何其他权力中心的存在，……这难以让人们相信她”等。一些媒体将中国经济社会发展中出现的一些问题归咎于现行的政治体制。还有一些媒体也进行了类似报道。

**（2）《中国的民主政治建设》白皮书发表后，境外媒体纷纷发表评论，在国际社会的反应不尽相同。**

美国《洛杉矶时报》刊登题为《中国守护“社会主义”民主；北京方面坚持原则，回绝外国提倡的政治改革》的文章称，中国仍坚持马克思主义理论的、有中国特色的“社会主义政治民主”；美国《华尔街日报》报道说，白皮书坚决拒绝中国实行多党民主的可能性；英国广播公司的报道指出，白皮书承认“中国共产党和中国人民十分清楚还有许多问题有待克服，某些部门和地区官僚主义作风、腐败现象仍然存在和蔓延，中国建设政治民主的路还很长”。法新社报道称，西方民主的重要特色——直接选举在中国没有给予足够的重视，白皮书也似乎反映出这一点。阐述中国选举制度的内容不到6页，而且目前只限于基层选举。

**（3）国际舆论肯定中国反腐决心，但对实际效果持怀疑态度。中国共产党开展的保持共产党员先进性教育活动，被媒体简单解读为反映了新一届领导集体对党内蔓延的腐败现象抱有强烈的危机感。**

美国《华盛顿邮报》报道说，中国共产党发动一场长达18个月的运动，以加强6800万名党员的意识形态教育，强化他们打击腐败的决心，唤醒他们为人民服务的热忱。英国《金融时报》引述国际经济合作与发展组织专家的评论认为，中国普遍存在的严重腐败正成为社会不满的一个源头，并对国家领导层的合法性构成威胁。美国之音引用美国风险咨询公司的调查报告指出，由于中国的经济影响力正在不断扩大，“中国的腐败问题可能具有最大的潜在破坏力。中国在世界经济中正在发挥越来越大的作用，跨国企业越来越依赖中国这个生产基地，因此由中国的腐败而引发的重大危机可能造成严重的全球性纷争，给许多公司带来灾难。”

**（4）与经济、外交等其他热点报道议题相比，关于人权、西藏、宗教等传统议题的报道规模不集中，未形成主流影响。多数西方媒体仍继续按照西方价值观评论和批评中国，但由于我国近年在这些领域不断开展工作并取得成效，国际舆论环境有所改善。但是西方舆论在上述问题上的立场在短时间内不会改变。**

美国之音报道美国国务院发布《2004年度各国人权报告》，称报告对2004年中国在人权领域的合作与进展表示失望，认为中国未能履行在2002年美中人权对话中做出的多项承诺；美国之音还就美国国务卿赖斯访华评论说，在亚洲之行的最后一站北京，赖斯敦促中国领导人改善人权记录、尊重人民的宗教自由。在美国总统布什访华期间，为呼应布什“亚洲之行”在日本演讲中所称“台湾的自由、民主及繁荣可以作为大陆的典范”的言论，美国媒体在中国的人权方面又做起文章：《华盛顿邮报》刊文称，中国的人权状况有所倒退，在许多方面甚至恶化；该报另一篇文章称，中国三年来没有继续向更加自由化过渡，而是去往相反的方向；《纽约时报》题为《中国慢待民主》的文章称，在到访的每一个亚洲国家，布什几乎都宣布美国支持中国的民主和人权。而布什每次这样做时，中国领导人都置之不理，或者改变话题。北京甚至省却了美国总统来访时一贯的象征性做法，布什年初时提及的人权问题没有一个得到解决。

在宗教问题上，西方舆论仍然指责中国没有真正的宗教自由。美国之音报道说，中国开始实施的“宗教事务条例”可能会给予宗教团体更大的活动空间，但是新条例并没有放松对宗教的总体控制；英国广播公司报道说，中国新的宗教自由法规3月1日正式生效，但是批评人士提出，《宗教事务条例》让官方有借口迫害不服从管理的宗教组织。人权组织提出，新的宗教法规只是对宗教加以管理，而并没有真正做到保护宗教人士的权利，而法规条文的措辞并不严谨，完全可能被有意误解和曲解。

媒体继续歪曲我少数民族政策，但报道的规模不大，也未形成热点，内容集中在达赖代表与中央谈判和青藏铁路建设方面。美国之音引述国际著名藏学专家、美国哥伦比亚大学当代西藏问题研究中心主任罗伯特·巴尔耐特的评论称，很多到西藏开采黄金的汉人给当地造成的环境污染已经很严重，“实际上，真正的附加值让那些在中国大陆从事矿石提炼的中间人所获取，藏人本身得不到什么好处。藏人在这个过程中，能够得到的好处可能就是有一份采矿的工作，仅此而已。”英国《独立报》题为《香格里拉铁路》的文章认为，在不久的将来，世界上海拔最高、争议最大的香格里拉铁路线将把中国内陆地区和西藏的心脏地带连接起来，但这既是一项工程奇迹，也将造成一种文化灾难。美联社引述达赖的话称，“正在建设中的青藏铁路是为了吸引更多的中国内地人到西藏，以便搞文化上的种族灭绝。”

# 2006年度境外媒体涉华舆情分析

2006年是我国改革开放和现代化建设的重要一年，也是世界各国高度关注我国发展和政策走向、境外媒体报道中国继续升温的一年。随着国际形势的发展变化，特别是随着我国经济的快速发展，国际地位的上升，对外影响力的不断增强，境外媒体涉华报道也在发生新的变化。总体而言，境外媒体涉华报道的基本态势没有根本改变，但在涉我经济发展、外交政策及我提出的“走和平发展道路”、“构建和谐社会”、“科学发展观”、“推动建设和谐世界”等重大战略思想的报道方面出现了一些积极的变化趋势。

## 一、中国经济快速发展是核心话题，也日益成为国际舆论的共识。随着对中国全方位报道的增多，境外媒体报道的关注点增加，角度时有变化，积极面在扩大。

2006年对有关“中国崛起”、“中国和平发展”的报道数量明显增加，形成了“中国报道热”。据初步统计，一年来，美国、法国、德国、英国、加拿大等西方国家主要媒体，都针对中国的发展变化进行了有一定规模、较为客观的专题报道。美国《纽约时报》、《华盛顿邮报》、《华尔街日报》、《亚洲华尔街日报》等主流报纸的涉华报道量都有增加，报道属基本客观、理性、平衡的大约占30%以上，较前几年有所上升。同时，期刊涉华报道的数量也在增加，美英综合时政类期刊《时代》周刊、《新闻周刊》、《经济学家》的涉华报道量与2005年相比，平均增幅达到30%左右，是平面媒体中涉华报道增长最快的，报道的集中度和内容的丰富程度也较前几年有提高。

西方媒体过去一贯以“问题报道”为主，这几年特别是去年开始务实地关注中国各领域的变化和由此对全球带来的影响，与中国有关的消息开始占据媒体的主要位置，对我政治、外交和改革开放政策的报道，其意识形态色彩有不同程度的减弱，相对客观的理性分析报道增多。德国《法兰克福评论报》在提到美国媒体对中国报道时曾这样评论，“不论人们打开哪份美国报纸，几乎每天都能读到对中国的详细报道、分析和评论。”从境外媒体对中国政治、经济、外交、社会、教育、科技、文化等的全方位关注的报道中，可以看出，舆论普遍认为“中国崛起”是不可逆转的趋势，中国的快速发展对全球经济、国际关系、地缘政治乃至世界秩序等各方面都带来长远影响。“中国融入全球市场经济一体化是一件史无前例的事件”，“中国作为大国的崛起将影响全世界”。类似这样的评论，不论是在美国等西方国家媒体，还是在发展中国家媒体经常可以看到。

在肯定中国经济发展取得成功的同时，也有一些媒体对我未来发展和有关政策予以消极评价，其主要观点是认为中国政治体制改革落后于经济发展需要，中国政府在解决发展中的困难和问题时还面临许多挑战，对我国能否克服困难，解决发展难题表示怀疑。其中较集中炒作的话题就是中国经济“过热”问题、中国环境问题、中国能源资源问题、中国金融体制问题等，美联社、路透社、法新社、共同社、《纽约时报》、《华尔街日报》、《金融时报》、《泰晤士报》、《独立报》、《联合早报》、《海峡时报》等都有相关报道。

## 二、对我“十六大”以来提出的“走和平发展道路”、“科学发展观”、“构建社会主义和谐社会”、“全面建设小康社会”等重大战略思想给予高度关注，许多报道评价趋于客观积极。

党的十六大以来，中国提出的一系列重大战略思想是去年境外媒体对华报道不多见的客观积极报道议题，特别是“和平发展”、“和谐社会”、“和谐世界”及“科学发展观”均得到国际舆论的认可和肯定。多数媒体报道了一些研究中国问题专家学者的积极评价。国际舆论普遍正面评析中央的有关方针政策、中央领导集体关心弱势群体的亲民作风，对中国政府深入实际调查了解民情、在打击腐败方面采取的成果等给予了积极评价，同时对中央推进政治体制改革予以期望。媒体尤为关注中央近年出台的各项改革措施，如加强党的执政能力建设、修改党章，将尊重和保障人权及保护私有财产写入宪法、废除《城市流浪乞讨人员收容遣送办法》、颁布《行政许可法》等。多数媒体认为，“中央决策层正在进行一场旨在改善和缓解社会矛盾的新的战役”，“力图实现社会的公正，提高执政党的形象，确保中国共产党的执政地位”。

境外媒体对“两会”的报道热点明显呈现出与国内报道热点的一致性，集中关注我农村政策，认为“无论是政策重点还是具体措施，中国政府的执政方针和经济发展模式都发生了重大变化”，显示了中国建设“和谐社会”的决心，是中国改革开放政策的持续深入发展。

## 三、我国经济社会发展的各项举措是报道的主题，在肯定我发展主流的同时，有关贫富差距、环境问题、贸易摩擦以及社会突发事件的负面报道在增多，并与中国的意识形态、政治制度挂钩。

随着我国经济发展，综合国力逐年增强，境外媒体对我经济社会发展的报道升温，对我宏观调控的方式选择和成效、政策走向和政策的延续性及促进经济社会发展的重大举措等给予肯定，但有时也出现负面报道。我国政府公布的GDP增幅、外汇储备、贸易顺差等都成为涉华报道的热点。在充分报道我经济社会发展情况的同时，对有些经济问题仍继续给予负面报道和评论。舆论对我进行汇率改革和人民币兑美元汇率的变化、我经济高速发展引发的能源需求表示警觉和担忧，能源需求引发的发达国家对我的警惕与钳制，是西方媒体报道的重要内容。中国公司在海外并购事件曾引起广泛关注，认为中国是促使能源等原材料价格飙升的主因，并指责中国与美国政府敌视的产能国合作关系过于密切。在肯定中国政府做出努力的同时，舆论普遍认为中国的环境形势依然十分严峻，中国水危机、空气污染、沙尘暴等环境问题是西方舆论比较关切和经常性的报道话题。社会保障、土地征用、群体事件、艾滋病防治、矿难事故、禽流感疫情等仍是境外媒体对我负面报道的经常性内容。

**四、中国“全方位务实外交”牵动境外媒体注意力。国际舆论对中国外交政策的调整和中美、中日关系变化反应敏感，围绕中国高层出访、参与多边国际事务、发展大国和周边国家关系，报道持续时间长、关注热点增多。**

境外舆论比较一致的看法是，中国“在全球战略中的地位得到了前所未有的重视和提高”。我成功举办上海合作组织峰会、“中国—东盟”建立对话关系15周年、中非合作论坛三大峰会及我在朝核问题发挥作用，得到境外媒体的积极评价。中国国家领导人频繁进行双边访问或出席多边国际会议，国际舆论普遍进行集中和详细的报道，对我主要领导人的出访，总体评价积极。胡锦涛主席先后访问美国、沙特、摩洛哥、尼日利亚、肯尼亚、越南、老挝、印度、巴基斯坦、等国，温家宝总理访问澳大利亚、新西兰、柬埔寨、埃及、加纳、刚果（布）、安哥拉、南非、英国、德国等，境外媒体都进行大量报道。多数媒体认为中国领导人出访的务实性增强。舆论同时积极评价我在多边和国际事务中发挥的作用，认为我在国际事务中扮演着日益重要的角色。

在大国关系中，境外媒体最关注的仍属中美关系，中美贸易摩擦、能源冲突、人民币汇率、知识产权保护、国防建设和台湾问题始终是舆论关注的热点。媒体对中日关系普遍抱观望和悲观态度，认为影响两国关系的因素日趋多元化和复杂化，除历史遗留问题外，双方各自的战略考虑和民族主义情绪也是影响中日关系的重要因素。新近舆论开始重视中日战略对话和今后两国关系走向，认为现阶段中日两国正进入“两强并列”的结构性调适期，对日本政府右翼倾向不抱过大希望，但提出中国对日民间工作刻不容缓。境外媒体对中俄战略合作伙伴关系评价积极，认为中国不仅是俄罗斯在国际事务中的中央对话者，也是重要合作伙伴。中印关系的发展越来越受到境外媒体的关注，多数舆论认为中印既是竞争对手，也是合作伙伴。中非合作以及中国在拉美地区日益增长的影响力受到媒体关注，尤其关注我关于中非建立战略伙伴关系的表述。拉美当地媒体虽然认为“目前没有迹象表明，中国会取代美国在地缘政治上的影响力”，但认为已从三方面对拉美地区形成挑战：中国有巨大的市场，中国是强有力的竞争者，中国崛起迫使拉美地区重新考虑自身发展战略。

## 五、更加关注中国发展对世界的影响及各国对华关系的态度。对中国发展带来的影响的评价仍然处于复杂变化中，“中国机遇论”逐步成为国际舆论的主流，各种版本的“中国威胁论”呈现新的特点，“中国责任论”呈现上升趋势。

### 1. “中国机遇论”成为国际舆论的主流。

境外媒体普遍赞赏中国的发展对世界经济持续增长的贡献，认为中国的繁荣支撑着国际体系，并为其他国家和地区提供机遇。美国、英国、德国、加拿大等国媒体都有相似报道。美国媒体在报道中说，美国官员承认中国的发展会为美国企业带来诱人的机遇；英国媒体对中国发展给予大量报道，并肯定中国发展对世界经济的贡献；加拿大媒体说，中国在世界经济中的重要性有增无减，加拿大应该把目光从美国转向中国，以免错失中国的机遇；德国媒体称，中国已经悄悄改变了世界，德国企业必须学会和中国企业合作，德国不能错失未来发展的机遇，必须向中国学习全球化合作经验；日本媒体在评价中国发展对世界经济的影响时说，对于欧美银行来说，在2010年以前，再不会有像中国这么大的商业机遇了，各国都不会轻易放过中国这座“宝库”。墨西哥有媒体称，中国发生的改变是摆在我们面前的“黄金机遇”。

### 2. 各种版本的“中国威胁论”依然是境外媒体对我负面报道的主题。

近年来，境外媒体关于“中国威胁论”的话题主要表现在政治领域、经济领域、军事领域和“软实力”建设方面。政治领域，主要是“地缘政治威胁论”，西方媒体不断散布中国的发展会对西方大国的影响力构成挑战，改变世界，削弱原有政治和利益格局，使美国及西方国家失去主导权。经济领域，主要散布中国发展对世界能源、资源、环境的威胁，如“中国环境威胁论”、“中国能源威胁论”、“中国就业威胁论”等。欧美媒体认为，中国与其他国家抢占市场、企业对外扩张、过大的贸易顺差、在人民币汇率和知识产权保护等方面损害了世界其他国家的利益。军事领域，多数媒体认为我军事开支不透明，认为我是世界上少数不多的可与美国相抗衡的国家，日本媒体认为我对日已从“潜在威胁”变为“现时威胁”。随着我太空技术水平不断提高，各媒体报道的猜测和评价开始增多，出现了中国“威胁太空安全”的言论。“软实力”建设方面，越来越多的媒体开始关注我“软实力”的发展及出台的相应政策，越来越多的媒体在报道中表示担忧中国利用外交的影响力、经济发展构成的吸引力、中华文化的独特魅力向其他国家渗透，从而对西方的发展模式、价值观形成挑战。

在西方媒体散布“中国威胁论”的同时，我们看到，在国际社会也出现了一些不同声音，有的学者认为“中国威胁论”的提法有失偏颇，主张以理性、务实的态度看待中国的发展。澳大利亚前外交主官克拉克写文章称，“中国威胁论”是西方国家处于利益需要、联手制造的，并不符合事实。西班牙《先锋报》称，“中国威胁论”是西方国家主观臆造的。最近，美联社、路透社、法新社等报道的2006年10月发布的《美国和国际公众意见报告》显示，61%的美国人认为中国会在经济上超过美国，他们认为这不是威胁，主张对话接触，只有29%的人认为应限制中国发展。

### 3. “中国责任论”呈上升趋势。

面对中国的发展，西方一些学者和专家从现实和理性的角度主张将中国纳入现有国际轨道，成为“负责任的利益攸关方”，要求中国成为“负责任的大国”，“扮演与经济增长相对应的积极角色”。媒体对这种呼声的报道越来越多，英国广播公司报道，数十个美国企业联合致信美国商务部，要求政府放宽拟议的对华出口管制，他们认为这不仅会给美国带来好处，而且会鼓励中国成为“负责任的利益攸关方”。日本《每日新闻》报道称，美国提出让中国做一个“负责任的利益攸关方”，要求中国在国际社会发挥应有的作用是建设性的，应该给予支持。《美国新闻与世界报道》、日本《世界》月刊等称，美国必须支持中国渐进式的发展，支持中国成为“负责任的利益攸关方”。

## 六、在传统议题的报道中，“台湾问题”始终是涉华报道最敏感的话题。对政治体制、民主人权、新闻政策等意识形态议题的关注度仍然较高。但有关涉藏、涉新疆、涉“法轮功”、民族、宗教等传统议题的报道数量明显减少，报道比重下降，基本没有形成热点。

据对2006年美国《纽约时报》、《华盛顿邮报》、《今日美国报》三家在美发行量、影响力最大的日报的跟踪抽样统计，涉华报道中涉及政治主题的报道，包括社会制度、新闻政策、政治体制改革等占60%左右，而新闻政策、民主和人权问题是重要内容，其中中国的民主程度最受关注。而且，美国三大报对中国民主状况的报道基本以负面为主。在涉及中国民主进程的报道中，仅有11%是中性客观的，高达80%的报道是对我的歪曲和攻击。对我国的政治体制改革、民主政治建设的进展情况，有的媒体对其有效性表示置疑，多数是进行负面解读。对于我政治制度、新闻管理体制，特别是网络管理等，境外媒体长期以来均以负面评价为主。但对中国新闻出版体制改革以及加入世贸组织后的市场开放，一些媒体也开始关注其变化并给予客观评价。2006年中国出台互联网新闻信息服务管理规定和新华社出台境外通讯社在华信息发布管理办法、美国四大网络公司的国会听证事件，成为西方媒体不断攻击中国新闻管理制度的热点话题。西方舆论认为，互联网是对中国施加意识形态影响的新技术手段，新技术将会对中国的政治生活和民主建设产生深远影响。

近年来，境外媒体对台海局势高度关注。陈水扁推动岛内选举、“修宪”、“终统”等“台独”进程，两岸协商“三通”和直航包机，《反分裂国家法》出台，岛内国民党接连访问大陆，以及2006年弹劾陈水扁等一系列事件，涉台问题的国际舆论呈现更加纷繁复杂的特点，舆论背后是多种利益的牵动，西方舆论反复渲染我将“武力解决”台湾问题，为美国在“台独”问题上的两面态度辩解。西方媒体企图长期主导、影响港澳舆论。但从近年的舆论倾向看，中央对港澳政策思路的调整变化，得到多数媒体特别是周边国家媒体的认同和积极评价。与上述政治敏感议题相比，近年来，境外媒体对涉藏、涉新疆、民族、宗教、“法轮功”等问题的关注度有所下降，未形成对我有重大影响的炒作热点。

# 2007年度境外媒体涉华舆情分析

2007年是中国改革与发展关键阶段的重要一年。“十一五”规划稳步实施，政府加大宏观经济调控力度，农村综合改革进一步深化，金融市场全面对外开放，外交政策更为灵活务实，为国际社会观察中国增加了新视角与新内容；全国“两会”透露出的政府工作思路、胡锦涛“6·25讲话”精神体现出的我党执政理念，为境外媒体把握中国的政治和经济脉动提供了最佳切入口；特别是党的十七大的胜利召开、北京奥运会的日益临近，使国际社会对中国的高度关注有了新的聚焦点。

总体看来，国际舆论中客观、理性分析与看待中国的声音在增加。包括美英等大国知名报刊在内的西方主流媒体，在“中国崛起”、达尔富尔问题、朝鲜问题、中非关系等一系列重要问题上的对华态度正在转变；对我改革发展成就、党的十七大提出的治国理念、“科学发展观”、转变经济增长方式、开展积极外交等方面的积极评价较多。中国的国际影响力受到国际社会的更多关注，美国有影响的《时代》周刊、《美国新闻与世界报道》、《大西洋》月刊纷纷发表长篇系列文章，讨论“中国世纪”的诞生及其影响与应对。同时，美欧等西方国家对我仍然存在的不信任和不确定感，是影响各自舆论对华认知的重要因素；我发展过程中暴露出的矛盾和问题及其国际影响也引起国际社会的更多关注，负面报道相对集中。

党的十七大、北京奥运会、“中国制造”、中国资本市场的发展与变化、中国生态环境面临的压力及其影响等成为2007年的报道热点。根据专业数据库统计，2007年境外媒体涉华英文报道数量为380848篇，与上年的报道总量(367491篇)相比略有增加，增幅为3.6%。其中，有关党的十七大的报道3653篇，涉及北京奥运会的报道44228篇，与“中国制造”有关的报道24948篇，关于中国资本市场的报道15362篇，针对中国环境的报道6968篇，这些热点问题的报道共计95159篇，约占2007年涉华报道总量的25%。围绕相关议题，境外媒体进行大量、持续的报道，随着热点事件的演进，关注重点也不断发生变化。

为了解境外媒体主要是西方媒体涉华报道的倾向，特选取美国《纽约时报》、《华盛顿邮报》和《洛杉矶时报》三大报纸进行持续跟踪。这三大报纸在美国和西方具有广泛影响力和代表性，其报道倾向在某种程度上可以反映西方舆论的对华态度。2007年三报涉华报道总计2134篇，其中，采用平衡报道手法、无明显倾向性的客观或中性报道约占51%；负面报道量约占38%；正面报道约为11%。从舆论反应看，三大报纸均能客观报道我政府在经济、外交、社会和文化等领域的努力与举措，普遍接受“中国崛起有利于世界发展”的事实；对中国在第三世界国家中迅速上升的影响力十分关注；针对我人权状况、新闻自由和环境保护等传统议题的批评仍然多于肯定。

## 一、广泛关注党的十七大，将其视为观察中国未来发展方向、政治路径的风向标，积极评价中国将科学发展观确立为指导思想，关注中共在未来发展中面临的挑战。

党的第十七次全国代表大会不仅是我国内政治生活的一件大事，也是具有国际意义的重大事件，引起了国际舆论前所未有的关注，世界主要新闻媒体均参与了报道。在全球化浪潮进一步推进阶段，我党如何调整国家经济和社会发展方向，如何应对国家发展及体制转型过程中出现的深层次矛盾和问题，不断融入世界的中国又将带给世界何种影响，均是外国记者感兴趣的热点。从某种意义上说，关注党的十七大就是关注中国的未来前景，同时也是关注世界的发展。境外媒体有关党的十七大的报道，总体上较为客观平和，大会期间国际舆论氛围良好。

**1．党的十七大成为外媒涉华报道的重要事件，年初即开始分析大会的意义及影响，相关报道逐渐深入、系统。**

从年初开始，境外媒体即对党的十七大对于中国未来发展及当前经济社会的意义及影响予以关注，相关报道逐渐增多；胡锦涛“6·25讲话”发表后，形成十七大之前外媒报道的小高潮。境外媒体从猜测人事变动及我民主政治改革走向及进度，逐渐转向对新一届领导人经历背景、执政理念及面临挑战的关注。

随着党的十七大的临近和召开，参与媒体更为广泛，相关报道成倍增长。世界主要新闻媒体，包括周边国家和发展中国家的通讯社、报刊、广播电视、媒体网站等均参与报道；国际一些知名媒体采取实时跟踪、专题报道等方式，连续对大会进行介绍和解读，并在显要位置刊登大会开幕和闭幕的消息；路透社、英国《金融时报》等在大会召开前后发表系列文章，对十七大的重要意义、党的执政地位、中国发展面临的挑战等进行全面论述。外媒普遍关注党的十七大对中国未来发展的意义，重点解读胡锦涛报告提出的新观点及新思想，对党的十七大将对中国带来影响的分析更为深入。大会期间对境外媒体的公开开放，对正面引导境外媒体对于十七大的报道发挥了积极有效的作用，被舆论誉为“崛起的中国在走向强大的过程中一种自信的表现。”

**2．高度重视十七大的历史意义，注意到胡锦涛报告中的新思想和新提法，重点解读科学发展观的内涵及影响。**

外媒公认党的十六大以来中国取得的经济成就，赞誉中国经济的繁荣使数亿人口摆脱了贫困，在国际领域的影响力也日渐上升，成为重要的国际经济和外交力量。境外舆论认为，由于经济的持续发展，中国不仅提高了国内人民的生活水平，而且日益成为具有重要国际影响力的大国，党的十七大及大会所确定的指导方针和政策，不仅对中国具有重要的历史意义，而且对全世界都具有重要意义。

境外媒体对胡锦涛所做的工作报告内容进行大量引述，并充分注意到报告中的新思想和新提法。境外媒体在会前就纷纷预测“科学发展观”将被写入党章；报告发表后，对“科学发展观”的内涵，尤其是转变经济增长方式、解决民生问题、重视环境保护的发展理念进行深入解读和高度评价，认为这是一个“具有里程碑意义的改变”。舆论在积极肯定我党转变发展理念的同时，更为关注我将采取哪些具体措施兑现报告所做的承诺，认为解决民生问题将是下一届领导人的决策重点，同时还指出中国仍将面临诸多难题与挑战，如何应对与解决发展过程中暴露出的各种问题将是我领导人面临的艰巨考验。

境外媒体普遍对中国的政治改革寄予期望，注意到报告中60余次提及“民主”以及新闻发言人关于“绝对不会推行西方民主模式”的表态。舆论一般认为，报告中关于政治改革和民主的表述并未达到外界的预期，但表明了中共的改革意愿。媒体同时对中国政治改革的细节和时间表普遍表示关切。

## 二、北京奥运会的筹备工作成为国际舆论持续关注的焦点。积极评价奥运为中国和北京带来的新变化，同时北京奥运会被舆论“政治化”的倾向也较为突出。

作为全球事件，奥运会使举办国成为全世界媒体报道的中心和民众关注的焦点，其意义已经远远超出体育赛事的范畴。2008年北京奥运会是我国集中向全世界展示国家形象的难得机遇，也是全世界媒体聚焦北京的重要窗口。由于中国国际影响力的不断上升，本届奥运会受到的国际关注超过往届。国际舆论普遍承认北京奥运会对中国的重要意义，积极评价奥运筹备带给中国的新变化，同时借助奥运的名义刻意放大我发展中存在的问题；部分西方政治势力甚至将奥运作为向中国施压的机会，某些媒体的炒作使涉奥舆情错综复杂，“公共议题奥运化”、“奥运议题政治化”的趋势凸显。

### 1. 普遍重视奥运会对中国的重要意义，关注点超越奥运筹备本身，内容涉及广泛，涉奥舆情错综复杂。

由于北京奥运会对中国的重要意义，中国政府高度重视，国际舆论也十分关注。媒体普遍承认举办奥运会对提升中国国家形象、扩大国际影响力的重要作用，《美国新闻与世界报道》甚至称北京奥运会也许是“中国世纪”开始的象征。

在关注奥运会本身给中国带来的影响外，境外媒体将其作为观察中国发展的窗口，赛场之外的北京、体育之外的中国成为境外媒体的关注重点。中国政治、经济、外交、社会各领域的积极变化及发展中存在的问题，均被境外媒体与奥运联系起来。国际社会普遍承认奥运会对中国产生的积极深远影响，肯定我在立法方面取得更多进步，在社会和经济方面发生很大变化。在积极评价我采取各项有效措施的同时，也不乏对中国存在问题的批评性报道，包括对人权与新闻自由状况的恶意攻击。有关北京奥运会的舆情议题相比往届涉及范围更广，报道内容具有明显差异性。与前几届其他城市举办奥运会相比，北京奥运会的政治议题明显上升，涉奥舆情成为影响国际涉华舆情的重要因素。

**2．奥运舆情呈现阶段性关注焦点，在北京奥运会倒计时一周年之际出现报道高潮。奥运筹备工作、环境问题、人权与新闻自由是关注重点。**

一年来，中国政府为筹备奥运开展了大量工作，出台了一系列措施，举办了一系列活动。《北京奥运会及其筹备期间外国记者在华采访规定》的正式实施、奥运火炬传递路线的公布、迎接北京奥运会倒计时一周年庆祝活动的举办等，均成为阶段性报道热点，特别是奥运倒计时一周年引起境外媒体的集中报道。

中国在奥运场馆建设、基础设施保障、治理交通拥堵、改善空气质量、整治环境污染，加强公民文明教育、改进不文明陋习等方面做出了很大努力，取得了明显成绩，受到国际奥组委官员的高度评价和国际舆论的广泛好评。中国政府有关北京奥运的宣传引导工作，对形成积极的涉奥舆论起到促进作用，各项筹备工作的进展情况基本如实地被传播到世界各地。国际社会从中看出中国政府筹办一届“高水平、有特色”奥运会的决心与能力，对北京市顺利举办2008年奥运会充满信心。国际奥委会的正面评价也对涉奥舆论产生了积极影响。一年来，国际奥委会官员多次对北京奥运会场馆建设和北京奥组委的各项努力予以高度评价，并且在人权等问题上拒绝向中国施压。上述言论被境外媒体广泛引用，一定程度上平衡了部分媒体对华报道的负面倾向。

境外媒体高度重视《北京奥运会及其筹备期间外国记者在华采访规定》的颁布与实施，有舆论认为新规定与中国加入世贸组织具有同样的影响、意义深远，是我改进对外宣传、改善国家形象的重要一步。规定实施近一年以来，境外媒体和政治势力对中国的新闻自由与舆论环境更加开放总体表示认可，认为在华外国记者正在享受前所未有的自由。但普遍反映承诺兑现得还不够。

与此同时，境外媒体持续关注中国和北京的环境问题，国际奥组委官员对北京空气污染可能影响部分项目如期举办的担忧被境外媒体广泛引用。有关媒体在报道中国环境问题时夸大其对国际社会的破坏作用，并认为环境问题将成为中国顺利举办奥运的主要障碍。水资源的污染与匮乏问题、食品安全问题也是媒体报道的重要内容。

西方某些政治势力借中国举办奥运会之机向中国进行人权施压，意在吸引国际社会的注意，希望中国按照西方的价值观念推进政治改革与民主进程，改变中国的外交立场，同时恶化中国的外部环境。一些国际人权组织、政治人物、议员利用媒体或举行活动，指责与攻击我控制新闻自由、压制异见人士、西藏的人权状况恶化、强迫拆迁、雇佣童工等，特别是指责中国无视苏丹政府在达尔富尔危机中的角色而在苏丹进行经济投资，甚至发起抵制北京奥运会的运动。某些西方主流媒体和境外反动网站积极配合，加以渲染，将奥运议题政治化，在国际舆论中产生一定负面影响，对我成功举办北京奥运会形成了一定的干扰作用。英国《泰晤士报》形容，“通往北京奥运之路，就如一场布满人权地雷阵的马拉松。”

## 三、中国的经济发展及其影响始终是关注的核心话题。中国在金融、投资领域显露出的影响力成为国际社会关注中国的新看点；普遍关注“中国制造”成为中美及中欧贸易摩擦中的新问题；担忧中国经济发展与资源环境矛盾带来的严峻挑战。

中国的经济发展始终是境外媒体涉华报道的主要内容，也是西方媒体涉华报道中以客观、中性为舆论主流的重要领域。舆论普遍认为，中国经济对世界经济的影响力明显上升，全球经济中的中国因素越来越重要。西方主流媒体持续报道中国经济保持快速增长势头，承认中国对全球经济增长的带动作用和贡献率日益显著，对国际资本流向、国际商品与资源能源的贸易格局和价格涨落、全球经济布局与经济走势，甚至全球股市的影响越来越大。

由于中国经济在全球经济中日益显著的重要性，境外几乎所有主流媒体都密切关注中国经济的宏观运行态势，分析宏观调控的成效。中国金融力量的崛起成为国际舆论关注的新焦点。由于全球经济结构与经济格局的变化，中美贸易、中欧贸易逆差持续扩大，贸易保护主义情绪抬头，贸易摩擦增加，西方媒体配合政府向中国施压的迹象明显。中国食品安全问题、“中国制造”成为境外媒体涉华经济报道中新的热点话题。同时，中国在发展中日益凸显的环境问题及其影响成为境外媒体持续关注的热点。

**1. 公认中国经济的全球影响力进一步上升，影响领域不断扩大。**

外媒普遍承认，中国经济的快速发展和日益增强的影响力，“是推动世界经济增长的巨大动力”。境外主流媒体广泛引用国际货币基金组织对“中国今年将首次成为全球经济活动的最大驱动力”的评价，预测中国将取代德国成为世界第三大经济体，并期望如果“中国经济能继续腾飞，将有助于为世界经济保驾护航”。还有舆论向本国政府建议今后最应密切关注的不是美国经济，而是中国的政策以及中国经济如何做出反应。根据美国芝加哥全球事务学会和世界民意网在18个国家和地区进行的联合民意调查结果显示，多数调查对象认为中国正在追赶美国，跻身世界经济强国前列。英国《经济学家》称，“如今，世界经济的前途命运不仅取决于美国，也取决于中国经济的健康状态是否能再持续至少两年。”

**2. 积极评价中国政府致力于转变经济增长方式，密切关注中国宏观经济运行态势，对经济过热和通货膨胀趋势表示担忧。**

中国政府的经济政策和经济领域的工作部署是外媒经济报道的重要议题。“两会”期间，政府工作报告提出增加农村投入、缩小贫富差距、关注民生问题等举措，均受到境外媒体的积极评价。中国政府致力于加快转变经济发展方式、促进经济社会平衡发展、强调节能降耗、重视环保等政策导向也被境外媒体广泛报道。

中国宏观经济调控措施的成效始终是外媒经济报道的重要内容。西方媒体对中国政府出台的各项调控措施反应迅速、报道及时，广泛引用我发布的国民经济运行状况、外汇储备、贸易顺差等统计数字，并据此调整对中国经济增长率的预期，分析中国未来经济发展走势及宏观经济调控的成效，不断提出中国经济过热风险与通货膨胀的警告，甚至担忧中国的通货膨胀向世界输出。美国《时代》周刊、英国《星期日电讯报》等纷纷发表西方经济学家的担忧，刊文称“中国下一宗大出口：通货膨胀”、“北京增长最快的出口产品是通货膨胀”。舆论比较普遍的看法是认为中国经济过于依赖投资与出口，我宏观经济调控效果有限；甚至有舆论担心中国经济增长过快，既会使国内社会问题更加突出，也会对世界其他地区造成灾难性后果。英国《金融时报》刊文称，“如果中国经济还在宏观调控、巨额顺差、人民币升值的泥坑中不能拔足，最后将是经济的全面通胀和资产价格泡沫。”为此提出建议，“与其被动地在通货膨胀和资产泡沫中慢慢倒下，不如主动通过输出通货膨胀反击全球经济。”

2007年的一系列经济立法也受到境外媒体的关注。针对人大审议通过物权法草案，境外媒体重点关注该法对未来中国所有制体制可能带来的影响，认为物权法推动了中国中产阶级的发展，对中国具有里程碑意义；而对于企业所得税法草案，则重点关注该项法案对在华外资企业的影响，认为虽然取消了外资的特殊待遇，中国仍将是一个具有“魅力”的市场，从长远而言对外企有利；中国新的劳动法的出台受到境外媒体的积极评价，认为对保障劳动者权益具有重要意义。8月份中国通过首部《反垄断法》，英国《金融时报》随即刊文指出，这部新法律旨在鼓励公平竞争，“首次涉及‘行政垄断’的内容——对于一个国民经济中很大一部分被国有垄断企业主导的国家来说，这是一个巨大进步”。

**3. 随着金融改革的推进及取得的明显成效，中国金融领域对全球经济的影响成为国际舆论关注的新焦点。**

2007年是中国银行业向外资银行全面开放的第一年，境外舆论对中国的金融业改革进程极为关注。中国发布的“探索和拓展外汇储备的使用渠道和方式”、“建立国家外汇投资公司”、“批准境内个人直接对外证券投资业务试点”等消息，均被境外媒体在第一时间进行报道。媒体分析认为，中国外汇储备多元化将给全球资本市场带来较大影响。

中国股票市场几次大的震荡，给国际资本市场带来前所未有的影响。中国国家外汇投资公司认购美国黑石集团9.9%股权，中国工商银行宣布收购南非标准银行20%的股份，均成为境外涉华金融报道的热点事件。各大西方主流媒体纷纷评论称，“中国股市影响世界”，“这个全球最大的投资人在承担投资风险方面正表现出越来越强的信心”。中国在金融领域的表现，使国际社会开始从“金融力量”上重新认识中国。

**4．中国经济发展中的环境问题日益凸显。外媒强调环境问题不仅对中国经济发展、社会稳定带来影响与挑战，而且已对国际社会造成影响与威胁。**

2007年，境外媒体对于中国环境问题的报道持续不断，除突出报道有关中国在全球温室气体排放中的作用及应该承担的国际责任外，对我国内的环境问题也高度关注。多地发生的自然灾害、洞庭湖流域发生鼠患、太湖蓝藻污染事件以及三峡大坝面临山体滑坡和生态隐忧等问题，被境外不少主流媒体关注与报道。境外舆论认为中国的环境现状已经非常严峻，承认中国政府已经认识到环境问题的严重性，积极评价中国政府做出改善环境的努力及采取的各项措施，但也指出虽然提出节能降耗减排、建设环境友好型社会的目标，但中国面临的真正挑战在于目标的实施及效果。

舆论将中国能源问题和环境问题紧密相连，一方面报道能源短缺助推国际能源竞争加剧，另一方面认为随着中国对能源需求的增多，产生的污染物将更多；称中国的经济发展现状势必带来生态环境难以承受的后果，突出中国的发展给世界特别是邻国带来的多种负面影响。新加坡《联合早报》刊文称，“中国环保形势严峻，很多国际观察家认为，环保问题是中国最大的不稳定因素。环保问题也正成为外国抨击中国、质疑其‘和平崛起’的依据。”

**5．中美、中欧贸易摩擦升温；中国食品安全、产品质量问题发展为贸易争端新焦点，成为国际涉华舆论中的热点话题。**

中美贸易关系在总体平稳发展的同时，贸易摩擦频发，不断成为境外媒体报道的重要内容。有舆论认为，2007年是中美经贸艰难的一年。在中美贸易摩擦问题中，美国媒体配合政府向中国施压的迹象明显。美国媒体不断炒作中美贸易逆差、人民币币值、知识产权保护、金融市场开放、产品安全等问题。但也有不少西方媒体对中美贸易关系进行客观分析。美国《巴尔的摩太阳报》刊文认为，“对华巨额贸易逆差责任在美国消费者”；英国《经济学家》认为，“双边贸易失衡是许多美国政客愤怒的对象，但这其实是经济障眼法”，“中国只是个替罪羊”。

此外，媒体也注意到欧盟对华态度正在变得强硬，中国和欧盟因贸易不平衡而使争端升温，欧盟拒绝承认中国的市场经济地位。美国对中国产品安全问题的炒作，也得到了欧洲一些国家的呼应，成为媒体报道与评论的议题。多数境外媒体认为，在现阶段，由于巨大贸易顺差的存在，中美、中欧以及中国与其他国家的贸易磨擦仍会持续不断，并且将以各种方式表现出来。

2007年以来，缘起于出口美国的中国宠物食品和出口巴拿马的药品中被检测出含有有毒物质，被西方一些媒体炒作，并将此问题延伸至其他产品领域，包括宠物食品、牙膏、药品、水产品、轮胎、玩具及其他生活日用品，中国产品安全问题被上升到对“中国制造”信誉的置疑，引起境外媒体的广泛报道，从3月以来持续不断，成为国际涉华舆论中的热点话题。媒体对此问题的报道前期以炒作为主，渲染中国产品安全问题的广泛性、严重性，并将矛头指向中国政府，认为中国缺乏有效的监管机制。由于产品安全问题与百姓生活密切相关，因此造成民众对中国认知的严重影响，“中国制造”和中国的国际形象受到严重损害。

中国政府对此积极应对，包括加强立法、改善食品药品监管体系、成立以吴仪副总理为组长的专门工作小组、惩处相关责任人、公布出口企业黑名单、保障奥运食品安全、加强国际合作等措施，大都得到国际媒体的积极回应。特别是由国务院新闻办公室和政府有关部门组织召开的历次新闻发布会，收到了较为明显的舆论引导效果，使初期国际舆论中“谴责中国”一边倒的现象得到改善，国际媒体报道中来自中国的声音增强，理性分析产品安全问题的报道增多。

## 四、瞩目中国在外交领域的国际影响力，承认中国在国际事务中发挥的积极作用，要求中国承担大国责任的呼声日盛；中国与西方国家关系及中国对非政策是关注重点。

2007年，中国自信的大国外交和“软实力”外交得到舆论积极评价。中国在外交领域的国际影响力进一步发挥作用，在解决朝核问题、苏丹达尔富尔问题方面做出的努力，得到国际社会与舆论的赞赏，被誉为中国在外交领域表现得更加自信和友善，在处理复杂问题时已经开始成为成熟的外交大国。同时，更多的西方媒体也开始讨论与关注中国外交面临的挑战与压力。国际社会要求中国承担大国责任的呼声也更为强烈。

### 1. 中国为推动建设和谐世界，更积极参与国际事务，在解决国际问题中发挥的建设性作用受到媒体普遍关注和积极评价。

2007年，在解决国际热点问题中，中国的积极外交作用显著。由于中国的积极斡旋，朝鲜六方会谈取得突破性进展，中国在其中发挥的重要作用得到国际舆论的普遍承认。中国为推动达尔富尔问题有效解决做出的努力被舆论评价为发挥了“建设性作用”。西班牙《对外政策》双月刊9—10月一期刊登题为《中国对外政策的新格局》的文章称，“从苏丹到伊朗，从拉美到朝鲜，中国已经成为不容忽视的积极因素。”中国积极参与国际维和军事行动，被媒体誉为“发挥了领导者的作用”。美国《基督教科学箴言报》载文称，“中国共产党正在谋求发挥新型全球影响力，一种能够解决冲突、创建和谐世界秩序的全球影响力。”还有分析认为，当中国人仍然习惯作为国际体系的接受者时，国际社会关注的却是中国正在成为国际体系的“影响者”，甚至“决定者”。中国崛起不仅在迅速地改变自身，也在广泛地改变世界，并且促进世界朝向多极化转变。

### 2. 国际社会要求中国承担大国责任的呼声日盛，逐渐形成舆论潮流。

近年来，随着中国崛起在很大程度上成为现实，国际社会希望中国在世界体系中承担大国责任的期望值和呼声日益增强。特别是2007年以来，要求中国在国际上承担更大责任的论调持续升温。“中国责任论”不仅集中反映在朝鲜半岛核问题、伊朗核问题、苏丹达尔富尔以及缅甸等国际热点问题上，在国际贸易、能源合作、经济援助、军事发展，特别是环境保护、削减全球温室气体排放等领域，要求中国承担责任的舆论呼声也持续不断，甚至有舆论呼吁中国在解决全球面临的各种挑战中都承担领导责任。美国《新闻周刊》报道称，“随着中国实力和财富的增长，中国可能并应该扮演这样一个角色：不仅有能力、有兴趣保护自身利益，而且有能力、有兴趣引领世界各国解决全球面临的一些挑战。”

**3．加强与中国合作的观点在发达国家中日渐成为舆论主流。**

在中美关系中，虽然贸易问题、人民币问题、产品质量问题不时成为影响两国关系的干扰因素，一段时间甚至成为媒体炒作的热点问题，但舆论的发展趋势在向理性、客观的方向转变，总体上未影响和左右中美关系良性发展的大局。理性看待中国崛起，加强各领域合作的声音占据舆论主流。“如果美国把中国当作敌人，我们就会多一个敌人；如果我们把中国当作潜在的合作者，我们就会得到合作与支持”，这一观点得到美国主流舆论的认同。

中国与俄罗斯互相举办国家年成为推进中俄战略协作伙伴关系向全方位、多层次方向发展的转折点。胡锦涛主席对俄罗斯进行国事访问并出席“中国年”开幕式等活动，温家宝总理出访俄罗斯、两国领导人会晤分别受到媒体的高度关注。媒体认为中俄关系已经完成了从友好合作关系到战略伙伴关系的转变，迈进了务实合作的新阶段，而双方合作的基础是能源。同时，中俄关系朝着密切方向发展也引起美国的担忧，美联社转引美智库人员的话说，“‘熊’和‘龙’可能会同‘美国鹰’较量，这是需要不惜一切代价避免的。”

随着法国和德国政府的换届和对华政策调整，中欧关系出现微妙变化。法德新任领导人更强调价值观外交，期待中国在内政方面能加快民主步伐，在外交方面能更积极回应环保和人权、西藏问题，强调中国在全球气候变暖、苏丹达尔富尔等问题中承担更多责任。虽有媒体与政府发表不同声音，但政府对华态度的转变对舆论的走向起到重要作用。媒体认为中欧关系进入新的磨合期。

中日关系2006年出现转机以后，2007年继续向着回归正常轨道的方向发展。媒体普遍肯定温家宝总理访日对于融化中日坚冰的积极意义，认为此举显示中国政府在改善中日关系方面的诚意。很多媒体注意到，中国对日政策发生了一些变化，不再过多强调历史问题，而是转为更注重现实利益；对日本表现出灵活姿态，表现出国力增强的“自信”。媒体对于新任首相富田康夫的对华政策走向表示乐观，认为他将对华采取务实态度。但部分西方媒体认为，中日关系虽有好转，但相互仍存心结和猜忌，正在图谋“正常化大国”发展目标的日本和正在“大国崛起”的中国之间难以相互信任，缺乏互信基础的“互惠”能走多远，值得怀疑。

**4. 中国与非洲国家关系持续受到关注，中国在解决苏丹达尔富尔问题上的立场和态度备受瞩目。**

中非关系仍然是2007年舆论关注的热点议题。年初国家主席胡锦涛出访非洲八国，被媒体评论为中国在非洲大陆的影响力日益增加，中国与非洲国家的关系进一步深化。虽然仍有西方媒体鼓噪中国是“新殖民势力”的观点，但美国《华盛顿观察》和新加坡《联合早报》的评论认为，美国和欧洲对中国与非洲的关系出现了观点平衡的迹象，开始呼吁西方在非洲问题上与中国进行合作。非洲本地积极看待中国援助与投资作用的看法也在增加。美国《华盛顿时报》题为《非洲人认为中国的投资对他们有帮助》的文章说，“非洲人现在越来越有信心了，他们欢迎中国投资，认为这是生活水平提高、社会发展和经济增长的一种途径。”

同时，中国对解决苏丹达尔富尔问题的立场和态度备受瞩目。中国政府为解决这一问题所做的努力、设立非洲事务特别代表、向达尔富尔派遣维和部队，受到国际舆论的积极肯定，认为中国为推动解决达尔富尔问题发挥作用。但在苏丹问题上向中国施压的呼声仍然存在。有媒体分析认为中国的外交政策发生了“静悄悄的革命”，中国拉近了与西方国家在外交事务上的差距。美国《新闻周刊》刊文称，“随着日益强大的中国越来越多地介入全球市场和全球政治舞台，中国致力于维护绝对主权的观念可能开始发生变化。”

## 五、国际社会看重中国发展带来的机遇，同时“中国威胁论”出现新的特点，并向新的领域扩展。

2007年，“中国机遇论”与“中国威胁论”并存。一方面，国际社会对中国发展的看法，出发点不尽相同，但主流是积极的，认为中国发展对各国更多的是机遇。各国在经贸、能源、反恐、防扩散以及地区安全等领域内对中国的战略借重明显增强。另一方面，有些国家对华防范和疑虑也呈上扬之势。有些国家既想从中国发展中受益，又担心受到中国发展的冲击甚至挑战。总体上，2007年与“中国威胁论”有关的舆论走向具体表现为：“中国机遇论”渐成国际社会主流看法；各种版本的“中国威胁论”呈现新特点；亚非拉地区“中国威胁论”的影响在削减，欧洲地区“中国威胁论”呈现上扬。从本质上看，美国的政治和全球战略、欧洲担忧中国给全球化带来的负面影响以及日本、俄罗斯等国为保持其在亚洲的战略地位，是“中国威胁论”的主要根源，而且这种态势没有太大变化；而西方国家心底的威胁感，更多源于中国所代表的发展模式。

### 1. “中国机遇论”渐成国际社会主流看法。

由于中国发展对全球经济的带动作用，西方舆论对中国的看法正在趋于客观和理性，承认中国的发展有利于世界的和平与发展，正在逐渐成为国际社会的主流看法，甚至有媒体称中国停滞发展才是对国际社会的“最大威胁”。“中国机遇论”正为越来越多的人们所认同。西方主流社会“中国观”的这一变化也引导着西方主流舆论对中国的评价进入了一个新的阶段——从片面地报道、盲目地疑惧和指责到理性地观察与分析中国，进而开始提出“共赢”的应变之道，而非“零和”的对抗之道，认为“中国将成为新世界秩序的共同构建者，西方需要调整自己适应一个有中国特色的新世界”。

国际社会愈来愈感受到中国经济增长给世界带来的多方面积极影响，不断肯定中国是“维护世界和平的重要力量”。一项美英联合民意调查显示，大多数国家的多数人认为，中国在世界上的影响力具有积极意义。此外，2007年的“中国机遇论”还尤为关注中国的发展模式和外交思想的吸引力。西方媒体发现，中国的发展模式对发展中国家颇具吸引力，其特点是以人为本、渐进改革、有选择地学习等，中国模式丰富了世界在发展问题上的政治智慧。在《经济学家》刊登的《中国与亚洲》专辑中，作者认为中国的“和谐世界”理念和“与邻为善”的周边外交促进了地区的和平与繁荣，中国周边国家近年来更多地视中国为机遇而非威胁。有专家在南非举行的一场中非关系研讨会中指出，非洲国家所谓的“北京共识”正悄然成形。

**2．“中国威胁论”出现新变化，在军事、环境等领域表现较为突出，在不同地域出现消长。**

**太空、网络领域的“军事威胁论”表现较为突出**。2007年，国际社会对中国军力的关注没有弱化。以往的“中国军事威胁论”主要针对中国军力和军费增长以及军事现代化建设，制造一种“中国军事威胁增强”的印象。2007年，境外媒体在关注上述传统议题的同时，更为关注我国军事技术的进步和武器装备的发展，对中国发展深海力量反应敏感，对中国在太空、网络领域形成威胁的担忧与反应较为突出，甚至形成阶段性报道热点。

中国进行的反卫星导弹实验和“嫦娥一号”探月卫星发射成功，使美、日等西方太空大国担忧来自中国太空能力的威胁，舆论观点主要是：中国发展太空能力显示出其成为一个全球性大国的决心，这将在美国和亚洲各国之间引发持续恐慌；可能挑起太空军备竞赛；对和平利用太空造成威胁。

6月份以来，美、德、法、英等国媒体纷纷炒作中国军方黑客袭击西方政府计算机系统，英国《卫报》、《金融时报》甚至连篇累牍发表文章，猜测与分析中国实行网络“袭击”的目的、范围及手段。与往年美国媒体中出现过的“网络威胁”舆论相比，2007年的“中国军事网络威胁”的舆论被大肆渲染。除猜测解放军正在发展信息战后备力量，以及中国将利用计算机网络对敌实施“先发制人的网络打击”等内容之外，“军事网络威胁论”的程度明显加强，内容上升到“中国正试图挑战美国在网络空间中的头号强国地位”的层面，甚至有媒体呼吁警惕来自中国的信息战威胁。而参与“中国网络威胁论”炒作的媒体也从美国扩展到英法德等欧洲国家。

**“中国是气候变化的主要威胁”是“环境威胁论”中的主要表现。**2007年，全球气候变暖的话题渐成国际舆论关注的焦点，同时“中国环境威胁论”的论调也逐渐升温。国际舆论认为中国作为一个庞大的经济体，在快速发展过程中消耗了大量的能源、资源，温室气体排放量也快速增加。英国《金融时报》刊文称，中国规模庞大、效率十分低下的工业经济正在慢慢污染亚太地区乃至全球的空气，严重加剧了全球变暖状况，并损害了中国以外人口的健康，呼吁国际社会采取措施，应对“中国向全球各地‘出口’的环境损害”。境外媒体通过渲染“中国将成为全球最大的温室气体排放国”、“中国是气候变化的主要威胁”等问题，要求中国像发达国家一样“承担起减排的责任”。

但下半年以来，部分媒体开始转变对中国一贯指责的态度。有媒体分析认为：西方国家对中国产品的依赖是变相把废气排放量转嫁到中国，所有从中国进口产品的国家都应该考虑它们对二氧化碳排放也负有责任；中国已经成为西方世界的主要工厂，因此中国的温室气体排放很大程度上是由西方消费需求推动的；美国研究人员估计，在中国的碳排放中，14%是对美国的出口造成的；有关气候变化的国际谈判应该争取建立一个制度，把排放责任归于商品的最终使用者，而不是商品的生产国。

**中国的发展模式被视为对西方民主体制的最大威胁。**“中国模式”还在发展之中，是一种正在形成中的模式，但其成功极大地鼓舞了各国寻找适合本国的发展模式。世界银行、联合国的有关机构把中国作为“范本”向发展中国家推荐，不少发展中国家特别是非洲国家也把中国作为效仿的榜样。在此背景下，加之西方，尤其是美国在过去十年中外交政策的失败，部分西方媒体开始对中国的发展模式表示关注和忧虑，认为中国的发展模式对发展中国家具有吸引力，有可能对世界构成威胁。有境外媒体认为，中国所呈现出的集权体制、爱国主义模式不仅对美国形成挑战，更是对全世界民主、自由和人权的巨大挑战；中国靠着自己的力量成为了自冷战结束以来的首个可以替代华盛顿自由市场和民主模式的国家；中国模式的影响力“对民主价值不利”。美国的一些政界人士也开始意识到，如果中国要对美国构成威胁，那么这种威胁并非来自中国的经济、军事和地缘政治等方面，而是来自于被忽视已久的“中国模式”。

以往的“中国模式威胁”更多关注的是中国的经济发展模式，而2007年的相关舆论则更侧重于中国的政治模式。美国《华盛顿邮报》刊登约翰斯·霍普金斯大学保罗·尼采高级国际问题研究学院创始人孟捷慕《一个有财富无自由的耀眼模式》的文章称，“我们习惯于把中国看成一个经济奇迹，但中国也正在日渐成为一个政治模式。中国的一党制政体不仅为缅甸、津巴布韦、叙利亚和朝鲜这些国家中相对孤立的独裁者提供了持续的希望，而且也为美国的一些重要的拒绝民主的朋友（如埃及和巴基斯坦）以及我们在古巴和委内瑞拉的邻居带来了希望。”

**欧洲“中国威胁论”的发展值得关注。**欧盟对华的认知变化及政策调整是影响欧洲“中国威胁论”走向的主要因素。2006年以来，欧盟对华认知发生了较为明显的变化。经济上，欧盟不愿再将中国视为发展中国家，而是将中国视为可能对其造成潜在威胁的竞争者；政治上，对中国未能向欧洲价值观靠拢感到失望和焦虑；在安全问题上，欧盟出现“美国化”趋势，即在“防范”中国崛起问题上，与美国的共同语言开始增多。欧盟对华认知发生这些变化的主要原因是，中欧双方实力对比和相对地位的改变以及美国对欧盟影响力的增强。

2007年以来欧洲“中国威胁论”的代表性舆论有：德国《法兰克福汇报》文章称，“中国提出的‘和谐世界’可以理解为与美国主导相反的模式，通过拒绝西方的价值观，它在某种程度上也对欧洲提出了挑战。”德国执政党10月23日通过一项新的亚洲战略决议，在“亚洲的政治崛起”部分论述了亚洲国家在世界政治中的分量不断加大，其中特别提到中国，称“德国和欧洲在能源、非洲和外贸等领域正面临中国的竞争”，中国与苏丹、缅甸、委内瑞拉等国拓展关系，“不仅与欧洲的利益相冲突，也给大西洋两岸的民主体制带来挑战”，建议“德国增强与印度、日本、澳大利亚等民主国家的关系”。

## 六、香港回归十周年成为媒体关注的重要事件；西藏、台湾等传统议题未出现明显炒作；负面报道仍然集中在人权、新闻自由、社会问题等领域。

有关香港、台湾、西藏等传统政治议题的境外舆情总体平稳，未形成大的炒作事件。在人权、新闻自由、社会问题等领域，西方借助奥运会对中国进行指责与攻击的倾向较为明显，负面报道较为集中。

**1. 广泛报道香港十年来的发展变化，普遍认同香港经济地位的稳定，同时对香港的民主政治改革持不同观点。**

随着香港回归十周年的到来，不仅内地与香港媒体精心策划、组织纪念回归十周年的系列报道，境外主流媒体也将此作为重大媒体事件，特别是英美重要媒体陆续刊发相关的深度报道。6月初，美国《时代》周刊的封面文章以《晴天有云》为标题，评估香港十年来的变化，肯定香港十年来的发展，称“香港现在比从前任何时候更有活力”；但也提出了香港未来面临的挑战，即“如何定义其与大陆的关系”。《时代》周刊关于香港十年发展的上述观点基本代表了西方主流舆论对香港回归十年来的评价。

值得注意的是，在肯定香港过去十年发展变化的同时，部分媒体认为香港的未来仍面临重要挑战，主要是香港民主政治的发展，及如何应对包括来自大陆以及亚洲其他城市的挑战，继续保持香港亚洲金融中心的地位。在对香港民主政治的评论方面，境外舆论基本持批评立场，经常转引西方和香港一些政治人士的评论，称香港的新闻自由与民主化进程出现倒退；大陆插手香港事务，违背了在基本法中做出的承诺。

**2. 境外涉藏舆情总体平稳，但达赖窜访活动频繁，特别是其与美德领导人会面，是涉藏报道的突出事件。**

2007年境外涉藏舆情总体平稳，继续向积极、客观、多元的方向发展。与上一年相比，尽管达赖集团的活动更加频繁，但没有形成大的舆论热点和集中炒作的舆论事件。

从境外媒体关注的内容来看，国际主流媒体更加关注西藏的经济社会发展以及我对藏政策，对达赖集团活动的关注度有所下降。西方主流媒体对达赖言论的报道也在减少。往年达赖在“3 · 10”纪念日的讲话一般是媒体关注的重点。但2007年

3月10日至12日，有关达赖集团纪念西藏“3 · 10”的报道约12篇，媒体近11家；而2006年同期约32篇，近20家媒体，2007年与2006年相比呈明显下降趋势。

2007年达赖先后窜访美国、澳大利亚、新西兰、奥地利、英国、德国、葡萄牙、西班牙、日本等国家，与到访国家的领导人和政府官员进行会面，参加多项国际活动和宗教会议并发表公开演讲，引发媒体格外关注。其中，境外媒体特别关注美国总统布什和德国总理默克尔会见达赖，着重分析预测中美、中德关系是否会受到影响以及中国的反应。除对德国和美国的访问受到关注外，达赖对其他国家的访问均没有引起境外媒体的报道热潮。

随着我“请进来”和“走出去”战略的不断推进，2007年印度媒体的涉藏报道有所改观，积极正面的报道增多，一度引起达赖集团的恐慌。海外中文媒体涉藏负面报道也有所减弱。欧、美、澳等主要媒体的报道立场变化不大，虽然客观报道、事实性报道有所增加，但仍以同情达赖的负面报道居多。

### 3. 西方媒体对台湾关注度下降，认为我对台政策基调转向温和。

2007年虽然台湾岛内大事不断，陈水扁积极推动“台独”活动，但对国际舆论的影响有限，境外媒体涉台报道的关注重点主要是中央对台政策、陈水扁的“入联公投”活动及美国的反应、岛内2008年大选选情。

胡锦涛总书记在党的十七大报告中关于两岸进行和平协商的建议，引起国际舆论广泛关注。众多境外媒体对此进行报道，普遍认为中央对台政策基调相比以往温和；也有舆论认为这是中共创造力的一种体现，但不意味着对台政策的重大改变。

陈水扁不顾大陆及国际社会的强烈反对，不断推动“台独”。元旦讲话强调“坚持台湾主体意识”，随后推动“正名”、“去蒋化”，制订“语言发展法”草案，抛出“四要一没有”主张，提出以“台湾”名义加入世界卫生组织等，并坚持推动“以台湾名义加入联合国”的“公投”活动。对于陈水扁的“台独”行为，境外媒体基本持批评态度，认为是对大陆的挑衅，不利于两岸和平和局势的稳定。媒体分析认为，陈水扁执意推动“入联公投”，岛内政治是关键因素，其目的主要是在2008年大选之前激发民进党支持者的士气。围绕即将来临的2008年大选，国民党和民进党两党候选人的选战政策和对大陆的态度是西方媒体关注的重点。虽然媒体对马英九、谢长廷二人的竞选前景有不同评论，但普遍认为马谢两位“候选人”支持两岸维持现状，其当选为海峡两岸关系的改善带来了希望。

境外媒体持续关注两岸围绕奥运火炬入台谈判的进程。针对谈判破裂、北京奥运火炬传递不经过台北这一结果，媒体认为此举令两岸错失接触良机。

美国对台湾的态度仍是媒体关注的重点内容。针对美国政府由初期采取的战略性模糊政策转为坚决反对台湾“入联公投”，媒体分析称，美国长期对“台独”持既不支持也不反对的立场，此次反对“公投”态度坚决，是担心台湾的“下一步”影响美国在区域内的经济与安全利益。

**4. 借北京奥运会刻意加大对中国人权、新闻自由、民主政治、公共突发事件处理的批评和炒作。**

在人权、新闻自由、民主政治等涉华传统议题中，西方舆论仍以负面报道为主，特别是随着2008年北京奥运会的临近，一些西方政治势力借机攻击我政治制度与人权状况，媒体配合予以炒作和渲染，并在北京奥运会倒计时一周年前后形成阶段性报道热潮。西方媒体除继续指责我控制互联网新闻自由和新闻舆论自由、打压异见人士、侵犯西藏人权，还将指责的矛头扩大到我强迫居民拆迁、侵犯劳工权益等，将一些不公现象和群体性事件的出现归因于中国的社会与政治体制。

# 2008年境外媒体涉华舆情分析

2008年对中国是具有重要意义的一年，是全面贯彻落实党的十七大战略部署的第一年，是实施“十一五”规划承上启下的一年。中国成功举办举世瞩目的北京奥运会，迎来改革开放30周年，“神舟七号”载人飞船成功发射，作为崛起中的全球大国地位进一步确立，在全球事务中来自中国的声音更受重视，国际社会也更为广泛深入地关注中国。利用专业数据库检索结果显示，西方13家英语主流媒体[1]2008年全年涉华报道51269篇，比2007年（48431篇）增加2838篇，增幅约为5.85%；比2006年（46277篇）增加4992篇，增幅约为10.78%。西方主流媒体涉华报道呈现出逐年增长之势。

2008年也是中国重大突发事件频发的一年，引起国际舆论对中国的高密度关注。下半年以来，国际金融危机进一步蔓延，对中国经济的影响日益加深，中国的应对举措以及对全球经济的影响备受国际瞩目。由于中国举办奥运会，西方借机从意识形态和政治制度领域对中国进行舆论施压的力度也明显加大。

---

1　西方13家英语主流媒体包括：美联社、路透社、法新社，美国《纽约时报》、《华尔街日报》、《华盛顿邮报》、《时代》周刊、《新闻周刊》，英国《泰晤士报》、《金融时报》、《卫报》、《经济学家》，加拿大《环球邮报》。

## 一、总体态势

**1．中国改革开放30年取得巨大成就，成功举办北京奥运会，在全球金融危机加剧背景下保持经济持续平稳增长，国际舆论进一步承认中国崛起及国际影响力的上升。**

2008年，境外媒体在评论中国崛起与国际影响力的时候，更多地将其置于改革开放30年及举办北京奥运会的背景下，审视中国发展与开放的程度及影响。

法新社、英国《独立报》、美国《新闻周刊》、《外交》杂志等西方主流媒体年初即纷纷发表涉华年度盘点文章，回顾和展望中国的发展变化及影响，认为2008年是中国崛起过程中具有标志性历史意义的重要一年。一些媒体提出了2008年为“中国年”的说法，甚至还有媒体称2008年预示着“中国世纪”的到来，“中国崛起”再次成为媒体流行语。境外媒体在评价中国改革开放30年的重要成果及影响时，着眼于改革开放“改变的不仅是中国还有整个世界”。在评价北京奥运会的重要意义时则评论称，“北京奥运会似乎注定会因象征中国过去30年的非凡发展以及该国崛起为一个全球超级大国而被载入史册”。

进入年终岁末，英国《金融时报》对2008年的中国予以高度概括称，“全世界惊讶地看着中国度过了不同寻常的一年，从拉萨‘3·14’打砸抢烧事件和汶川大地震到奥运会开幕式展现出来的力量和效率。对于那些尚未注意到中国崛起正在改变世界的人来说，2008年清楚地说明了这一点。”

2008年，世界经济不断滑坡，国际金融从动荡走向危机，中国经济虽然先后面临通胀与增长减缓的压力，但其经济发展速度持续保持平稳增长。国际舆论从年初对中国进行展望时，即寄望于中国能够拯救世界经济的衰退。下半年，美国金融危机向全球蔓延后，希望中国救市、在应对国际金融危机方面发挥更重要作用、承担更多责任的呼声更是不绝于耳，对中国在国际社会中即将扮演何种角色及国际影响力的讨论更为热烈。日本《经济学人》刊文称，“国际社会现在已经不满足于中国只扮演一个发展中国家的角色，而是希望她能承担起一个经济大国应负的责任。在席卷全球的经济危机面前，欧美各国对于作为世界经济新引擎的中国给予了最高期望。”这一评价高度概括了国际社会对于中国角色与发挥影响力的期待。国际社会中的“中国因素”更为凸显。

**2. 中国重大突发事件频发，形成国际舆论高度关注中国的几次高潮，中国的国际形象出现较大的起伏变化。**

2008年，中国接二连三地发生重大自然灾害及突发事件，其中“3 · 14”拉萨暴力事件、奥运火炬海外传递、“5 · 12”汶川特大地震灾害、北京举办奥运会，“神舟七号”载人航天飞船成功发射，成为国际舆论高度关注的热点事件。

在对“3 · 14”拉萨暴力事件和奥运火炬海外传递的报道中，西方媒体以同情达赖集团、对我批评或攻击为主要基调，一些媒体不惜歪曲事实真相，抹黑中国，甚至鼓吹抵制北京奥运会。在西方反华势力和政治势力煽动下，国际涉华舆论中的负面声音明显增加，我国际形象受到严重损害，因此面临较为严峻的国际舆论形势。

“5 · 12”汶川特大地震灾害发生后，国际社会在高度关注地震灾情的同时，也得到一个新的机会重新审视中国，审视中国的制度，审视中国人的精神。中国政府、军队、民众、媒体在抗震救灾中的出色表现受到境外媒体的普遍赞赏，促使外界在一定程度上改变以往对我的成见和误解，重新审视中国社会主义制度的优越性、我政府强大的组织动员能力和民众的勇敢、坚韧和团结，使我国际形象得到有利扭转。

北京奥运会的成功举办，成为我国改革开放30年成果的一次集中检验，也有利于缩小中西方之间的认知差距。境外记者来华亲自体验中国社会发展，近距离观察中国发生的变化，看到了中国在政治、经济、社会等各方面的巨大进步。由于奥运会的成功举办，国际舆论在奥运前对我安保、空气质量、民族主义情绪等方面的疑虑随之消失，奥运会前政治化炒作的势头也有所衰减。中国的政府形象、民众形象在外界得到较大程度的提升。

中国成功发射“神舟七号”，实现航天员首次太空行走，也引起境外媒体的高度重视，被视为提升中国政府在国内外形象、提高中国在国际舞台上地位、巩固中国共产党执政地位的象征。法新社评论称，“继北京奥运会赢得交口称赞之后，中国将在征服太空方面续写新篇章，从而进一步为自己的形象增辉。”美国《新闻周刊》也认为，“中国这场公关盛典将能与其在几周前闭幕的奥运会上的表现相媲美”。

**3．中西方在意识形态领域的冲突加剧，“中国威胁论”出现新特点和新发展。**

2008年，传统的中国“军事威胁”、“经济威胁”、“环境威胁”虽仍不时出现，但未形成大范围炒作，而中西方之间的冲突和西方对中国的担忧在以下几方面出现新的动向：

（1）中西方意识形态领域的冲突上升。

2008年，一些西方政治势力或出于利益考量，或出于价值观偏见，欲借中国举办奥运会之机，扮演捍卫民主和道德的卫士，利用其在国际舆论中的话语强势，不断对我在人权状况、新闻自由、达尔富尔、“西藏问题”等议题上发难，进行攻击与炒作，对我进行政治与外交施压。英国《泰晤士报》的社论说，“2008年中国的故事将是其人权纪录，而不是中国能否举办国际活动的能力。”英国《卫报》发表评论称，“北京希望使其重新登上国际舞台中心位置的奥运会，正迅速变成北京传统对手——维权人士、维吾尔人和藏人的有力武器。”

“3·14”暴力事件的发生、“藏独”分子袭扰奥运火炬的海外传递，使“西藏问题”成为中西方在意识形态领域冲突中的一个突出话题，西方舆论借此掀起一股攻击与批评我政治制度、人权状况、外交政策、民族宗教政策等的反华浪潮。美国《新闻周刊》发表新加坡李光耀公共政策学院院长纪梭的文章说，“有关奥运圣火和西藏问题所爆发的危机表明了一种很大范围上的冲突：不仅仅是藏人和北京之间的冲突，也是西方自以为是的世界观同十几亿中国人迥然不同的世界观之间的冲突。”

（2）重新审视“中国模式”，肯定与担忧并存。

西方媒体过去习惯于从经济发展的角度承认“中国模式”的经验，而在政治方面基本予以否定。中国在“5·12”汶川地震后的抗震救灾表现和北京奥运会的成功举办，使境外媒体也开始从政治体制上对“中国模式”的成功予以重新审视，出现积极评价的观点，承认中国社会主义制度所体现出的集中力量办大事、政府强大的组织动员能力的优越性。美国《纽约时报》发表文章认为，“中国通过奥运会坚定地表明，不仅可以通过西方的自由方式实现发展，还可以通过东方的集体主义方式来发展。中国的崛起不仅仅是经济事件，也是文化事件。和谐集体的理想或许和美国梦一样富有魅力。”全球金融危机的爆发也使人们对西方尊崇的自由市场经济产生疑问，甚至发出“不受限制的资本主义模式的终结”的惊叹，认为“中国模式现在可能更多地会被认为是未来的潮流。”

与此同时，“中国模式”吸引力的增长，也令西方的担忧增加。美国斯坦福大学胡佛研究所资深研究员、牛津大学教授蒂莫西·加顿·阿什在《洛杉矶时报》刊文称，“2008年8月8日，中国和俄罗斯以不同的方式宣告了自己的复出。她们不只是挑战西方的大国，还代表了两种不同形式的专制资本主义，或者说是资本主义专制。这是共产主义消亡后，自由民主资本主义在意识形态上面临的最大潜在对手。”英国广播公司发表英国前驻香港总督彭定康的观点称，“来自中国的威胁不在于其便宜的出口商品，而是民主的灭亡”，“中国不需要民主就可以致富的观念的传播将对西方构成威胁”。

**（3）“民族主义威胁论”有升温之势。**

2008年，中国民众在抗议西方媒体对“3·14”拉萨事件中的歪曲与不实报道，护卫奥运火炬海外传递以及抗震救灾和举办北京奥运会期间焕发出极大的爱国热情，受到境外媒体的重视，引起广泛报道，同时也引发西方对中国民族主义“情绪高涨”的担忧。特别是中国年轻的网民和海外华人针对海外媒体的偏见甚至污蔑，采取各种方式发起抗议及抵制活动，用行动向全世界展示了中华民族的真正民意，被西方媒体渲染成中国民族主义的复兴，构成对外界的威胁，“令人担忧与恐惧”。而且随着中国的繁荣和发展，西方担忧“中国的民族主义情绪会变得更加强烈”。英国《经济学家》周刊题为《愤怒的中国》一文称，“中国正处于令人恐惧的情绪中。成千上万中国人挥舞着仇外拳头的场景表明，这个正在走向超级大国的国家或许会成为一支更为危险的力量。”澳大利亚《悉尼先驱晨报》也刊文称，“中国刺耳的爱国主义呼声和急剧增长的军费预算已经被认定可能会形成任何规模的威胁。中国与22个国家在海洋和陆地接壤，因此，来自北京的好战情绪将会在三个大洲引起震荡。”

**（4）中国未来发展“不确定论”构成西方对华主流认知前提。**

近年来，国际社会对“中国崛起”已经形成共识，但对于“中国崛起”的性质和方向，怀疑与争论激烈，“中国不确定论”的声音盖过之前的“中国威胁论”或“中国崩溃论”，成为国际舆论对华关注的新焦点，对此，2008年6月出版的美国《中国安全》季刊曾邀请中西方学者就中国的未来走向开展辩论。该刊主编、美国世界安全研究所中国项目主任孔哲文将这些学者的观点归纳出一致的特点便是“中国要往何处走、如何达到目标、前进中对他国及本国的影响的极大的不确定性。”

西方的中国“不确定论”表现形式主要有：一是将中国定义为一个“脆弱的超级大国”。认为中国经济发展惊人，但国内社会矛盾增加，面临诸多问题和挑战，如何解决以及能否解决，将有可能影响中国未来出现何种政治体制，因此中国的未来发展具有许多不确定性。二是疑虑中国今后发展的意图、取向和动机。对中国的军事发展意图不明确，对中国如何利用已经取得的成就影响国际秩序不确定，担心中国对西方构成现实与潜在的挑战与威胁。三是认为中国发展的不确定性将影响中国人对自己和外部世界的认知，中国的国内形势将会反映其对待外部世界的态度，在某种情形下可能会导致中国民族主义的膨胀，而中国政府“会利用民族主义作为意识形态黏合剂，从而导致对外政策反复无常。”此外，西方的战略家们也寄希望于利用中国发展的“不确定性”，影响中国的发展进程，对中国既防范、又引导，将中国纳入到以西方为主导的国际秩序中，使中国成为“负责任的风险共担者”。

**（5）国际民调显示西方民众对华负面看法有所上升。**

2008年，是中国和西方民众相互认知激烈碰撞的一年。北京奥运会火炬境外传递过程中受到的“袭扰”风波集中体现了西方民众对中国认识中的隔阂与误解。在达尔富尔问题和“3 · 14”拉萨暴力事件上，部分政客的言论、西方媒体的歪曲报道以及“藏独”分子的鼓噪加大了西方民众对中国的负面印象；伴随全球化的发展，中国与他国之间的经济摩擦使普通西方民众切身感觉到中国崛起给自身带来的冲击；中国频发的食品安全事件，特别是“毒饺子”和“毒奶粉”事件，也对中国的国际形象造成较大负面影响。西方媒体纷纷发表欧美国家民调机构的调查结果，认为2008年西方国家的受访者对中国的负面看法增加，感到中国是一种威胁的人数开始出现上升势头。美国著名民调机构盖洛普于2月11－14日对美国人认为谁是美国最大的敌人进行的调查显示，中国已经取代朝鲜，成为美国“第三大敌人”，认为中国是美国威胁的人数比2007年多11%。美国皮尤研究中心于3月17日－4月21日之间在全球24个国家进行的调查显示，与2007年相比，9个国家对中国的看法出现了明显下滑，好感度降低最大的是法国和日本。英国《金融时报》与哈里斯民调机构于3月27日－4月8日对英、法、德、西、意等5国的5381名欧洲人所做的民调显示，中国已超过美国，被视为全球稳定的最大威胁。中日机构联合于6月至7月实施的《2008年中日联合舆论调查》结果显示出，75.6%的日本受访者表示对中国印象不好，比2007年上升了9.3%。上述民调结果虽然不一定反映真实全貌，但却值得关注。

**(6) 要求中国承担更多“大国责任”，参与全球金融救市的呼声日盛。**

2008年北京奥运会的成功举办，使国际社会更深刻感受到中国的实力，对中国承担更多国际责任的期望不断上升。而在全球金融危机爆发后，中国在这次危机中的稳定作用及其影响力成为媒体热议的话题。西方政府官员和媒体不断呼吁中国参与救市，期望中国、印度等新兴国家能够在全球金融风暴中起到“稳定器”的作用，为阻止全球金融危机做出更多努力。欧盟执委会主席巴罗佐赞誉中国在这次金融危机中表现出色，强调这是中国展现责任感最好的一次机会。澳大利亚总理陆克文呼吁西方国家要积极支持中国在全球经济和主要金融机构中发挥“负责任的利益攸关者”的作用，西方媒体对此积极呼应。路透社称，“在华盛顿的金融峰会上，与会国期待中国能在全球发挥主导作用。”总之，要求中国出面救市，在全球经济和主要金融机构中发挥“负责任的利益攸关者”的舆论表现突出，“中国责任论”在经济领域形成新一轮高潮。

## 二、关注重点和主要观点

### 1. 中央做出的各项重大战略部署备受瞩目。

2008年，为贯彻落实党的十七大精神，继续推进改革开放，中央在政治、经济、社会领域出台一系列重大政策与举措，受到境外媒体的高度重视，特别是“两会”和党的十七届三中全会的召开被广泛报道。媒体尤为关注会议的各项重要议程，分析其对中国未来发展及改革进程的重要意义及影响。

**（1）“两会”成为观察中国贯彻科学发展观和政治改革进程的窗口。**

鉴于2008年的“两会”是党的十七大后的第一次“两会”，十七大确定的纲领和目标如何在政府工作中加以体现，是境外媒体关注的主要方面。境外媒体评论认为，“两会”沿袭了中共十七大确立的“科学发展观”，政府工作报告详细勾勒出构建“和谐社会”的各项要求；肯定“两会”扩大了民众的参与度，反映出政府对民意的重视，评价“两会”“给人留下开明、求真、面对现实的新印象”。媒体尤为关注“大部制”改革方案的出台，将“大部制”改革视为党的十七大之后的第一个政改尝试，是中国30年改革开放进入新阶段的象征性标志。新加坡《联合早报》称，“在中央政府试点‘大部制’，表明全国性的政治改革会逐项进行。同时，综合性政治改革试点也将展开。这种上下呼应的气势证明，中国在现代国家体制建设上将大步向前。”媒体对建立环境保护部给予积极评价，认为赋予治理环境的官员更多权力体现出政府对于环境保护工作的重视。美国《华尔街日报》称，“组建环境保护部彰显出中国政府在发展经济的同时加大环保力度的决心。”但也有评论认为这次改革的力度不够，反映政府对既得利益者做出较多让步。新加坡《海峡时报》称，“中国公布的精简机构计划力度被削弱。对既定利益将阻挠能源、金融和铁道部门改革的担忧得以证实。”

**（2）重视党的十七届三中全会对中国未来发展的重要意义。**

中共十七届三中全会研究推进中国农村改革发展问题，受到境外主流媒体的高度重视。媒体对《中共中央关于推进农村改革发展若干重大问题的决定》所释放出的政策信号进行解读，高度评价《决定》的重要意义。日本《产经新闻》、《每日新闻》评价中国推进农村改革的最终目的是为了实现“和谐社会”。美国《纽约时报》评价称“这可能将是多年来最重大的经济改革”。英国广播公司引述分析家的观点称其为“可能是30年来意义最深远的改革之一”。

境外媒体重点关注农村土地所有权问题，肯定农村土地改革的积极意义，认为“将提高中国农村增长迟缓的收入”、“有利于提高农业竞争力”。日本《朝日新闻》发表文章称，“决定以促进农民土地承包经营权自由交易为核心，意味着中国农村土地制度将迎来重要的转折点。”英国《泰晤士报》评论称，“随着农用土地市场首次开放，中国农村地区的农业和非农业就业形式将发生革命性变化。”也有境外媒体对于最后正式公布的公报全文只涉及“提高土地产出率、资源利用率、劳动生产率”，“增强农业抗风险能力、国际竞争能力、可持续发展能力”予以不同解读。新加坡《联合早报》称其“同中共领导人暗示要土地自由流转，以及官方媒体随后的热议所引发的土改期待，有着明显的落差。”日本《每日新闻》称，“在坚持社会主义的中国，有一种根深蒂固的担心：土地使用权的转让会导致‘大地主’的抬头。”

**2. 积极评价改革开放30年的成就与影响，关注我未来改革走向及面临的挑战。**

2008年以来，境外媒体将改革开放30年给中国带来的各种变化作为其涉华报道的重要参照坐标，年初形成一轮报道与分析热潮，年中也不断观察改革开放30年对中国应对处理突发事件做法的影响。年终，随着党的十一届三中全会召开30周年纪念日的到来和胡锦涛总书记在纪念大会上发表重要讲话，境外媒体对中国改革开放30年的报道与分析再次趋热，形成新一轮集中报道态势。

**(1) 对中国改革开放带来的变化总体持积极肯定的态度。**

总体来说，境外媒体关于中国改革开放30年的报道以客观、正面为主，积极评价改革开放给中国带来的巨大变化，特别是对中国经济发展的成就和规模、综合国力的增强和国际地位的提高、人民生活水平的改善和对人们思想观念的影响均给予普遍好评。许多媒体使用“令人惊讶”、“前所未有”、“惊人飞跃”等词汇描绘改革开放的巨大成就，认为改革开放给中国带来的巨大变革没有任何一个国家可以“相提并论”，改革开放不仅是影响中国的重大事件，也是影响世界的伟大事件。西班牙前驻华大使欧亨尼奥·布雷戈拉特在西班牙《对外政策》双月刊上发表文章称，“30年前开始实施的这项战略最终打开了通向现代化的道路，这是历史上最迅猛的经济发展进程”。法国《论坛报》的文章称，“中国用了30年的时间使自己成为国际舞台上的重要角色，她所走过的道路给人留下了深刻印象，中国从闭关锁国和思想保守转向更积极主动和注重实际的外交。”美国《时代》周刊发表该社执行主编迈克尔·埃利奥特的文章称，“全球1/4的人口重新融入人类发展的主流。这正是我们这个时代的伟大故事，是我们的故事，所有人的故事——而不只是中国的故事。”除了承认改革开放显著改善中国社会物质生活外，境外媒体还注意到其对中国社会思想方面带来的巨大变革，认为中国社会与30年前相比思想更加多元、自由。路透社播发该社北京分社社长林洸耀的文章称，“30年的经济发展带给中国社会最大的变化，除了中国人在衣食住行上的改变外，更是思想观念的变化，中国人正享受着改革开放带来的未曾有过的自由度和选择权”。

（2）**承认中国共产党在改革开放进程中发挥的核心作用。**

面对改革开放取得的巨大成就，不仅第三世界国家媒体对中共领导集体发挥的作用表示赞赏，许多西方媒体也对中国共产党坚持改革的决心与务实态度做出了积极评价。境外舆论认为，中共顺应时代变化，在不同阶段提出相应理论指导改革开放路线的实施，并举例提出，中共十七大倡导的“科学发展观无疑是一个能够影响中国社会长远发展的重大决策”。胡锦涛总书记在纪念党的十一届三中全会召开30周年大会上发表的重要讲话，让境外媒体再次看到中共坚持改革开放的决心，认为“北京不打算偏离改革总路线”，中国人“具有奋斗和向前走的意志”。

此外，许多境外媒体和记者还纷纷撰文纪念改革开放总设计师邓小平，通过重点回顾邓小平30年前做出的改革开放决定和1992年的南巡讲话，高度评价邓小平对中国启动并实施改革开放路线的巨大作用，认为邓小平是中国改革开放的“舵手”，实现了中国“对外开放和社会经济改革划时代的转变”，改革开放是邓小平留给中国的“遗产”。

（3）**中国发展模式和未来面临的挑战是国际舆论关注重点。**

在回顾总结中国改革开放的变化与影响时，中国的发展模式、未来走向及其面临的挑战成为境外媒体关注与分析的重点。境外媒体普遍承认中国采取了一条与西方不同的发展模式并取得了成功，认为中国的发展模式为越来越多的发展中国家认同和接受，是“替代资本主义自由民主制度的令人感兴趣的选择”，担心中国的发展模式可能会“对西方的民主模式构成有效挑战”。国际金融危机的发生与发展，也使西方国家重新审视资本主义自由市场经济发展模式的弊端，重新评估并开始认同中国以国家规制为主的经济发展模式。

在肯定中国经济快速发展的同时，境外媒体认为中国也为此付出了沉重代价，导致贫富差距拉大、社会不公现象严重、经济结构不合理、环境污染加剧、资源受到瓶颈制约、腐败盛行、社会不稳定因素增加等问题的出现，中国如何应对与解决将是未来面临的严峻挑战。美国《华尔街日报》文章称，“中国目前面临的挑战十分广泛，但有三大挑战最为突出：就业人口的转变、贫富差距扩大以及能源和环境资源方面严重的供应瓶颈。”境外媒体尤为关注中国在改善民生，加大社会领域投入方面的各项政策，预期未来中国改革开放的重点将是健全和完善社会保障体系，认为“这是对中国政府执政能力的‘最大挑战’”。

中国的政治改革始终是境外媒体关注的重点。在承认中国经济改革取得巨大成功、社会改革开始起步的同时，境外媒体对中国政治改革则更多持批评态度或予以负面报道，认为中国的政治体制改革滞后，称中共要解决政治合法性问题，必须推进法治化建设，或按照西方的价值观念及政治治理模式予以改革。

### 3. 北京奥运会成为国际社会广泛关注的焦点议题。

中国举办北京奥运会成为影响2008年国际涉华舆情变化的一个重要因素。涉奥议题的关注重点和倾向在北京奥运会前、期间和奥运会后出现较为明显的转移与变化。

#### （1）北京奥运会聚焦全球媒体目光。

随着中国综合国力和国际影响力的不断增强，以及奥运会作为世界最大规模体育盛会的特点，2008年北京奥运会聚焦了全球媒体的目光。据统计，全球200多个国家和地区约21600名注册记者前来中国进行赛事报道，这是新中国成立以来境外记者集中来华人数最多的一次。同时，来华的非注册记者达5000多人，超过了悉尼奥运会的3600人和雅典奥运会的4100人。不仅前来采访的境外媒体记者数量超过往届，而且在报道数量上均突破了历次重大活动和事件的纪录。2008年的“3·14”拉萨暴力事件、“5·12”汶川大地震曾引起境外媒体对中国空前的关注和报道，但相比之下，北京奥运会的受关注度仍明显超过前两者。利用专业数据库对30家境外主要媒体[2]的英文报道进行统计，以上述三大事件媒体报道峰值最高的一天作比较，结果显示：拉萨“3·14”事件次日的报道量为153篇，“5·12”汶川大地震次日的报道量为533篇，而北京奥运会开幕次日（8月9日）的报道量为819篇。以上数字表明，北京奥运会的媒体关注度为最高。

（2）**奥运举办前涉奥议题政治化表现较为突出。**

北京奥运会开幕前，涉华议题奥运化、涉奥议题政治化是国际涉奥舆论的鲜明特征。境外媒体涉奥报道的重点集中于对北京空气质量的担忧与批评、抱怨中国严厉的安保措施、审视我对新闻自由承诺的兑现情况、报道西方政要对我人权的表态，以及境外人权组织和“藏独”分子组织的抗议活动，负面倾向较为突出，在人权、达尔富尔、西藏、新闻自由和互联网管理等问题上对我施压的意图明显。在奥运火炬海外传递期间，“藏独”分子在伦敦、巴黎、旧金山等地袭扰火炬传递，西方一些反华势力鼓噪抵制北京奥运会，形成奥运政治化的高潮。对此，德国《金融时报》称，“大概没有哪届奥运会像北京奥运会这样，与政治如此深入地联系在一起。”

---

2　30家境外主要媒体包括：美联社、路透社、法新社、日本共同社、印度报业托拉斯、泛非通讯社，美国《纽约时报》、《华盛顿邮报》、《华尔街日报》、《基督教科学箴言报》、《国际先驱论坛报》、《洛杉矶时报》、《今日美国报》、《时代》周刊、《新闻周刊》，英国《泰晤士报》、《卫报》、《独立报》、《每日电讯报》、《经济学家》，加拿大《环球邮报》，澳大利亚《澳大利亚人报》、《悉尼先驱晨报》，日本《读卖日报》，韩国《东亚日报》，新加坡《海峡时报》，泰国《曼谷邮报》，印尼《雅加达邮报》，南非《商报》，香港《南华早报》。

**（3）奥运会举办期间客观报道上升为舆论主流。**

奥运会期间，在涉奥议题成为涉华舆论主导议题的同时，政治议题与奥运挂钩的倾向没有奥运前突出。总体上看，客观报道逐渐占据奥运期间国际涉华舆论的主流，积极、正面声音的比例上升。媒体更多关注于对新闻事件和赛事进程的报道，有关空气质量的质疑和对安保措施过严的批评基本消失。据对30家境外媒体的抽样调查统计结果显示，在北京奥运会开幕前的8月7日，涉奥报道约占涉华报道总量的75.4%；在涉奥报道中，有关体育方面的报道约占29%，其余内容主要涉及奥运组织筹备工作、各国政要前来出席开幕式的消息，以及一些境外人权组织和“藏独”分子的抗议活动。北京奥运会期间的8月15日，涉奥报道约占涉华报道总量的77.4%，而有关体育赛事的报道成为涉奥报道中的主导性内容，约占涉奥报道总量的88.2%。

境外媒体高度评价北京奥运会的成功举办。日本共同社称，“对中国来说，北京奥运会可用‘巨大成功’来形容”。许多媒体用“令人震撼”、“气势恢弘”、“眩人眼目”等形容词描述开幕式的壮观场面。境外媒体积极评价我组织工作，对我赛事组织的高效与服务质量、志愿者的热情和观众的文明举止进行较多客观、正面的报道。法国《费加罗报》称，中国赢得了“奥运会的组织金牌”。路透社称，北京“对细节的关注超出寻常，即使是以目光挑剔著称的外国媒体在评价北京奥运会组织工作时也纷纷竖起大拇指”。韩国《朝鲜日报》称，“本次北京奥运会中国最成功的公共外交大使是数量巨大的志愿者，他们为运动员、记者、外国游客的服务是世界奥运志愿者的典范，在奥运期间来华人士中形成了广泛的良好影响。开幕式后，他们便赢得了‘鸟巢一代’的美誉。”美国《华盛顿邮报》称，“如果问游客对于北京奥运会的感受，许多人会滔滔不绝地称赞比想象中洁净的空气、快捷的交通、先进的场馆、亲切的志愿者和有风度的观众。他们把北京打造得前所未有的闪亮，这样就能向世界展示北京友好的一面。”

奥运会期间，美国游客遇袭以及新疆连续爆炸案是境外媒体高度关注的新闻事件，但基本是客观报道，未形成炒作。但8月13日以后，奥运会开幕式中林妙可“替唱”事件和公开示威区的集会游行申请未被批准的情况开始受到境外媒体的持续关注，成为国际舆论负面炒作较为集中的内容，被指责为我“造假”现象，并称我未能兑现向世界开放和言论自由的承诺。

（4）**重视奥运会对中国的影响与意义。**

境外媒体尤为重视中国举办奥运会的影响及意义，关注后奥运中国的经济形势、未来走向及面临的挑战。国际舆论普遍认为，北京奥运会向世界展示了中国改革开放和经济发展取得的巨大成就，体现了中国国际地位的日益提高，成为外界检验中国对外开放程度的一个重要平台。路透社称，“北京奥运会是中国从贫穷的闭关锁国的国家迈向经济强国的标志”。法国《费加罗报》称，“中国的最终目标已经达到：让这届奥运会成为见证中国30年前开始的在国际舞台上‘和平崛起’的尖锋时刻。”美国《基督教科学箴言报》援引乔治·华盛顿大学中国问题专家沈大伟的话说，“北京奥运会对中国政府的国际形象来说是个巨大的成功，将为中国赢得世界各国的尊重”。英国《金融时报》称，“中国取得了外交上的胜利，将奥运会开幕式从传统上低调的政治场合变成了一场世界政要云集的视觉盛宴。50多位总统及首相出席了奥运开幕式，凸显出中国国际地位的提高。”美国《纽约时报》称，“中国体育的崛起让我们感到眩晕，明天，中国还将在艺术、商业、科技和教育方面留下同样超越我们的足迹。现在，世界正在恢复它的常态——一个强大的亚洲又回来了——我们将不得不习惯这种改变。”

在国际舆论普遍承认北京奥运会获得成功的同时，美国《华盛顿邮报》、《纽约时报》，英国《金融时报》、《泰晤士报》、《卫报》等媒体的部分文章，仍从西方意识形态偏见出发，从负面角度解读北京奥运会的意义，将北京奥运会与1936年的柏林奥运会相提并论，攻击北京奥运会的成功是“中国集权统治在全世界范围内的一次胜利”。《纽约时报》等一些媒体还批评我未能兑现奥运承诺，称“为赢得奥运会的主办权，中国曾承诺尊重非暴力、开放以及言论自由的奥林匹克精神。这些承诺显然没有兑现。”

（5）**残奥会的成功举办及我助残努力受到肯定。**

继北京奥运会后，北京残奥会的组织工作再次受到国际舆论的广泛好评。媒体评价认为中国“向有史以来规模最大的残奥会倾注了和北京奥运会一样多的努力”，践行了“两个奥运，同样精彩”的承诺，把残奥会成功的标准提到了一个新的高度。与此同时，中国残疾人的境况始终是残奥会期间境外媒体关注的重点内容。境外舆论肯定北京残奥会为改善残疾人的状况发挥的促进作用，为推动中国的残疾人事业做出了贡献，积极评价中国政府为改善残疾人的日常生活和就业处境做出的不懈努力。英国《每日电讯报》称，“残奥会将成为推动中国解决8300万残疾人受歧视的催化剂”。美国《基督教科学箴言报》称，“近年来，中国政府通过了许多立法旨在消除歧视和偏见，使残疾人在受教育和就业方面享有同等的机会。”但是，境外媒体较为普遍的看法仍是中国社会对残疾人存在着普遍且根深蒂固的偏见，残疾人“基本上被排除在中国的经济繁荣之外”，依然是“无人关注的”群体，认为中国残疾人的社会地位仍有待提高。

**4．中国宏观经济形势是境外媒体持续关注的重要话题。**

2008年，境外媒体对中国经济形势的关注度明显高于以往。利用专业数据库统计显示，2008年，境外有关中国经济方面的英文报道总量为16370篇，比2007年的14668篇增加了1702篇，增幅为11.6%左右。这一方面表明中国经济与世界经济的联系日益紧密，另一方面也表明中国的经济影响力在不断扩大，尤其是美国次贷危机演变成一场波及世界各国的金融海啸，中国的影响及作用备受瞩目。

**（1）关注重点呈现出阶段性的变化。**

2008年，境外媒体对中国经济的关注重点呈现出明显的阶段性变化。年初分析的重点是中国国内的经济形势，到下半年则更多关注中国在全球金融危机中的作用。关注的具体话题也呈现出阶段性转移：从年初的经济过热和通货膨胀、股票市场大幅下跌，到“5 · 12”汶川地震对中国经济的影响、奥运会后经济增速的趋缓、房地产市场疲软、十七届三中全会中国的农村体制改革。年终更多讨论的是国际金融危机对中国经济的影响，中国在全球金融危机中发挥的作用。

**（2）密切关注中国经济发展形势。**

舆论对中国政府发布的各种经济统计数字密切关注，对中国经济形势的判断喜忧参半。英国《金融时报》发表驻京首席记者杰夫·代尔的报道称，“中国正在见证的是近年急速扩张后受欢迎的短暂休整，还是将加剧全球经济衰退的增长率长期下滑的开端？对于这个问题，经济学家存在意见分歧。”中国上半年通货膨胀加剧的趋势，曾引起境外媒体的普遍担忧。路透社、英国《金融时报》、美国《新闻周刊》等媒体分析造成通胀的国内外因素，认为中国面临的通胀压力主要来自国内粮食和其他商品供应的短缺以及全球油价的大幅上涨，而人民币升值导致的国际游资涌入是通胀的根源所在，雪灾和地震等特大自然灾害也增加了通胀的因素与控制难度。下半年，随着中国通胀率的回落，中国经济增长放缓开始成为媒体关注的重要内容。对于中国经济放缓的利弊，舆论持有乐观与悲观两种不同看法。乐观看法认为中国经济减速是对中国经济过热的一只冷却剂，可以促使中国经济转变为一种更加可持续性的发展模式。英国《金融时报》发表社评称，“增长放缓大概有以下积极影响：可以减少房地产和中国股市中的危险泡沫；可以减轻经济扩张失控给自然资源和环境带来的巨大压力；出口放缓有助于减少中国的贸易顺差，让那些一定会在大选之年更加叫嚣的美国批评人士找不到口实。”悲观论调则认为面对国际经济动荡，中国也难以独善其身，2009年的经济走势堪忧。临近年终，国际舆论更为普遍的看法是中国经济形势日益严峻，对中国经济继续保持高增长率持悲观的看法开始上升。美国彭博新闻社甚至发表文章称，“美国的金融困境有可能成为毁灭中国这个世界第四大经济体的催化剂。”

**（3）对中国经济政策的调整始终保持敏感。**

2008年，由于国际国内的经济形势复杂，中央宏观调控政策始终保持灵活和审慎，并随着国内外经济形势变化经历了一个政策调整的过程。对此境外媒体始终保持敏感。针对年初中国政府抑制通胀的各种努力和价格干预措施，媒体评论其为“15年来对基本生活必需品价格采取的最为严格的控制措施”，但也争议“行政干预”的做法能维持多久。针对年中中国提出的“一保一控”政策，路透社等媒体注意到这一政策“预示宏观调控的重心将有转换，经济发展又被提到重要位置。”英国《金融时报》则认为，增长刺激举措会进一步助长通胀的风险。

（4）**高度重视4万亿经济刺激计划的出台及效果。**

中央促进经济增长扩大内需的十项措施11月9日正式对外公布后，引起境外媒体的广泛关注，国际舆论普遍对十项措施的出台给予高度评价。美国《时代》周刊称，“中国宣布了一项庞大的一揽子经济刺激计划，此举广受经济学家和投资者的欢迎。有分析家指出，此举标志中国经济发展的重大转折点，这在今后几年将会有所感觉。”《时代》周刊引述苏格兰皇家银行驻香港的经济学家本·辛芬德费尔的话说，“我想，十年后我们回顾这一时刻时会说‘就是这个时候。这是真正发生变化的时刻，中国经济从外向型出口导向经济转变为内向型经济了。’”英国《泰晤士报》网站则评论称，“北京在某种程度上表现出自己是多么负责任。世界本周将开会讨论谁该干什么，中国这时候则亮出一项谁也没见过的、让一切相形见绌的计划。”媒体还分析称十项措施在20国集团全球金融改革峰会之前率先出台，增加了中国在会议上的发言权。但也有一些媒体对计划提出某些疑虑：担心刺激计划可能小于宣布的规模；认为这些措施的效果还存在变数，过度的公共投资和金融宽松政策可能会导致财政赤字扩大、经济效率低下、投资和产能过剩以及腐败蔓延等问题。

（5）**中国在应对全球金融危机中的作用备受瞩目。**

进入第三季度，美国次贷危机引发的全球性金融海啸愈演愈烈，不仅对中国经济的负面影响逐渐加大，也引发国际舆论对中国拯救全球金融市场的更多呼声与期待。中国的经济发展形势和对待危机的态度与表现，都引起国际舆论的普遍关注，许多国家领导人、专家和媒体把救市的希望寄托在中国身上。舆论普遍认同的理由包括，中国经济持续多年高速增长，今后这种势头仍将延续；中国的金融业仍相对封闭，较少受到全球金融危机的直接冲击；中国拥有近2万亿美元的外汇储备，具备足够的抵御风险能力，能够向深陷危机的国家伸出援助之手等。美国之音发表综述文章称，“金融危机爆发几个月来，西方金融界许多人士看好中国近2万亿美元的外汇储备，期待北京能够大举收购西方金融资产，从而巩固一些金融机构岌岌可危的地位。一些国家的领导人和经济学家甚至鼓励中国担负起‘拯救世界经济’的重任。”

但是，随着国际金融危机对中国经济带来的冲击日益明显，中国沿海地区企业出现大量倒闭，中国出口形势日益严峻。世界银行将中国2009年的经济增长预期从9.2%大幅调低至7.5%，国际舆论对中国救市的期望值开始有所下降。新加坡《联合早报》称，"华尔街金融危机爆发后，国际舆论关于希望中国能出手防止全球经济陷入衰退的论调，正悄然发生变化。一些敏感的西方媒体指出，中国自身恐怕同样遭受危机的冲击，甚至会产生更严重的影响。"

同时，西方还有一种观点认为，由于中国近几年来廉价的出口获取了大量的贸易顺差，并用其储备的外汇购买美国国债、刺激美国人借债消费，才造成了美国的金融危机，试图鼓噪新的"中国经济威胁论"。但这种观点并未形成舆论主流。

**5．2008年自然灾害频发，我国各界在抗震救灾中的出色表现得到国际舆论广泛好评。**

2008年，中国自然灾害频繁，其中"5 · 12"四川汶川特大地震灾害引起国际社会高度关注。利用专业数据库检索结果显示，截至6月12日，地震发生一个月内境外媒体英文有关报道的总量为20440篇，日均报道量近700篇，单日最大报道量达1597篇。世界各国主要通讯社（新闻社）、电台、电视台、报纸、网站和港澳台媒体，都在重要位置通过新闻、图片和视频连续报道地震灾情和中国政府的救援情况。

（1）高度赞誉中国各界的救灾表现。

在这次抗震救灾中，中国做到了信息开放透明，使国际社会充分了解到中国政府快速高效的救灾行动以及严重灾情。境外媒体积极评价中国政府的快速反应能力、组织动员能力和人道关怀，包括中国领导人亲赴一线慰问与指挥、快速调动军队救援、及时发布灾情信息、首次接受国际救援、建立全国哀悼日等，均受到国际社会和海外舆论的高度评价。美国《华盛顿邮报》称，"世界各地的人们建议为中国国家主席胡锦涛和总理温家宝的救灾行动颁发诺贝尔奖章"。许多媒体将中国政府在此次救灾过程中的反应与应急能力同其他国家的危机处理和中国对1976年唐山大地震、2003年非典疫情、年初暴风雪灾害的处理相比较，认为中国领导人在应对态度与能力方面展示出明显的差异与巨大的进步，体现出中国政府的开放心态。舆论普遍认为，抗震救灾使党的“以人为本”的执政理念在实践中经受了考验，直接体现了改革开放30年中国各方面的巨大进步与成果，也体现了中国社会主义制度能够调动一切资源与力量的体制优势。加拿大《环球邮报》称，“四川这场灾难使中国的最佳形象得以展露。这个国家通常只被视为经济力量之源，而地震呈现了一种更复杂、更人道的国家形象。令人匪夷所思的是，这场已造成逾7万人死亡或失踪的灾难，反而凸显出中国过去30年取得的成就。”

此外，中国军队、媒体、民众在抗震救灾过程中的表现也受到外界的普遍赞赏。媒体评论认为，中国军队的快速行动和冲锋在前的精神，让世界重新思考军队的功能，也在纠正西方人对中国军队的误解；中国媒体开放、自由、客观的报道，成为中国新闻史上的一个历史性事件，成就了中国新闻业的革命；中国民众在这次抗震救灾中体现出的团结互助、爱心捐助活动，灾区民众的自立顽强，使全世界看到中国人民的团结与坚强，一个对国家长治久安和蓬勃发展极为可贵的公民社会在地震中得以成长。

（2）**关注灾后重建过程中面临的挑战。**

随着抗震救灾进入灾后重建阶段，境外媒体的注意力转向灾后重建中中国面临的诸多挑战。法新社引述国际红十字会会长胡安·曼努埃尔·里韦罗的话说，“挑战巨大，应对这一挑战将是今后许多年的一项沉重的任务。”媒体指出，中国灾后重建的主要挑战包括防范洪灾和瘟疫两大次生灾害，解决灾民的生活、上学、就业、医疗、心理健康和情绪稳定等众多问题，确保救灾物资的公开使用和公平分配，认真对待、妥善处理地震中倒塌校舍的建筑质量问题以及地震预警机制缺失等问题。而校舍倒塌中的责任追究问题成为境外媒体持续关注与负面炒作的主要内容。新加坡《联合早报》称，“政府信誉能否保持，试金石是对学校坍塌的调查。从地震到现在，国外媒体已把焦点渐渐聚合到中国政府如何处理学校坍塌中的‘人祸’问题，‘豆腐渣’的英文词汇‘tofu dregs’在网络上飞奔。”美国之音等媒体也开始指责“中国显然再次收紧对新闻媒体的控制”，称“四川地震发生后中国史无前例的新闻开放是‘短命’的。”

（3）**分析南方雨雪冰冻灾害暴露的问题。**

2008年年初，中国发生的南方雨雪冰冻灾情引起国际社会的广泛关注。境外媒体普遍报道了灾情造成的损失和影响，对于政府为全力应对灾情、保障生产生活所采取的各项举措给予积极评价。但更多媒体分析了雪灾应对中暴露的问题，认为我应对迟缓、宏观调控不利、过分依赖燃煤发电和普遍缺乏忧患意识。还有媒体批评政府采取价格干预政策导致出现能源紧张，造成灾后的供电危机。英国《泰晤士报》报道称，“除了暴风雪对运煤和输电系统的影响和煤炭涨价等因素外，导致此次供电紧张的核心原因是中国经济仍然处在计划和市场的夹缝中。”美国《华尔街日报》称，“目前的极端天气凸显出中国能源政策中的弱点。”

**6．海峡两岸关系取得突破性进展，国际舆论对两岸关系前景表示乐观，但认为仍存在不确定性因素。**

2008年，由于中央对台政策产生的积极作用，以及国民党候选人马英九在台湾“大选”中获胜，两岸关系在经历多年政治僵局之后出现缓和并持续升温，引起境外媒体的广泛关注。

胡锦涛主席会见台湾当选“副总统”萧万长、国民党名誉主席连战和国民党主席吴伯雄，大陆海协会会长陈云林出访台湾、与台湾有关方面签署四项协议，以及两岸正式启动周末包机直航、启动“大三通”、大陆赠台大熊猫等事件，均成为舆论关注的热点，境外媒体不断使用“历史性”、“突破性”、“里程碑意义”等词形容两岸关系的新进展，认为两岸关系的改善“使全球最危险的热点之一的地区逐步降温”、“近十年来紧张的台海关系可能会得到缓解”。境外媒体积极评价中央对台政策和对台工作在两岸关系缓和中发挥的作用，美国《时代》周刊称，“从最近的情况来看，北京的表现说明其不用发射导弹就能对台湾事务产生更大的影响力。”路透社称，“中共对台的基本政策最终发挥作用，将两岸关系拉上正轨。”

境外媒体还不断捕捉两岸政策层面微妙变化的信号，解读两岸关系发展的走向。路透社称，“相比前几年，北京正在对台湾采取更为谨慎的策略。”日本共同社称，“国民党在台湾重新执掌政权后，两岸交流机构时隔10年重开会谈。大陆采取的灵活态度引人注目，避免使用台湾十分敏感的‘一个中国’的说法。”境外媒体还密切关注马英九上任后在不同场合就两岸关系的表态，认为马英九提出两岸“非国与国的特殊关系”是“刻意模糊两岸主权争议”，“以向北京表达善意”，认为两岸的务实态度“有助于双方经贸交流健全发展，未来两岸互动升温带来的商机可期。”

在肯定两岸加强政治互动、在经济领域取得务实成果的同时，也有境外媒体认为对两岸关系改善不能期望过高，两岸紧张关系不会很快消失，原因在于马英九兑现振兴经济和改善两岸关系的承诺还将面临重大挑战；台湾的国际空间问题也是一个考验；台湾民进党的不断干扰、美国售台武器也是影响两岸关系发展的不利因素。

**7. 达赖集团试图将“西藏问题”进一步国际化，其策动的“3·14”暴力事件引起国际舆论高度关注。**

2008年，达赖集团利用中国举办奥运会、国际社会聚焦中国之机，加紧活动，制造事端。他们一方面策划了震惊中外的“3·14”拉萨暴力事件，另一方面通过破坏北京奥运圣火传递、奥运期间举行抗议活动等各种手段，吸引国际社会注意力，使“西藏问题”演变成本年度国际舆论高度关注的热点问题。据专业数据库统计结果显示，2008年全年，境外媒体的涉藏英文报道为25465篇，是2007年全年（5652篇）报道量的4倍多，说明境外媒体对“西藏问题”的关注度明显升温。

（1）“3·14”拉萨暴力事件引起国际舆论广泛关注。

“3·14”事件是达赖集团利用国际社会关注北京奥运会之机，蓄谋已久发动的。西方反华势力与达赖集团相互勾结利用，肆意炒作，使其成为一次罕见的国际涉华舆论热点事件之一。事件发生后，西方媒体一开始先入为主，质疑我武力“镇压藏民和平抗议”，广泛报道达赖集团方面发布的消息及伤亡人数。美国有线电视新闻国际公司、英国广播公司等西方媒体甚至进行歪曲报道。其后西方媒体逐步转向分析事件发生的原因，关注事件的影响，探讨解决问题的方法等方面，以同情达赖、对我批评为主，认为我民族政策“不当”是导致事件发生的重要原因，并持续向我施压，要求中国政府与达赖会谈，承认达赖提出的“中间路线”，解决“西藏问题”，并借此呼吁抵制北京奥运会。英国《泰晤士报》称，“现在看来，西方世界在西藏问题上的态度是基本一致的。他们认为西藏人生活在受压制的状态下，中国政府根本不尊重人权，而即将召开的北京奥运会为其提供了机会和舞台，让他们表达对中国的不满。”

自3月17日西藏自治区主席向巴平措的新闻发布会和3月18日温家宝总理中外记者见面会后，我方立场、观点和态度得到媒体的广泛报道，负面报道高度集中的趋势有所缓和。中国政府组织境外记者及外交官到西藏采访和访问也取得一定舆论引导效果。在事件的定性上，国际舆论开始认同这是一次“有组织的严重暴力犯罪活动”，承认暴力事件给当地社会经济和人民生活造成了巨大的伤害。对于事件的性质及原因，美国《全球研究》网刊登美国地缘政治分析家威廉·恩达尔的分析文章称，“这次‘喇嘛革命’幕后的演员表明华盛顿几个月以来正积极地策动另外一次臭名昭著的‘颜色革命’。通过公开的抗议活动来尽量使北京尴尬。这些台前幕后的黑手都是此间老手。他们和美国国务院过从甚密，包括国家民主基金会、中情局自由之家。”

5月以后，随着藏区局势的稳定和事实的澄清，舆论对于“3·14”事件的关注度逐步下降，正面客观的分析评论不断增多，事件初期“一边倒”的紧张舆论形势明显缓和。“5·12”汶川大地震的发生和北京奥运会的成功举办，客观上也缓解了外界对“西藏问题”的关注度。

**（2）舆论对我与达赖代表进行接触商谈表示欢迎，但对会谈结果不抱乐观。**

5月初、7月初和11月初，中央政府先后三次与达赖代表进行接触商谈，受到境外媒体的高度关注。除了追踪报道会谈进展外，境外媒体较为关注双方会谈的动机、各方反应，并预测与评论会谈结果。媒体对几次接触商谈的分析侧重点有所不同：对5月初会谈的关注重点是我同意商谈的目的，认为中央政府同意与达赖代表进行会谈是呼应国际社会的呼吁，避免“西藏问题”影响北京奥运会并希望缓解国际社会的批评和压力，标志着中国对达赖政策发生改变；对7月初会谈的关注点侧重于对会谈前景的分析，认为达赖与中央政府之间存在的最大问题是缺乏基本互信，接触商谈很难取得实质进展，对会谈结果不抱乐观；对11月初的接触商谈，境外媒体则主要关注中央政府对西藏政策的立场与态度。对于我在新闻发布会上严正声明“绝不容许西藏任何形式的独立”的原则立场，西方媒体多倾向于解读为“中央拒绝达赖更大自治权的要求”。新加坡《联合早报》分析认为，中方已改变策略，在表述中减少对达赖的攻击，而是围绕中国对西藏主权的强调，以更有利于争取国际支持。美联社、路透社、美国《华尔街日报》（亚洲版）、英国广播公司等媒体认为，中方的强硬立场标志着“北京与达赖私人代表之间的会谈已经彻底破裂”，意味着达赖提出的所谓“中间路线”取得突破的前景日渐渺茫，可能会削弱流亡藏人特别会议上支持达赖的温和立场的力量，加强年轻激进、倾向于全力争取独立的西藏领导人的支持力量。

**（3）达赖仍加紧窜访活动，吸引西方舆论对“西藏问题”的关注度。**

2008年，达赖加紧窜访活动，先后访问德国、英国、澳大利亚、美国、法国、日本和欧洲其他国家，期间多次发表演讲，接受媒体专访，竭尽所能维持“西藏问题”的国际关注度。在窜访期间，达赖批评我对西藏采取“极权统治”，指控中国对藏人实行“文化大革命”，称国际社会有责任“将中国带入世界民主的主流”。达赖还极力散布他对藏人影响力正在减弱，对与中国政府的接触商谈“失去信心”，未来的政策将“交给全体藏人讨论确定”，可能改变“流亡政府”与中央打交道的方式，以此要挟中央政府。达赖的上述言论引起媒体不同程度的关注，达赖集团各派别也通过西方媒体传递出各种声音。与达赖具有蛊惑性、煽动性的言行相呼应的是，北京奥运会开幕前后，境外“藏独”分子在北京及部分国家和地区不断举行的抗议示威活动屡屡成为媒体的关注话题。

11月17日至22日，达赖集团在印度达兰萨拉组织召开“流亡藏人”特别会议，引起境外媒体的较多关注与持续跟踪报道，被舆论视为将决定“西藏运动”的未来走向和策略。会议最终决定维持达赖倡导的“中间路线”，但外媒更多渲染的是达赖集团对中央谈判的失望，和年轻激进派呼吁“西藏独立”的倾向，仍旧保持对达赖同情、在“西藏问题”上向我施压的态势。但与上半年相比，国际社会对“西藏问题”的注意力明显下降，英、德等政府首脑也开始回避会见达赖，英国政府明确承认中国对西藏的主权。媒体分析认为，欧洲国家在对华关系和“西藏问题”上，正采取谨慎态度以及平衡各种关系的举措。

**8．中国在外交领域的积极成果进一步扩大，国际影响力受到国际舆论广泛承认。**

2008年，中国在多边外交领域日益活跃，在国际热点问题中发挥积极作用，与大国、周边国家和发展中国家关系稳健发展，与日本关系继续改善，但与法国关系出现波折，均受到国际舆论的关注。

**（1）中国国际影响力进一步提升备受瞩目。**

胡锦涛主席分别参加八国集团同发展中国家领导人对话会议、二十国集团领导人金融市场和世界经济峰会、亚太经济合作组织第十六次领导人非正式会议（APEC）；温家宝总理分别出席联合国千年发展目标高级别会议和第63届联合国大会一般性辩论、上海合作组织成员国第七次总理会议；中国还于10月24日至25日在北京举办了第七届亚欧首脑会议。在这些重大国际活动中，中国表现出积极参与的姿态，中国领导人在不同场合阐述中国政府对国际问题的立场和观点受到境外媒体的广泛关注。国际舆论主要从中国日益崛起的国际影响力角度评价中国的作用：认为中国出席八国集团会议，"其施展的覆盖发展中国家到发达国家的全方位外交取得了成果，获得了各方对奥运会的支持"，"一个中国缺席的世界领先国家俱乐部正开始显得空洞"；评论称"亚欧峰会反映了中国国际影响力的进一步扩大"，应对全球金融危机的"外交焦点转移到了北京"；二十国集团金融峰会成为"中国正式参与国际规则制订的历史性转折点"；"中国在APEC峰会上光芒四射，成为引人注目的中心"。境外媒体在积极报道各国领导人呼吁中国为拯救全球金融危机做出"更多贡献"的同时，也注意到中国表现出的谨慎低调。中国强调保持国内的发展势头才是对维持世界经济发展的最大贡献，而"不是像很多人事先估计的那样设法发挥更大的领导作用。"路透社称，"胡锦涛在全球金融舞台上又采取了谨慎步骤。他利用在秘鲁举行的APEC峰会展现本国政府的责任感，表示愿意参与全球经济救援行动，但尚未准备好发挥主要作用。这一讲话是一个积极与谨慎并存的双重信息。"

**（2）美国新任总统的对华政策成为媒体衡量中美关系未来走向的风向标。**

2008年，美国进入大选年，总统候选人和新任总统的对华政策成为媒体分析中美关系的重点，新任总统是否延续布什政府的对华政策或可能出现的新变化被广泛猜测与分析。多数境外媒体认为奥巴马上任美国总统后，美国的对华政策将具有延续性，不会出现重大调整。德国之声援引专家观点认为，未来的中美关系将是合作大于分歧，“奥巴马在对华立场上属于主流派，会寻求与中国的合作”。英国《金融时报》认为，“在解决全球大部分重要问题方面，中国已经成为美国不可或缺的必须打交道的伙伴，从气候问题、朝核问题到新的金融规则，都需要中国的参与”。但也有一些境外媒体认为，奥巴马上台会给中美关系带来一些新的议题和相应的争论，至少在三个问题上奥巴马与布什的对华政策有所不同，即贸易、人权和气候变化问题，奥巴马对华可能采取强硬路线。

**（3）中日改善双边关系的务实态度受到广泛好评。**

2008年，中日关系继续向着回暖的方向发展，特别是胡锦涛主席于5月6日至10日，应日本国政府邀请对日本进行的“暖春之旅”，受到境外媒体特别是日本媒体的广泛关注。胡锦涛访日前夕接受日本16家主流媒体驻京记者的联合采访后，日本各大媒体第一时间即登载采访内容，并纷纷围绕胡锦涛访日进行背景介绍以及分析、解读和预测性报道；访日期间，日本媒体持续关注访问活动及双方取得的成果，围绕“西藏问题”、“毒饺子”事件和东海问题，媒体中虽有杂音但舆论的主流基调客观、克制。日本媒体和西方媒体普遍强调此次访问的时机，认为胡锦涛主席访日之行是“3·14事件”之后中国稳定对外关系、为成功举办北京奥运会展开外交“反攻”的重要一步，将对成功举办奥运会产生联动效应。中日两国首脑会谈形成中日之间第四份政治文件《中日关于全面推进战略互惠关系的联合声明》，被舆论视为双方关系实现了关键性的重心转移。媒体普遍注意到，此次两国首脑会谈与以往中日峰会不同的是，直接影响两国人民感情的历史争端问题被暂时搁置；台湾问题也未重点提及；胡锦涛主席在早稻田大学演讲中对日本战后的和平纪录表示赞赏；中国在联合声明中首次积极评价战后日本所走的和平发展道路。

中日双方6月18日同时宣布，就东海问题达成原则共识并就共同开发第一步达成谅解。媒体分析指出，中日能在东海油气田问题上取得突破，是5月中日峰会取得的成果，也是“里程碑式”的重大突破，标志中日两国进入“协商时代”，显示两国的“战略互惠关系”是一个行得通的框架，将进一步推进东亚两大邻国的关系。6月24日，日本自卫队舰艇首次访华，被舆论认为标志着中日防务交流进入了新阶段，也表现出两国关系的进一步改善，具有划时代意义。

福田康夫辞去日本首相，由鹰派麻生太郎继任，引起媒体对中日关系能否保持福田期间回暖态势的猜测。但主流意见认为，日本经济正受到衰退威胁，日本有求于中国，中日关系不会因日相更替而变化。

2008年影响中日关系的较大干扰因素是中国输日“毒水饺”事件。据日本媒体报道，1月30日，日本千叶、兵库等两县有11人先后食用中国产冷冻饺子后出现呕吐、腹泻等食物中毒症状。日本媒体随后发表多篇报道指责中国不负责任，尽管中方经过调查责任不在中国，但仍有日本媒体不断炒作中国的食品质量问题，使“中国制造”的声誉在日本受到极大损害。“毒饺子”事件对中日关系带来较大影响，加剧了双方的不信任感，也是导致日本民众对中国好感下降的一个重要因素。

**(4) 萨科齐执意会见达赖导致中法关系出现波折引起广泛关注。**

2008年4月，北京奥运火炬传递在巴黎受到“藏独”分子的袭扰，法国总统萨科齐在对待北京奥运会的态度上“朝三暮四”，中国广大民众对此强烈不满，掀起抵制家乐福等法资企业的浪潮，引起西方媒体尤其是法国媒体对中国“民族主义情绪激烈”的恐慌。12月，担任欧盟轮值主席国的法国总统萨科齐不顾中方多次严正交涉，取消中欧峰会，仍执意会见窜访欧洲的达赖，中国表示强烈抗议，致使中法、中欧关系紧张，国际舆论对此广泛关注。

媒体报道重点主要集中在：一是中国的反应及原因。舆论普遍认为中国的反应“非同寻常的强烈”，“此举发出了维护国家主权的强烈信号”，一些欧洲媒体则称中国属于“反应过度”、“过于敏感”。还有一些媒体以西方惯有的对华偏见和负面视角分析事件的起因。日本《产经新闻》总结称，“对于此次中方一反常态的举动，外界的看法各种各样。‘中国最大的弱点就是人权问题。此次敲打一向标榜自己是人权国家的法国就是要掩盖自身的弱点’。”法国《世界报》则辩称，“中国一直在分裂欧洲，因为统一的欧洲会实施武器禁运，会迫使人民币升值等等。现在他们找到了突破口。问题不在于达赖，而在于进攻软肋，这个软肋就是法国。”日本《产经新闻》说，“中国当前的外交‘敌人’似乎从日本变成了法国”。二是分析事件对中法关系甚至中欧关系的影响。法国《解放报》刊文称，“格但斯克会面在从今年春天起就已问题多多的中法友谊身上再添新伤”；法新社则把2008年称为中法关系“多灾多难的一年”。众多媒体分析中国是否会对法国实行经济制裁。法国《解放报》网站援引专家的分析认为，“中国政府如果将‘严惩巴黎’的威胁付诸行动，将在很短时间里给法国造成明显损伤。严惩的形式可能不会是‘抵制法货’，更可能是取消在政府协商基础上签订的大笔订单。”

**9．三鹿奶粉事件、群体性事件等社会问题引发较多负面炒作。**

2008年，食品安全、矿难事故、恐怖袭击以及群体性事件等社会问题的发生，也引起境外媒体的负面炒作。

（1）三鹿奶粉事件的波及范围及影响受到持续关注。

9月以来发生的三鹿奶粉事件成为产生广泛国际舆论影响的重大食品安全事件。国际舆论跟踪报道因食用问题奶粉而患病的儿童人数、事件发展的动向、中国政府的态度及处理措施、各国为避免影响本地而采取的各种防范措施。在报道和评论中，外媒往往将其与几年前安徽发生的“大头娃娃”事件和2007年发生的中国出口产品质量问题相联系，将其归咎于企业的商业道德和政府的产品质量监管的缺失，甚至批评中国现有制度的缺陷，对我体制进行攻击。路透社称，“专家指出，中国产品危机不断的问题在于制度性官商不分、利润高于道德，以及事发后各级地方政府极力包庇遮掩的现行体制状况。他们认为在现有体制得不到较大改变的情况下，很难避免不出现更多的信任危机。”美国之音转载《纽约时报》的报道说，“一个月以前，北京奥运会让全世界都看到了一个共产党执政的国家是如何能够以专制的方式，为了一个目标有效地动员全社会。但是最近有关有毒奶制品的丑闻报道，又向全世界展现出这一体制的诸多弱点。奶制品风波再次把一个关键的问题提到日程上来，那就是：在共产党的‘一党专制’下，是否真正能够创造出一个透明的社会责任制体系。”

也有媒体对在3月份发现产品质量问题后，直到9月份才进行严肃处理的背后原因表示质疑，引述我网民言论指责官商勾结隐瞒此事，猜测此举或受到奥运因素的影响。国际舆论普遍认为事件损害了中国食品安全形象，不但重创中国乳制品业，也使政府监管产品安全的能力受到严重质疑，并且动摇了社会的基本信心。

（2）**分析群体性事件频发的原因。**

2008年，中国发生多起群体性冲突事件，其中贵州瓮安大规模警民冲突事件的爆发及处理产生较大的舆论反响；下半年，出租车司机罢运事件、警民冲突事件时有发生，也受到境外舆论的关注。新加坡《联合早报》对群体性事件频发现象刊文称，“在对中国的普遍期待中，中国经济社会发生的一些现象却引发了不同的想象——沿海出口企业成片倒闭导致的失业潮、沪深股市表现比国际市场疲软、消费信心指数持续下滑、社会骚动频繁恐让2008年变成‘群体性事件年’”。

境外媒体在报道与跟踪事件进展时，倾向于分析中国群体性事件频发与上升的原因，认为随着改革开放30年的发展，中国虽然在经济方面取得显著成就，但社会矛盾日益凸显、社会开始进入不稳定期。一些媒体还将中国的社会矛盾归咎于体制原因。同时，一些媒体也注意到中国政府在处理类似社会问题中增加信息公开透明度、迅速反应与处置的积极变化。美国《时代》周刊评论中国政府对贵州瓮安事件责任人的处理“迅速、果断”，显示出“北京对待此类事件采取更加开放的新态度。”

# 2009年境外媒体涉华舆情分析

2009年是具有特殊意义的重要一年。首先，我国迎来新中国成立60周年，围绕这一具有历史意义的重要时刻，境外媒体高度重视，广泛设置议程，全方位对新中国成立后60年的发展与变化进行了回顾与盘点，积极评价中国在共产党领导下取得的辉煌成就和巨大变化。其次，2009年也是中国应对国际金融危机，取得显著成效的关键一年。中国的宏观经济表现及危机应对举措得到国际舆论的广泛好评，在危机背景下中国国际地位、国际影响力的上升备受瞩目，国际舆论对中国模式及其影响的讨论也更为广泛。同时，由于2009年各类社会矛盾碰头叠加，众多敏感时间节点集中，特别是新疆“7 · 5”事件的发生，境外舆论在我社会政治和民族宗教问题等领域的负面报道及评价也相对较为集中，使2009年的国际涉华舆情呈现出复杂、多元的特点。

## 一、总体态势

### 1. 在全球金融危机背景下，中国的作用与影响更加突出，舆论普遍认为金融危机加速中国崛起。

2009年，全球金融危机及其应对成为国际社会最为关注的话题，中国在金融危机中的表现及其影响也成为境外媒体涉华报道的一条主线。由于中国在危机应对中的出色表现，国际舆论普遍认为金融危机总体上对中国是一个机遇，提升了中国的相对综合国力，并加速了中国崛起的过程，“中国成为这次全球金融和经济危机最引人注目的赢家”成为众多媒体对中国的一致评价。

美国媒体监测机构“环球语言观察”组织利用计算程序，对全球互联网、博客、社交媒体以及多达5万种印刷及电子媒体进行搜索后所做的调查结果表明，中国作为一个超级经济大国的崛起成为全球10年来最重大的事件，超过伊拉克战争和“9·11”恐怖袭击，成为世界头号新闻，在网上受关注度超过第2名400%。这一消息也验证了中国崛起及其影响在国际社会的关注程度。

在新中国成立60周年纪念日来临之际，西方主流媒体也纷纷发表评论文章，评价中国的发展及其产生的影响，认为中国举行国庆大典展现“富国强兵”的崛起大国形象。

一年来，有关中国作用、中国地位变化和对现有世界格局形成冲击的新观点与新词汇也频繁出现，包括“中美共治论”（G2）、“中国统治世界论”等观点与争论不断见诸媒体。韩国《首尔新闻》的社论称，象征中国的修饰语发生了变化。“黄祸”、“谜一样的国家”等否定性修饰语开始退出，取而代之的是“航母”、“上升的帝国”、“中国崛起”等象征力量的修饰语。众多媒体认为2009年成为中国影响力凸显、具有分水岭意义的重要一年，中国已被推到世界舞台的中心。法国《回声报》，“2009年的年度大事就是中国突然跻身世界外交和经济舞台最前沿”。澳大利亚《悉尼先驱晨报》刊文称，“此前可以说中国经济一直在增长，但政治影响力滞后。但今非昔比。2009年中国日益上升的政治影响力已成为国际政治无法忽视的事实。”但与此同时，“中国责任论”也有所蔓延，中国不仅被寄望于在拯救世界摆脱全球金融危机中发挥领导作用，对中国在应对全球气候变化方面应该承担更大责任的呼声也日益升高。有媒体甚至在对中国未能按照西方期望承担更大责任表示失望之余，还抛出了“中国自私论”。路透社曾引述“批评人士”的观点称，中国的崛起以牺牲其他国家利益为代价。

在评论2008年的中国时，外媒认为这一年预示着“中国世纪”的到来，而在评论2009年的中国时，则有媒体认为“中国世纪”已经提前到来。英国《每日电讯报》说，“如果说2008年是中国奥运‘亮相派对’之年，那么2009年是中国领导人真正在世界舞台讨论问题的一年。”在新世纪的十年来临之际，众多媒体还将中国的表现放在前十年与后十年的坐标中进行评论。美联社刊文称，“这个10年是一个巨大的国家开始在根本和重大的方面重塑世界的时期。”爱尔兰《星期日商业邮报》预测说，“如果说过去10年凸显的是中国的国内巨变，那么今后10年凸显的无疑将是中国左右世界事务。”

### 2．境外媒体涉华报道的数量有所下降，但对中国的分析更加深入。

2009年，从报道数量上看，部分西方主流媒体的涉华报道量有所下降。利用专业数据库检索统计结果显示，2009年12家西方英语主流媒体[1]的涉华报道量为42984篇，约为去年报道量（53059篇）的81%。

分析其原因，主要是2008年我国举办北京奥运会、“5 · 12”汶川特大地震灾害和“3 · 14”拉萨暴乱事件的发生，形成国际舆论高密度关注中国的三次高潮，致使境外媒体涉华报道量激增。2009年中国虽然也发生了一些国际舆论关注的热点事件，但与2008年相比，由于在全球金融危机影响的背景下，其受关注的程度、带来的影响等方面都相对较低，未形成媒体高密度关注、广泛持续报道的态势，因此境外媒体涉华报道的总量减少。

但是2009年以来，西方多家有全球影响力的重要媒体对中国进行全方位的评论与分析。英国《卫报》在5月推出《十字路口的中国》系列报道，其视角来自中国农民工、商人、博主以及官员，探索中国人对于从现代婚姻到爱国热情等各种问题的看法，涉及中国政治、经济、社会、环境和国际关系等领域。在强调中国面临种种挑战、“处在十字路口”的同时，也承认中国正见证着“全球影响力的升腾”，“中国60年的轮回是完满的”。美国《纽约时报》、《基督教科学箴言报》、英国《金融时报》、法国《世界报》等著名报纸，在新中国成立60周年前后，在平面媒体或网站上，分别以专栏、专题、连载、社评等形式，推出有关中国的特别报道，

---

1 12家西方英语主流媒体包括：美联社、路透社、法新社，美国《纽约时报》、《华尔街日报》、《华盛顿邮报》、《时代》周刊、《新闻周刊》，英国《泰晤士报》、《卫报》、《经济学家》，加拿大《环球邮报》。前两年作为统计对象之一的英国《金融时报》由于已不在数据库中显示，故不再纳入数据统计范围。

从纵向和横向对中国发生的巨大变化、全球影响力的扩大、当前面临的挑战与问题等进行评述。美国《时代》周刊、《新闻周刊》、《财富》双周刊、英国《经济学家》等全球著名时政杂志，发表《中国能否拯救世界》、《中国模式》、《中国时刻》、《亚洲崛起》、《美国能够向中国学习的五件事》、《为什么中国能够运转良好》、《中国在世界的地位》、《你所知道的关于中国的一切都是错的》、《中国是全球金融危机的赢家》、《中国购买世界》等多篇封面文章，这些文章都以深度报道的形式，全方位地分析新中国成立60年来所取得的辉煌成就和面临的挑战、“中国模式”的独特之处、中国的全球影响力以及中美力量的变化。众多媒体对“中国模式”的讨论尤其集中。西方舆论普遍认为，此次金融危机使由发达国家主导的国际经济秩序受到广泛质疑，促使西方模式和“中国模式”此消彼长。

**3．我在应对全球性重大问题方面的积极态度和有效措施获得国际社会好评，国际涉华舆论于我有利的积极面在扩大。**

2009年，中国在应对全球金融危机、气候变化问题以及防控甲型H1N1流感疫情方面的积极态度和有效措施获得国际社会的广泛好评。中国经济率先从国际金融危机中走出困境，经济增长率“保八”已无悬念，国际舆论对中国经济表示乐观的看法不断增加，对中国带领全球经济复苏做出的贡献评价积极。英国《金融时报》以《中国向世界头号大国迈进》为题评论称，“今年中国已经走过一系列经济里程碑”。西班牙《中国政策观察》网站题为《全球经济危机掀起中国热》的文章称，“在国际金融危机面前，中国交出了令人满意的答卷”。中国在应对全球气候变暖、做出减排承诺，以及在采用清洁能源方面所做出的努力，被国际媒体誉为中国的“绿色能源革命”。中国在防控甲型H1N1流感疫情扩散方面采取信息公开透明、防范严格主动的应对措施并取得积极成效，不仅获得世卫组织的高度评价，也获得境外媒体的承认与肯定。

由于在应对全球金融危机、全球气候变暖、反恐和防止核扩散等全球性重大问题方面，以美国为首的西方国家加大对我借重，西方舆论在对待中国的态度上或有所克制，或采用软硬兼施、手段更为复杂的方法。在有关人权、民族宗教、人民币汇率、西藏、台湾等传统议题方面对我批评与施压的调门都相对有所降低，新疆乌鲁木齐发生“7·5”打砸抢烧严重暴力犯罪事件后，西方舆论也未像2008年“3·14”拉萨事件发生后出现对我攻击与批评舆论“一边倒”的现象，客观、理性的声音都在增加。

**4．伴随着集中出现的敏感日期和突发的“7·5”事件，境外舆论在意识形态领域和社会问题、民族与宗教等方面的负面报道与评论仍较为集中。**

2009年年初，美联社，英国《经济学家》、《泰晤士报》，日本《产经新闻》，新加坡《海峡时报》、《联合早报》等境外媒体发表多篇文章展望2009年中国形势发展，普遍认为2009年中国的不确定因素将迅速积聚，面临的形势相比以往更加严峻。

围绕2009年众多敏感时间节点，包括西藏民主改革50周年和拉萨“3·14”事件一周年、“5·12”汶川特大地震一周年、“六四”事件20周年，境内外敌对势力借机炒作，在意识形态领域、社会问题和民族宗教问题上对我密集攻击，批评与指责我政治制度、人权问题、媒体管理、民族与宗教政策等，负面报道仍很集中。

新疆乌鲁木齐发生“7·5”打砸抢烧严重暴力犯罪事件后，新疆和乌鲁木齐的社会维稳形势和当地的民族关系问题成为下半年来境外媒体持续关注的热点议题。境外媒体虽不乏客观报道，但西方在对我民族与宗教问题报道上一贯所持的批评立场与态度仍未改变。

## 二、关注重点和主要观点

**1．我党和国家的重大活动成为阶段性报道热点。**

2009年，新中国成立60周年庆典、全国“两会”、党的十七届四中全会、澳门庆祝回归十周年等党和国家重大活动受到境外媒体的广泛关注，并成为阶段性报道热点。

**（1）新中国成立60周年引发对我发展成就与面临挑战的集中报道。**

2009年是新中国成立60周年，早在年初这一话题即体现在境外媒体的议程设置中并被不断提及。一年来世界各国媒体就相关话题发表的报道及文章层出不穷，并随着新中国成立60周年纪念日的日益临近逐渐升温，至60周年国庆庆典活动达到高潮。利用专业数据库搜索，仅9月一个月内境外媒体涉及国庆的英文报道即有3000余篇；10月1日至8日，相关英文报道又达1812篇，10月1日当天报道即达518篇，说明境外媒体的关注度极高。

外媒在国庆前的报道重点主要集中在我举办的系列庆祝活动、我维稳形势及采取的各项安保措施，对我阅兵式将会亮相的武器装备及阅兵目的的猜测等，并刊发大量对新中国成立60年来政治、经济和外交发展历程进行盘点的文章，报道倾向总体较为客观、积极。

国庆盛典亮相后，外媒的报道主要集中于胡锦涛主席的讲话、阅兵仪式、游行活动、安保措施，并继续刊发对新中国60年成就及影响的评论文章，报道的内容丰富而且详细。

**高度重视国庆盛大庆典的重要意义** 各媒体纷纷使用“盛大”、“盛况”等词汇作为报道标题，强调“十一”国庆庆典展示出中国人民的自豪与自信。胡锦涛主席在讲话中提到的“一个面向现代化、面向世界、面向未来的社会主义中国巍然屹立在世界东方”等内容被多家媒体转述。外媒普遍认为，国庆大典是中国“政治、军事实力崛起的一次展示”；“中国政府希望向外界发出明确信号，中国已经重新崛起为国际社会中不可忽视的力量”；“中国已不再背负百年耻辱”；“曾经被外国列强凌辱的中国不再软弱无能”。

**集中报道新中国成立60年来取得的伟大成就及今后面临的挑战** 众多西方主流媒体对新中国成立60年来的发展历程进行回顾与总结，积极评价中国取得的巨大成就及日益上升的国际影响力，承认中国独特的发展道路对改变中国发挥的重要作用。美国《时代》周刊的文章称，“从很多指标上讲，中国的确进步巨大，真的站了起来”。但与此同时，一些媒体也强调我未来发展面临的各种挑战，称中国“最大的挑战和威胁来自国内”，面临着“日益增大的贫富差距、低迷的国内消费、广泛存在的贪污受贿以及巨大的环境问题”；对中国的未来前景仍表现出某种疑虑，认为中国“仍将是一个充满复杂性和矛盾的国家”，“上升过程中依然面临许多不确定性”。

**国庆阅兵式成为世界关注焦点** 阅兵式是整个国庆庆典中最吸引境外媒体注意的环节，在阅兵前外媒就开始猜测哪些新型武器将会亮相。多数外媒认为，我举行阅兵的目的主要是展示现代化的成就，凝聚民心，增强民族自豪感。美联社评论称，阅兵“反映出中国共产党对人民解放军军事能力日益增长的信心和对其军事力量将会为北京注入新力量的坚定信念”。但有媒体仍对我军事实力与发展意图表示疑虑，对我“军事威胁”表示担忧。日本《朝日新闻》发表社论指出，“建政60年的中国向富国强兵之道迈进，但军力升高引起国际的不安。”

（2）**“两会”在国际金融危机背景下受到特殊关注。**

2009年“两会”是在我国改革开放30周年之后和新中国成立60周年之前举行的一次重要会议，也是在应对国际金融危机的关键时刻召开的一次特殊会议，一届普通的“平年例会”因此具有非同寻常的重要意义，从2月下旬起境外媒体对“两会”的报道就开始提前趋热。据专业数据库统计结果显示，在“两会”召开的3月3日至13日期间，境外媒体的相关英文报道达1298篇，比上年“两会”期间的1233篇增加约5%。

**我应对危机及改善民生举措成为关注重点** “两会”期间，舆论重点关注我解决经济和就业问题的相关政策，猜测我在4万亿元经济刺激措施出台后的进一步举措，对我网络民意的关注度上升。在历届“两会”受到关注的议题中，“台湾问题”的舆论关注度有所下降，这与马英九当选台湾地区领导人后两岸关系开始转暖并趋于平稳有关；但我军费增加仍是外媒关注的一个热点话题，尤其是我着手建造航空母舰和强化海军远洋作战能力等消息引起外媒热议；在政治改革议题上，有外媒认为2009年“两会”趋于保守，称“突出中共一党领导以及强调中国政治制度的优越性，成为本届‘两会’期间压倒一切的最强音和主旋律”。

**积极评价“两会”对于提振信心的重要意义** 外媒注意到，2009年的“两会”具有特殊的国内背景：经济增长放缓、敏感纪念日较多、社会矛盾凸显，政府对不断上升的失业率以及可能由此引发的社会不稳定因素表现出深深的忧虑。但从外媒对“两会”的报道看，其总体倾向以客观为主，报道基调较为平和。外媒在报道中大量引述我国家领导人、政府发言人以及专家、代表、委员的讲话内容，积极评价“两会”对于提振信心的重要意义，赞赏政府工作报告所展示的中国信心和希望。“保持经济增长”、“扩大内需”、“就业问题”、“社会安定”等词汇成为外媒报道“两会”的关键词。

（3）党的十七届四中全会的重要意义受到高度重视。

9月15日至18日，党的十七届四中全会在北京召开。此次会议适逢中华人民共和国成立60周年，而且是国际金融危机爆发一周年之际，因而备受外界关注。

**对全会的意义和影响寄予期待** 党的十七届四中全会召开前，外媒预测本次会议将对中国政治、经济形势产生重要的历史影响，认为此次全会“也许会成为中共的又一次决定性会议，共产党可能以此次全会为起点变得更加自信”。外媒分析会议的主要议题是加强中国共产党的自身建设，可能出台官员财产公示制度，以防止腐败；期待中共扩大党内民主，但认为中共这样做的真正目的是加强自身的执政地位。外媒还猜测会议议题可能涉及民族政策和经济举措，预测可能进行的人事变动。

**解读全会公报释放的政策信号** 9月18日，党的十七届四中全会公报发表后，外媒相继从不同角度解读公报所释放出的政策信号，评论会议对我政治、经济决策走向的影响。外媒认为，四中全会对中国面临的国内外挑战进行的评估，既充满乐观情绪，又不乏谨慎，阐明了中国年内的宏观政策走向，明确指出政府在制定政策时将继续把保持经济平稳较快发展作为经济工作的首要任务。同时，外媒肯定全会公报的重要意义，认为外界寄予厚望的党内民主和反腐败制度在公报中都有原则性、方向性阐述；但一些媒体也对公报内容感到失望，称公报中较少见到实质性内容，也没有提及公众关注的官员财产申报公示制度。

（4）澳门回归十周年庆祝活动引起港台媒体热议。

2009年是澳门回归10周年。在庆祝回归活动举行之前，港台媒体即开始对澳门回归10年来的变化进行总结与报道，认为社会治安稳定是回归后的最大变化，称澳门主流声音支持“一国两制”。12月19日至20日，胡锦涛主席出席澳门回归10周年系列庆祝活动，港台媒体高度关注，刊发多篇报道与评论，普遍认为胡主席赴澳参加纪念活动和发表讲话，体现了中央对澳门的长期支持与肯定。香港媒体在解读胡主席对澳门成功实践“一国两制”给以积极评价时，均与香港相联系，认为“讲话是‘向隔岸的香港提出中央的期望’，‘暗示香港做得不够’。西方主流媒体对澳门回归10周年庆祝活动的关注度不是很高，在其不多的评论中更多从问题角度提出澳门面临的挑战，认为澳门回归10年来，虽然经济飞速发展，但赌彩业“一业独大”将制约澳门经济的发展；批评政府对民生问题关注不够、政治发展缓慢、面临严重腐败问题等。

### 2. 中国应对金融危机的举措及宏观经济形势受到密切关注。

在世界经济缓慢走出国际金融危机阴霾的背景下，中国的宏观经济走势和危机应对措施、国际金融危机对中国的影响，以及中国经济在全球经济中的作用，始终受到境外媒体的密切关注。

2009年，国际涉华经济舆情关注的重点可归纳为四方面：一是2008年末以来中国经济刺激政策出台后产生的效果；二是中国宏观经济的表现；三是中国在全球经济中的作用及在各重大国际会议上的表态；四是中国的海外投资和中外贸易摩擦。其中，中国应对国际金融危机的各项经济政策、中国公布的各项经济数据、中国在G20等重要国际经济会议中的表态、中国推动国际货币体系改革、中铝收购力拓、中美轮胎特保案等，是媒体集中报道的热点事件。

#### （1）对我宏观经济政策走向和变化反应敏感。

国际舆论积极评价中国在应对国际金融危机方面展示出的信心和决心，中国采取的各项应对举措被境外媒体广泛报道。

**普遍承认我经济刺激措施成效显著**　为应对全球金融危机的负面影响，中国政府于2008年年末推出了庞大的经济刺激计划，2009年以来继续采取一系列扩张性政策措施。境外媒体密切关注中国经济政策所取得的成效，普遍承认这些经济刺激措施对中国经济恢复起到重要作用；国际权威经济与金融机构不断调高对中国经济的增长预期，被各大媒体广泛报道与引用。德国《焦点》周刊刊文称，“在金融危机面前，中国比西方应对更加及时而且坚定，显示出更好的决策能力，在与金融危机的战斗中，社会主义的中国正在成为世界经济学家们眼中的‘成功榜样’。”

**担忧经济刺激措施可能带来负面影响** 但也有不少境外媒体发表文章，分析中国经济刺激计划可能带来的负面影响，担心宽松的货币政策可能导致新一轮银行坏账和严重通货膨胀，巨额财政支出造成经济严重依赖公共投资，一味追求经济增长目标会加剧结构性失衡等等。日本《经济学人》甚至危言耸听地称，“经济刺激措施将使中国所固有的设备过剩问题更加严重，并且可能致使中国向全球输出通货紧缩。”

**中央经济工作会议被视为观察中国未来经济政策走向的指针** 一年一度的中央经济工作会议于12月5日至7日召开，境外媒体将其视为判断2010年我宏观经济政策走向最权威的风向标，会议因此备受关注。早在会议召开前，美国《亚洲华尔街日报》、英国《金融时报》等著名财经媒体便开始关注此前举行的中央政治局经济工作会议，并对即将举行的中央经济工作会议的主要议题进行预测性报道。会议举行后，境外媒体对中央经济工作会议的内容进行集中报道与分析，关注重点主要有：一是普遍注意到中国将继续维持经济刺激政策。《日本经济新闻》的报道称，“会议明确提出不会改变现行的政策，虽然提到‘管理通胀预期’的问题，但更强调有必要保持金融政策的连续性和稳定性”；二是特别关注到中央致力于扩大农村需求以刺激消费。路透社的报道称，很显然，加快城乡一体化进程，将农民变为城市居民，通过提高第三产业和服务业比重，消化和吸纳农村转入人口，并放宽中小城市和城镇户籍限制，是此次会议的最大亮点；三是报道中央将推动经济发展转型。美联社、英国《金融时报》等媒体以“中国誓将提高经济发展质量”、“中国2010年推动经济发展转型”等内容为标题，突出报道中央经济工作会议对于经济发展方式转型的重视。

**（2）密切关注中国经济数据与经济走势。**

随着我采取的“保增长，促发展”等各项政策措施开始显现效果，境外媒体对中国经济的总体看法也在发生变化，一季度中后期以来，对我经济发展表示乐观的看法不断增多。

**经济数据成为观察我经济复苏迹象的风向标** 境外媒体密切关注我公布的各

项经济数据，试图从中观察我受国际金融危机影响的程度，以及我经济恢复发展情况。2009年年初，由于我披露的统计数据显示经济下滑明显，很多境外媒体和机构纷纷调低对中国经济增长的预期，认为全球金融危机对中国的影响比较严重，中国经济在高速增长后可能已到拐点，并且经济增长放缓可能会威胁到社会稳定。二、三月份后，经济数据显示中国经济出现积极变化，境外媒体对中国经济前景表示乐观的看法在增多。二、三季度中国经济数据公布后，境外媒体和机构不断上调对中国经济增长的预测，普遍认为中国政府的经济刺激举措已经显现成效，中国经济的复苏势头比预计更强劲，中国将是第一个摆脱危机的国家。年终，境外媒体已普遍承认中国经济下半年经历了迅速而强有力的V型复苏，超出了大多数经济学家年初的预期。

**对中国经济增长模式能否转型存在观点分歧**　境外媒体普遍认为，中国过度依赖出口的经济发展模式因全球金融危机而受到前所未有的重创，但金融危机为中国实施结构改革提供了难得机遇，可以迫使中国的经济结构转型加速进行，由出口拉动为主变成内需拉动为主，使中国“踏上更坚实的经济基础、进入更加可持续的发展轨道”。美国《华尔街日报》、日本《经济学人》、英国广播公司等媒体报道，中国采取对汽车家电“下乡”进行补贴、“以旧换新”以及加大对农村投资等政策，力图拉动内需和缩小城乡差距，中国的经济结构转型正加速进行。

但众多媒体认为，中国目前的经济复苏主要依赖政府的刺激性支出，个人消费还无法成为经济增长的强劲动力。英国《金融时报》等媒体分析认为，中国的经济刺激措施集中于基础设施投资，这使经济中的结构性失衡更为严重，可能推迟中国经济增长模式的转型。

（3）**中国在全球经济中的作用及影响备受瞩目。**

2009年，不仅中国经济表现突出，中国在各种国际性的会议上也表现活跃，提出改革现有国际货币体系的建议引起广泛反响。为此，在美国《外交政策》杂志评选的2009年百名塑造世界思想者中，中国人民银行行长周小川名列第9位。

**中国推动国际货币体系改革与人民币国际化进程备受关注**　中国央行行长周小川在4月初20国集团峰会召开前，提出改革和完善现行国际货币体系的建议，引起国际舆论的强烈反响，并成为持续关注的话题。境外媒体分析称，中国提出改革国际金融体系反映出希望在全球事务中拥有更多话语权，反映了中国对美国在世界经济中所扮演角色的不满和对自身美元资产能否保值的担心，也显示出中国在全球舞台上更加自信，已经准备好分享规划全球新经济秩序的主导权。

此外，中国与韩国、印度尼西亚、马来西亚、阿根廷、香港等地签署货币互换协议，使部分境外媒体和专家认为，中国正试图确立人民币作为交易货币的地位，人民币作为储备和交易货币的角色今后将明显增强。不过，多数境外媒体认为人民币要成长为全球主要货币尚需时日，有观察家则认为世界货币体系将会彻底颠覆，任由美元突然贬值也不符合中国的利益。

**对中国在全球经济中的作用体现出复杂心态** 在境外媒体的涉华经济报道中，希望中国引领世界经济复苏的"中国责任论"和担心中国对自己利益形成冲击的"中国威胁论"并存，反映出外界对于中国在全球经济中应承担的作用的复杂心态。一方面，西方媒体寄希望于中国能够帮助全球经济走出低迷，要求中国承担更大的责任；另一方面，一些媒体担心中国经济在全球影响力的增加损害到本国的利益，对中国提出的改革国际货币体系建议反应谨慎，对中国的海外收购行为表示警惕，对"中国模式"影响力增加比较担忧。

也有境外媒体认为中国的经济规模不足以拯救世界。路透社、美国《华尔街日报》、英国《金融时报》等媒体载文称，中国在全球GDP中的权重只略高于6%，指望其承担拯救世界经济的重任不过是一厢情愿。俄罗斯《晨报》也称，不应被中国看似高出其他国家许多的绝对增长数据所迷惑，中国承担不了拯救世界的使命。

**（4）中国海外投资与并购行为产生较大反响；"中美轮胎特保案"和"力拓案"使中外贸易摩擦成为关注热点。**

国际金融危机使一些发达国家的公司和企业出现融资困难和盈利下降，一些中国企业加强了对外投资和海外并购的力度，受到境外媒体的广泛关注。中美"轮胎特保案"和"力拓案"发生后，中外贸易争端也成为境外媒体一段时期关注的热点。

**热衷分析中国海外并购行为的动机及未来策略** 2009年以来，有关中国海外投资的报道和评论成为境外涉华经济舆情中的热点话题。境外媒体普遍认为，中国把全球经济危机视为获得自然资源资产的黄金机遇，不仅利用大宗商品价格低迷之际大量储备原材料，还在全球大力推进资源战略。日本《富士产经商报》分析称，“中国正在加强‘走出去’的海外投资战略，中国希望通过增加对外投资来走出困境，在海外寻找新的经济增长点。”美国《纽约时报》的文章总结道，“2009年可以说是中国对外直接投资的转折点。因为中国正面临经济增长模式调整，这类投资对中国公司的意义正发生根本变化。”

中铝计划注资力拓后又因力拓毁约遭到失败一事受到境外媒体的广泛关注。美国《纽约时报》、英国《金融时报》、法国《回声报》等众多境外主流媒体认为，中国对海外资源公司的收购面临很多阻力，由于进行海外收购的多为中国大型国有企业，外界担心收购的背后存有政治目的，同时担心影响自身在国际资源市场的定价权。但境外媒体同时分析认为，尽管中铝收购力拓交易失败是中国向全球扩张雄心的一次挫折，其向海外扩张的步伐不会放缓，中国今后的海外收购行动会更谨慎，可能会采取不同的方式，避免遭受较大的政治阻力。

**中外贸易争端成为关注热点** 7月9日，我政府有关部门公开证实澳大利亚力拓公司4名驻华员工因涉嫌窃取国家机密被拘，后来在案件调查取证工作中我多名重点钢企人员涉及其中。“力拓案”曝光后，外媒纷纷突出渲染我国的投资风险，认为该案是政府干预经济活动的表现，我司法体系的不透明使政府在决定指控罪名上有很大自由。一些媒体还猜测我调查“力拓案”的原因，认为中国是在报复力拓在铁矿石谈判中的强硬立场以及拒绝中铝的投资，并希望借此提高自身的铁矿石价格话语权、扭转谈判劣势。

9月11日，美国总统奥巴马宣布对中国输美轮胎实施三年惩罚性关税，由此引发“中美轮胎特保案”，引起境外媒体的普遍关注。媒体关注的重点是两国贸易争端是否会持续扩大，导致一场全面的贸易战。多数媒体认为，两国轮胎贸易之争不太可能引发全面贸易战；但也有个别媒体指出，此举势必引发中美之间其他领域的贸易摩擦，关系恶化对于双方来说都不是明智之举。

### 3. 中国的“软实力”建设与发展引发关注。

2009年，中国的“软实力”建设与发展取得较为显著的成果，中国的发展模式引起境外更多媒体的讨论，中国在加大国际话语权、引导国际舆论、加强文化“软实力”建设等方面都有较大程度的提高，也受到境外媒体的重视与关注。

（1）“中国模式”引起更多讨论，分析角度更为多元。

中国对国际金融危机的成功应对，促使国际社会对“中国模式”的关注更为集中，讨论更为热烈，对“中国模式”进行总结与分析的观点也更为多元，过去更多涉及的是经济层面，现在也开始从政治、社会与文化层面进行分析与讨论。对其归纳，主要观点有：

**在发展道路上：“中国模式”是不拘成规、结合多国成功经验形成的** 美国《新闻周刊》文章称，中国“是唯一打破经济学教科书常规的国家”；俄罗斯战略文化基金会网站登载题为《中国社会主义：普遍性与独特性》的文章称，“中国的社会主义，是相对于盲目照搬他人模式的另外一种选择，是创造性结合多国成功经验的典范”。

**在政治上：“中国模式”是“负责任的权威体制”** 美国霍普金斯大学日裔政治学者弗朗西斯·福山曾在其产生广泛影响的《历史的终结》一书中，认定当今的西方政治和经济制度已经是最后的制度，所以历史已经终结、几近完美。但在接受日本媒体《中央公论》杂志专访时，他也开始承认西方自由民主可能并非人类历史进化的终点。随着中国崛起，所谓“历史终结论”有待进一步推敲和完善，人类思想宝库需为中国传统留有一席之地。福山将中国的发展模式总结为，“中国发展模式的价值内核源于延续几千年的政治传统，可概括为‘负责任的权威体制’”。他特别将“中国模式”中的政治制度与西方进行对比，“这种传统达到西方难以企及的历史高度：一是强大的中央集权国家、国家机器和军队由中央政府掌握，而非欧洲那样由封建领主或教会掌握；二是高度的行政官僚体制，官员由公正、普遍的考试制度选拔，而非西方或中东那样由世袭和门第操纵；三是政治对人民负责，体现‘民本主义’，强调当政者对人民负有道义责任，而非西方那样在特权阶层内部进行权力分配。”

**在经济上：“中国模式”是国家导向型模式** 加拿大《环球邮报》文章称，“经济危机使美国所倡导的自由市场资本主义模式被打上问号，相比之下，中国的国家导向型模式看起来更胜一筹。”西班牙《对外政策》刊文指出，“‘北京共识’突出的是国家在领导市场改革方面的主角地位，同时民主化和发展过程中的社会和谐也是必不可少的条件。”

**在对外关系中：“中国模式”具有榜样的力量** 香港《远东经济评论》载文评论称，“阿拉伯国家现在正在热烈讨论所谓‘中国模式’，这并不是像某些学者所幻想的，中国找到了其他发展中国家能够照搬的经济增长新模式。‘中国模式’的影响力在于榜样的力量”。乌干达《新视野》的文章也称，“中国是变革型领导的光辉榜样。”

**综合归纳：“中国模式”是综合因素的集成** 新加坡《海峡时报》对“中国模式”进行了更为全面的总结，‘中国模式’是一种把马克思主义同儒家思想相结合的国家意识形态；一种允许中国共产党是惟一领导力量的政体；把精英领导引入中国共产党的组织结构；在保持政治体制的同时，改革经济体制；以经济建设为中心的发展战略；把社会主义所有制同自由市场相结合；把保持社会稳定作为经济发展的先决条件；把捍卫国家主权和安全同参与经济全球化结合起来；把让人民发挥更大作用同加强党的领导结合起来；提升社会主义核心价值观来抵御资本主义核心价值观。”

**（2）中国提升文化“软实力”、打造一流国际媒体的举措引起注意。**

2009年，中国在文化“软实力”建设方面加大力度，出台了一系列政策和举措，引起境外媒体的重视与较大反响。西方各大通讯社、英国《金融时报》、美国《纽约时报》、西班牙《中国政策观察》网站、德国《汉堡晚报》、新加坡《联合早报》等媒体对我推出的《文化产业振兴规划》、《关于进一步推进新闻出版体制改革的指导意见》，以及有关孔子学院发展等都进行了报道，并评价称文化产业将成为中国经济新亮点。有关《环球时报》创刊英文版、新华社推出英语新闻电视节目、央视增加阿语和俄语频道并推出网络电视CNTV、《求是》杂志出版英文版等也都为外媒所关注，被视为中国开始从软力量的高度重整传媒，也显示媒体进一步对外开放的趋势。西班牙《中国政策观察》网站文章评论，“从多语言电子报刊到全新的电视国际频道，一场新的传媒浪潮将把中国对国际时局的独到见解传送到世界各地。”美国《纽约时报》刊文指出，中国传媒集团的建设旨在改善中国在海外的形象，“延续了其很长时间以来用‘软实力’而非军事力量在海外赢得朋友的努力”。

(3) 法兰克福书展主宾国活动、世界媒体大会成为文化“软实力”发展领域外媒报道的热点事件。

**法兰克福书展中国主宾国活动引起西方特别是德国媒体广泛报道** 10月13日至18日，第61届法兰克福书展在德国法兰克福举行，中国首次以主宾国身份参加书展。此次书展中国主宾国活动，引起境外媒体特别是德国媒体的广泛关注。围绕中国对书展活动的组织、文化“软实力”的展示、中国出版业的发展，特别是中国的人权与新闻自由状况，境外媒体给予了广泛报道与评论。

西方媒体关于中国作为主宾国参加书展报道的倾向前后有所不同。开幕前和开幕初期以存在政治性偏见的批评性报道为主，围绕我方和书展主办方在异议作家出席书展讨论会问题上的争议，西方媒体以批评与质疑我人权状况、新闻与言论自由为主要内容。书展开幕后，西方媒体报道出席开幕式的习近平副主席关于构建“世界和谐、推进和平与繁荣”，“采取相互尊重的开放态度”的呼吁，但更为突出报道德国总理默克尔在开幕式敦促中国开放言论自由的讲话内容。书展后期西方媒体报道的倾向有所改变，其关注的视角增加了中国作为主宾国参加或举办的各项活动内容，来自中国官方及参展作家的声音也得到反映，也有文章对中国出版业的发展状况进行了报道。法国国际广播电台等媒体也注意到，德国媒体有关书展的涉华报道前后发生了一些微妙的变化：书展之前侧重于中国的阴暗面，忽略中国的发展和进步，引起德国中国专家和汉学家的不满；在书展开幕前夕一些报纸调整了报道角度，与之前对中国的一味批评报道“形成了鲜明对照，一个具有多面性的丰富多彩的中国跃然纸上，给人耳目一新的感觉。”

**世界媒体峰会在北京召开引起较大反响** 10月10日，世界媒体峰会在北京举行，胡锦涛主席在会上发表重要讲话。境外媒体高度重视此次大会的重要意义。法新社等媒体称，“中国希望扩展其全球媒体势力以反映其在国际舞台上蒸蒸日上的影响力，胡锦涛主席亲自宣布首届世界媒体峰会开幕，象征着中国这一新的雄心”；台湾《中国时报》和“中央社”等媒体分析认为，中国一方面打造强势中国媒体，另一方面搭建平台与世界重要媒体充分交流与合作，可视为中国加强对外宣传政策的一部分。新加坡《联合早报》评价说，“这俨然是中非论坛、G7、G20、‘金砖四国’等峰会的另外一种版本。主题诉说的是中国不仅将影响力深入到非洲、世界经济体系、新兴国家，现在也要将崛起大国的分量，展延到一个没有具体疆界但却对世界走势构成影响，而且至今一直将中国拒之门外的场域——国际舆论场。”外媒还特别关注胡主席讲话中提到外国媒体在报道中国方面发挥的作用，积极评价胡主席提出的促进新闻信息“真实、准确、全面、客观传播”的观点。美联社等媒体还关注到胡主席讲话中有关“保障外国新闻机构和记者合法权益”的内容。

**4. 中国的积极外交成果显著，中国声音得到更多倾听。**

2009年是中国外交极不平凡的一年。中国积极发展与大国、周边国家和发展中国家的关系，在应对金融危机、气候变化、朝核等全球和地区性问题上发挥了积极而关键的作用，在重要国际会议上频繁亮相，在一些国际事务中扮演了重要角色，中国逐渐赢得与其经济实力相匹配的国际地位和国际话语权，中国的声音得到更多倾听。

**（1）中国影响力成为国际舆论评价中国领导人外交活动的关键词。**

2009年，胡锦涛主席先后对亚非五国，俄罗斯、马来西亚、新加坡、哈萨克斯坦和土库曼斯坦等进行国事访问，并先后出席二十国集团领导人第二次金融峰会、上海合作组织成员国元首理事会第九次会议、“金砖四国”领导人会晤、二十国集团领导人第三次金融峰会和联合国系列会议、亚太经合组织(APEC)第十七次领导人非正式会议；温家宝总理对欧洲四国和欧盟总部以及朝鲜进行正式访问，出席达沃斯世界经济论坛2009年年会，在捷克首都布拉格同欧盟轮值主席国捷克总统克劳斯、欧盟委员会主席巴罗佐举行第十一次中欧领导人会晤，并出席哥本哈根气候变化大会。中央政治局的其他几位常委也纷纷出访多国和参加国际活动，开展双边和多边外交活动。

境外媒体广泛关注中国领导人在不同场合阐述中国政府对国际问题的立场和观点，中国影响力成为国际舆论评价这些外交活动的关键词。外媒评价称，胡锦涛的非洲之行展现出“中国负责任大国的形象”；中国提出的国际金融体系改革的建议反映出中国希望在全球经济事务中拥有更多话语权，中国在国际经济体系中的作用正变得愈加重要；胡锦涛在联合国气候变化大会上的减排承诺或将扭转全球气候谈判态势，“中国的表率作用令人印象深刻”、中国“可能带领世界走出僵局”。温家宝总理对欧洲的“信心之旅”受到国际舆论的积极评价，境外媒体评论认为中国向世界传递出了战胜国际金融危机的信心，显示中欧关系新年伊始正摆脱西藏和人权问题的影响，出现改善的迹象；针对温家宝出访朝鲜取得的成果，境外媒体评论认为温家宝说服朝鲜返回谈判桌“代表了中国在外交上的一次出乎意料的成功”；评价温总理出席哥本哈根联合国气候变化大会“在最后时刻发挥了重要作用，同美国总统奥巴马以及印度、巴西和南非等发展中大国领袖举行突破性会晤，避免了此次峰会无果而终。”香港《远东经济评论》刊文称，“2009年将作为中国扩张全球实力的分水岭存留史册，中国正在推行‘准超级大国外交’以巩固中国在新世界秩序中的优势。”

**（2）中美关系平稳发展，“中美共治论”受到热炒。**

本年度，中美建交30周年、中美首脑会谈、奥巴马访华及新政府对华政策、首轮中美战略与经济对话、中美舰船南海对峙、中美轮胎特保案等事件是中美关系中的报道热点。

2009年是中美建交30周年，也是美国新任总统奥巴马上任第一年。中美关系如何渡过美新政府上台初期的“磨合期”备受外界关注。舆论注意到，美国新任总统注重与中国加强合作关系，中美两国高层互访频繁，美国政府着重强调在金融危机、气候变化和安全等全球性议题上与中国的合作，而将贸易差距、人民币汇率、人权和宗教等敏感问题放到次要位置。舆论分析认为，中美关系因相互需要而转向务实，合作与制衡成为中美关系新模式，应对金融危机与气候变化等全球性议题成为中美关系的新增长点。

舆论同时注意到，中国地位与作用在中美关系中上升，英国《金融时报》、美国《外交政策》、日本共同社等重要媒体均认为，由于“经济危机使得实力的天平向中国倾斜”，“美国正在正视着政治、经济实力日益增强的中国的存在感和影响力”，促使中美两国开始在“对等地位”上合作对话。在此舆论背景下，有关中美两国平等协商、共同领导全球事务的舆论也在升温，有关“中美共治论”（G2）一时之间成为媒体热议的话题，在G20峰会、中美首轮战略与经济对话和哥本哈根联合国气候变化会议期间讨论尤热。舆论普遍认为中美关系的重要性与日俱增，中美关系是21世纪最重要的双边关系，“G2”时代或正拉开帷幕。

（3）**中俄加强经济合作、中欧关系回暖、中日关系继续改善受到关注。**

今年是中俄建交60周年。境外媒体主要从中俄联合军事演习以及两国领导人会晤、俄总理普京访华等事件评价中俄关系。美联社、路透社等评论认为，目前是中俄史上关系最好的时期，俄中正日益克服传统的不信任，推进共同经济利益；俄中签署天然气供应协议和贸易协议，提升了中俄“亲密但日益不平衡的关系”。同时，由于“新星号”沉没和莫斯科大市场突然关闭令数万华人华商利益遭受巨大损失等事件的发生，也引起外媒的关注，称事件给总体改善的中俄关系蒙上一层阴影。

中欧关系在2008年趋冷一段时期后，2009年逐渐回暖。温家宝总理、习近平副主席的欧洲之旅，均被外媒视为中欧关系改善的迹象。外媒普遍认为，温总理参加中欧峰会标志着中欧结束不和、向深入战略伙伴关系发展。外媒同时指出，尽管中欧关系中的紧张气氛得到缓和，但双边关系的改善之路仍然存在障碍，如在西藏、人权、气候变化等问题上的分歧依然明显，即使是在联系最为紧密的经贸以及应对金融危机问题上，中欧之间也有很多问题需要解决。一些欧洲媒体甚至担忧中欧关系失衡，认为双边关系的重心已经倒向中国。德国《南德意志报》称，“中国在欧洲的地位从未如此重要，而中国很大程度上却在忽视欧盟。”欧洲对外关系委员会高级政策研究员约翰·福克斯和弗朗索瓦·古德门特还在英国《金融时报》上撰文提出，欧盟需要一种全新的、从利益出发的对华政策，激励与威胁并用，与中国进行更强硬的讨价还价。

2009年，中日关系继续向着改善的方向迈进。随着日本民主党政府鸠山内阁上台，实行重视亚洲与中国的政策，两国高层接触加大力度。年终习近平副主席访日、会见日本首相和天皇，日本民主党政府“幕后将军”小泽一郎率领由国会议员、经济界精英共600人组成的超大型团组访华，使中日关系在年末画上浓墨重彩的收官之笔。对此，境外媒体评论认为，习近平副主席访日，双方就深化日中战略互惠关系达成了一致；日方打破惯例促成天皇与习近平会见，“体现了鸠山政权在外交方面对中国的关照。”日本媒体肯定小泽访华团对促进中日友好的意义，但认为当前日中双方的利害关系盘根交错，待解决的问题也是堆积如山，还“远不是日本的政治精英们大规模访华，在一派‘干杯’声中自我满足的时期”。

（4）**印度媒体的炒作使中印关系蒙上阴影。**

2009年，中印之间由于贸易争端、建水坝之争、边界纠纷、达赖窜访印度所谓的“阿鲁纳恰尔邦”（即我藏南地区）等事件，两国外交纷争、媒体交锋、网民论战较为频繁，境外媒体形容为两国“口水战”升级。境外舆论普遍认为中印间互不信任增加，中印紧张关系加剧。同时，印度媒体对中印之间在地缘政治、领土边界、涉藏问题上存在的一些分歧加以夸大渲染、推波助澜，并炒作来自中国的军力威胁，致使印度国内充斥着有关中国的负面报道与舆论氛围。不少境外媒体分析造成这种状况的原因，认为边界争端是中印关系的最大障碍，由于历史冲突问题，印度对中国仍存不信任态度。美国《华尔街日报》评论称，“两国在重兵驻守的山地边境提出了互不相让的领土主张，再加上两国之间紧张的经济关系，正在引发一场21世纪的较量”。媒体进一步分析认为，随着中国经济实力的上升，中国在南亚地区的影响力增加，使印度心存猜忌。日本《选择》月刊载文称，“中国不断拉近与巴基斯坦、缅甸、孟加拉国、斯里兰卡等印度洋沿岸国家的关系，正在用‘珍珠项链’勒紧南亚次大陆的脖子。虽然从经济交往的数据来看，中印关系处于非常良好的状态，但两国积累了60年的恩怨和围绕着周边国家的势力范围之争并未消除，崛起的印度和中国之间有朝一日发生冲突，并非不可思议。”

（5）**关注中澳关系经历波折。**

2009年，由于发生“力拓间谍案”、澳拒绝中铝公司收购力拓股权、“疆独”

分子热比娅访澳、中国电影人退出澳大利亚电影节、澳官员指责中国公司从事间谍活动等一系列事件，使中澳关系受到冲击，一度跌入低谷。境外媒体持续关注这些事件对中澳关系带来的影响，分析中澳关系恶化的原因。有媒体分析认为，中澳之间的价值观念及利益之争，致使两国发生冲突；中澳之间的经济联系已日益紧密，意味着中国能够施加相当大的影响力，澳大利亚由此感到遭遇挑战。2009年5月澳大利亚政府发布的国防白皮书，预测中国将成为澳大利亚未来最大的威胁也说明了这一不安。李克强副总理访问澳大利亚被外媒解读为中国做出修复中澳关系的努力，两国关系开始重返正轨。

**5．我在温室气体减排方面所做的努力获得广泛好评，但在哥本哈根联合国气候变化大会面临严重舆论压力。**

2009年，境外有关中国环境治理、应对气候变化问题、开展清洁能源计划方面的报道与评论显著增加。利用专业数据库检索，共搜索到2009年境外媒体的相关报道50726篇，比2008年（30356篇）增加了2/3。这与我积极减排，发展绿色能源取得显著成果，以及哥本哈根联合国气候变化大会的临近与召开密切相关。在哥本哈根大会上，中国的立场与表现备受瞩目。西方舆论在哥本哈根大会期间对我减排计划、减排透明度等方面一再指责和施压，甚至将整个会议未达成有约束力的协议的责任推给中国，致使我在气候变化问题上面临较为严峻的国际舆论压力。

**（1）中国发展绿色经济改善环境努力受到广泛好评。**

美国《纽约时报》、《洛杉矶时报》、《旧金山纪事报》、《环境新闻网》，英国《金融时报》、《泰晤士报》等多家西方主流媒体发表文章，对中国在环境治理、发展绿色能源方面做出的努力及取得的成效进行积极评价，称中国正在开展一场“绿色能源革命”，可能很快就会在替代能源领域“获得世界领袖的声望”。美国有线电视新闻国际公司引用世界可持续发展商会联合主席斯丁格森的话说，中国有潜力成为低碳经济领袖。《世界是平的》一书作者托马斯·弗里德曼在《纽约时报》多次撰文，高度评价中国在环保领域所做的努力，“如果我们能继续跌跌撞撞地走出这场经济危机的话，未来的历史学家们很可能会得出如下结论：过去18个月里发生的最重大事件是，红色中国决定成为环保国家。我认为，中国在本世纪作此决定的重要性相当于苏联在1957年发射人造卫星——那是世界首颗‘绕地卫星’；呼吁美国重视清洁能源技术发展，否则“中国将在能源技术领域‘把我们彻底击垮’”。

11月26日，距哥本哈根联合国气候变化大会开幕10天前，中国政府宣布，2020年中国控制温室气体排放的行动目标为单位国内生产总值（GDP）二氧化碳排放比2005年下降40%至45%。此消息一出，立刻受到境外媒体的广泛好评，但同时也伴随着各种质疑的声音。多数媒体认为，中国的减排承诺意义重大，是中国为对抗全球变暖所作的贡献之一，彰显出中国政府在对待气候变化谈判上的认真态度；但也有评论认为，中国并未承诺削减排放总量，这意味着中国会继续增加排放量，只不过增速有所放缓而已，而且这一目标事实上还不如中国过去的成绩。

**（2）中国在哥本哈根联合国气候变化大会上的立场及表现成为关注焦点。**

由于全球气候变暖对人类生存环境带来的影响日益显著，12月7日至18日哥本哈根联合国气候变化大会的举行引起国际社会前所未有的高度关注。由于目前的经济发展速度及二氧化碳排放规模，中国在会议上的立场及表现因此备受瞩目。境外媒体密切关注温家宝总理密集的“穿梭外交”，广泛报道温总理在大会最后一天在领导人会议上发表的讲话。美联社、路透社、法新社、德新社等西方通讯社播发多篇文章指出，温总理维护了中国减排承诺的合理性，表明了中国坚定不移地为实现甚至超过既定目标而努力的决心，并寻求凝聚各方共识，竭力促成会议取得成果。境外记者特别注意到，与以往的气候变化国际谈判不同，在此次大会期间，中国适应了国际和国内形势的变化，在积极参与谈判之外还高调出击，更加勇于表达中方的观点。

但外媒报道更为集中的是发达国家对我施压、促我让步的态度。西方媒体反复指出中国是世界最大的温室气体排放国，不断强调中国拒绝外部设定强制性减排目标，也不同意减排承诺接受国际监督；一再批评我利用对七十七国集团的影响力来推进本国谈判议程，并着重利用最不发达国家和小岛国的生存诉求，把矛盾聚焦在中国等发展中大国身上；夸大中国同个别发展中国家的立场分歧，制造中国与发展中国家的矛盾，出笼中国的“发展中国家身份毕业论”；广泛发布国际能源机构和美国能源部“只要中国经济继续保持8%的增速，2020年后二氧化碳排放量仍将翻番”的预测数据，质疑中国减排承诺毫无意义，散布“中国气候威胁论”和“中国气候责任论”。英国《独立报》甚至在头版发表题为《中国劫持整个世界》的文章，称全世界都在看中国是否让自己成为破坏新气候变化协议的坏人，中国看起来没有任何实际的行动。路透社的评论直言，中国的立场引发众怒，多数富裕大国不满中国拒绝监控其减排承诺的不妥协态度，发展中国家也认为中国放弃了一直坚持任何协定必须在各方共识基础上达成的原则。中美两国在气候变化大会上的外交角力，也是境外媒体关注的重点。对于大会最后关口温总理与奥巴马总统富有建设性的磋商，以及中美等五国努力达成共识，推动形成《哥本哈根协议》，媒体对此结果褒贬不一，但是普遍认为这表明世界秩序已经开始由中美主导。

### 6．涉疆舆情成为年度热点，涉藏、涉台舆论形势总体平稳。

2009年，在西方舆论涉我传统议题中，涉藏、涉台舆情态势平稳，甚至出现一些于我有利的舆论迹象。但是，由于乌鲁木齐“7 · 5”事件的发生，使涉疆舆情开始成为境外媒体关注的热点，有关的舆论形势表现较为严峻、复杂。

#### （1）新疆“7 • 5”事件成为震惊全球的媒体热点事件。

7月5日，新疆维吾尔自治区首府乌鲁木齐市发生打砸抢烧严重暴力犯罪事件，举世震惊，引起全球媒体的广泛关注。据专业数据库统计结果显示，相关英文报道在事发后3天内即达千余篇。涉疆问题因此成为2009年下半年来受到境外媒体持续关注的热点舆情事件。

此次事件不仅引起西方和我周边国家媒体的广泛关注与报道，伊斯兰教国家特别是土耳其媒体也密切关注。土耳其主要通讯社——阿纳多卢通讯社在事发初期，不间断地发布滚动新闻，事发后12天的报道量达到299篇，位居海外媒体报道量的第二位，仅次于法新社（415篇）。

**舆论普遍认为“7 • 5”事件事态严重**　境外媒体普遍认为，“7 · 5”事件是“中国长期以来最血腥的骚乱之一”，比拉萨“3 · 14”事件严重得多。多数外媒在报道中承认汉人伤亡重大，暴徒手段残忍。英国《泰晤士报》更是将其冠以“大屠杀”之名。

**我信息披露及时有效弱化西方舆论负面影响** 乌鲁木齐“7·5”事件发生后，中央迅速采取措施平息事态，我外宣部门也迅速启动对外舆论工作应急机制，成立新闻中心，第一时间发布权威信息，并主动安排境外记者采访活动，有效把握了舆论的主导权，使得此次境外舆论高潮持续时间短、降温快，有效压缩了境外负面炒作的空间。我在重大突发事件中作到信息公开、透明，受到境外舆论的积极评价，被认为“中国的媒体策略日渐走向成熟”。英国广播公司报道称，“中国政府最值得注意的方面是新疆骚乱后迅速开放了海外媒体的报道。这或许是拉萨骚乱后国际社会没有出现强烈反应的原因之一。”

**不同国家媒体对“7·5”事件反应有差异** 综合境外媒体的报道可以发现，在对“7·5”事件的态度上，俄罗斯等国和西方国家明显不同。俄罗斯和上海合作组织媒体报道本国政府强调“7·5”事件是中国内政，对中国政府表示支持；而美欧等西方国家则呼吁有关各方保持克制，和平解决冲突，且部分国家的议员和反对党借机大肆批评我民族政策，被西方媒体广泛报道。此外，西方媒体报道中不时批评中国缺乏人权自由，指责我民族政策。值得注意的是，一些穆斯林国家和团体在此次事件中对我的批评声音尤为突出，特别是土耳其。土方许多恶意歪曲和攻击的言论得到境外主流媒体的普遍关注。土耳其《每日新闻》指出，土耳其总理埃尔多安是抨击中国在新疆行动最猛烈的外国领导人。英国《星期日电讯报》的一篇文章甚至冠以标题《中国的做法激怒穆斯林世界》，渲染穆斯林国家和团体抗议我政府的言行。

**西方舆论将矛头指向我民族政策** 西方媒体在报道乌鲁木齐“7·5”事件时，其固有的意识形态偏见仍然根深蒂固，对我政权和体制素有成见，在“7·5”事件的报道中表现出明显的政治化、意识形态化痕迹：着意渲染事件对维汉关系的负面影响，质疑“热比娅和世维会是幕后黑手”的说法，反指我镇压和平抗议；援引热比娅和“疆独”分子的言论，质疑维族人的死亡人数，认为实际的死亡人数远远超出我官方数字；批评我加强网络管理。西方媒体还从负面角度分析“7·5”事件产生的原因及影响，将主要矛头指向我民族政策：强调维族人受到汉人的歧视，在政治、经济、文化等各方面都被边缘化；维族宗教和文化受到汉族“同化”政策的威胁；维汉之间贫富差距日益加剧；维族民众的意见和感情不受重视；维族人还因政府过度“反恐”而备受压迫等。西方舆论认为，上述因素纠结在一起，是造成“7·5”事件爆发的根源，凸显了少数民族治理在中国长期存在的问题和严峻挑战。

**以热比娅为首的“疆独”势力不断制造谣言，试图吸引媒体注意力** “7·5”事件发生后，热比娅及主要“疆独”分子的言论成为境外媒体报道“7·5”事件的重要消息源之一。热比娅不断接受境外主流媒体的采访或在主要报纸上撰写文章，对我政府进行无端指责，质疑我官方公布的伤亡数字，呼吁国际社会调查事件“真相”，挑起大规模舆论炒作的意图明显。西方一些媒体自愿充当热比娅的传声筒，认为我政府指责以热比娅为首的“世维会”指挥煽动“7·5”事件的说法缺乏有力证据，有部分媒体甚至称热比娅只是中国政府的替罪羊。而热比娅在各国的窜访、出版的自传以及拍摄的纪录片，也受到境外媒体的特别关注。但是，英国《每日电讯报》、香港《南华早报》、德国《法兰克福汇报》、新加坡《联合早报》等也对热比娅的言论提出了质疑，指出热比娅关于“7·5”事件的一些说辞无法得到证实，还使用伪证欺骗媒体。

**（2）国际涉藏舆论形势总体平稳，出现于我有利的积极变化。**

2009年的国际涉藏舆论态势总体较为平稳，未出现2008年那种较大规模的恶性负面炒作事件，国际舆论关注度与2008年相比明显降低。据专业数据库统计，2009年境外媒体涉藏报道共有9302篇，约为2008年25565篇的36.3%。尽管西方媒体的涉藏报道偏见性倾向仍然存在，多数舆论对达赖仍持同情和支持的立场，但国际社会对达赖的窜访活动态度出现一些变化，达赖国际窜访的受欢迎程度与以前相比有所降低，境外媒体还出现了批评达赖和报道境外藏人中存在问题的报道，我国际涉藏舆论形势有所改善。

**一季度涉藏报道数量呈现高位** 由于一季度存在藏历新年、“百万农奴解放纪念日”、达赖逃亡50周年、西藏民主改革50周年、“3·14”事件一周年等众多敏感或重要时间节点，境外媒体此阶段对涉藏议题关注度较高，并且随着3月众多敏感纪念日的到来，境外媒体涉藏报道数量逐月增加。据统计，一季度境外涉藏报道共有3275篇，占2009年涉藏报道总量的46%；其中3月份报道量达到2120篇，约占一季度报道量的65%。在平稳度过3月敏感期后，境外媒体的涉藏关注度迅速回落。

**普遍认为我加强“西藏问题”的国际公关** 2009年以来，我采取一系列措施加大西藏的对外宣传。西藏自治区人大将每年的3月28日设为“西藏百万农奴解放日”，我有关部门多次组织外国媒体和官员赴藏采访，派遣全国人大西藏代表团和藏学家代表团赴美、欧、澳等地访问，国务院新闻办发布《西藏民主改革五十年》白皮书和首份《西藏经济社会发展报告》，受到境外主流媒体的关注。

境外媒体普遍认为，中国政府加强了在涉藏问题上的国际公关，与达赖集团和西方“抢夺话语权”。媒体还认为，中国涉藏政策出现策略性调整，不再仅仅“依靠对僧侣的严格控制和经济开发”来维持西藏稳定，而是加强舆论攻势，争取藏人和国际社会的支持。

在“3·10”敏感纪念日到来前夕，境外“藏独”组织不断发布消息，称四川理塘藏人抗议、四川格尔登寺喇嘛自焚、四川塞格寺僧人抗议等，引起境外媒体的关注。我政府有关部门和官方媒体第一时间澄清事实，有效进行舆论引导，及时遏制了境外对这些事件的恶意炒作势头。

**国际社会对达赖窜访的舆论关注度有所下降** 2009年以来，达赖继续频繁进行国际窜访，试图吸引国际支持和国际舆论的关注。但境外媒体注意到，西方国家对待达赖窜访的态度出现变化，达赖的受欢迎程度与2008年相比相对降低，达赖窜访期间未获重量级政治家的接见。其中，美国总统奥巴马不予会见窜访华盛顿的达赖，是18年来美国总统不见达赖的第一次。境外媒体对达赖窜访的关注度与2008年相比也相对降低，媒体的报道平淡且简短，西方舆论中甚至较为少见地出现批评达赖的声音。在达赖7月末8月初窜访德国期间，《星星》新闻周刊发表文章，批评达赖在统治“流亡藏人”方面犹如一个来自中世纪的独裁者。《南德意志报》称达赖在“西藏问题”上是个政客。

但是，国际社会对达赖的态度仍然体现出鲜明的两重性。一方面，一些西方国家继续利用达赖作为谋取自己利益和遏制中国发展的工具，通过允许达赖窜访、官员会见、颁发“荣誉市民”及各种奖项等方式对达赖表示支持；另一方面，由于顾及中国日益强大的影响力和期望中国帮助走出国际金融危机，多数国家领导人对达赖低调应对。有媒体认为，各国政府“越来越明显地不愿明目张胆与这位西藏精神领袖在一起”。

**达赖加强与“疆独”、“台独”和海外“民运分子”的勾连受关注** 2009年以来，达赖和“西藏流亡政府”在各种场合依旧大肆对我涉藏政策进行攻击，不断声称对中国政府失去信心，表示寻求增强同中国人民的接触。在进行国际窜访时，达赖频频接触境外“民运”分子，与“旅欧中国知识分子”座谈，召开所谓“国际汉藏对话会”，部分境外媒体对此进行报道。美国《基督教科学箴言报》的分析称，把手伸向海外华人已经成为达赖的策略重点。

达赖集团还加强与“疆独”和“台独”势力的勾连。乌鲁木齐“7·5”事件爆发后，达赖在多个场合对热比娅表示支持，发表声明称新疆为“东土耳其斯坦”；台湾遭受莫拉克台风侵袭后，达赖接受“台独”分子邀请，赴台为台风受难者“祈福”，违背其事先提出的“不涉及政治”的承诺，告诫“台湾要捍卫民主”。这些动向均引起境外媒体的关注，有媒体分析指出，“藏独”、“疆独”与“台独”有合流趋势。

**（3）积极评价两岸关系继续朝缓和方向发展。**

2009年台海局势延续2008年两岸实现重大积极突破的良好局面，两岸关系在正面互动中持续升温。境外媒体对此予以关注和肯定，同时认为两岸要取得政治谈判上的历史性突破还为时尚早，预测两岸未来数年还有许多具体的互动协商工作要进行。

**积极评价两岸关系的持续正面互动，但对两岸政治关系的突破不抱乐观** 境外媒体持续关注我不断向海峡对岸释放善意及台湾做出的积极回应。体现两岸互动和关系缓和的热点事件包括：胡锦涛主席在纪念《告台湾同胞书》发表30周年座谈会上提出进一步发展两岸关系六点建议，温家宝总理在政府工作报告中提出在“一个中国”原则的基础上与台湾进行政治和军事会谈，胡锦涛总书记第二次会见国民党主席吴伯雄，胡锦涛主席电贺马英九当选国民党新任主席，温家宝总理在博鳌论坛会见台湾代表团，第三、四次两岸两会、两岸定期航班及共同打击犯罪等三项协议，我大力支持台湾莫拉克台风救灾重建，两岸故宫博物院文物交流，两岸南极考察学术交流，两岸召开经贸文化论坛、首届海峡论坛大会及合作举办世界佛教论坛等。对此，境外媒体频繁使用“两岸关系回暖的最新信号”、“两岸关系迅速发展的最新例证”、“两岸关系越来越密切”、“两岸和平互动成效的显现”这样的词语来评论。美国《国际先驱论坛报》称，“两岸关系从敌对到握手言和，解冻发生在短短一年内，双方60年的敌对已经让步于民间商议。”

尽管肯定两岸关系良好发展的局面，国际舆论对两岸关系短期内难以取得实质性突破的评价并没有改变。境外媒体认为未来两岸政治接触不可避免，但两岸对“一个中国”和两岸关系的最终定位仍有分歧、两岸军事互信也有待培养和建立，在短期内难以突破；马英九政府虽对我频繁释放善意进行积极回应，但也面临着切实的岛内政治和经济压力，表示现阶段两岸仍主要就经济金融问题展开协商。美国《华盛顿邮报》称，台湾在同北京进行任何对话之前，必须首先解决其内部争议。

**关注我对台工作新思路，称赞我解决两岸问题的灵活性和积极思考** 境外媒体在关注两岸互动实现一系列成果的同时，对中央调整对台工作思路、为解决两岸敏感议题贡献的政治智慧也不断予以积极评价。境外媒体认为，在两岸关系的几大敏感区域，如政治谈判、军事交流、台湾参与国际空间问题及与民进党关系等方面，中央均做出了微妙的调整。境外媒体注意到，胡锦涛主席提出与台湾在“国家尚未统一的特殊情况下就政治关系展开务实商讨”的最新表述，显示了我解决两岸关系的积极思考；我在陈述“一个中国”原则时避免对台湾威胁使用武力，传达出前所未有的重要信号；在台湾参加国际活动问题上表示“可以通过两岸务实协商做出合情合理的安排”，这一声明具有开创性；并首度表示愿意与民进党往来，在民进党放弃“台独”立场之下做出“积极的回应”，展现了灵活与宽容度。

2009年，台湾能够首次以观察员身份参与世界卫生大会就是两岸解决政治敏感问题的实质性成果。美国《纽约时报》、英国《经济学家》和日本《朝日新闻》都对此发表了积极评论，认为这将是两岸关系缓和并首次超越纯粹经贸领域的信号，同时也为两岸破解政治难题提供了经验、创造了条件。

此外，台湾高雄市长、民进党高层干部陈菊访问大陆，我以免办入境手续等异乎寻常的规格予以接待，也被认为是对台工作思路转变的体现。美国《纽约时报》认为，陈菊访问大陆比胡锦涛总书记会见吴伯雄更能反映两岸政治动态的改变程度。新加坡《海峡时报》认为，大陆开始准备向占据台湾人口40%的民进党及其支持者伸出橄榄枝。

**与陈水扁时期相比，敏感事件造成的国际舆论影响较小**　在马英九积极推动与大陆改善关系的同时，民进党也与大陆展开零星接触，尽管仍抛出一些刺激两岸关系敏感神经的议题，但与陈水扁时期极力制造“台独”事端的挑衅行为相比并未造成太大的国际舆论影响。这些敏感事件包括邀请达赖访台为台风受灾民众“祈福”、放映“疆独”头目热比娅的纪录片并试图邀请热比娅访台。美国之音、美国《时代》周刊、英国《经济学家》等境外媒体均称我对达赖访台的反应“低调克制”、“谨慎小心”、“展现出前所未有的老练程度”，并认为达赖的访问对两岸关系的冲击只是短期的、表面的，长期影响不会很大。有境外媒体虽认为高雄市放映热比娅影片会打击两岸关系，但也有媒体认为高雄市提前放映而非在电影节放映该影片实质上等于撤展，是对大陆批评做出让步的表现。而台湾禁止民进党邀请热比娅来台访问，境外媒体则认为此举止住了两岸互信下滑的局面。

### 7. 围绕我社会领域形成较多舆论热点。

一年来，境外媒体对我社会领域关注热点较多。我在甲型H1N1流感疫情防控方面采取的措施及取得的成效不仅受到世界卫生组织的好评，也得到外媒的积极评价。在社会问题方面的其他领域，外媒特别关注国际金融危机和世界经济危机影响背景下，我在就业、医疗、教育等民生领域中面临的一些问题，对司法、腐败、网络管理等问题以及突发性、群体性事件方面，境外媒体的负面评价较多。此外，由于敏感时间节点较为集中，在敏感日来临前及期间，对我意识形态领域的负面报道与批评指责也较为突出。

#### （1）我防治甲型H1N1流感疫情受到良好评价。

4月底以来，境外媒体持续关注中国的甲型H1N1流感疫情及政府的防控措施。在中国香港和内地先后出现首例流感确诊病例引发境外媒体的两次集中报道后，媒体的报道态势渐趋平稳。疫情发生初期，有境外媒体对中国隔离外国公民以及禁止进口美加等国猪肉颇有微词，认为中国这次对甲型H1N1流感疫情“反应过度”。

但6月以来，境外媒体积极评价的声音增多，特别是甲型H1N1流感疫情在全球蔓延的势头加重后，中国的疫情防控措施开始受到境外媒体的更多肯定。外媒积极评价称，中国的防控与应对与2003年“非典”相比有明显进步，做到了及时、有效、透明；“非典”时期的政府应急机制和全民动员机制，在这次防控工作中发挥了积极作用。美国《纽约时报》还以《中国严格的甲流防控措施似乎生效了》为题，肯定中国“严厉”的防控措施“可能已经在减缓甲流扩散方面发挥了作用”。

（2）**我就业形势问题在年初成为较突出的话题。**

2008年年末以来，受到全球金融危机的冲击，我外贸出口形势严峻，导致沿海城市大批农民工返乡，大学生就业也面临巨大压力，我就业问题成为上半年境外媒体关注的热点话题之一。外媒关注点主要是失业的波及范围、影响以及政府的应对举措。外媒分析认为，失业率的大幅飙升增加了我2009年的经济风险，高失业率可能对社会稳定构成致命的威胁；政府保持社会稳定和解决失业问题的能力因此受到考验，创造就业从而成为政府的首要任务。下半年随着我经济形势的好转，政府采取保证就业的各项措施取得积极成效，得到外媒肯定，“政府的大规模经济刺激计划不仅在国内创造了新的生产能力，也提高了劳动力需求”。外媒对中国的就业形势的关注点从此也开始转移，部分媒体关注到中国就业环境中女性受到歧视和就业不平衡的问题。

（3）**网络舆论事件引起较多关注。**

2009年，在“绿坝”软件、“邓玉娇案”、中国叫停“谷歌中国”的境外网页搜索等社会热点事件中，中国的互联网管理制度以及网络舆论力量成为境外媒体热议的话题。境外媒体从一开始便从所谓的道德制高点指责我“压制自由”，放大网民在互联网上的不满声音，称互联网正在成为推动中国社会变革的重要力量。境外敌对势力利用网络对我进行渗透的力度也在加强。网络已成为中西方舆论战的前沿阵地。

**“绿坝”软件引发舆论较大争议**　6月初，国家工业和信息化部要求7月1日后出厂和销售的计算机预装“绿坝—花季护航”软件的消息公布后，引起国内外舆论的较大反响与争议。美国《华尔街日报》、英国《金融时报》等西方主流媒体频繁发表评论对我进行批评，指责我以过滤色情信息为借口，对互联网和言论自由实施控制。这些媒体通过报道国外业界高管的担忧、美欧政府的反对以及中国网民的争议，对我予以施压，其背后更多地隐含的是自身在华的商业利益与政治目的。

**关注“邓玉娇案”反映出的中国社会现状** 2009年，网上舆论事件发生频繁，包括“躲猫猫”、“杭州飙车案”、“邓玉娇案”、“重庆打黑案”等都引起我国内网民和公众的强烈反响，迅速成为国内网上热点事件。其中“邓玉娇案”的境外舆论反响较大。外媒对此持续关注，并将其作为分析中国社会现状的一个案例，其中不乏失实甚至偏见之处。境外媒体认为，互联网为中国民众开辟了表达对官方不满情绪的渠道，成为社会变革的潜在催化剂，邓玉娇最终被免于处罚显示出公众关注及新闻舆论所起到的重要监督作用。有媒体称，“邓玉娇案”反映出中国社会中的官民已经处于一种高度的对立状态，公众的不满在“缺乏公信力”的“一党执政”下已经逐渐上升到了顶点。也有媒体指出，法院在网络和民意的强大压力下对邓玉娇做出免于处罚的决定，可能会影响法律的公信力。

（4）**敏感时间节点形成舆论负面炒作集中的态势。**

在“5 · 12”汶川特大地震一周年、“六四”事件20周年等敏感日期来临前，境外媒体借机不断炒作，就一些议题对我进行批评指责甚至恶意攻击，在一段时期形成负面报道较为集中的态势。

**“5 · 12”汶川特大地震一周年形成报道热点** 在“5 · 12”汶川特大地震一周年来临之际，围绕大地震的各种话题再次成为境外媒体的热点议题。舆论普遍肯定中国政府加快灾区重建步伐的承诺及重建工作成果，并认为灾后重建成为当地经济发展的助推器。但境外媒体更多地关注灾区重建过程中存在的问题。不少媒体注意到灾区居民的再婚、生育以及心理恢复等社会问题，认为“5 · 12”的痛苦记忆使灾民的心理恢复比家园重建需要更为漫长的时间。同时，境外媒体仍在不断炒作垮塌校舍的质量问题，批评我政府在这一问题上的处理方式。新加坡《联合早报》发表评论称，中国政府虽然在灾后重建中做了大量工作，但校舍集中垮塌的责任追究不力和遇难学生家长的不断质疑都成为“5 · 12”大地震一周年之际的不和谐音，“为地震一周年祭奠蒙上阴影”。还有媒体怀疑我在使用灾后重建资金的过程中可能出现腐败问题。

**对“六四”事件20年进行较大规模的炒作** “六四”事件20周年来临前，境内外敌对势力开始有计划、有步骤地对我人权、新闻自由、政治体制等议题进行攻击与施压，境外媒体也提前进行议题设置，对此推波助澜，致使“六四”前夕相关报道数量猛增，形成了一次较大规模的负面炒作浪潮。据专业数据库统计，境外媒体涉“六四”报道量呈持续攀高之势，4月–6月分别为256篇、716篇、1791篇，6月4日当天达到日报道量的峰值489篇。6月5日以后，有关报道量骤然下降。

境外媒体坚持西方舆论界对“六四”事件性质的一贯立场，以“屠杀”、“流血”等词汇指责我在“八九”政治风波中“镇压”民主运动；以民运分子和异见人士的活动与言论作为主要消息源，将焦点集中在平反“六四”、公布“真相”及追究“责任”上；批评我在“六四”问题上保持沉默并在国内采取“严格的”安保措施。但与往年对“六四”的评价相比，西方舆论出现了一些新的变化。一些文章较为客观地分析20年来中国的发展变化，承认中国共产党的执政能力增强、我政治经济环境明显改善、民众满意度上升，认为中国社会虽然存在不稳定因素，但局势总体稳定。此外，中国“80后”新一代年轻人如何认识与评价“六四”成为境外媒体普遍关注的重要内容。各大通讯社和主流媒体纷纷从当代年轻人对“六四”的态度与认识角度开展调查或评论，得出结论认为，中国年轻一代对“六四”知之甚少；中国当代大学生拥护党的领导，对中国在各方面的成就感到骄傲，对西方持更多的怀疑态度，并不十分认同当时大学生的行为。

## 8．军队庆典与大事较多，我军力发展备受关注。

2009年，中国军队庆典多、大事多，使其成为对我军具有标志意义的重要一年，导致境外媒体涉军方面的关注热点也较多。其报道的热点主要有：我海军护航行动，海军60周年庆典活动，国庆60周年庆典阅兵仪式，空军成立60周年，我军方高级将领出访，中国与俄、新、蒙等国联合军演，国防部网站开通，我空军领导人发表“空天安全观”的讲话等。由于这些事件在我军发展中所具有的重要意义，英国《金融时报》评论称，“一系列事件证明，2009年是中国成为拥有远大地区抱负的军事强国之年”。我采取的一系列加强军事透明度的举措，受到外界的欢迎和外媒的积极评价，认为中国军事呈越来越开放透明的趋势。但是，我军费预算、军力发展特别是海军军力的发展，也是外媒持续关注和炒作的话题，中美舰艇南海对峙是一段时间内受到关注的热点事件。

（1）**我海军护航行动备受瞩目。**

2008年12月底，我国政府正式派海军舰艇前往亚丁湾、索马里海域执行护航任务。境外媒体对此高度关注，西方主要英文媒体和我周边国家媒体均对此进行了报道，报道热度持续延至2009年年初。总体来看，国际舆论对此次行动反应积极、客观。境外媒体的关注重点主要是分析我实施此次护航的目的、意义以及影响，认为此举的主要目的是保护自身广泛的经济利益，也是为了缓和西方国家对中非日益密切的经济联系的不满情绪。外媒普遍认为，此举意味着中国全球影响力的增强，是中国崛起为世界强国的重要一步。美国《国际先驱论坛报》评论文章称，“这是中国崛起为世界强国的过程中意义重大的一步。”法国《费加罗报》载文称，“中国的出海仍具象征意义。首先从外交层面来看，北京正成为国际博弈的全面参与者；从军事层面来看，中国正在实现跨越；从海洋层面来看，信号非常明确：中国正慢慢展露出海洋抱负。”

境外媒体还据此分析，中国的海军政策出现重大转变，是海军从近海防御力量向远洋战斗海军扩张的标志。也有媒体认为国际社会对我护航行动怀有复杂情绪，我海军实力的增强将引发一些国家和地区的不安。美国《基督教科学箴言报》的文章称，“此事在国际上引起了复杂的反应，人们对中国寻求大国地位的做法充满矛盾心理。中国海军的发展让有些国家感到紧张不安，尤其是日本和印度。”

（2）**海军成立60周年庆祝活动引起广泛关注。**

2009年，我举行多次军事庆典活动，其中，4月20日至23日纪念人民海军成立60周年多国海军活动引起境外媒体的广泛报道。利用专业数据库，共搜索到4月15日至24日境外媒体相关英文报道531篇。此次活动除了受到英美主流媒体的关注外，尤其吸引了日本、印度、东南亚等中国周边国家以及台湾地区媒体的注意力。活动引起特别关注既与活动的规模大、层级高有关，也与中国海军发展一直是外媒关注的重点领域有关。

境外媒体注意到，此次阅兵仪式是我建国以来最大的一次海上阅兵，参与国家特别多、代表团级别特别高，显示出中国国际影响力的提升以及世界各国对中国海军的重视。境外媒体认为，中国将此次活动视为“政治外交”活动，以向外界展示透明度、增强信任感和表达善意，降低“中国威胁论”的疑虑，为中国海军发展营造良好的国际环境。同时，外媒更多地将关注焦点放在中国海军未来的发展上，认为中国的海军建设计划并不仅局限于海岸防御，而是将军事力量投放到海岸线之外更远的地方，涵盖更加广泛区域的利益。一些媒体借此渲染中国海军实力的发展可能引发亚太地区甚至印度洋地区国家的担忧。

# 2010年境外媒体涉华舆情分析

2010年是我国全面实现国民经济和社会发展“十一五”规划目标，酝酿制定“十二五”规划的重要一年。在世界经济总体向好但矛盾和问题仍层出不穷的形势下，我国坚持和平发展道路，克服内外不利因素，加快转变经济增长方式，保持了经济的平稳较快发展，GDP跃升为世界第二位。而一些西方发达国家仍未从国际金融危机中完全恢复，至今还在为主权债务和财政危机所困扰。这使我国在利用经济杠杆“撬动”国际关系，特别是运筹大国关系上处于有利位置。出于国内需要和应对因中国快速发展而带来的世界政经格局的持续变化，美国加紧调整其全球战略，使中美关系和中国与周边国家的关系出现一些新的变化。这些变化直接影响到2010年的国际涉华舆论。一方面，中国被快速推向世界权力舞台的中心，外界要求中国承担更多国际义务，特别是“促使世界经济重新平衡”的期望与呼声增加；另一方面，西方反华势力对华防范、遏制甚至鼓噪组织反华阵营的调门也在升高。我所面临的国际舆论环境更加复杂多变。西方国家在对我合作借重的同时，遏制打压的一面更加突出。

## 一、总体态势

2010年，境外媒体对我关注度继续增加，中国作用、中国因素得到前所未有的凸显。一方面，境外媒体和研究人员越来越多地正视中国的国际地位和影响，报道和评论中国事务更加务实，客观分析中国政治体制和中国共产党的报道在增多；同时也有一些媒体不时制造“中国强硬论”、“中国傲慢论”、“中国投资环境恶化论”，继续宣扬“中国责任论”、“中国威胁论”，炒作谷歌退出中国风波、人民币汇率、刘晓波获诺贝尔和平奖和中国与周边国家的领土争端等问题，在舆论上不断对我施压，国际涉华舆论格局仍由西方主导。

**1. 涉华议题报道密集，既有长期持续报道的焦点议题，也有新涌现出来的热点话题。**

纵观全年，境外媒体涉华热点报道密集，且持续时间长，不少事件在全年都保持着较高的舆论热度，这与以往几年的国际舆论态势相比尤为明显。涉华报道呈现出“常规议题新态势、热点议题频密化”的特点，报道倾向也发生一些变化，国际涉华舆论态势更加错综复杂。主要表现在：一是中美关系成为贯穿全年的报道焦点，其舆论的跌宕起伏为近几年所罕见；二是在经济议题中更加看重未来我经济走势及其对世界经济的拉动作用，我跃居世界第二大经济体成为热议话题；三是在环境和气候变化问题上对我给予积极评价的报道与分析文章增多，特别是我在坎昆联合国气候大会上的表现得到舆论较多肯定，这与哥本哈根大会时我面临的舆论压力形成较为鲜明的对比；四是我人民币汇率面临又一轮施压高潮，要求人民币升值的呼声持续不断；五是西方加大“软遏制”力度，在谷歌退出中国风波、刘晓波获诺奖等事件上予以大肆炒作，对我意识形态和价值观领域进行施压和渗透；六是在继续鼓吹“中国威胁论”、“中国责任论”的基础上，又以“中国强硬论”对我形象进行歪曲和抹黑，不断质疑我韬光养晦政策发生改变；七是借南海问题、中日钓鱼岛撞船事件等宣扬“中国与邻国关系紧张论”，渲染日本、印度、东南亚等周边国家对我崛起的担忧；八是承认我军事透明度增加，却又升高“中国军事威胁论”的调门，着重突出、担忧我海军实力的发展。

**2．涉华报道总量增幅大，报道广度、深度和力度持续增加。**

据专业数据库统计结果显示，境外媒体2010年的涉华英文报道共有70.8万篇，与2009年的49万篇相比增加了约44%；全球30家主流报刊和通讯社[1]的涉华英文报道约为7万篇，比2009年的6.1万篇增加约15%。境外媒体报道总量增幅远大于主流媒体报道数量增幅，说明关注中国的媒体明显增多。

一些主流媒体纷纷以专题报道、社评、封面文章等形式，更为深入地分析中国，分析研究领域主要集中在我外交、经济和军事领域。美国《时代》周刊10月18日一期将温家宝总理作为封面人物，还多次以中国为主题刊登封面文章，重点评析中美关系、中国崛起。英国《经济学家》周刊12月4日一期发表一组特别报道，以6篇系列文章、14页篇幅的规模，对中美关系、我发展道路、外交政策、军事战略、亚洲安全等方面进行全面而深入的评论。这些文章的观点虽然不尽客观，仍存在不少对我担忧、质疑、指责甚至攻击的成分和西方的偏见，但无不关注到中国发展与崛起对地区、世界经济与地缘政治格局带来的巨大影响。

**3．经济和外交议题成为涉华报道的两条主线，相关报道贯穿全年，并深刻影响涉华舆论走势。**

随着我经济发展和国际地位的进一步提升，我经济和外交领域的方针政策对国际社会的影响日益加大，境外媒体对上述两大领域的关注度更为密切，2010年的表现尤为突出。

一是经济和外交议题成为外媒涉华报道的核心内容。经济议题的相关报道所占比例最大，超过全年涉华报道总量的一半。我投资环境、我成为全球第二大经济体等成为热点话题；我经济走势和宏观政策取向、人民币汇率、经济结构调整等受

---

1　30家主流报刊和通讯社包括：美联社、法新社、路透社、共同社、印度报业托拉斯、泛非通讯社，美国《时代》周刊、《新闻周刊》、《纽约时报》、《华盛顿邮报》、《华尔街日报》、《基督教科学箴言报》、《国际先驱论坛报》、《今日美国报》、《洛杉矶时报》，英国《经济学家》、《独立报》、《每日电讯报》、《卫报》、《泰晤士报》，加拿大《环球邮报》，澳大利亚《澳大利亚人报》、《悉尼先驱晨报》，日本《读卖新闻》，新加坡《海峡时报》，南非《商报》，印尼《雅加达邮报》，泰国《曼谷邮报》，韩国《朝鲜日报》，香港《南华早报》。

到持续关注。中外关系议题也表现突出，我国领导人出访和出席峰会时关于重大国际事务的立场和表态备受瞩目；中美关系起伏跌宕，深刻影响着境外涉华舆情的走向；外媒突出渲染周边国家对我崛起的担忧，并就朝鲜半岛局势、伊朗核问题等对我施压，敦促我承担解决地区冲突与危机的责任等等，相关话题持续不断，贯穿全年。

二是从国际涉华舆论中看，经济、外交议题与其他议题相互交织、相互影响。不仅经济与外交议题的舆论之间联系紧密，其与环境、社会、民族、人权、政治、军事、两岸关系等议题的舆论也彼此关联、相互渗透，成为影响这些议题舆论走势的重要因素。

**4．“中国强硬论”成为新的舆论潮流，西方图谋利用其对我进行“软遏制”**。

2010年，“中国强硬论”开始在国际舆论中盛行，不少西方媒体认为，中国在国际事务和对外交往中表现出“强硬”、“傲慢”和“自负”。这股舆论潮流肇始于2009年12月的哥本哈根气候变化大会。2010年初始，中美间摩擦便集中爆发，包括美国对台军售、奥巴马会见达赖、谷歌事件等，美方对我在这些问题上坚持的一贯立场和原则扣上态度“强硬”的帽子，使“中国强硬论”的舆论迅速蔓延、扩大，并在随后的“天安号”事件、人民币汇率之争、南海问题、中日钓鱼岛撞船冲突、刘晓波获诺贝尔和平奖等一系列事件中，得到进一步发酵，成为2010年十分典型且持续全年的重要舆论现象。《新闻周刊》、《华盛顿邮报》等美国主流媒体在舆论的形成和传播中发挥了主导作用，《泰晤士报》、《每日电讯报》、《明镜周刊》等欧洲主要媒体积极附和。西方主流媒体、智库和政府官员相互唱和，成为“中国强硬论”的主要鼓吹者。他们认为中国外交受到所谓国内“民族主义”的推动，主张西方以强硬措施应对中国的“强硬”和“傲慢”。

此次“中国强硬论”集中出现的经济背景，是我国成功应对全球金融危机，经济率先出现企稳回升势头，而西方主要国家迟迟未能走出困境；深层次原因则在于世界政治、经济重心加速向东方转移，西方对此心理失衡，反映出西方对我国从充满期待到失望、抱怨、再到指责的心理变化，其图谋是增加对我“软遏制”的筹码，从而“规范”、“约束”我国的发展。

**5．中国声音在国际舆论中进一步增强，国内媒体报道成为影响国际舆论的重要信息源。**

2010年，我国进一步加强对外传播能力建设，中国的声音在国际舆论中得到增强。这主要体现为：一是我有关部门通过加强新闻发言人制度、加大新闻发布力度、组织各种形式的媒体记者采访或专家交流等，对外介绍我内外方针政策、经济社会发展情况，主动回应与引导境外舆论，推动海外媒体客观、准确地报道中国，取得成效，遏制了一些负面舆论的传播。这在涉经济、政党、自然灾害等方面表现尤其突出。二是做好重大活动的对外主题宣传。利用境外媒体对我“两会”、上海世博会等的关注，我宣传文化部门精心组织和策划，大力宣传我国的发展成就，客观反映我存在的问题和困难，介绍我转变经济增长方式，确保可持续发展，使世界各国不断增加对我了解。三是突发事件的舆论应对更加迅速，手法娴熟。2010年我国各地干旱、洪涝、地震、泥石流等重大自然灾害频发，相关部门在灾后第一时间发出声音，及时公布灾害及救援情况，回应外界关切，澄清不实报道，受到好评。四是在中央政策和财政的大力支持下，我外宣机构加强了对外传播能力建设。中央外宣媒体海外“本土化”建设推进速度加快，对外宣传的语种、渠道和多媒体传播方式的建设均取得较大进展，境外影响力增强。

据统计，境外媒体2010年引用我主要媒体报道内容及观点的英文文章共约5.4万篇，较2009年的4.7万篇增加约15%，反映出境外媒体对我国的声音越来越重视。我国内媒体的报道被广泛引用和转载，成为影响国际舆论的重要渠道。

**6．互联网等新媒体对国际涉华舆论的影响日益突出，网上舆论斗争表现更加激烈。**

互联网、微博等新媒体的涉华舆论影响力日益增大，这不仅表现为境外主流网站的涉华内容更加丰富，而且其报道和评论甚至比传统媒体更具影响力，许多涉华报道的网民跟帖反响热烈。此外，专门针对网络环境研发、创办的新媒体，其舆论影响力也日益凸显，典型案例是号称“第一份互联网报纸”的美国《赫芬顿邮报》，用户访问量已达上千万，用户流量即将超越《纽约时报》网络版，而涉华事务正是《赫芬顿邮报》所关注的重要内容。微博也成为一些境外敌对势力反华的舆论工具。达赖2月在推特上开设微博，5月和7月分别与“中国网民”进行“对话”。外媒引述支持“藏独”的异议人士王力雄的言论称，要“充分利用互联网这个改变时代的技术，把解决西藏问题的努力，从官员间的密谈延伸到汉藏民众之间的坦诚相对和民主协商中来”。

我国网上舆论也日益受到外媒的关注。我国网民对河北大学校园车祸案、中日钓鱼岛撞船等事件的网上言论都成为外媒报道的重要内容。同时，外媒注意到新媒体已成为我疏通民意、舆论引导的重要工具，报道我领导人日益重视新媒体的重要作用。对于胡锦涛主席开通“微博”、温家宝总理“两会”前与网民在线交流、人民网推出“直通中南海——中央领导人和中央机构留言板”栏目等我领导人与网民互动的新举措，外媒评价为：“互联网搭建的现代民意沟通交流平台正改变着中国的政治生活”，“执政党实现了宣传工作与互联网时代公关技巧的结合”。

## 二、关注重点和主要观点

2010年，境外媒体涉华报道的议题主要涉及我重大活动、经济金融、对外关系、军力发展、社会民生、党的执政能力、环境保护、传统政治议题等八个方面。

### 1. 通过我党和国家的重大活动解读我发展现状与走势，公认上海世博会和广州亚运会是展现我影响力和国际地位的重要平台。

上海世博会和广州亚运会、亚残运会作为2010年中国举办的国际盛会，既受到中国政府的高度重视，也引起境外媒体的广泛关注，被普遍视为与2008年北京奥运会同样意义重大、反映出中国国际影响力不断增长的重要标志性事件。上海世博会是首次在发展中国家举办的综合类世博会，各国参展规模和游客数量均创历史纪录，而外媒关注度也超过往届。专业数据库统计结果显示，外媒对上海世博会的英文报道量是上届日本爱知世博会报道量的12.5倍。外媒评价中国因素为世博会重新注入了活力，世界各国都希望借世博会的平台加强与中国的联系；对本届世博主题“城市，让生活更美好”给予积极认同，认为低碳、环保、建筑特色为本届世博会最大亮点；赞赏举办世博会使上海城市面貌焕然一新，并预测上海世博会将对中国产生重要影响。同时，外媒将中国创造的7300万参观人数、民众排长队参观世博等现象，作为本届世博会一大特点予以广泛报道，对少数民众在观博中的一些不文明现象进行曝光。部分外媒还试图就世博拆迁，世博经费开支，世博歌曲、“海宝”、中国馆涉嫌抄袭等话题进行炒作，也有个别媒体甚至从政治体制角度攻击中国追求“创造新的世界纪录”等，但均未形成舆论热点和集中炒作态势。

对于第16届广州亚运会，境外媒体从举办国际盛会的能力、开闭幕式体现的综合实力、奖牌榜反映的体育强国地位、注重细节的组织和筹备水平、基础设施建设与发展等角度，对中国和举办城市广州予以综合评价，总体反映客观、较为正面。

中共十七届五中全会和“两会”，是境外媒体观察中国经济、政治发展方向的重要窗口，受到外媒的重视与广泛关注。外媒注意到，十七届五中全会和“两会”的主调是中国强调加快经济发展方式转变，未来工作重点是提高经济增长质量而非速度，做到保经济平稳增长与保民生并重，为全面推动经济社会转型奠定体制基础。外媒积极评价我党提出“十二五”规划纲要建议的重大意义，认为纲要开启了中国经济改革新的关键期，将给中国带来一次经济社会发展模式的根本转变。从报道倾向看，外媒对我发展方式转变暗含颇多期待，希望这一进程有助于解决世界经济日益失衡的问题；不过，对我政治体制改革进程多持悲观态度，认为虽然中国变革的趋势不会动摇，但政改可能最终只是行政改革。

**2．普遍承认我经济发展对世界经济的贡献与拉动作用，但在中外经贸领域我面临的舆论压力有增大之势。**

中国经济发展变化始终是境外媒体关注的重点，其中一些领域甚至成为阶段性的报道热点。境外媒体总体肯定中国经济发展的势头，重视我经济增长对世界经济的拉动作用，但同时渲染中外在贸易、金融、投资等领域的争端和分歧，要求我承担更多的经济责任，舆论施加的压力和负面报道倾向有增多态势。

我国定期公布的经济数据、我领导人就重大经济问题的表态、中央经济工作会议等重要会议，是境外媒体了解我宏观经济运行状况、把握我经济政策动向，预测我经济发展趋势的重要依据，受到广泛关注。年初，外媒认为我经济增长强劲且超出市场预期，一度引发“中国经济泡沫”、“中国经济崩溃”等担忧。下半年以来，我经济增速有所放缓，境外媒体的报道基调出现积极变化，认为这表明政府采取的紧缩政策已经生效，并非经济衰退的信号，我经济进入了平稳增长的阶段，期待我能够继续扮演世界经济“发动机”的角色，承担更多的国际经济责任。但临近年底，境外舆论中对我经济走势担忧的声音再次响起。虽有媒体对我采取的控制物价的举措表示肯定，认为凸显出政府抑制通胀的决心，但对相关举措的效果提出质疑；还有一些媒体将我出现通胀的部分原因归咎于四万亿元人民币投资造成的经济过热。

2010年，中外在贸易、金融、投资等领域出现的争端不时成为阶段性舆论热点，外媒对我投资环境、人民币汇率、企业“走出去”、稀土出口政策等方面展开了较为集中的报道，多从负面角度撰述，并不断对我施压。外媒批评我政策逐渐倾向于支持国内企业，炒作外商在华投资环境恶化；指责我通过“操纵”货币的方式人为制造出口优势，威胁到包括发展中国家在内的世界其他国家的经济运行，敦促人民币升值；渲染我企业进行海外投资的政治因素和政府背景，对我企业“走出去”制造障碍；攻击我政府试图利用在稀土上的垄断地位谋求政治影响力。中国高速铁路在2010年有了飞跃发展，成为外媒关注中国的一个新话题。外媒对我高速铁路的迅猛发展给予较多肯定，认为可能有助于改变我经济发展模式，使城市经济带的效应显著增强；但舆论中也存在质疑我科技创新的杂音。

**3．高度重视我领导人出席各种峰会和出访，积极评价我对外关系发展，但不断渲染“中国强硬论”、“中国傲慢论”等论调。**

2010年，我全方位外交成果显著，中国在国际事务中的作用更为凸显，外媒对中国外交的报道与评论更为多元。

我国领导人出席的各种峰会和出访活动，在国际场合发表的重要演说，与美、日、欧等大国领导人的会晤，都受到境外媒体的高度重视。外媒指出我在国际事务上的合作意愿不断增强，全球影响力全面提升，是各多边会议的最大赢家；认为我在欧洲、拉美、中亚的影响力不断加大，中欧关系得到平稳发展，中加、中澳关系回归正轨；肯定中非关系的向好态势带动了非洲经济的发展。

2010年，由于谷歌退出中国风波、美售台军武、奥巴马会见达赖等事件，以及美韩在东海和黄海接连举行联合军演、希拉里·克林顿在南海问题上挑战中国、中美在人民币汇率上的摩擦等问题，中美关系陷入低谷。外媒一方面对中美关系的长期发展持乐观态度，认为两国关系不会严重恶化；另一方面也指出中美严重缺乏互信，相互间的战略分歧难以调和，对两国关系表示悲观，认为可能会陷入一场“逐渐升级的战略竞争”。

对于我与东盟、日本、印度等周边国家的关系，外媒一致认为我与上述国家的经济联系进一步增强、彼此依存度日益加深；但在南海、钓鱼岛、中印边界等有争议的领土或领海问题上，多渲染这些国家对中国崛起的担忧。在中日发生钓鱼岛撞船事件后，日、美媒体更是掀起了一场谴责、炒作我外交立场“强硬”、“傲慢”的舆论潮流。

2010年，朝鲜半岛问题突出。在“天安号”事件和延坪岛炮击事件导致朝鲜半岛危机后，中国的立场和态度成为外媒报道的焦点。在美国主导下，西方舆论持续不断对我施压，要求我对朝鲜发挥影响力。直至年终，随着国家主席胡锦涛访美日程的临近，美国开始对中国转变基调，对中国在解决朝鲜半岛危机中发挥的作用给予积极评价，有关的舆情才开始降温。

总体来看，2010年西方媒体对我在外交领域的负面评价增多，我在涉及国家核心利益问题上与西方的交锋，多被冠之以态度“咄咄逼人”，称我“告别”“韬光养晦”的外交战略，已从“魅力型”、“微笑外交”转向“进攻型”、“皱眉外交”。

**4. 对我提高军事透明度给予肯定，同时不断炒作我军力增长与推进战略扩张。**

在全球金融危机背景下，中国及一批亚洲国家的经济快速发展令人瞩目，亚太地区在全球的地位日益突出，美国开始强化在该地区的军事存在，强调南海的“航行自由”，亚太军事平衡问题开始受到国际舆论的热议。我军事现代化进程更被置于这一大背景下，成为外媒突出炒作的议题，“中国军事威胁论”的调门再度升高。

外媒炒作主要集中在三方面：一是对我海军发展的反应最为强烈。外媒极力渲染我海军实力的发展速度，惊呼中国正在建设“蓝水”海军，加快由近海防御向外洋行动的转型，试图突破“岛链封锁”，成为中国军力扩张的最前沿。二是夸大我空军及导弹部队技术发展。外媒认为中国正在加紧建立“太空司令部”，并已具备先进的导弹技术，在制空力方面要与美国展开战略竞争。三是臆测我网络攻击能力。外媒称中国拥有世界上规模最大的“网络部队”，网络攻击能力居世界前列，已对美国及西方的国家安全构成巨大威胁。

西方和少数周边国家的媒体宣称，中国的军力增长已达到“令人不安的”程度，地区力量对比正向有利于中国的方向转变；渲染亚太国家对中国崛起的担忧，认为愈发强大的中国军力会改变地区力量平衡，煽动加大军购力度并把美国作为制衡中国的力量。

**5．积极评价我对民生问题的重视，关注我社会转型期的矛盾冲突和社会热点问题。**

目前我国正处于经济转轨、社会转型的加速期和社会矛盾的凸显期，我社会民生问题和社会热点问题日益成为外媒关注和报道的重点领域。对我政府就解决收入分配、教育、就业、医疗、社保等民生问题出台的一系列举措，境外媒体均给予积极评价，强调民生问题一直是中国政府的工作重点，凸显出政府强调社会公平，避免社会出现不稳局面的决心，未来中国民生问题的改善值得期待。同时，外媒对于解决民生问题的长期性、艰巨性也有着较为客观的评价，认为改革不可能一蹴而就，只能循序渐进。

对2010年表现较为突出的企业劳资纠纷、校园暴力事件，境外媒体给予了较多关注。外媒的报道和分析主要围绕四个方面：一是将劳资纠纷、校园暴力事件发生的主要原因归结于中国社会转型期的深层次矛盾，如收入分配不均，就业形势严峻，腐败滋生蔓延，民众权益受侵害，司法执法不公等；二是注意到现代科技发展使工人组织罢工更加便利，认为互联网作为推动社会变革的媒介有助于促进中国公民社会的形成；三是从民主政治角度加以解读，认为政府对于罢工事件的高度“克制”和“容忍”是中国民主政治的一大进步；四是重点分析劳资纠纷对于中国经济的影响，认为这标志着中国低成本扩张和廉价出口时代的结束，可能成为中国扩大内需、经济加快转型的契机。

**6．对我党执政能力建设的关注度明显提高，对党的执政理念、体制、表现等方面的客观评价增多。**

以往，境外媒体从政党角度直接对中共进行报道和分析的并不多见，大多是在对我政府工作、内外政策和重大事件的报道中附带对我党的评价。2010年，我进一步提高党务信息透明度，推行了一系列党务公开的举措，受到外媒的高度关注。同时，随着中共建党90周年纪念日的临近，境外舆论对我党的关注度提高，一些文章、书籍对中共成功推动“中国模式”所起的作用、原因进行了集中探讨，国际社会出现了较为明显的“中共研究热”，报道注重深度分析，报道倾向相对客观。

我党和国家领导人在深圳特区建立30周年庆祝活动上的讲话、“七一”前夕中共中央11个部门集体推出新闻发言人、中央党校对外媒开放、我出台反腐新规等重要事件和活动均引起境外媒体的集中关注。外媒在涉党报道中对我党的积极评价增多，具体体现在：一是承认我“一党执政”的体制有一定优势和适应能力，强调中共执政是“中国模式”成功的主因；二是肯定我党在信息公开透明等方面出现积极变化；三是肯定我党加强干部学习培训的制度建设，认为我经济发展在很大程度上得益于党的干部培养制度。在分析我党面临的挑战时，外媒指出“自我治理”是我党面临的最大挑战，腐败蔓延、贫富分化、网络舆论等问题反映出中共的执政能力有待进一步加强。总体而言，外媒在对我党的执政理念、执政表现和领导人个人的评价方面客观的声音较多，但对我党在反腐败成效和民主政治建设等方面的评价较为负面。

**7．积极评价我在节能减排问题上作出的努力和成效，但在应对全球气候变化问题上仍施压我承担更多责任。**

2010年，我节能减排工作取得积极进展，在环境治理、发展绿色经济方面作出的巨大努力也得到国际社会的理解，上述成就在境外涉华报道中均得以客观体现。我正式成立国家能源委员会，并相继出台一系列环境治理、节能减排的措施，受到境外媒体的积极评价。外媒对我绿色经济与环保前景的整体评价向好，指出中国一方面大力投资于清洁能源领域，一方面坚决淘汰落后工业产能，甚至不惜以暂时牺牲经济增长为代价，凸显其推进经济结构转型、实现低能耗目标的决心，有望成为全球新能源市场的领军者。但年内环境污染事故多发，使美国《纽约时报》、英国《金融时报》等一些西方主流媒体在报道中表现出对我环境现状的担忧，对我环保新政能否取得预期效果提出质疑，认为我环境治理仍然任重道远。

与在2009年哥本哈根气候变化大会上我面临空前的国际舆论压力不同，2010年的坎昆会议期间，由于我事先准备充分，全面介绍我国内节能减排工作，与主要谈判方进行密切、频繁的磋商，致力于在谈判中发挥“积极的、建设性的”作用，国际涉华舆论明显好于上年，客观、积极的声音占据多数。我代表团主要官员在不同场合不断就我方立场和减排举措进行的介绍、说明和释疑，得到境外媒体较多的理解和肯定；我在推进谈判进程、凝聚各方共识等方面发挥的作用，受到境外舆论的客观反映和积极评价。会议期间，中美两国的一举一动，以及彼此间的磋商和交锋备受境外媒体关注，中美能否达成妥协和一致被视为将直接决定会议的成败。媒体注意到中美两国间不断地互释善意，强调双方合作和协调的重要性，并且避免相互指责，对两国表现出的务实精神予以充分肯定和认同。尽管如此，我在应对气候变化方面仍然面临严峻的舆论压力。外媒突出渲染我对于煤炭的高度依赖导致环境污染严重，将2010年全球碳排放量创新纪录的主要责任推到中国等新兴经济体身上，极力敦促我接受具法律约束力的气候减排协议，呼吁我在透明度问题上做出更多让步。

**8．涉藏、涉疆舆论态势总体平稳，涉台舆论客观积极声音占据主流，人权领域舆论斗争表现激烈。**

“台湾问题”和涉藏、涉疆问题事关我国领土与主权核心利益，长期以来一直被西方作为反华、制华的工具，但2010年境外媒体的关注度总体不高。有关两岸关系的境外舆论以客观、正面的声音为主；涉藏、涉疆议题也未出现集中炒作的态势，但相关舆论仍带有明显的意识形态偏见；同时在人权领域，境外媒体再次开始大做文章。

涉藏、涉疆议题的境外舆论态势总体较为平稳，未出现集中炒作的热点事件。中央第五次西藏工作座谈会、中央新疆工作座谈会、“两会”期间西藏代表的答记者问、新一轮西部大开发的启动、我与达赖代表举行第九轮接触商谈等重大事件和活动成为阶段性的热点议题，我党和政府出台的加快建设西藏、藏区以及新疆的举措，改善当地民生的政策受到外媒的高度关注。与前几年相比，境外主流媒体对达赖集团和国际援藏势力活动的关注度、对“东突”组织的关注度都明显下降。但有媒体经常罔顾事实、妄加评论，为我国内稳定制造障碍。

对两岸经济合作框架协议（ECFA）从签署、审议到通过并正式生效的持续跟踪与报道，贯穿全年涉台舆论的始终。外媒普遍肯定ECFA的重要意义，认为ECFA的实施将使台湾经济获益更多，同时使两岸关系达到60年来的新高度。但有台湾媒体担忧ECFA可能会冲击岛内就业市场，加大贫富差距。外媒对两岸文化交流和军事议题的关注度也逐渐增加，但观点有分歧。多数媒体指出，我文化部长蔡武赴台表明两岸文化交流进入新阶段；大陆方面对于“撤除导弹”的正面表态表明两岸关系仍在向前发展。但也有媒体报道，台湾对大陆希望推进两岸文化交流的言论反应消极，两岸政治军事互信的建立也尚需时日。对于11月底岛内举行的“五都选举”，媒体普遍认为选举结果基本符合选前预期，国民党胜选反映出马英九的政策赢得选民信任；但不少媒体也注意到国民党得票率不及民进党，认为是“血的惨胜”。有媒体在展望未来两岸关系时表示，随着台湾社会蓝绿结构的改变，两岸交流可能放缓，两岸关系将可能更加复杂。

中西在人权领域的斗争更趋突出。我国在人权问题宣传与舆论斗争上的一系列举措，如举办第三届北京人权论坛、发表《2009年美国的人权纪录》，受到西方媒体的关注，我方关于人权的立场和声音得到进一步传播。但西方仍不断利用人权问题对我遏制牵制，人权问题的国际话语权仍主要由西方掌控。美国继续发表国别年度人权报告，蓄意攻击我人权状况。在年初谷歌宣布退出中国风波中，部分外媒不但密切跟踪报道事件进展和各方反应，而且将其与中国的互联网管理制度相联系，攻击我互联网新闻自由。年末，一些西方国家精心策划授予刘晓波诺贝尔和平奖，西方舆论对此进行大规模炒作，一边倒地歪曲和抨击我现行政治制度和人权状况，对我方的合理回应也进行负面解读。

# 2011年境外媒体涉华舆情分析

2011年，国际舆论环境总体对我有利，涉华舆论形势总体平稳，但复杂性也表现更为突出。

## 一、总体态势

### 1. 国际热点事件频发，部分转移媒体对华注意力。

2011年，国际经济、政治、社会乱局频现：国际金融危机阴霾不散，世界经济二次衰退的可能性加大；美国信用评级近百年来首次遭遇下调，欧洲主权债务危机持续恶化；西亚北非多个政权更迭，骚乱难以画上句号；日本地震海啸导致核泄露，灾难影响仍未消除；英国伦敦出现街头骚乱，而美国“抗议华尔街”运动蔓延。上述种种国际重大新闻事件，均成为吸引国际社会广泛关注的热点，持续成为媒体头条新闻。相对而言，中国政治、经济、社会发展平稳，国际关注的重大新闻事件不多，使国际涉华舆情表现相对平静，涉华报道量有所下降。据专业数据库统计结果显示，2011年境外媒体的英文报道总量比2010年增加了11.8%（2010年约为290万篇，2011年约为325万篇），涉华报道量却下降1.3%(2010年为69.6万篇，2011

年为68.7万篇）；全球29家主要报刊和通讯社[1]的英文报道总量增幅约为4%（2010年为2244910篇，2011年为2331837篇）；涉华英文报道更是减少了13.5%（2010年为70239篇，2011年为60723篇）。境外主要媒体英文报道总量及其涉华英文报道量出现一增一减的较大反差，也反映出媒体的视线和重心发生转移。

**2．中国作用更为凸显，积极影响国际涉华舆论生态。**

在世界经济形势依然复杂多变的情况下，中国有针对性地加强和改善宏观调控，着力稳物价、调结构、保民生、促和谐，国民经济继续朝着宏观调控的预期方向发展，经济保持平稳有序增长。作为新兴国家群体性崛起的突出代表，中国发展对全球经济的拉动作用更为突出，在应对国际金融危机中持续成为世界经济发展的重要引擎，西方对中国的倚重加深，发达国家与发展中国家与中国发展经贸关系的愿望加强。中国的国际地位和国际影响力进一步提升，中国在国际舞台上发挥的作用与影响更受瞩目，对国际涉华舆论的生态起到一定积极影响。国际舆论中理性看待中国发展及作用的观点增多，西方政界有求于我，在人权、政治制度等传统政治议题领域对我批评有所顾忌，调门有所降低。国际涉华舆论形势总体对我有利。

**3．国际局势复杂变化对我舆论形势带来复杂影响。**

但值得注意的是，在世界加速进入经济大振荡、格局大调整、体系大变革、模式大发展、国际形势出现复杂变化背景下，以美国为首的西方加紧调整战略布局，我周边国家出现利益格局变化，导致我面临的国际局势更为复杂，我周边环境出现对我不利的迹象。在信息技术进一步突飞猛进发展的条件下，新媒体在舆论传播中的影响更为突出，国际国内舆论的互动传导作用更为明显，我面临的国际舆论环境

---

1　29家主要报刊和通讯社包括：美联社、法新社、路透社、共同社、印度报业托拉斯、泛非通讯社，美国《新闻周刊》、《纽约时报》、《华盛顿邮报》、《华尔街日报》、《基督教科学箴言报》、《国际先驱论坛报》、《今日美国报》、《洛杉矶时报》，英国《经济学家》、《独立报》、《每日电讯报》、《卫报》、《泰晤士报》，加拿大《环球邮报》，澳大利亚《澳大利亚人报》、《悉尼先驱晨报》，日本《读卖新闻》，新加坡《海峡时报》，南非《商报》，印尼《雅加达邮报》，泰国《曼谷邮报》，韩国《朝鲜日报》，香港《南华早报》。原列入统计中的美国《时代》周刊已退出数据库。

也日趋复杂化。

## 二、基本特点

### 1．对华两面性凸显，舆论积极面和消极面表现均较为突出。

（1）对我期待、借重加强，舆论积极面扩大。

当前的国际涉华舆论，总体表现为复杂、多变与多元，充满两面性。西方在深陷债务危机、经济持续低迷之际，对我拯救其经济的期待加深，对我借重的一面加强，涉华舆论的积极面得到凸显：

境外舆论承认中国经济社会发展取得的显著成就，认为中国“依然是带给全球经济希望的灯塔，是最大的世界经济引擎”，关于中国崛起对世界带来正面影响和机会的观点增加。

2011年，也是我党迎来建党90周年之际，境外学术界、媒体界出现了一轮“中共研究热”、“中共深度报道热”。通过对我党历史、现状和发展理念的观察，其在分析和报道中主观臆测的成分有所减少，对来自我官方权威信息的重视程度有所提高，对我党和我政体方面的认同逐渐增多，相关报道与评论更趋于广泛、深入与理性，肯定中共执政体制和中国共产党领导下的政治制度优势的分析与评论也在增多。

伴随“中共研究热”、国际形势变化、西方经济危机持续蔓延的大背景，有关“中国模式”、“中国道路”的讨论也再度趋热。有媒体认为，“强大而专业的国家政权”，“中国领导人善于构建真正具有优势的发展模式”，是中国取得现代化成功的重要因素之一。西方一些知名学者、中国问题专家也纷纷撰文，分析“中国模式”的成功之处、带来影响及面临挑战。提出“历史终结论”的著名日裔美国学者弗朗西斯·福山，甚至提出“美国民主没什么可教给中国的”观点。

（2）对我国际影响力提升多有担忧，在安全领域对我加强防范的呼声有所上升。

西方虽对我在经济上加强倚重，但又对我国际影响力的提升多有担忧，舆论的消极面也表现突出：

美国战略重心东移，将中国视为当今世界“最引人瞩目”、“最具挑战性”、“影响最大”的国家，在重视与我加强合作的同时，也将我视为亚太地区竞争对手，在安全领域对我牵制加强，在意识形态领域对我渗透加剧。欧洲战略界也积极酝酿“后西方世界”的人权战略，对我国际地位及“软实力”的上升、我发展模式对西方政治体制及价值观所构成的挑战提高警惕，对我援助欧债危机表示戒备。这些因素反映在涉华舆论中，有关“中国排挤美国出亚洲”、中国在“世界范围内挑战美国的影响力”、美国需要遏制“中国的世界新秩序”，以及担心中国“收买欧洲”、中国投资会“分裂欧洲”的论调不时出现。

从2010年开始发酵的南海问题，在2011年仍表现突出。我周边一些国家受历史恩怨与现实利益驱动，既希望与我发展经贸关系，又担心我发展挤压其国际空间，对我国力增强和军力发展抱有疑惧之心，其国内涉华舆论中的负面情绪上升，希望借美平衡亚太势力的心理加强。新加坡内阁资政、前总理李光耀就曾多次发表观点，呼吁美国保持在亚洲的“强有力存在”以制衡中国。一些西方媒体借机一再强调、渲染“中国的军事扩张与进取型外交风格”，正让亚洲邻国“忧心忡忡”。部分美日澳印等国媒体，依据西方大国崛起的轨迹看待中国的未来发展，宣扬我所谓“国强必霸”，呼吁联手控制中国崛起的力量，鼓吹“对华强硬论”。以美国为首的西方国家与我部分周边国家联手，对我采取舆论“围攻”，并进而对我战略“围堵”的迹象明显，我面临的外部舆论压力和安全挑战都趋于严峻。

（3）**在价值观领域对我打压现象仍然表现突出。**

在涉我国内议题报道中，一些媒体针对我发展中的某些问题肆意渲染、夸大，“中国即将崩溃”的陈词滥调再起。在涉华传统政治议题方面，西方媒体采取双重标准，对我人权发展现状、互联网管理措施等横加指责，攻击我“打压异议人士”，批评我民族、宗教政策，甚至期望、鼓动“阿拉伯之春”蔓延到中国，宣扬“民主呼声将在镇压中生存下去”的鼓噪始终不断。针对西方的这种两面性，路透社就曾评论说，西方国家面临“尴尬挑战”，“既希望在人权和地区摩擦问题上刺激中国，又渴望发展与中国的贸易关系”。

**2. 报道议题繁多、相互交织，国际国内舆情共振现象加剧。**

2011年，国际涉华报道议题繁多，各种议题相互交织、衍生的现象较为明显。在我来自外部的压力加大、经济发展增速放缓、社会转型期矛盾突出之际，社会群体性事件和民生问题暴露尖锐，社会道德滑坡严重，成为国内网络的热点，也是境外媒体报道的重点领域。有分析认为，中国的内生性话题已取代境外媒体的议程设置，成为国际涉华舆论的主导性议题。外媒往往将我经济问题社会化，社会问题政治化，政治问题人权化，国内问题国际化，国际问题又国内化。在评述7 · 23甬温线特别重大铁路交通事故，以及在报道民族地区和社会领域的热点或突发事件中，这些特点都表现较为突出。外媒除对事件本身进行消息性跟踪报道外，还提供多重背景的新闻关联与支撑，从我政治制度与体制、中国发展模式、当前社会矛盾表现、未来面临挑战等多种角度进行延伸与评论。

同时，2011年发生的一些重大国际热点事件，不仅成为影响广泛的国际舆论热点，也衍生成为涉华舆论的阶段性热点，形成国际热点与国内热点相互交织与叠加、共振与冲击。如日本大地震，引发对中国是否应继续发展核电站的质疑与讨论；西亚北非局势动荡，曾引发外媒对我是否也会发生"茉莉花革命"的猜测，以及促我进行政治体制改革的舆论施压，形成一个时期的舆论热点；在美欧债务危机中，中国的反应也备受瞩目，既期望中国给予援助和抒困，又担心西方道德优势逆转，承受来自中国的压力。

**3. 中国崛起对世界的影响成为舆论激烈争论焦点。**

2011年，在美欧经济持续衰退，而以中国为代表的新兴经济体继续成为带动世界经济增长的引擎对比下，有关中国崛起及其影响力再度成为年度的热点话题。包括中国正式超过日本成为世界第二大经济体、胡锦涛主席出访美国受到隆重接待、中国成功举办博鳌亚洲论坛和金砖国家领导人峰会、美国副总统拜登访华、欧洲寄望中国出手援助债务危机等新闻事件，均被外界视为是中国获得新的国际影响力的体现。诸多观点认为，中国已经是正在崛起的"超级大国"，在下一个25年将挑战美国的全球领导地位。国际货币基金组织甚至预言，中国将在2016年超越美国，从而结束“美国时代”。

同时，针对中国的崛起及其影响力的不断上升，境外主流媒体、智库、著名学者、西方政要，就21世纪是否会是中国世纪、中国在全球中的作用及地缘战略影响、中国模式的特点及是否具有可持续性等问题不断发表观点，争论激烈。一些比较熟悉中国情况的外国政要，如美国副总统拜登、前国务卿基辛格、法国前总理拉法兰、新加坡内阁资政李光耀等人，也在美国《纽约时报》、《洛杉矶时报》、《福布斯》杂志、法国《费加罗报》、香港《南华早报》等媒体上发表文章或接受专访，阐释他们关于中国的观点。

以美国副总统拜登、前国务卿基辛格、法国前总理拉法兰等为代表的一种观点认为，应积极看待中国的崛起，中国崛起对美国乃至世界都将带来正面影响，西方应接受中国逐渐崛起的现实，与中国加强合作，但他们并不认同“21世纪是中国世纪”的观点，认为美国实力仍远超中国。而更多观点则担忧中国崛起将对美国、西方及周边国家带来负面影响，称中国坚持“国家主导的、以利己为特点的‘重商主义’道路”，实行“掠夺性”的经济战略，“以牺牲他人为代价”；中国正和美国在亚洲开展一场“静悄悄”的权力和影响力“争夺战”，中国崛起将导致一场类似于崛起的德国与霸权的英国之间曾经爆发的冲突。还有观点分析中国未来发展的“不确定性”，认为中国可能会成为21世纪的领袖大国，但西方不应将此作为一个“板上钉钉”的结果，因为“在中国未来地位的问题上，有着太多国内经济、政治和社会变数，同时也有太多国际战略和外交变数。”在对中国的认知与定性中，中国“威胁论”、“自私论”、“强硬论”、“傲慢论”等各种论调仍不时出现。西班牙《南方报》分析这种现象说，“中国尽管取得了整体的进步，但在世界上赢得的掌声却很少。部分原因在于西方世界对中国的无知，以及东西方文化之间的差异。”

## 三、关注重点和主要观点

2011年，境外媒体涉华报道的议题主要涉及我建党90周年、中国宏观经济形势、中国外交活动及影响、中国社会热点问题等。同时，涉军和涉藏议题也有升温之势。

**1. 在建党90周年来临之际，形成一轮"中共深度报道热"**。

2011年，是中国共产党迎来建党90周年的重要历史时刻，也成为外媒聚焦中共的一个重要契机。外媒的相关报道不断升温，随着"七·一"纪念日的临近和胡锦涛总书记发表"七·一"重要讲话，报道量达到峰值。外媒除持续跟踪报道我庆祝建党90周年的各项纪念活动以外，围绕胡锦涛总书记"七·一"讲话，其评论更多着眼于总结我党建设和执政取得的成就，分析当前我党面临的各项挑战及执政前景。在金融危机影响背景下，中国成功应对危机的表现，也促使一些严肃的媒体和学者重新认识中国共产党，深入研究中国共产党的执政经验及中国的制度优势。

**积极评价我党的执政成就** 外媒积极评价90年来党在自身建设和执政方面取得的成就，指出中国共产党辉煌胜利的90年证明了我党强有力的领导和社会主义事业的强大生命力和活力，中国正走在"成为世界第一强国"的道路上，中国共产党"有许多值得庆祝的理由"。韩国《中央日报》还推出系列评论，从群众路线、组织发展和学习实践等方面探究我党"长寿的秘密"。外媒同时分析中共执政成功的经验，将其归结为中共"执政后表现出足够的灵活性"，"挑战面前具有强大的适应能力"，"大胆实行改革开放并引进市场经济体制"，"迎合群众的需求意愿作出改变"。

**强调我党面临诸多挑战** 但同时，境外涉党舆论更多强调了我党在当前和今后一段时期面临的各种挑战，归纳起来主要有三方面：一是经济方面的挑战。境外媒体认为，经济问题是威胁我党执政的首要问题，中国经济正处在一个紧要关头，国内通胀形势令人忧虑，发展方式的转变困难重重，政策举措给经济带来的任何"明显波动"都极具政治意义，甚至会影响到我党执政的合法性；二是维稳方面的挑战。外媒分析称，我国内日益严重的官员腐败和贫富差距问题激起了广泛的社会不满，我党面临着信任和信仰危机。而处理由诸多社会矛盾和危机所引发的群体性事件，是对我党维稳能力的严峻考验；三是政改方面的挑战。外媒强调，未来的经济社会变化将产生要求我党进行系统性政治改革的强大压力。在涉党议题的分析中，也有媒体对我党提高执政能力和可持续性提出了一些较为客观的建设性意见，但西方媒体在涉及我党理想、信念和性质等意识形态领域，仍持固有立场，坚持宣扬西方式民主的优越性，对我政权和体制表现出根深蒂固的偏见、成见，质疑我反腐败成效，强调中国未来发展的不确定性，对我政治体制改革不断施压。

**关注十七届六中全会提出“文化强国”目标** 党的十七届六中全会提出深化文化体制改革，推动社会主义文化大发展大繁荣，受到境外媒体的广泛关注。外媒关注点集中在六中全会召开的意义、背景及影响方面：注意到这是党的十七大以来，“文化命题”首次成为中央全会的议题，认为中国在取得举世瞩目的经济成就后，在文化领域提出了更高追求，其对内对外都具有深刻意义；分析中共在当前形势下提出“文化强国”的要求与目标，是为了适应形势变化，解决经济发展与文化建设的“三个不适应”，“争取更多国际话语权”，“抗衡欧美文化”，“意欲扮演更重要的世界角色”，提出社会主义核心价值观，是为提高国民素质、解决“道德滑坡”的问题。同时，也有外媒从西方意识形态角度进行解读，称我欲加强对互联网和媒体“控制”。个别德国媒体甚至宣称我欲推行“文化帝国主义”，“公然”要在文化上“征服世界”，鼓吹中国的“文化威胁论”。

**2．在全球经济发展不平衡背景下，我经济形势及影响备受关注。**

2011年，西方主要经济体复苏乏力，特别是欧洲深陷债务危机，作为新兴经济体发展的主要代表，中国的宏观经济形势及世界影响力更加令人瞩目，中国的经济形势及影响成为2011年境外媒体涉华报道的核心议题。有关报道主要集中在以下三方面：一是中国通胀形势及中国抑制通胀的措施；二是中国的经济走势；三是中国经济的世界影响力。

**持续关注我通胀形势及抑制通胀成效** 中国政府将抑制通胀视为2011年首要任务，年初便成为境外媒体关注的突出议题。外媒密切关注我定期发布的经济统计数据，观察我通胀数字从一路飙升到逐渐回落，其态度也从上半年的严重担忧，转为下半年的谨慎乐观，对我政府控制通胀的努力和举措表示积极认可。评价认为中国政府在控制通胀方面取得了进展，我通货膨胀正得到缓解，为经济“软着陆”奠定坚实基础，为货币政策预微调扫清道路。

**争议我经济走势能否避免“硬着陆”** 2011年，外媒对中国经济走势争议激烈。年初，美国《福布斯》杂志等媒体引述经济学家的观点，担忧2011年中国经济可能出现“硬着陆”。年中以来，看空中国经济发展的声音一度喧嚣。中国地方债务问题、民间借贷问题、楼市泡沫、过度投资、经济增长方式等问题，都被作为中国经济将会“硬着陆”、看空中国经济发展的依据广为解读。美国《时代》周刊、英国《经济学家》、《金融时报》等不少主流媒体发表文章，对中国经济发展前景表示悲观，认为2009年刺激计划带来的经济增长很难重现。法新社、英国广播公司、《金融时报》等媒体分析我经济存在的问题，认为全球对中国出口商品的需求急剧下降和过热的房地产市场突然崩盘是中国经济面临的两大风险。但随着中国披露的经济数据显示经济运行仍然健康平稳，舆论中认为中国经济不会出现“硬着陆”的声音增多。英国《金融时报》网站载文强调中国经济表现对世界经济的重大影响，特别指出“并非所有人认为中国经济会面临‘硬着陆’”。美国《华尔街日报》、《日本经济新闻》、路透社等媒体载文认为，数据显示中国经济增长有所放缓，但增长仍然稳健，经济形势稳定可控，结构调整初见成效，外汇储备与政策严控具有巨大优势，因此有关中国经济“硬着陆”的论调毫无根据，盲目看空中国经济为时过早。

**我经济影响力的进一步提升备受瞩目** 在欧美经济持续不振并深陷债务危机的背景下，中国经济影响力受到前所未有的关注，主要通过以下方面所体现：一是重视我领导人出访涉及的经贸成果；二是聚焦中国领导人在出席重要国际会议期间对国际经济形势的表态；三是密切关注中国对美国债务问题、欧盟债务危机的态度；四是密集评论我正式超过日本成为世界第二大经济体；五是关注人民币国际化的进程及影响。

外媒认为，中国领导人出访美欧及到访国的重视程度，凸显了这些国家对加深与快速崛起的中国之间的政治经济关系的期望；外媒高度重视中国领导人在出席金砖国家领导人峰会、博鳌亚洲论坛、夏季达沃斯论坛、G20峰会、APEC峰会等重要国际会议上就国际经济形势发表的演讲，突出报道我在国际新格局中的影响力，认为我在全球经济管理过程中的作用和角色将越来越重要；我对美债问题、欧债危机的态度广受瞩目。美国副总统拜登8月的访华活动被外界视为是美方力求减轻中国对美债忧虑的“安抚之旅”。中国对希腊、西班牙和意大利等深陷主权债务危机国家是否救助，受到外媒的不断关注与猜测；对于年初中国正式超过日本成为世界第二大经济体，更被外界广泛视为是一个标志性事件，评论认为其意味着中国的日益崛起和日本的不断衰落；2011年，人民币国际化进程明显加快，香港、伦敦被确立为离岸人民币交易中心、中国扩大人民币国际结算试点、尼日利亚将人民币列为储备货币，均受到外媒关注，被认为中国扩大人民币的国际使用，凸显了中国不断增强的金融实力，美元的国际地位受到冲击。甚至有媒体称世界经济正从“绿币”向“红币”转移。

### 3．国际局势动荡环境下，我外交政策及中外关系经受新的审视。

**密切观察我外交影响力与外交政策走向** 2011年，我在多边和双边外交领域活跃。我国家领导人胡锦涛和温家宝等出席多个重要国际会议，出访多个国家。外媒在报道我领导人活动和演讲时，多从中国国际影响力角度观察与评论。中国在二十国集团、金砖集团和上海合作组织峰会等新兴国际机制中的作用尤其受到重视，普遍被视为开始在其中发挥主导作用。

2011年，国际热点事件频繁发生，包括西亚北非局势动荡、日本地震灾害、美欧债务危机等重大事件，促使国际政治经济局势进一步发生变化、格局重组。我在应对这些事件中的外交立场与表现，成为外界观察我外交政策走向的一个重要风向标。中国成功撤离利比亚侨民、日本震后第一时间伸出援助之手并释放善意，受到外界舆论的好评，被誉为我外交策略“灵活实用”、“强硬姿态”有所缓和、危机处理“自信果断”。但更多媒体观察我在处理国际热点问题中是否仍然坚持“不干涉内政”原则，普遍认为我全球利益变得日益广泛且复杂，正面临在“不干涉内政”原则与维护自身“遍布全球的政治、经济利益”之间寻求平衡的一种“困境”。中国决定不对联合国安理会对利比亚动武的决议行使否决权，也被视为偏离“不干涉内政”原则的代表性事件、外交战略正在发生变化。

**中美实力对比及美“重返亚洲”成为分析中美关系着眼点** 2011年，中美两国政界、军界交流、互访频繁。年初，国家主席胡锦涛访美，被视为开启中美关系新篇章，显示中美调整姿态释放和解信号。年中，虽经历奥巴马再次会见达赖、美售台军武风波，但较之2010年两国关系起伏跌宕，2011年两国关系相对平稳。在外媒看来，中美尽管在售台武器、人民币汇率等长期争议话题和核心利益问题上仍坚持己见，但双方正面冲突和直接交锋明显减少，两个大国在处理中美关系问题上都会坚守底线做出理性抉择。相比之下，媒体将更多注意力放在中美实力对比和美国“重返亚洲”对中美关系带来的影响。

美国《外交》、《外交政策》等权威外交学术刊物发表多篇文章，分析中美实力对比与涨消，争论中国崛起对美是否构成威胁，以及美国如何与中国相处。以约瑟夫·奈为代表的一种观点认为，美国实力仍远超中国，中美应避免相互误判实力；鉴于中美在金融安全、网络犯罪、核扩散和气候变化方面面临共同的挑战，合作对双方而言都利益重大。而另一种观点则认为，美国有充分的理由担心中国崛起，美国的战略应该是鼓励中国“在世界上扮演一个更加负责的角色”，同时“必须继续捍卫美国的利益，并阻止中国可能采取的挑衅行为”。

外媒在分析美国“重返亚洲”战略对中美关系带来的影响时，倾向于将其视为美欲平衡中国在亚洲的影响力，加深了双方在亚太地区的“搏弈”与“角逐”，正在“公开争夺亚太的领导权”。美国加强与澳大利亚、日本、印度及东盟国家关系，也被视为其应对中国挑战、遏制中国之举。

**欧洲舆论对我是否援助欧债危机表现矛盾心态** 2011年，中国与欧洲国家互访的级别和频度都超过往年，中欧发展经贸关系，应对欧债危机成为涉欧舆情重要议题。在欧洲债务危机不断蔓延之际，中国作为拉动世界经济的“引擎”、全球最大外汇储备国，中国在针对欧洲经济的国际救助中扮演何种角色受到广泛关注。欧洲舆论界对中国是否购买欧债反应矛盾：既希望中国伸手相助，“拯救”欧洲摆脱困境，又担心中国向欧洲提出要求其承认中国市场经济地位等“恐怖的要价”，削弱欧洲在“与北京发生政治经济纠纷”时的谈判地位，更担心向中国寻求帮助使欧洲蒙受“屈辱”，为换取对欧元区救助计划注资而对中国作出妥协。

**我与周边国家关系受到密切关注** 年初，中国在日本地震灾害中伸出援手，主动提供帮助，受到舆论普遍好评，并被认为中国首先迈出一步，为改善中日关系提供契机。但由于日本政局持续不稳，中日互信缺乏，且中日之间存在领土争端、历史问题、军事担忧等障碍；而野田佳彦新政府上台后，有媒体注意到其对华关系虽以对话作为前提，但试图以日美同盟为基轴，联手澳大利亚、韩国、印度和东盟各国牵制中国。故外界舆论对近期中日关系发展并不看好。媒体注意到，野田佳彦年终的中国之行，中日双方虽营造良好气氛，但中日关系之间仍面临“棘手”难题。

2011年，由于南海争端持续发酵，我与周边国家关系更多地被媒体置于南海之争、中美亚太“博弈”等背景下进行分析与解读。我周边一些南海域内国家，包括越南、菲律宾等，不仅对我主权挑衅动作频频，而且有意将南海问题国际化、多边化、复杂化，对我外交施加整体压力；美国、日本、印度等南海域外国家，出于自身利益及战略考量，也加大介入力度。有媒体分析美国强调其在亚洲的“存在”，“重返亚洲”步伐加大，表明“奥巴马政府正以日美韩（澳）蒙这一同盟关系为基础，通过强化与东南亚各国和印度的合作形成‘对华包围圈’”。亚太局势的复杂化，导致我面临的周边舆论形势也更趋于复杂化。

### 4. 涉军议题升温，“中国军事威胁论”表现较为突出。

**我军力发展进程引发“中国军事威胁”担忧的加剧** 近年来，中国经济的持续发展和科技水平的长足进步，推动了军事现代化的全面发展和防务能力的进一步提升。然而，大国崛起过程中的必然现象和正常发展，却成为外国媒体和军事专家眼中的挑战和威胁。2011年，尽管我通过发布白皮书、加强与外界的军事交流与互访，增加军事透明度，向外界不断阐述走和平发展道路的战略意图和决心、防御性国防政策及其实现的主要途径，但外界对我军力发展和国防建设仍多有误解、警惕、担忧、质疑、指责，“中国军事威胁论”的调门明显提升，尤其集中于我海军和空军的军力发展领域。我歼-20战机成功试飞、首艘航母平台下水试航、新型反舰弹道导弹投入部署、“天宫一号”成功发射升空等，均成为炒作“中国军事威胁论”的重要事件；所谓“中国黑客”袭击美欧日政府机构的流言也一时喧嚣。有关中国空军突飞猛进、海军加速扩张、太空实力明显增强、网络战能力逐步提高、周边国家安全受到威胁、地区和全球安全格局和战略平衡面临挑战等警惕与担忧之声此起彼伏。境外一些媒体习惯性地揣摩我军队现代化进程、实际作战能力和未来战略意图，声称我太空计划有可能引发太空军备竞赛，甚至耸人听闻地扬言“崛起的中国在以武力解决领土争端方面会更为凶险”。

**不同国家鼓噪“中国军事威胁”的表现不同** 2011年，美国牵头日本、韩国、印度、越南、菲律宾等周边国家对我形成围堵之势，并不断给我制造麻烦。上述国家媒体对我军力发展表现出更多的不安和担忧，但关注角度因出发点不同而表现出较大差异性。具体表现在：一是美国《华盛顿邮报》、《华盛顿时报》、《基督教科学箴言报》等主流媒体，以及以美国传统基金会为代表的保守派智库，通过其记者和军事观察家的捕风捉影，宣扬“中国军事威胁”，并使之成为要求政府增加军费开支、刺激本国提升军事优势、继续强化亚太军事同盟、对华进行舆论施压的借口；同时轮番热炒“中国空军威胁论”和“中国海军威胁论”以给针对我炮制的“海空一体战”联合作战理论提供依据，其出发点均是要干预中国和平发展、确保美国在全球的绝对安全和在亚太地区的军事优势。二是周边国家媒体担心我凭借日趋强大的实力“主宰”地区安全，加入渲染“中国军事威胁”的行列，特别是与我存有领土纠纷国家的媒体，其出发点更多表现在维护自身安全、经济和资源利益上，纷纷强调自身的强烈危机感，刻意夸大我海上利益诉求给其自身带来的危机和风险，不断宣扬我“国强必霸”。

**5．认可我为改善民生所做的努力，但强调我社会管理领域存在诸多问题。**

2011年，随着我中央和各级政府对民生问题的重视程度进一步提高，我民生问题和社会建设方面的议题也被境外媒体提到了更加突出的位置。其中，民生议题成为境外媒体有关2011年全国“两会”报道的焦点议题之一，“让人民生活幸福”成为外媒解读“十二五”规划和“两会”的关键词。境外媒体认可我政府为改善民生所作的努力，承认我经济社会发展的巨大成就为维护社会稳定提供了坚实保障，分析指出我追求经济增长质量、提高民众收入改善民生、发展清洁能源、重视环境保护，都是为了“让人民生活幸福”。

但对我社会管理中的问题，外媒多持批评或质疑态度，涉及议题主要有我食品安全问题、计划生育政策的可持续性、人口老龄化问题，以及教育改革、医疗改革面临的问题等。其中，对于“染色”馒头、瘦肉精、金属污染大米、地沟油等一系列食品安全问题，受到境外媒体广泛关注。外媒强调国内外对我食品安全仍然缺乏信心，仍然是影响我国内稳定和国际形象的重要因素之一；批评我在食品安全问题上管理成效甚微，导致社会道德沦丧；分析我仍存在管理体制不完善、法制不健全、监管不到位、信息不透明等问题，并将其屡禁不止的根源归咎于社会腐败严重。

外媒还透过“小悦悦”案等一系列激发我国内舆论公愤的案件，从道德层面展开分析与批评，认为我社会冷漠、信任缺失、人性泯灭，对我近30年来的发展道路和模式表示质疑，提出我应在强调注重物质发展的同时，更应将精神发展、情感温暖和心理建设放到重要位置。

**6．高度关注我社会转型期的矛盾冲突，渲染我维稳形势严峻。**

**突出我社会矛盾尖锐、维稳形势严峻的局面** 当前，我国处于社会矛盾的凸显期，社会群体性事件频繁发生，引起境外媒体的极大关注。一些群体性事件经境外主流媒体集中报道，不时成为国际涉华舆论的阶段性热点话题。但外媒在报道中的切入点和落脚点往往指向我维稳态势和维稳能力，其对新闻事件所折射出的各种社会问题及事件背后所潜伏的社会危机的挖掘明显高于对事件本身的关注，且习惯于从我应对措施中延伸出诸多负面议题，对我民主人权、新闻自由、互联网管理等领域进行批评与指责。在全民参与的“自媒体时代”，外媒更加注重利用我论坛、博客及微博上的负面舆论，强调经济失衡、贫富差距、社会不公、权力滥用、环境污染、土地纠纷等我在发展进程中所暴露出的问题，炒作并放大，突出和夸大我社会矛盾尖锐、维稳形势严峻的局面。

**三类事件成为重点关注领域** 总体来看，外媒涉维稳报道主要集中在三类事件上：一是安全事故，最为典型的是“7 · 23”甬温线特别重大铁路交通事故；二是群体性事件，包括广东增城聚众滋事、内蒙古抗议活动、大连市民抗议PX项目等；三是敏感事件，如境外敌对势力煽动非法集会、艾未未被拘押及获准保释等。外媒将这些新闻事件及其衍生话题归结为社会矛盾长期积累的必然结果、百姓不满情绪的全面爆发、政府公信力缺失的直接反应，认为我正面临日益严重的社会危机、信任危机、管理危机甚至政权合法性危机，进而对我现行体制、发展模式和公共治理能力提出质疑；但也有媒体肯定我示威抗议活动数量明显增加所体现的积极意义，认为这表明我新闻报道透明度增加，使得公众能够获取更多信息，并强调我百姓维权意识进一步增强，日益重视维护自身权益。总体看来，除在境外敌对势力煽动非法集会及艾未未被拘事件上，境外媒体推波助澜，表现出明显的声援、煽动和施压意图外，在多数社会公共突发事件上的报道基调主要以质疑、批评、指责为主，主流媒体无明显恶意炒作迹象。

**7. 承认我在节能减排方面做出努力和成效，但对我环境现状多持批评态度。**

2011年，我国节能减排和生态环境保护扎实推进，我在降低温室气体排放强度、积极应对全球气候变化、推广低碳新能源技术等方面做出的巨大努力和取得的积极进展受到境外媒体的客观报道。我国政府公布的“十二五”规划中首次做出将在未来五年单位GDP二氧化碳排放降低17%的承诺，得到了境外主流媒体的普遍肯定。外媒表示，我在环保问题上有了更明确的方向感、更大的灵活度和更强烈的行动意愿，可以成为绿色革命中的领先者。我在联合国德班气候变化大会上提出愿意参加2020年后具有法律约束力的框架协议，受到各方高度赞赏，被普遍认为具有建设性，为德班大会带来突破，使联合国气候谈判获得“提振”。

同时，针对中国的环境现状，外媒也强调我水资源、空气等污染严重，能源结构有待优化，公众环保意识尚需提升，温室气体排放仍居全球之首等问题，环保工作仍面临艰巨挑战。围绕渤海溢油事故、北京雾霾导致空气污染加剧等问题，外媒对我在环境问题、空气质量方面的批评也较为集中。

**8. 涉藏、涉疆、涉台、人权方面舆论态势总体平稳，群体性事件使涉蒙议题开始受关注。**

**达赖集团蛊惑下发生的僧人自焚事件成为涉藏议题关注焦点**　2011年境外涉藏舆情总体态势较为平稳，各重大敏感时间节点都未出现于我不利的大规模舆论炒作。外媒对我纪念和平解放西藏60周年相关活动持续关注，对于西藏60年来在经济、社会等方面的发展成就、西藏的历史及我惠藏政策表现出更为深入的了解，相关报道较为客观。一些外国作家、记者还亲自赴藏，著书、撰文报道真实的西藏、揭露达赖鲜为西方人所知的真面目，涉藏议题上的客观声音有所增多。但同时，支持达赖集团的媒体发稿量及其舆论影响力仍然很高，达赖集团方面的动向和言论仍是外媒涉藏报道的常规话题。特别是达赖集团和境外“援藏”势力教唆和蛊惑下发生的四川藏区寺院10余起僧人自焚事件，受到境外一些媒体的关注甚至是炒作。此外，一些外媒还配合西方政界人士，就接触商谈问题向我继续施加舆论压力。西方国家打“西藏牌”牵制我崛起的意图依然明显，国际涉藏舆论斗争形势仍然严峻复杂。

**涉疆舆情态势总体平稳，涉蒙议题开始引起关注** 境外主要媒体对“疆独”势力的关注度，自2009年发生乌鲁木齐“7·5”事件以来连续两年明显下降，2011年的涉疆舆情态势总体平稳，只是在7月份围绕新疆和田和喀什暴力恐怖犯罪事件后，涉疆议题有所突出，但并未引起广泛炒作。值得注意的是，涉蒙议题在2011年有所凸显。围绕5月至6月内蒙古地区出现的数起群体性抗议活动，境外媒体对我内蒙古地区的社会问题和民族矛盾的关注增多。

从外媒对我少数民族地区的总体报道情况来看，其仍然表现出现明显的负面倾向性，夸大我民族矛盾，批评我民族政策，突出我控制措施严厉。但也有一些境外媒体提出建设性意见，提醒我警惕新疆地区“三股势力”的发展动向，呼吁我解决民族问题不能仅靠经济手段，还应注重加强民族地区的国家认同感。

**美国是否应改变对台政策引发美舆论争辩** 2011年两岸关系继续稳中有进。总体来看，境外媒体对两岸关系的评价较为客观正面，积极评价海峡两岸在经济合作框架协议实施的带动下，经贸、旅游、文化等多个领域交往的逐渐深入。2011年对于岛内政治生态和政局发展是关键一年。蓝绿两党为争夺2012年岛内选举的胜利展开了激烈争夺，有关选战的舆论呈现不断升温态势。2011年，美国政府不顾中方反对，仍然在9月份宣布对台新一轮武器出售计划，但是与以往坚定支持美国履行对台防务承诺的“铁板一块”的舆论形势不同的是，3月以来，围绕美国台湾政策是否应该改变的争论开始在舆论中发酵，美国多家主流媒体及智库学者纷纷加入讨论。这场争论仍以鼓吹美国履行对台安保承诺的声音占据上风，“弃台论”尚未成为美国舆论界与政策界的主流，但是争论本身便在相当程度上反映出“弃台论”作为美国政策选项的潜在空间在扩大中。

**传统政治议题仍是西方攻击我人权问题的主要领域** 涉我人权议题在2011年的受关注度较2010年继续有所下降，未进入境外30家主要报刊和通讯社的涉华英文报道最集中的“十大议题”。但在法新社等部分媒体的报道中，人权议题仍占有相当突出的份量。尽管在人权领域，我仍处于西强我弱的舆论环境下，我人权形象被整体抹黑，但我在人权领域取得的进步仍受到外界的关注和好评，我人权外宣也取得了一定效果。包括举行《国家人权行动计划（2009-2010年）》评估总结会议、举办第四届北京人权论坛、发表《西藏和平解放60年》白皮书、公布《2010年美国的人权纪录》等，都引起境外媒体的关注与报道，为外界了解我人权发展状况起到一定的积极作用。同时，受全球金融危机持续蔓延影响，境外媒体也注意到在欧美与中国综合实力此消彼长的背景下，西方“道德权威”在逐渐减弱，对中国的借重在增加，人权问题已非美国及西方国家对华施压的重点。

# 2012年境外媒体涉华舆情分析

2012年，世情、国情、党情继续呈现出纷繁复杂的新变化。世界大选年里各国内政与外交的互动更为频繁，全球金融危机进入第五个年头并继续发酵，国际变局中新兴政治力量日益崛起，全球战略的重点明显向东转移。与此同时，我国进入全面建成小康社会决定性阶段，综合国力、国际竞争力和国际影响力进一步显著提升，经济增长放缓但仍保持平稳较快发展，在世界经济复苏过程中的重要作用更加凸显，在国际事务中的代表性和话语权进一步增强。特别是我党胜利召开了第十八次全国代表大会，又一次实现了中央领导集体的新老交替，党和国家的奋斗历程由此翻开新的一页。但我国内发展中不平衡、不协调、不可持续的问题依然突出，各种社会矛盾和危机多发突发，中外互动更趋复杂敏感，我党和政府所处的历史方位和执政环境不断发生深刻变化，面临的发展机遇和风险挑战前所未有。

在这一大背景下，2012年境外媒体涉华报道总体上继续保持基本平稳、平衡的态势，舆论的主流进一步向于我有利的方向发展。与此同时，我国内政治经济社会发展中的新情况、新问题所不断带来的现实考验，以及日趋严峻的国际政治经济环境给我国发展带来的日益巨大的风险和挑战，使国际涉华舆论形势错综复杂、多元多变的趋势进一步加剧。

## 一、总体态势

**1. 中国议题对世界舆论的影响力、塑造力显著增强，境外媒体报道量达到北京奥运年以来的峰值。**

2012年，世界继续呈现出纷繁复杂的新变化、新特点、新趋势。在全球化影响更加广泛和猛烈的情况下，这些新变化、新特点、新趋势与国内形势在各领域、各议题上的相互交织、影响、交锋日益加剧，使国际舆论对我国的关注度进一步提升。

据专业数据库统计，2012年境外媒体的涉华英文报道量达到67万篇，比上年同期（65万篇）增加3%。从境外29家主要英文媒体[1]的涉华报道量统计结果（6.4189万篇）来看，增幅更加明显，比上年（5.9037万篇）增加8.7%。其中，法新社增加6.1%，美联社增加6.7%，英国《泰晤士报》增加47.6%，日本共同社增加50.6%，印度报业托拉斯增加66.2%，泛非通讯社增加66.6%。此外，周边一些国家的媒体对华关注度也显著提升。除印度报业托拉斯、日本共同社以外，俄塔社、新加坡《海峡时报》、泰国《曼谷邮报》涉华英文报道量的增幅分别达到18.3%、20%、22.7%，俄新社更是达到95.1%。数据库统计显示，2012年是2008年之后涉华英文报道数量最多的一年。

中国议题不仅在国际媒体的报道中所占份量显著增加，而且推动国际媒体报道与评论的内容、观点与倾向进一步朝着于我有利的方向发展。主要表现有以下五个方面：

**首先，在新兴力量和发展中国家群体崛起、梯次跟进的趋势更加突出的局面下，我国作为新兴力量的代表，自身国力与影响力的不断提升持续受到世人瞩目。**外媒在看待“中国崛起”的问题上也表现出更广泛的接受态度，对于“遏制中

1 29家主要英文媒体包括：美联社、法新社、路透社、共同社、印度报业托拉斯、泛非通讯社，美国《新闻周刊》、《纽约时报》、《华盛顿邮报》、《华尔街日报》、《基督教科学箴言报》、《国际先驱论坛报》、《今日美国报》、《洛杉矶时报》，英国《经济学家》、《独立报》、《每日电讯报》、《卫报》、《泰晤士报》，加拿大《环球邮报》，澳大利亚《澳大利亚人报》、《悉尼先驱晨报》，日本《读卖新闻》，新加坡《海峡时报》，南非《商报》，印尼《雅加达邮报》，泰国《曼谷邮报》，韩国《朝鲜日报》，香港《南华早报》。

国”、“围堵中国”的政策也展现出更多反对姿态。其中，德国《时代》周报明确表示，“不能用冷战的思维来理解中国的崛起。”英国《金融时报》也理性指出，“问题不在于中国的崛起，中国崛起已经不可避免，而在于中国所扮演的角色。对中国采取遏制政策是草率的，这样做可能会促成一种敌对关系，并不符合世界利益。”

**其次，在世界变革潮流方兴未艾，各国积极探索新的治理方式和发展战略，并迫切需要新理念、新思路来破解难题、化解困境的背景下，党的十八大的召开深深吸引各国媒体挖掘“中国速度”背后的“中国智慧”，十八大确立的我未来十年的发展目标和指导思想受到外媒广泛积极评价，我党的执政能力以及执政业绩受到外界更多肯定。**像美国《华尔街日报》、阿根廷《文摘报》那样，探讨“中国模式”的“系统优势”，并强调我“思想纲领比自由主义民主更高级、更有效”的声音，越来越多，也越来越突出。

**第三，在国际金融危机的影响继续蔓延，世界经济形势仍然面临严峻挑战，经济问题仍然困扰各国的状况下，境外媒体越来越强调我在2012这一世界经济发展的关键年将继续发挥重要的引擎作用，并主张西方需要给予我国经济运作方式更深入的了解和理解。**正如美国《福布斯》杂志所言，“核心西方经济体现在正试图弄明白该采取什么经济政策，因此了解中国经济多年来如何运作良好是值得的。”《埃及新闻报》也指出，“不论是资本主义、社会主义还是穆斯林，各国政府正在中国的大门前排起长队等待学习新本领。”

**第四，在“中国话题”被深度卷入一些大国选举政治，并且“高烧不退”的南海争端、钓鱼岛争端等边海问题引发我与周边国家关系出现波动的情况下，不少境外媒体评论我与大国、周边国家关系步入复杂和艰难时期，同时，不断强调我与各国之间关系发展保持稳定协调的重大意义，并提出越来越多富有建设性的意见和建议。**其中，美国《纽约时报》认为，中国与周边国家“不需要相亲相爱，只需要为共同利益高效合作就够了”；美国《大西洋》月刊强调，中国与各国之间的“共生均势”能够形成一种蓬勃发展的长期关系；香港《南华早报》还提出，东西方建立战略伙伴关系“对全球的裨益可以延续至下个世纪”。

**第五，在国际社会价值理念日趋多元多变，西方价值观和体制模式不再被奉为**

**圭臬的趋势下，新兴国家尤其是我国的发展理念，受到世界各国媒体越来越多的重视**。澳大利亚《悉尼先驱晨报》撰文指出，“中国崛起对西方及西方观念产生了深远影响。中国增长快速、社会稳定和市场独裁的治理方式，受到西方之外的世界各国，尤其是第三世界领导人的推崇。中国正让西方价值观、原则和标准变小。”

**2．党的十八大成为贯穿全年的中心议题和报道主线，成为世界观察和理解我党和国家的重要窗口和平台。**

党的十八大是在我国进入全面建设小康社会关键时期，和深化改革开放、加快转变经济发展方式攻坚时期，召开的一次十分重要的会议。境外媒体深谙此次会议对于我党和我国各项事业发展和未来战略走向的深远意义，从2012年年初开始，即对我党十八大相关议题进行持续、广泛、深入的关注，透过各种公开信息，尤其是我领导人的重要出访、参加的重要会议、发表的重要讲话和文章等，分析预测我党未来政策走向，不断猜测会议的相关信息，捕捉会议召开的时间、议程和人事安排的可能迹象。而且，我党十八大议题与众多热点突发事件不断相互交织、叠加，成为串联起整个2012年境外媒体涉华报道的核心议题。十八大不仅是外媒涉华报道中不可或缺的背景信息和解读材料，而且还是最主要的评论角度和落脚点。

境外媒体一致认为，十八大不仅确定了我党和国家今后10年发展的主旋律和大方向，而且将对整个世界产生十分重要而深刻的影响，因此极力捕捉我党十八大对外传递的各种信息，试图全面深入解读十八大透露出的政策走向，对我党和国家表现出了进一步的认识与理解。

**首先，是对我未来发展道路的认识，认同我重申坚持走中国特色社会主义道路，承认“中国模式”在发展经济、改善民生、凝聚精英、维护稳定、培养和选拔领导人等方面富有优势**。卡塔尔半岛电视台网站表示，“中国共产主义者选对了路，而西方资本主义者却大错特错”，“中国既坚持了传统思想，又融合了全球化理念”，“中国模式告诉我们，只有合理的监管、只有平衡的体系、只有把‘小康社会’而不是利益最大化作为目标，才能实现成功的发展”。新加坡《联合早报》指出，“十八大报告中有关‘倡导人类命运共同体意识’、‘弱肉强食不是人类共存之道，穷兵黩武无法带来美好世界’的表述让人欣喜，这种用词彰显领导人对于中国走和平发展道路的决心”。

**其次，是对我改革进程的认识，认为我清楚恢复经济平衡的紧迫性，将继续加快转变经济发展方式作为深化改革的重点，更加重视“质量和效益”的发展思路。**日本共同社称，十八大的召开标志着我国经济将实现由“投资拉动型”向“消费拉动型”的转变。此外，媒体还提出经济改革需要通过政治改革推动，认为我明确释放了推进政治体制改革的信号，将坚持积极稳妥的原则，在一党执政的基础上“小步”推进政改。

**第三，是对我未来目标与任务的认识，集中关注我提出2020年GDP及国民收入比2010年翻一番的目标，评价我提高农村人口收入以解决收入差距扩大的目标“雄心勃勃”。**《澳大利亚金融评论报》、英国广播公司等引用经济学家的分析评论称，从我过去几年的经济发展速度来看，我确定的未来10年的目标和任务完全可以实现。

**第四，是对科学发展观的认识，注重分析我在党章中将科学发展观提升到新高度的目的，多角度解读科学发展观的内涵与实质，肯定其对我未来发展具有“划时代的”、“根本性的”影响和意义。**《印度快报》将科学发展观形容为我党的“指导思想和发展动力”。俄塔社也强调指出，科学发展观能够帮助我党“更加机敏地应对当今世界的社会、政治和经济现实，顺应中国社会发展的需求”。

**第五，是对我党的建设的认识，认为我党首次在全国代表大会这样正式的会议场合提及腐败问题，表明我充分认识这个人民关注的重大政治问题的“严重性和迫切性”，普遍评价我反腐立场“坚定”，态度“认真”，决心“前所未有”，信号“十分明确”。**西班牙《公民报》指出，“中国式的民主”带有自己的特点，虽由党来领导，但达到“一定程度的多元化”，未来10年中共将推进“具有参与性、更加民主的政治模式”。

**第六，是对我执政能力的认识，进一步肯定我面对复杂多变的国际环境和艰巨繁重的改革发展稳定任务，仍然取得了“超过预期”的突出成就。**英国广播公司认为其中一个重要原因就是“我最高领导层的素质很不错”，并称“政府是中国最大的优势”。法国《费加罗报》指出，“中国共产党人数超过德国人口，这显示了党的凝聚力”，“这个历史悠久的革命政党的生命力令人惊讶”。香港《南华早报》

文章强调，“共产党仍然有着相当高的公众支持率”，“普通民众对共产党推动国家前进的能力仍相对有信心”。

**第七，是对我领导集体的认识，强调我领导层此次换届表现出“平稳性”和“连续性”，展现出“领导集体团结一致的形象”；认为我缩减常委人数的决定是一个“积极的变化”，有利于提高集体决策的效率；评价我新领导层“更为开放、务实、亲民”，令国际社会对我未来政策举措的具体有效性充满期待。**日本新闻网用“温和”来形容我新一届领导集体，并根据七常委的工作和生活经历，评价我新领导层“具有更大的忍耐力和面对困难的勇气”、“具有很好的知识素养和国际视野”、“具有丰富的执政经验和处理各种棘手问题的技巧和手腕”。

**3．关注议题更加全面广泛，热点报道更加密集，国内政治成为最受关注的领域**。

2012年，境外媒体在报道与评论中表现出对华兴奋点此起彼伏、接连不断。从29家境外主要媒体2012年涉华英文报道统计结果看，政治领域的相关报道达到6728篇，约占总报道量（6.4189万篇）的10.5%，超过企业新闻（5051篇）、外交事务（3891篇）、金融市场（3715篇）等方面，成为最受关注的领域。这在近5年来的统计中还是首次。其中，党的十八大是国内政治方面的焦点议题。而且，境外媒体还透过我全国“两会”等重要会议，聚焦我经济民生方面的政策举措，判断我政治经济社会发展前景，分析我各项改革面临的困难与挑战。

此外，薄熙来案、王立军案等敏感事件也引发境外舆论围绕我反腐败、改革进程和人事安排等政治议题持续发酵。从2012年2月初王立军进入美国驻成都总领事馆，到11月党的十七届七中全会表决通过开除薄熙来党籍，境外媒体在重要的时间节点不断形成阶段性的报道热点，各种臆测、传言甚至谣言此起彼伏，不断渲染所谓“内部斗争”、“政治体制不透明”、“党内气氛紧张”等论调。美国《华尔街日报》、英国《经济学家》和加拿大《环球邮报》等西方主流媒体，将薄案视为“数十年来撼动中国领导层的最严重危机”。随着薄谷开来案和王立军案分别宣判、中央宣布对薄熙来的处理决定，外媒报道开始趋于客观，更加突出我党内共识和反腐决心，但仍然借上述各案质疑我司法不公正、不透明等。

经济领域，境外媒体关注的重点仍然是我宏观经济形势、经济政策走向以及经济领域改革动向。媒体对我国内经济政策和发展前景争论更加激烈，观点纷纭，但是，对我经济发展对于全球复苏的重要性意见统一，并不断着力强调。

外交领域，最突出的持续性热点议题当属中菲黄岩岛对峙、中日钓鱼岛争端等地区热点事件引发的我与大国和周边国家的关系问题。其中，经济利益、地区安全、地缘政治和历史问题等多重矛盾因素相互纠缠，为外交领域涉华报道与评论内容增加了复杂严峻性。此外，境外媒体还集中关注我党和国家主要领导人的重要外交活动，并不断评论我在叙、伊等国际热点问题上的表态，以及被卷入一些国家选举活动的“中国话题”。

科教文体领域，境外媒体关注“神舟九号”圆满完成载人航天任务、“蛟龙号”深潜连创纪录等，热议我科技领域新突破的重大意义，也指出我在科技方面存在的差距。媒体还集中报道我在伦敦奥运会上的突出表现，将奥运会与我国家形象、国际影响力等相挂钩，对我体育事业发展机制多有非议。

军事安全领域，我首艘航母动态是媒体始终关注的焦点。媒体跟踪报道其多次海试、入列服役、舰载机起降试验等，一再表示担忧亚太地区的军力平衡受到影响，突出强调我军装备发展超过我安全防卫需要，继续炒作我军力发展、特别是海军发展对外构成的“威胁”。

港台议题方面，热点事件和敏感问题也起伏不断。围绕香港回归15周年庆祝活动、香港特首选举、香港立法会选举、所谓“反国民教育”运动等涉港议题，以及台湾地区领导人选举、第八次“陈江会”等涉台议题，外界密切观察内地与香港关系、两岸关系的发展现状与未来走向，其中，较为突出反映的是内地与香港之间摩擦的增多。

此外，涉藏、涉疆方面负面议题仍然集中。藏区聚集打砸事件和自焚事件，以及新疆喀什暴力砍杀案、新疆民航班机劫机未遂事件等吸引了境外媒体较多注意力，我民族政策和宗教政策仍是其批评集中的领域。

**4. 对华报道出现一些新方式新特点，更加重视深入解读中国，更加积极争夺中国新媒体市场。**

2012年1月28日，英国《经济学家》周刊开辟中国专栏，为有关中国的文章提供更多版面。这是该杂志继1942年开设美国专栏后，70年来首次为外国开设专栏。专栏编辑罗布·吉福德（Rob Gifford）对此解释称，“地球人每一个人都能感受到过去30年里中国经济的迅速崛起，以及中国对亚洲和世界的影响。因此《经济学家》也需为中国的发展多留出些空间”。英国《经济学家》还在其官方网站开设了名为“论语”的中国博客，集中反映我对全球的影响，以及我与世界各国的交流交融之处，为外国媒体日益深入多元地关注中国增添了又一个新注脚。

中国的巨大市场也成为西方媒体瞄准的新目标。2012年，又有一些境外主要媒体推出中文网，并涉足我国内社交媒体领域。其中，位居日本第二大报的朝日新闻社于4月16日正式开通了简体字版的“朝日新闻中文网”，不仅尝试网站与微博连动的全新信息传播模式，还特别设计了智能手机版阅读模式。美国《纽约时报》于2012年6月28日正式推出中文网页，同时还开通了新浪、腾讯、搜狐等官方微博，向中国读者提供免费新闻服务。《纽约时报》作为老牌综合性大报，成为第一家开辟中文网络版的美国非财经类媒体。西方舆论普遍认为，在国内面临下坡路和增长放缓的西方媒体公司，都希望在中国繁荣发展的媒体和广告市场分一杯羹。

**5. 国内国外各种矛盾与问题不断叠加，引发负面敏感议题频发且持续发酵，国际涉华舆论环境更趋复杂严峻。**

我国在前所未有的矛盾凸显期存在的发展中不平衡、不协调、不可持续问题，受到境外媒体更加广泛而深入的关注，也成为外媒对我集中批评的重要领域，主要体现在四个方面：一是借广东乌坎事件、三峡库区移民问题，“毒奶粉”、“毒胶囊”等食品安全话题，杨达才、方大国等网上热炒人物，以及我多个城市爆发的反日抗议活动等，集中报道与评论我国内各种经济社会矛盾与消极现象，强调社会不公、腐败问题等引发的一些社会矛盾日益激化，渲染社会消极不满情绪不断增多；二是围绕广西龙江、四川什邡、江苏启东、浙江宁波等地环境污染问题引发的群体性事件，突出我在环保方面面临的挑战的复杂严峻程度，强调我发展模式的不可持续性，夸大我民众对环境问题的不安与忧虑情绪，分析民间环保思想意识和维权态度方式发生的变化，一再贬损我党和政府的公信力，不断强调我维稳工作难度日益加大；三是借藏区聚集打砸事件和自焚事件、新疆喀什暴力砍杀案、香港所谓“反国民教育”运动、陈光诚事件、河南李旺阳案、陕西安康强制引产事件等热点事件和敏感话题，继续对我涉藏、涉疆、涉港、民主人权、民族问题、宗教政策、政治制度等进行批评指责，这些领域的外部舆论环境仍然不平静；四是借北京“7·21”特大暴雨等灾害性事件和事故，将灾情与我政治议题相勾连，批评我应急机制与新闻管理政策，突出我城市化进程和现代化建设中存在的诸多问题，甚至对我发展道路与模式提出质疑。

同时，我外部环境更趋严峻，各种不确定、不稳定、不安全因素明显增多，中国崛起带来的外部舆论对我的疑虑和戒心也日益明显加重，外媒在我对外经贸、外交事务、军力建设、孔子学院发展等议题报道中，施压调门不断抬高，特别是不时鼓噪我国力发展给地缘政治和安全环境带来的所谓“威胁”；围绕黄岩岛、钓鱼岛等我领土领海主权争端议题不断进行炒作，挑动当地民众反华情绪，着力为我部分邻国“倚美遏华”、“联手对华”战略的合理性和迫切性造势。此外，外媒还借我推动本土企业发展创新、北京清理“三非”专项行动等，编造我排外罪名，并借“网络盗窃”、“黑客攻击”等话题，对我加以批评指责。

### 6. 2012年，“中国威胁论”的种种论调纷呈，反映出外界对我发展壮大表现出的复杂心态进一步加剧。

**“中国发展不确定论”迅速升温** 外部舆论放大我国和平发展进程中面临的问题以及现实和潜在的矛盾与挑战，突出渲染我国发展对西方的冲击和给我国自身与国际社会带来和将会带来的问题与“麻烦”，认为我国发展不仅在长远意图上不确定，而且在经济、政治、军事等层面都具有不确定性。其主要观点包括：质疑我国的和平发展战略，担心我冲击西方自由民主主义和挑战美国主导的国际体系；质疑我经济发展方式和社会主义市场经济体制，认为目前我国经济增长已到极限，强调我未来“没有确定解”，预言我国的发展进程会随时中断；质疑我党的“执政合法性”，认为我政治和价值体系“本质上就不稳定”，强调我“政改”进程不明确、不具体；质疑我防御性国防政策，认为我不透明的国防政策和军力发展动向已经成为东亚乃至世界的“不稳定因素”。

**中国“国家资本主义论”滋长** 2012年年初，伴随着瑞士达沃斯世界经济论坛期间有关西方资本主义模式是否已经失败的争论，以及英国《经济学家》杂志刊发多篇有关“国家资本主义”的特别报道，“国家资本主义”成为西方媒介和学界讨论的热点话题。其观点认为，以中国为典型代表的“国家资本主义”再度兴起，并且正在进入“全盛时期”；而“国家资本主义”国家的兴盛凸显西方自由资本主义危机，对自由市场经济模式构成挑战。这一论调对于我发展道路的解读并不符合我国实际，某种程度上是一种舆论误导，容易在国际上加剧我与贸易伙伴国的经济摩擦，损害我市场经济国家形象，对促使欧美尽快承认我市场经济地位及我国企业“走出去”，更有严重的负面影响，对我国家形象的塑造远远弊大于利。

**“中国经济崩溃论”继续盛行** 由于2012年我国经济出现持续放缓，西方媒体报道中“唱衰中国”的论调仍然很有市场，有关我国经济走向“崩溃”的观点在舆论中大行其道。美国《时代》周刊、《华尔街日报》、《福布斯》杂志等媒体发表《为什么中国将发生经济危机？》、《中国经济盛宴即将曲终人散》、《悲观经济学家：中国经济崩盘在即》、《耗尽资金：中国即将迎来第一轮金融危机》等文章，极力强调我国的“亚洲发展模式”不可持续，“终将崩溃”。一些媒体还一再夸大我国经济增长减速给世界经济带来的负面影响，炒作我经济形势对其他国家和地区发展构成“威胁”，甚至扬言我经济趋缓将“刺激全球衰退”。美国《华尔街日报》题为《中国经济放缓的连带影响》的文章称，“股票、大宗商品和外汇，甚至就连奢侈品销售和澳门博彩业都在受到中国经济放缓的负面影响”。日本时报网题为《真正的“中国威胁”》的社论称，“如果说中国对国际稳定构成威胁的话，那么这种威胁更有可能是一种经济挑战，而非军事挑战，中国经济若崩溃，不仅会沉重打击全球经济，还会在该地区乃至整个世界造成连锁反应”。

**“中国太空威胁论”浮现** 围绕“神舟九号”圆满成功完成首次载人空间交会对接任务，多数外媒能够较为客观地看待我在航天领域取得的新成就，但也有美、日等国一些媒体，不仅对我太空技术的发展与运用表现出警惕，担忧和质疑我空间计划带有军事目的，而且，还臆测我国航天新突破可能激化太空领域的“霸权”争夺战，把“太空强权”、“宇宙霸主”等称号强加于我国这个航天“第二梯队”成员，并宣称我或许在寻求地球外的领土主权，呼吁美国采取措施予以阻止。传统基金会等美国智库也对我国载人航天计划予以过度解读，担心美国航天大国地位遭到挑战。

## 二、关注重点和主要观点

2012年，境外媒体涉华报道的议题主要涉及我党十八大、我国宏观经济形势、我国外交政策及举措、我军力发展步伐、我国社会热点问题等。

### 1. 高度关注党的十八大对我党和国家未来发展的重大影响和意义。

2012年11月8日至14日，党的十八大在北京隆重召开，受到外媒的高度关注。据专业数据库统计，党的十八大召开期间，境外媒体发表的英文报道共计2516篇，比十六大、十七大期间高出七成多；发表的中文报道共计2559篇，分别是十六大、十七大的2.5倍和1.9倍。境外媒体纷纷在第一时间抢新闻、报快讯、发头版头条、采写评论特写、开设专题专栏、进行滚动直播，将年初即延续的十八大“报道热”推向高潮。外媒对十八大的报道议题广泛，其中，领导层换届、十八大报告和党章修改是报道与评论的三大重点。这些议题的背后，是外界对“中共未来将走向何处及如何走”的根本关切。

**聚焦中央领导集体的新老交替** 外媒充分意识到新一代领导集体的执政理念、政治主张、发展思路以及领导风格、个人经历等，都将对中国和世界未来10年的走向产生深远影响，争相解读我领导层换届过程中在人事安排和选举制度方面所释放的各种信息，试图通过近距离观察，加深对我党内政治运作方式的了解，并希望从中找到中国未来政策走向的信号和线索。11月15日习近平总书记率领新一届中央政治局常委同中外记者见面，不仅结束了数月以来外界对我新一代领导集体人选的猜测，而且令外媒切实感受到中国政治制度的稳定和成功。媒体甚至认为十八大“开启了中国全新的政治时代”，期待“更为开放、务实、亲民”的新一代领导集体能够采取具体有效的措施，妥善解决当前面临的诸多难题与挑战。

外媒普遍聚焦习近平总书记，对其执政经历、政策倾向、家庭背景、性格特征、行事风格等进行多角度评析，评价其“沉稳”、“开放”、“自信”，是“顺应时势之人”。外媒还对我未来领导集体进行总体解读，认为他们将延续前任的务实作风，在给予积极评价的同时也抱有较多期待。香港《南华早报》指出，外界对中国新一代领导集体寄予很大希望，认为他们比前任更加开明——既务实又富有同情心，既理想化又有弹性空间。

**全面解读十八大报告的内容和意义** 外界将十八大报告视为中国发展方向的指南针和路线图，普遍认为报告既总结了过去10年的发展经验也没有回避挑战，肯定报告“为中国这个全新的超级大国确定未来10年的基调和方向”，评论报告“是对道路问题的一次权威回答，也是中共的一次新的宣言”，相信中国共产党能够继续带领国家取得新的发展成就。外媒对报告内容进行重点摘录，认同我重申坚持走中国特色社会主义道路、强调必须长期坚持科学发展观；肯定我要求加快转变经济发展方式、更加注重质量和效益的发展思路；尤其关注“2020年国内生产总值和城乡居民人均收入翻一番”、“五位一体”等新提法；突出报道我在反腐问题上的态度和决心，并注意到报告提出“大国防观”和“建设海洋强国”的目标，以及“不走老路，不走邪路”的宣示。同时，一些外媒对我是否会真正推进政治体制改革仍表示怀疑，对我“海洋强国”理念表示担心。有媒体仍在鼓吹中国“政治不民主、社会不稳定、言论不自由、未来不确定”等论调，抹黑我党的国际形象。

**积极评价十八大对党章作出的修改** 围绕十八大对党章做出的最新修改，外媒最为关注科学发展观同马克思列宁主义、毛泽东思想、邓小平理论、三个代表重要思想一道被确立为党的行动指南，肯定科学发展观本身的理论创新价值及强化了对可持续发展的重视，评论此举充分体现出我党旨在赋予这一重要理论成果更显著的地位并将其提升至新的高度。此外，外媒还注意到生态文明建设首次被写入党章并被作出阐述，认为新党章强调生态问题在中国现代化进程中新的突出的战略地位，凸显我党对环境问题的更多关注。

**充分肯定我党执政的优势与成就** 境外媒体在聚焦十八大时，党的执政优势与成就也成为重点解读的内容，并从六个方面进行了总结与归纳：在领导地位上，认为共产党是中国最重要的政治力量，依靠强大的组织能力领导着各个社会阶层；在执政体制上，承认党的执政制度富有成效，我快速发展崛起的事实让外界心悦诚服；在执政能力上，赞赏中共领导国家实现飞跃，将中国建设成为世界第二大经济体；在执政思想上，认识到中共在国内具有很高的道德威望，注重儒家哲学思想，任人唯贤，以德治国；在组织建设上，注意到中共已经成为一个精英组织，选拔机制越来越重视有能力、有德行的政治领导者；在执政合法性上，认为政绩事实、精英政治理念和民族主义共同确保了中共的合法性，一党制的国家体系受到大多数中国人的拥护。英国《金融时报》、美国《基督教科学箴言报》、韩国《中央日报》等还强调指出，中共的精英领导制度可以弥补民主制度的一些缺陷，比西方政党更有成效并着眼长远，值得本国学习。

**突出强调我党未来面临的风险与挑战** 同时，外媒也不断强调我党当前面临着各种风险与挑战，归纳其观点主要有六个层面的内容：一是政治层面，认为党的执政体制缺乏权力监督和制衡，政治体制改革滞后，政府公信力缺失，中共的执政合法性面临危机；二是经济层面，认为我经济发展增速放缓，且依靠投资和出口拉动经济的发展模式不可持续，中国面临既要提振经济又要改变增长模式的艰难转型；三是社会层面，突出我社会贫富差距拉大，环境污染日益严重，官员腐败形势严峻，社会公平感缺失，社会稳定面临挑战；四是文化层面，称我提升文化“软实力”的收效甚微，“软实力”领域存在明显缺陷，缺少能与世界接轨的价值观；五是外交方面，评价我“韬光养晦”政策和“不干涉”原则已不适应新形势的要求，军事的快速现代化无法消除外界对中国崛起的担忧；六是党建方面，认为党员存在身份认同焦虑感，在理想信念上迷茫、困惑和动摇，只注重眼前利益和个人利益，对党组织缺乏责任感、使命感。外媒在突出我政治、经济、社会等方面面临的困难和挑战时，一再突出我进行政治经济改革的重要性和迫切性，期待、敦促甚至施压我进行改革的声音越来越多，调门也越来越高。

### 2. 对我经济走势和政策走向争论激烈，进一步强调我经济发展对于全球复苏的重要性。

2012年，欧洲主权债务危机持续发酵，美国财政悬崖问题日益突出，新兴经济体增长明显放缓，世界经济复苏步伐缓慢，并且不确定、不稳定因素以及下行风险明显增多。在复杂严峻的国际经济环境和外需收缩的背景形势下，我国作为推动世界经济复苏的重要“引擎”，经济发展状况备受国际舆论关注。通过密切跟踪我定期发布的各项经济数据及官方声音，境外媒体不断分析猜测我经济政策走向，预测我经济形势将走向“硬着陆”或“软着陆”，争论激烈，观点纷纭，涉华经济舆情错综复杂。

**普遍关注我经济增速放缓前景及影响** 2012年年初，在预测我全年经济发展前景时，外媒多数观点便表现出较为谨慎的态度，认为我经济增长将会减缓，但出现“硬着陆”的可能性不大，预计二三季度或见底回升。然而，进入二季度以后，随着我各阶段统计资料的公布，外媒普遍认为我经济数据低于预期，经济呈现疲弱态势，对我经济表示悲观的论调普遍。从路透社、法新社、美联社、彭博社，到美国《纽约时报》、英国《金融时报》、加拿大《环球邮报》，诸多西方主流媒体不断指出，我国经济增长“进入10年来最疲软的一年”，“经济状况比大部分经济学家已经降低了的预期还要糟糕”，“从制造业到银行业正在显现越来越多的恶化迹象”。但进入四季度，围绕我发布的10月份以及三季度的多项经济数据，境外媒体又转而普遍肯定我经济数据好于预期，认为我经济运行企稳的态势比较明显，判断我已经挺过“最糟糕时期”。路透社、美国《华尔街日报》还强调指出，我经济在经历了近两年的放缓之后开始提速，给全球经济前景带来一线希望。对于党的十八大报告中关于我经济发展方式调整及GDP到2020年翻一番的目标，外媒总体上认为可以实现，但同时也指出这一目标存在巨大“挑战性”。总体来看，2012年外界对我宏观经济走势“审慎乐观”的评价中，“审慎”的成分显著加重。

**对我一系列经济应对举措多有肯定** 温家宝总理在政府工作报告中提出2012年GDP增速目标为7.5%，受到外媒普遍关注，评价其是8年来我增速目标首次低于8%，表明我总体政策目标将更加侧重经济发展的“平稳性”和“高质量”，未来将会把更多注意力转向加快转变发展方式，更加注重提高经济发展的质量和效益。境外媒体密切关注我国政府对经济下行的基本态度，认为我承诺下半年经济工作要把“稳增长”放在更加重要的位置，防范经济下行的姿态进一步明确；透过温家宝总理在广东调研时承诺推动出口稳定增长、在天津夏季达沃斯论坛表示“完全能够稳住经济”，并围绕我国多个省份推出包括公路、铁路、城市地铁建设等项目在内的大规模“刺激计划”，普遍认为我政策立场转变，明显更为积极；对中国人民银行2012年两次下调存款准备金率和3年来首次降低存贷款基准利率反应敏感，认为这些措施旨在刺激经济回暖，并预期我将采取更宽松的货币政策来刺激经济增长；认为通货膨胀明显放缓，使我放宽政策和刺激增长有了额外的空间。

此外，我在经济领域、特别是金融领域出台的一系列改革措施，包括国务院决定设立温州金融综合改革试验区、中国人民银行宣布扩大人民币兑美元日交易区间、国资委表示将鼓励民间投资参与国有企业改制重组、中国人民银行宣布扩大金融机构存款利率浮动区间等，均成为外媒报道的阶段性热点。温家宝总理在广西和福建视察时表示中国国有银行垄断金融业的局面必须打破，也引起外媒注意。外媒对这些改革举措多持肯定和欢迎态度，评价这是我放松银行业和投资管理、推动人民币国际化、银行利率迈向市场化的重要举措。

**突出我宏观调控面临的难度与风险** 外媒在分析我经济形势时，除一再指出外部的欧债危机与美国财政悬崖将会拖累我国内企业信心，还不断强调我内部结构性增长动力依然较弱。其中，房地产放缓拖累内需、地方债务构成巨大违约风险、劳动力短缺及成本上升、经济发展方式不可持续等，被外媒视为影响我经济发展的主要问题和挑战。外媒认为，房地产市场的放缓对内需构成了最大拖累，房地产调控政策削弱了任何新刺激措施的作用，从而降低了中国应对欧洲和美国需求低迷的能力。同时，也有部分外媒担心我“稳增长”政策导致房地产出现泡沫。

对于我地方债务问题，很多外媒和经济学家认为，我实际债务水平比公开的信息高很多，这对经济构成了巨大的违约风险。英国《泰晤士报》文章引述分析人士的观点称，土地价格下跌和拆迁问题变得越来越敏感，开始影响到了地方政府的收入，并进而影响其偿债能力。

对于劳动力问题，不少外媒认为我低廉劳动力优势正在逐渐丧失，强调我面临人口老化、工资和价格上涨等问题的复杂挑战。在我未来经济改革问题上，媒体认为处理好政府和市场关系是改革的难点所在，指出我国企改革必须与金融体系改革一起处于经济改革核心位置，并强调国有部门在更深层次的改革中仍将扮演重要角色。此外，还有媒体认为，最大的风险在于我政策层面上，领导层换届会影响到政府的经济努力，致使我复苏步伐不会太强劲。总体上看，外媒认为我当前难以出台2008年那样的救市政策，甚至称我“仍在对付上一轮刺激的后遗症”，强调在泡沫风险和经济减速担忧并存的情况下，我政策调控的难度越来越大。

**争议我经济高速发展模式的生命力** 一些外媒指出，由政府主导投资与出口的“中国模式”已经达到极限。美国《时代》周刊的文章称，中国采取了亚洲发展模式的形式，这种模式由日本发明，东亚许多快速增长的国家不同程度地沿用了该模型，此系统在一段时间内可以产生梦幻般的经济增长，但最终会崩溃。英国《金融时报》网站的社评认为，中国再也无法逃避一系列其已经回避了许多年的结构改革问题，位于清单最前面的是调整总体需求平衡的举措，其目的是使经济重心从投资和出口转向国内消费。美国《纽约时报》引用世界银行发布的研究报告称，假如中国不改变发展模式并反思政府在经济管理中的作用，其增长引擎就有可能在今后十几年里受到阻碍，中国必须完成向市场经济的转型。

但也有观点认为，传统经济增长模式在中国仍有生命力，中国尚未开发的西部腹地和10年前的东部沿海地区有着很多共同点。美国《福布斯》双周刊网站的文章指出，中国经济减速明显区别于其他国家：一是为防范经济过热风险和进行发展转型而自身主动减速；二是中国拥有一整套货币、财政和行政手段，可用于刺激经济，如果其认为需要刺激经济的话；三是中国经济正处在过渡阶段，经济正从依赖政府支出和出口向一种更可持久的模式过渡，即个人消费和投资将成为拉动经济的主要因素。英国《经济学家》的封面文章认为，中国经济比很多批评者想象的更具弹性，中国并不依赖外部借款，中国的银行有充足的流动性资金，即便对欧洲的出口受到重创，中国政府仍有很大空间来刺激经济增长。

**强调我国发展对于世界经济的重要性** 境外媒体报道与评论突出表现在三方面：一是强调外界对我经济带动作用的期待。普遍承认中国是“世界经济复苏的引擎”、“世界经济进程中的重要角色”。德国之声题为《世界经济离不开中国》的文章称，由于在全球金融危机中的强势增长，中国承载着世界经济复苏的希望，全世界对中国的依赖性也与日俱增。二是强调中国经济的世界影响力。年初以来，外媒频频发表文章，担忧中国经济放缓对全球经济增长构成不利影响，这也从一个侧面印证了当前中国经济举足轻重的世界影响力。三是关注我在国际经济会议中扮演的角色。尽管我国高层官员未出席2012年1月的达沃斯世界经济论坛，但中国依然成为论坛和舆论报道的重要热点话题；我在G20等重大国际会议中的作用也备受瞩目。

### 3. 持续聚焦我应对国际变局的外交作为，突出我面临的外交难题和挑战更趋复杂多元。

随着世界多极化趋势日益明显、各国间相互联系与依存日益紧密、地区动荡和热点问题此起彼伏、传统和非传统安全问题相互交织，国际形势日趋错综复杂。同时，中国持续发展对世界带来更深更广的影响，中国在世界扮演的角色和国际社会看待中国的角度也在持续发生着变化，在此背景下，我对外关系所经受的新考验新挑战，始终吸引着境外媒体的注意力。

**对我影响力稳步提升给予进一步认同** 2012年，我重要外交活动频繁，大国外交、多边外交活跃。胡锦涛、温家宝等国家领导人应邀出访亚、欧、中东等多国，出席多次国际和地区会议。我国际影响力成为外媒报道和解读这些重大外交活动的核心关键词。我在国际舞台上，尤其是在上海合作组织峰会、金砖国家峰会等新兴国际机制中的地位和作用更为各方看重，我在世界经济复苏进程中扮演的角色更受瞩目与期待。有德国媒体直言，基本上世界每一个政治问题都有一种中国纬度：不仅仅是欧元问题，也包括叙利亚危机、伊朗核问题以及环境气候等等问题。被媒体广为关注的英国广播公司和美国皮尤研究中心的年度涉华民意调查结果也充分显示，中国影响力在稳步提升。

**对我外交政策的质疑声音有所增多** 在世界形势和亚太地区局势复杂多变、我综合实力大幅提升、涉我周边领海热点事件频发的情况下，外界对我坚持“韬光养晦”和“不干涉”、“不结盟”外交政策的质疑声音明显增多。我针对日本、菲律宾、越南等周边国家频频挑衅我周边海域主权而采取的针锋相对的反制措施，被一些外媒解读成“恐吓威逼”、“咄咄逼人”。有外媒还宣称，中国的军事实力已壮大到难以隐藏，实现雄心的愿望也极为迫切，并就此断定中国的“韬光养晦”可能已失效。而且，在南海争端愈演愈烈的情况下，我同柬埔寨等东盟国家积极协调，成功阻止菲、越在东盟峰会公报中论及南海问题的企图，有媒体就此推测，我或将放弃“不结盟”外交，进而谋求构建外交政策联盟推进南海利益。此外，在伊朗、叙利亚等问题上，一些外媒配合美欧方面敦促我在上述国际热点问题上承担更大责任、进而改变长期以来坚持的“不干涉”原则的声音不绝于耳，令我在国际热点问题上面临的舆论压力持续增大。同时，外媒报道中也不乏理性声音，建言我在新的国际形势下主动做出相应的政策调整，“寻找外交新政”，实现外交创新。

**在我边海问题上舆论施压力度前所未有** 2012年，伴随着周边国家担忧“中国崛起”的危机感和紧迫感空前增强，并在争议岛礁和海域主动“争权、扩权”的意识明显抬头，加之美国大力实施战略重心东移和亚太再平衡战略的背景下，我周边海域主权争端呈多点爆发态势，菲律宾、越南、日本等周边国家就南海主权问题、钓鱼岛问题频频发起挑衅行动，双边紧张关系不断升级。围绕这些热点事件，2012年下半年的外交领域涉华报道议题呈现出纷繁复杂的态势。境外媒体在报道中密切跟踪我政府和民间的表态和举动，分析诱发当前紧张局势的历史深层积怨和现实利益冲突，强调“中国崛起”是近年来我边海局势升温的重要刺激因素，评价我边海战略及外交政策趋向强势，突出我与周边国家以及美国之间矛盾的复杂性和双边关系的不稳定性，指出我在解决南海东海争端问题上面临诸多困难和考验，认为我所处的外部环境日益严峻。

外媒在报道中作出不少客观的评价和前瞻性的建议，对我处理中菲对峙和中日争端的冷静态度和降温举措不乏肯定，而且，分析预测日益紧密的经贸联系仍将是缓和我与周边国家紧张关系的关键要素。但同时，外部舆论中也出现诸多于我不利的声音。其中，在涉南海主权纷争议题方面，除声索国媒体外，美、日等少数域外国家媒体推波助澜，掀起南海舆论风波，一再强调周边国家对我经济崛起、军力发展、国内民族主义情绪高涨的担忧不断加剧，其支持本国政府插手南海争端、对我施压的声音十分突出。正如美国《时代》周刊网站评论所言，多数国际报道与评论将东亚海域岛屿争端“描述为一场道德喜剧，中国在其中扮演恶棍的角色，其他亚洲国家扮演受害者，美国扮演的是所罗门式的英雄形象”。在中日钓鱼岛争端议题中，一些媒体，尤其是日本媒体片面夸大我国内民族主义情绪，力图把我在钓鱼岛问题上的表现与自负、易变、不可信等负面形象联系在一起。相比之下，德、俄等国媒体理性声音较多，不断客观地指出日本无视二战历史是争端之源。

**大国选举政治影响涉华舆论波动** 2012年是国际大选年，全球70余个国家和地区进行选举，各国国内政治与对外政策的互动更为频繁，且传统大国与新兴国家的选举同频共振的态势十分明显。由于我国自身的日益强大和在国际社会中扮演角色的日益重要，“中国因素”成为别国选举议题的重要选项，“中国话题”也不可避免地成为境外媒体对各国选举活动进程报道与评论的重要内容，使得我国际舆论环境随着大国选举政治的影响而产生波动。

境外媒体主要围绕相关国家竞选政党涉华争论的三方面议题进行报道与评论：首先是经济议题。境外媒体虽然强调我国对其本国经济的重要性是大多数参选政党的共识，但同时也借竞选政党和竞选人之口，不断突出“对华贸易逆差”、“人民币升值”等问题，宣扬所谓“中国经济危害论”、“远离中国”的论调，渲染我对其本国经济产生的负面影响。正如美国《时代》周刊引用分析人士对美国的选情分析称，在这个大选年最有意思的是，中国不是作为外交政策问题被提出来，而是作为国内问题，直接与就业和经济繁荣挂钩了。二是安全议题。一些媒体借美国等国参选政党出于选情需要而迎合选民的政治伎俩，一再鼓噪“中国威胁论”，突出我负面形象，强调对华强硬、对华遏制的必要性。三是价值观问题。与法国社会党人奥朗德等一些国家政党的竞选人一样，一些媒体依然坚持意识形态观念，一再对我所谓人权、民主、“西藏问题”等指手画脚，标榜和强化西方的“价值观优越感”。

众多外媒把2012年年底中美两国政府的换届视为国际大选年的“压轴大戏”，聚焦美国大选并将其作为分析中美关系的重要背景，注意到中美关系受到美国选战较多干扰。美国詹姆斯敦基金会网站评论称，美国大选中“打中国牌”、“抨击中国”或“找替罪羊”的行为无处不在，完全是意料中的事情。也有不少外媒强调选举这个特殊政治时期里所涌现出的涉华言论的特殊性，认为其在相当程度上不过是一种服务选票的“井喷式”舆论，不意味着当事国的对华政策和对华关系会发生重大转变或受到实际影响。

**中美之间战略互疑持续加剧备受关注** 2012年，中美政界、军界高层接触、互动频繁。外媒不仅透过习近平副主席访美、第四轮中美战略与经济对话、希拉里访华等两国高层互动，密切观察中美关系发展的新动向，还从叙利亚问题、南海问题、中日钓鱼岛争端等国际和地区热点问题挖掘中美关系变化的蛛丝马迹。总体看来，外媒并不看好这对世界上最重要的双边关系。媒体评论认为，尽管在世界经济复苏持续缓慢且多重下行风险叠加的背景下，中美共同利益正明显增多，中美相互依存度越来越深，两国存在和平共存的可能性，但就两国现状而言，中美在人民币汇率、人权、贸易规则、知识产权、国际热点问题等方面仍有诸多分歧，中美之间战略互疑在持续加剧。一些媒体引用分析人士的观点认为，不排除中美将来发生冲突的可能性，甚至使用“新冷战”、“温战”、“凉战”等词语描述中美关系的状态，并预测南海冲突是中美间最具危险性的热点问题之一。

**欧媒强调欧债危机下中欧相互依存加深** 在欧债危机阴霾不散背景下，境外舆论，尤其是欧洲舆论聚焦欧债危机影响和应对之道的同时，对中国作为全球经济“火车头”充满期待。舆论密切关注我领导人有关合作解决欧债危机的表态，对于我承诺向国际货币基金组织增资430亿美元之举表示欢迎，称之为“中国帮助欧洲和西方世界摆脱经济瘫痪的新姿态”，认为中欧虽然在市场准入、能源安全、气候变化等多个问题上存在分歧，但欧盟陷入困境中的经济体比以往任何时候都需要富裕伙伴的帮助，中欧比任何时候都相互依赖、相互需要。而且，在美国调整全球战略、在亚洲谋求“再平衡”的背景下，温家宝、李克强等中国领导人密集访欧被视为彰显出对欧全方位重视，意在联俄联欧，应对当前外交困局，寻求扩大“外交战略的回旋余地”和国际话语权。

外媒还侧重分析中国与欧盟主要成员国，尤其是法国和德国的关系。对于奥朗德上台后的中法关系，外媒结合奥朗德的讲话及上任后选择一名“中国通”作为其外交顾问，认为奥朗德对华传递了善意，可能为修复中法亲密关系铺平道路。在中德建交40周年之际，德国总理默克尔年内两度访华，外媒援引欧盟智库的说法称中德经贸已成“共生关系”，认为中德的良好互动是中欧关系的润滑剂，为中欧关系“锦上添花”。

外媒注意到，中俄领导人互访时都对外释放出中俄关系稳定友好的信号，认为虽然中俄在中亚地区影响力和能源供应方面存在竞争和分歧，但两国在重大国际问题上立场一致，在经贸等领域合作前景广阔，而普京访华将成为中俄关系发展新起点。有媒体还看到中俄加强关系背后的美国因素，分析称中俄靠拢是对美国“重返亚太”战略的回应。

**4．密切追踪在地区安全日趋复杂形势下我军力发展动向，对我军事现代化建设的疑虑和戒心进一步加重。**

经过多年的积累和发展，我国的国防能力和军事实力逐渐增强，军事现代化建设步伐日益吸引外界关注的目光，周边国家对我军事动向更是格外关注和警觉。我军方继续通过召开新闻发布会、发布白皮书、举行交流活动等方式，以坦率的态度就外媒关注的国防政策和军事战略等敏感问题作出回应。但总体来看，外媒对我军力发展的关注承袭其对“中国崛起”的复杂心态，一方面炒作我国军力发展，特别是担忧海军发展对外构成的“威胁”，不断制造“解放军已是超级军事力量”的错觉，但同时也指出我国军事技术和联合作战能力的不足，承认我与美欧军力发展的差距仍然明显。

**多角度关注我军队现代化建设** 2012年外媒对我军队现代化建设的关注主要集中在以下方面：一是密切跟踪中国先进武器装备研发进程。围绕各式新型导弹、舰艇和现代化无人飞行器的发展现状，外媒注意到我武器装备构成发生明显变化、性能大幅提升。其中，美日媒体对我航母平台多次海试、入列服役、舰载机起降试验以及被称为“航母克星”的东风-21D型中程弹道导弹的技术性能和研发动向颇为重视，担忧亚太地区的军力平衡受到影响，刻意渲染武器装备发展已经超过我安全防卫需要。二是担忧中国军工对外合作。因西方仍未解除对华武器禁运，近年来我不断打造自己的军工体系，国内军工行业稳步发展，外媒报道“中国武器国产率已达90%”，分析我军工厂在满足自身大部分需求的同时正不断加快武器出口步伐，因此对中国军工装备在世界军售市场的前景予以关注。以俄罗斯为代表的传统军工出口大国的媒体对这一话题尤为敏感，担心军机出口数量已排名世界第三的中国挤占其传统市场，呼吁军工大国注意我针对欠发达国家研制的新型廉价战机。三是质疑我军事现代化的发展方向。外媒习惯于带着质疑的眼光看待“神九上天”、“蛟龙入海”等重大科技工程，强调军方在我太空和海洋计划的研发产制过程中位居主导、协调和管控的关键位置，认为我运用航天科技实现军事战略的意图明显，诬称我在航空航天领域的投资带有较强的攻击性，呼吁各方关注我科技发展背后的军事动向。四是议论我国军队实际作战能力。外媒指出，虽然中国军队不断进步且实力已经超过亚洲的任何一个对手，但仍无法与美国相抗衡，要完全具备现代联合作战能力、熟练运用部分新型武器、确保战时后勤支援等则尚需时日。

**紧盯我在周边海域军事动向** 近年来，我国的快速发展引起周边与我存在海洋领土争端国家的焦躁反弹，而美国“战略重心东移”使我与部分邻国的海上安全矛盾在2012年集中凸显。在地区安全局势所潜藏的危机逐渐显露、中国陷入被夹击的安全困境、各方围绕东海和南海的地缘政治博弈进入新的敏感期之际，我在周边海域的国防和军事动向备受国际舆论关注。从我军方高官密集出访南海多国到我军方就钓鱼岛问题强硬表态，从我设立三沙警备区到我航母平台交付入列，从东海舰队大规模海上实兵演习到北海舰队多兵种联训，外媒在报道与评论中既肯定我通过积极开展军事外交努力在周边安全中彰显作为，也对特殊时期我军队的海洋活动反应敏感，将各种攻防作战演习视为我对相关国家释放出的警告和震慑信号。我海监船正常的维权巡逻执法也被外媒赋予军事色彩而妄加评论，强调“中国海监部门是准军事化的海上执法机构，正日益处于中国与邻国领土争端的核心”，宣称巡航是要加强军事存在、巩固实际控制权，甚至是为武力占领做准备。外媒尽管对我军事介入海洋争端以及武力维护核心战略利益的可能性多有猜测，且不排除我与争端国发生小规模军事对峙的可能，但普遍认为短时间内不会激化到爆发战争的地步，美国因素的存在也令中国不可能在争议地区首先挑起军事行动。

### 5. 继续关注我国转型期的社会状况，在肯定我保障和改善民生举措的同时，认为制约内部可持续发展的因素正日益凸显。

随着我国发展对外界影响的持续加大和在世界体系中地位的上升，外媒对我内部是否可持续发展的关注度也不断加大，中国社会生活的方方面面均受到外媒的聚焦和热议。总体来看，2012年社会领域的涉华舆论呈现出较为明显的“整体复杂、局部负面”的态势。

2012年，在10年一次的中共领导层换届来临之际，外媒注重对本届中央政府坚持以人为本、贯彻落实科学发展观的成就进行梳理，肯定我将解决民生问题作为根本出发点和落脚点的执政思想，指出10年来百姓生活的显著改善正是得益于一系列保障和改善民生举措的出台，认为民生问题已被置于经济社会发展的突出位置。

同时，外媒也直言我社会民生方面仍存在诸多尚待解决的问题，特别是社会转型期和城市化进程相互交织的既有社会矛盾和潜在风险因素将使我社会建设面临更大的压力和挑战。值得注意的是，西方一些主流媒体借机对我内部事务妄加评议，刻意渲染并延伸解读我国经济社会发展背后隐藏的种种不稳定风险，夸大我未来领导人执政挑战的艰巨性和复杂性，某种程度上带有干扰我国发展节奏和方向的意味。

在外媒眼中，以下三方面议题将在一段时期内成为我全面可持续发展的主要制约因素：一是我快速城市化进程的内在缺陷。自2011年底中国城镇人口首次超过农村人口以来，经历过漫长城市化过程的西方国家媒体在惊叹我城市化发展速度的同时，也以批评的目光审视我城市化水平。外媒既关注人口格局深刻调整在就业、医疗、住房、教育、交通和环境等公共服务领域给城市带来的压力，也关注北京“7·21”特大暴雨等突发事件使城市在基础设施建设和危机应急系统方面面临的挑战，同时还关注因户籍等制度性差异所造成的歧视性待遇及由此可能引发的冲突。外媒分析认为，这些问题的存在和凸显增加了中国城市化的社会成本，破解这些难题的关键在于社会治理模式的创新、社会保障体系的健全以及城市功能的完善。外媒预测称，未来几年中国城市人口所占比重将持续上升，届时人口老龄化问题将成为制约我城市化进程的瓶颈因素。

二是舆论热点事件所折射出的深层次矛盾。在对杨达才事件、方大国事件等个体事件和什邡事件、启东事件等群体性事件的报道中，外媒普遍以我民众特别是网民对涉事官员和部门的讨伐、质疑和不满为切入点，通过对地方官员违纪行为和不良表现的报道暗示腐败现象的普遍存在，批评我地方政府在环境项目评估和审批环节上的随意性和不透明性，警告官民之间正式沟通渠道的缺乏使民众对官方的不信任感和抵触情绪不断上升。外媒多次强调，当今中国的社会氛围已经发生很大变化，民众的维权意识和意愿表达越发主动和公开，对官员诚信的要求不断增加，对腐败和瑕疵的容忍度则日趋降低。在国际舆论看来，这些热点事件表面上看是官民对立加剧、官民信任危机凸显，实质上则是社会不公、贫富分化、利益冲突等深层次矛盾有所激化的反映。有媒体尖锐指出，中国如果下一阶段找不到社会政策改革的突破口，就有可能导致激进的政治变化。

三是社会转型期不断兴起的中产阶层。2012年以来，外媒对中国中产阶层的关注和报道明显增多：一方面承认从人均国民收入看中国已经进入中等收入国家，伴随越来越多的居民和家庭跻身富裕之列，中产阶级队伍正在不断壮大；另一方面也对中国是否会陷入“中等收入陷阱”多有争论和分歧，特别是对社会政策和收入增长所造就的中产阶层在社会转型期扮演的角色存在不同看法。有媒体认为，这一群体具有一定的社会地位、经济背景和权利意识，他们的崛起将推动中国公民社会的觉醒和发展；也有媒体认为，中产阶层兴起的背后隐藏着诸多问题和消极因素，他们无法弥补富豪精英阶层和贫苦大众阶层之间巨大的财富鸿沟，在购物取向、经济潜力和消费潜力上表现出明显的不成熟，在海外移民和资产转移等问题上反映出对社会稳定持续性的焦虑和不安。外媒强调，若以对社会问题的抵抗能力为评判标准，中国目前尚不具备真正意义上的中产阶层。英国《泰晤士报》引用学者观点预测称，未来10年的中国领导人将在保护中产阶层利益方面面临很大挑战。

**6．两岸之间的互动交流受到更多认同与肯定，但涉藏、涉疆、人权等敏感领域的触发点进一步增加。**

2012年，涉台、涉藏、涉疆、人权等传统敏感领域的境外舆论态势，呈现出迥然不同的变化动向。其中，涉台报道，在两岸关系继续稳中有进的背景下，积极客观的声音占据舆论主流并呈继续扩大之势；涉疆报道，伴随着偶发性的恐怖暴力事件而杂音起伏不断，但总体上较平稳；涉藏报道，配合达赖集团在境内策动密集自焚、在境外掀起新一轮反宣造势高潮的各项活动，对我形成了一定程度的负面舆论冲击；人权领域的报道中，传统政治议题仍是西方对我攻击的主要方面，同时，我民间维权意识和方式上的变化也成为日益突出的关注点。

**两岸关系向好势头主导境外涉台舆情基调** 2012年是台湾地区领导人选举年，在两岸关系大环境转暖、围绕台湾问题的中美外交争端相对趋缓、台湾地区领导人选举有序进行且结果基本符合各方预期等种种因素影响下，虽然在台海军事力量对比、两岸民主法治“差距”等议题上仍不时出现杂音，但涉台议题的国际舆论环境总体平稳，积极客观的声音占据主流，相比前两个年度，境外媒体在2012年炒作台海军力失衡的力度也有所减弱。

两岸关系发展走向是境外媒体2012年涉台议题的主线。外媒总体能够较为冷静客观地看待台海关系的发展，基本认同两岸在领导机构先后更替的政治环境下延续现行政策，肯定两岸之间积极互动、扩大共识的努力。外媒对两岸关系发展的关注主要表现在：首先，高度关注中共十八大报告、2012年“两会”政府工作报告中有关两岸关系的论述，特别是“九二共识”首度被写进党的报告；集中报道胡锦涛、李克强等党和国家领导人会见台湾人士时就两岸关系发表的重要讲话；积极评价我对台工作方针政策以及推动两岸关系平稳发展的灵活务实方式；认为我新一届领导集体具有丰富的对台工作经验，普遍期待我对台政策“态度更积极”、“思考和落实方式更灵活务实”。其次，持续关注并客观评价两岸经贸、金融、旅游、文化部门一年来推动海峡深入交流与合作的各项努力，把“和平共处并继续走向融合”视为两岸携手改善经济、应对全球金融危机困境的“良策”。第三，两岸政策赢得民心成为外媒解读马英九在台湾地区领导人选举中胜选原因的核心视角，两岸关系稳定局势得以巩固成为舆论剖析选举结果的重要论断，而马英九第二个任期以来在多个场合强调将以“九二共识”为基础、持续扩大两岸交流的表态，也受到媒体密切跟踪。第四，围绕南海争端和钓鱼岛争端，不断讨论两岸在边海问题上联手合作的可能性和可能方式，其中，有对两岸“进一步增进政治互信”的期待，也有对我“借机加强对台湾主权主张”的揣测；第五，分析预测两岸进入政治军事等对话“深水区”的前景。长期关注两岸问题的海内外学者透过媒体积极发声，探讨两岸领导人就两岸关系未来发展，提出的在“九二共识”框架下，采取“一国两区”、“两岸一国”等方案的必要条件与可行性。

**藏区自焚事件成为涉藏报道的主线** 2012年，达赖集团将煽动更多藏区藏人自焚作为煽动“藏独”分裂活动和使“西藏问题”国际化的重要手段。其一边在境内滋事，致使我四川、青海、甘肃藏区以及西藏的藏人自焚人数达到近百人，一边在境外造势，纠结各种国际势力，借藏区自焚事件持续制造、炒作各种“藏独”议题。据专业数据库统计，2012年全年，境外29家主要媒体共发表有关藏区藏人自焚事件的英文报道576篇，占这些媒体同期涉藏英文报道量（1826篇）的比重高达31.5%。藏区藏人自焚事件成为境外媒体涉藏报道贯穿2012年的重要内容，是持续时间最长、报道量最大的涉藏议题。外媒继续其倾向和支持“西藏流亡政府”及海外“藏独”组织的一贯立场，大量引述达赖方面和境外“援藏”组织发布的信息，以及亲达赖的西方涉藏问题专家的观点和言论，将自焚事件嫁祸于我国政府，对我民族和宗教政策横加指责，夸大渲染藏区存在的民族问题和矛盾，指责我对藏区、寺庙实行“封锁”、“高压”政策，甚至鼓吹自焚事件是西藏的“阿拉伯之春”，为自焚行为的“合理性”和“合法性”进行狡辩，并一再呼吁联合国等国际组织调查自焚事件并对我进行施压。伴随自焚事件在涉藏舆论中持续发酵，涉藏舆情的敏感性和触发点明显增加，涉藏舆论形势的复杂严峻性进一步加剧，对我形成了一定程度的负面舆论冲击。

外媒报道中也并非只有达赖方面的一面之辞。一方面，中央和藏区地方政府及负责人就藏区维稳和自焚事件的讲话和表态，以及我官方媒体的相关报道受到外媒关注，尤其是中国西藏新闻网登载的《七问达赖喇嘛》一文和中央电视台播出的有关达赖煽动藏人自焚的专题片，引起外媒较多关注和评论。虽然外媒仍然对我方立场表示不予认同，但是我在自焚事件上的声音得到了较广泛的传播，这也表明我在境外媒体涉藏议题上的主导地位和引导效果进一步增强。另一方面，境外反对自焚、质疑和批评达赖集团的声音也在增多。其中，针对达赖及洛桑桑杰等“藏独”头目在自焚问题上的暧昧表态，德国《日报》、美国有线电视新闻网等发文，谴责其实际上是在鼓励和纵容自焚，质疑其在自焚事件中扮演的角色，甚至直截了当地批评达赖“谎话连篇”；针对所谓“中国的压迫”是自焚事件的根源一说，印尼雅加达环球网发表香港学者的文章予以批驳，并明确指出自焚行为终将像1959年的武装叛乱和2008年的“3·14”事件一样走向失败；针对部分西方国家政要和媒体借自焚事件干涉我内政，比利时媒体评论称，西方国家领导人对藏人自焚“集体噤声”非常引人注目，反映出少数反华势力欲以牺牲藏人生命为代价，达到扰乱中国和平发展、借机牟取自身利益的政治目的。

**借暴力事件指责我涉疆政策**　2012年境外媒体对涉疆议题的关注度总体不高，涉疆报道量与上年同比大幅下降。据专业数据库统计显示，2012年境外英文媒体涉疆报道共8526篇，约占同阶段涉华报道总量（1604483篇）的0.5%。与2011年（11845篇）相比减少约28%。

从报道内容来看，新疆维稳形势和发生的暴力事件最受关注。2月底发生的喀什恐怖袭击案和6月底发生的和田劫机事件等，是涉疆报道的焦点议题。此外，全国“两会”、“7·5”事件三周年、党的十八大、穆斯林斋月等也是外媒报道新疆局势较为集中的时间段。外媒报道倾向总体仍较为负面，公然罔顾事实、曲解事实，大量引用境外“疆独”势力的说法，诬称喀什恐怖袭击案“真相不明”、和田劫机事件纯属“虚构”，一再批评我借反恐名义在新疆实施“高压统治”、限制“宗教自由”、加剧“民族矛盾”，指责我涉疆政策给新疆带来的不是繁荣而是动荡，甚至宣称新疆发生的警民冲突已经出现常态化和暴力化趋势，渲染新疆地区的紧张局势进一步升级。

但同时，境外媒体的报道中也有一些较为客观理性的思考。包括对我偏见较深的法国国际广播电台等在内的一些媒体，在报道中也承认新疆在中央政府的支持下出台了不少惠及民生的政策，并强调消弭民族矛盾、促进民族融合的工作并非“一朝一夕之功”。新加坡《联合早报》还从和田劫机事件看到两个“令人乐观的新信号”：一是我民族团结政策“在新疆大地上春风化雨，落实成具体的行动并取得重大成效”，二是官民之间的良性互动“已经不只停留于一种理念，而是有了实质的突破”。

**陈光诚事件触发人权议题杂音不断**　陈光诚事件是2012年境外媒体在人权领域跟踪力度最大、最密切的议题。外媒广泛介绍陈光诚其人、其事、其案，集中报道其“逃亡”经过和赴美历程，并不断渲染其国内亲友所受“牵连”，对我人权状况、司法制度和维稳举措进行强烈批评指责。有媒体甚至将批评的矛头直指我政治体制和政治模式问题，在政治体制改革问题上对我加大施压力度，称陈光诚事件和薄熙来事件一样，都将成为我“变革的催化剂”，促使我“国内政治产生巨大分裂”，给我带来严峻考验。此外，外媒还将报道和评论视角投射到外交层面，分析陈光诚事件背后的中美角力，强调陈光诚事件显示出人权以及政治理念仍然是中美两国之间分歧的核心议题，认为中美公开展示的理念冲突将在未来10年占据国际政治的中心。在当前中美关系的不确定因素不断增加、我国内敏感问题和事件不断发生、施压中国加快推进政治体制改革的调门不断提升的情况下，陈光诚事件在外部舆论中的持久发酵，使我所处的外部舆论环境中杂音噪音彼伏不断。

**环境污染引发的群体性事件受到更多关注** 境外媒体主要透过四川什邡、江苏启东、浙江宁波等地爆发的群体性事件，突出我快速发展进程中引发的环境污染问题所带来的人权"危机"，对我处理群体性抗议活动的方式和模式多有诟病，而对我国内百姓维权的态度和举措多持肯定态度，强调在经济下行背景下我民众对环境问题的忧虑情绪在加重、实际诉求在增多，指出我民间环保思想意识和维权态度方式都在发生显著变化。值得注意的是，对于我国内民众在维权过程中出现的越来越多的不理性反应，特别是群体性事件中存在的日益暴力化倾向，有媒体表现出了较强的新闻敏感性，将其与"文革"时期的做法相对照，并与民主发展进程相联系，提出我应警惕民众正常与合理抗争出现失控局面。在我社会维稳形势日趋严峻的情况下，环境问题引发的人权关切，包括我社会治理和危机应对所采取的路径和方式，都受到外媒越来越广泛的关注。

# 2013年度境外媒体涉华舆情分析

2013年，世情、国情、党情继续呈现复杂深刻变化。国际力量对比进一步朝着均衡化方向发展，大国之间保持着既相互合作借重又相互牵制竞争的态势。世界经济还在经历深度调整转型，亚太在全球战略格局中的地位进一步上升。我国进入全面建成小康社会的决定性阶段，实现了贯彻落实党的十八大精神的良好开局，经济发展稳中求进，在世界经济复苏过程中的重要作用更加凸显，在国际事务中的代表性和话语权进一步增强。特别是我党成功召开了十八届三中全会，确立全面深化改革的指导思想和总目标。但我依然面临着艰巨繁重的改革发展稳定任务，国内改革已经进入攻坚期和深水区，外部环境的不确定性和复杂性依然突出。在这一大背景下，涉华议题成为全球媒体关注的重点，新一届中央领导集体的执政新风直接带动了外媒涉华报道的新气象，舆论总体上继续保持基本平稳、平衡的态势，舆论主流进一步向于我有利的方向发展。与此同时，我国内政治经济社会发展中的新情况、新问题所不断带来的现实考验，以及充满变数的国际政治经济环境给我国发展带来的日益巨大的风险和挑战，使国际涉华舆论形势错综复杂、多元多变的趋势进一步加剧。

## 一、总体特点

2013年，新一届中央领导集体推出一系列新理念、新措施，展现出鲜明的新风气、新气象，因此，境外媒体对中国的整体报道透露出越来越多的新角度、新内容、新趋势和新动向。

### 1. 新一届中央领导集体执政理念和举措成为贯穿全年的报道主线，“中国梦”和“改革”是外媒解读的两大关键词。

2013年是新一届中央领导集体施政的第一年。这一年，从全国“两会”到党的十八届三中全会，新领导人的执政理念、政策取向、发展思路和领导风格等都受到境外媒体的密切关注。总体上，这与2012年的外媒涉华报道呈现出明显的延续性。2012年，在党的十八大召开的大背景下，中央领导集体能否顺利完成新老交替是外媒涉华报道的核心关切。而随着新一届中央领导集体在十八大后上任，外媒2013年的涉华报道焦点迅速转向其执政理念和举措，相关报道贯穿全年始终，而“中国梦”和“改革”是其分析报道的两大关键词，也成为其对中国进行评论的出发点和落脚点。

我提出中华民族伟大复兴“中国梦”后，外媒将其视为新一届中央领导集体的施政纲领，分析“中国梦”的内涵、意义、实现途径，频频将我重要方针政策和热点事件与此相联系，认为“中国梦”对民众有着“情感上的吸引力”，表达了中国人希望国家更加繁荣富强、经济保持平稳快速增长以及个人过上幸福生活的美好愿望，目标是要建成“强盛中国、文明中国、和谐中国和美丽中国”；指出“中国梦”与“美国梦”等各国梦具有相通性，其对于建设一个更加和平、繁荣和合作的世界将发挥重要作用。

新一届中央领导集体履新后，外媒时刻关注我经济、社会、政治等领域的全面改革举措。党的十八届三中全会出台的《中共中央关于全面深化改革若干重大问题的决定》受到外媒的高度评价，被视为我领导人全面推进改革的“路线图”和“全景图”，评价我改革方案是“中国30年来最大胆的全面改革”，“充满了无畏和智慧，必将载入史册”，并对我深化改革给世界带来的积极影响充满期待，强调“世界应当张开双臂欢迎任何有助于中国国内经济和实现世界经济再平衡的举措”。在外媒看来，“中国梦”和“改革”具有紧密的因果关系，“中国梦”是改革的目标，改革是“中国梦”的实现路径，两者共同构成了新一届中央领导集体执政理念和举措的核心要素。

**2. 外媒报道更加全面和深入，经济社会发展仍是涉华舆情主体。**

2013年，在新一届中央领导集体履新背景下，境外媒体的涉华报道和评述更加全面和深入，对我经济、政治、外交、军事、社会、生态文明等方面进行了多角度、多层次、全方位的关注，并结合新一届领导集体的新理念、新举措展开评论。其中，我经济社会发展仍是外媒涉华报道的主体，所占比例达50%以上。

在经济领域，我政府的经济调控举措、设立中国（上海）自由贸易试验区，以及放开贷款利率管制等均受到境外媒体的积极评价。外媒对我将经济体制改革作为全面深化改革的重点，以及我提出发挥市场在资源配置中的决定性作用表示肯定；赞赏我新政府展现出推进经济体制改革的坚定态度，认为这将彻底激活中国市场经济，为未来经济发展方向指明道路，对于经济社会可持续发展具有深远意义。

在社会领域，我推进新型城镇化、建设民生政府、治理环境污染和建设生态文明，以及实施“单独两孩”政策等多项保障和改善民生的重要举措，引发境外媒体热议。外媒指出上述一系列举措释放出我深化经济社会改革、推进社会治理现代化的信号，强调新型城镇化有助于我缩小城乡贫富差距、建设民生政府将民生问题提高到空前高度、治理环境污染凸显政府的“以人为本”理念、实施“单独两孩”政策则表明我社会管理政策出现重要转变，并纷纷突出我新的社会政策的实施对于经济平稳健康发展的重要意义。

在政治领域，我党开展群众路线教育实践活动、出台一系列反腐举措，并积极推进以大部制改革和减少行政审批为重点的行政体制改革，受到境外媒体的好评。外媒肯定开展教育实践活动的意义，认为中共希望借此推进党内民主，重新激发自身活力，增强自身的吸引力和合法性；赞赏我“老虎”“苍蝇”一起打、把“权力关进制度的笼子里”的反腐决心和举措，指出中共敢于“自我限权”，扩大了反腐运动的范围和反腐斗争的目标，是对传统廉政建设的“突破”；突出我行政体制改革对于市场经济发展的重要意义，强调改革的重点在于转变政府职能理顺内部关系、减少政府干预并发挥市场作用，让政府和市场“各就其位、各司其职”。

在外交领域，我新一届领导人积极主动开展“首脑外交”推进全方位外交布局，提出构建“新型大国关系”、周边“亲、诚、惠、容”、中非“真、实、亲、诚”以及“丝绸之路经济带”、“中国—东盟命运共同体”等重要理念，均在境外媒体中引起较大反响，“中国机遇论”越来越成为国际社会共识。其中，“新型大国关系”最受关注。外媒将其提升到与“中国梦”并列的高度，指出这是新任中国领导人标志性的外交政策主张，体现出我对美关系的新思维以及我为中国特色社会主义开辟国际空间的努力。对于我提出的有关周边外交的一系列重要理念和举措，外媒则肯定我致力于加强周边外交的“顶层设计”，凸显出我对周边外交的高度重视，以提升双边关系，维护周边和平稳定大局。

**3. 外媒涉华报道量保持高位态势，中国元素在国际舆论中地位愈加凸显。**

2013年，由于中国综合国力和国际影响力的进一步增强，加之我新一届中央领导集体履新，境外媒体对中国更加关注，中国元素在国际舆论中的表现愈加凸显。在国际传播格局中，“中国份额”明显上升，外媒涉华报道量占世界第二，仅次于美国。据不完全统计，2013年1月1日至12月31日，外媒涉华英文报道有52.03万篇，在最近五年的报道量中高居第一位；而50家境外主流媒体[1]的报道量也达到五年来的峰值，首次突破7万篇。（见表1）

1 50家境外主流媒体包括：美联社、路透社、法新社、共同社、俄塔社、俄新社、韩联社、印度报业托拉斯、泛非通讯社、菲律宾通讯社、卡塔尔半岛电视台，美国《华盛顿邮报》、《纽约时报》、《芝加哥论坛报》、《今日美国报》、《华尔街日报》、《国际纽约时报》、《新闻周刊》、《波士顿环球报》、《基督教科学箴言报》、《洛杉矶时报》、《赫芬顿邮报》、《福布斯》，英国《泰晤士报》、《卫报》、《每日电讯报》、《独立报》、《观察家报》、《经济学家》，加拿大《国家邮报》、《多伦多星报》、《环球邮报》，澳大利亚《澳大利亚人报》、《悉尼先驱晨报》，新西兰《新西兰先驱报》，爱尔兰《爱尔兰时报》，沙特阿拉伯《阿拉伯新闻报》，埃及《埃及公报》，泰国《曼谷邮报》，菲律宾《马尼拉公报》，印度《印度教徒报》、《印度时报》、《印度斯坦时报》，印度尼西亚《雅加达邮报》，马来西亚《新海峡时报》，新加坡《海峡时报》，日本《日本新闻报》，韩国《东亚日报》，南非《星期日时报》，香港《南华早报》。

表1：2009年至2013年境外媒体和50家主流媒体报道量

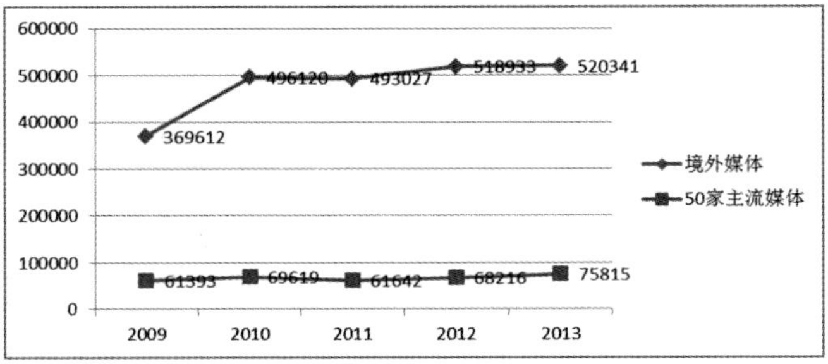


周边及发展中国家媒体表现活跃，但国际舆论中“西强我弱”的基本格局没有改变。在50家主流媒体中，报道量居前十位的分别是路透社、香港《南华早报》、菲律宾通讯社、法新社、印度报业托拉斯、日本共同社、美联社、泛非通讯社、英国《泰晤士报》和美国《华尔街日报》。2012年，同样是上述十家媒体排名前十位，西方媒体及周边和发展中国家媒体各占半壁江山，但2013年媒体排名发生较大变化。在周边及发展中国家媒体中，除日本共同社外，其他四家媒体的报道量均有明显增加。菲律宾通讯社和香港《南华早报》的报道量增幅都高达近两倍，印度报业托拉斯和泛非通讯社的增幅也均超过15%。这从一个侧面也反映出周边及发展中国家和地区对中国的关注度不断上升。相比之下，五家西方媒体的报道量则都出现下降。而且从绝对报道量上看，五家周边及发展中国家媒体报道总量（29146篇）比五家西方媒体的报道总量（25672篇）多出约13.5%，这种情况在过去五年中是首次出现。（见表2）

表2：2012年和2013年50家主流媒体报道量前十名[2]

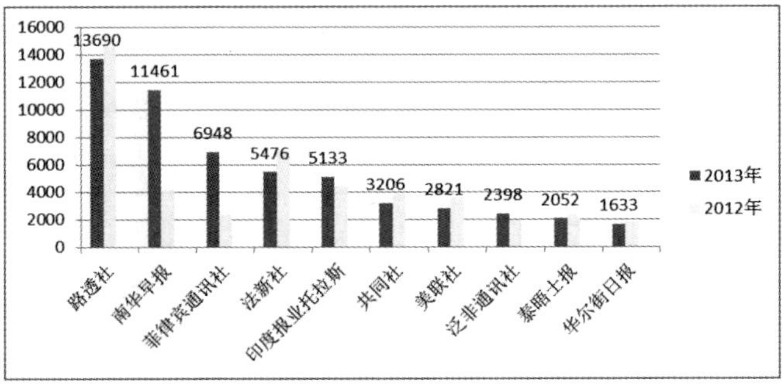


2 图中标记的数量为2013年的各家媒体报道量，2012年报道量没有标出。

西方媒体在传播手段、报道深度、传播影响力、人力资源等方面依然明显强于周边及发展中国家媒体。西方媒体尤其利用强大的驻华记者力量，不断采写有关中国的深度文章，在党的十八届三中全会、全国“两会”等重要时间节点推出特刊、社论、特写等分析评论。如英国《金融时报》在“十一”前推出中国特刊，刊登19篇深度文章对我经济、政治、社会等领域进行全方位系统解读。虽然俄罗斯、印度、日本、韩国、菲律宾、泰国、新加坡等周边国家涉华报道的影响力在近几年显著增强，但非洲拉美地区的涉华报道仍在很大程度上受制于西方媒体，国际传播由西方媒体占据主导的格局没有根本改变。

涉华报道的媒体形态愈加多元化，新媒体的表现格外活跃。除传统的纸质媒体，境外各种网站、微博、博客、社交网站、视频等新媒体或其他载体中的涉华报道或信息也日益增多。据不完全统计，2013年全年，境外网站中有关中国的报道超过14万篇，博客文章超过24万篇，图片两万多张，视频500余段。其中，美国《赫芬顿邮报》、道·琼斯通讯社、彭博新闻社和路透社的网站，美国ValueWalk、Quartz等博客，美联社和路透社的图片，美国《华尔街日报》旗下的WSJLive和福克斯新闻中的视频内容很多都与中国相关。通过更加多元的媒体形态，呈现在国际受众面前的中国的形象也更加生动、立体和丰富。

### 4．不同国家和地区媒体对华关切有所不同，反映出国家利益为导向的报道特征。

对于境外媒体来说，中国报道属于国际新闻报道范畴。虽然按照西方新闻理论来看，境外媒体对其国内问题的报道经常与政府产生政策分歧，但在国际新闻报道中却基本追随国家外交政策，并从国家利益的角度进行选择性报道。2013年，我新一届中央领导集体上任后，出于对中国未来发展道路、发展模式的普遍关心，不同国家和地区媒体均对党的十八届三中全会、全国“两会”等重要会议表现出浓厚的兴趣。但因受各国国情、媒体属性、与中国关系等诸多因素影响，不同国家和地区媒体对我报道角度和侧重点也有所不同，折射出其国家政府与民众对中国未来发展与影响力的不同关切。

**美国媒体对我宏观政策走向最为关心**。对于美国来说，中国是其在未来可以预见的时间里最大的竞争对手和合作伙伴，这种“竞合”关系深深植入了美国媒体的涉华报道中。一方面，美媒对中国发展改革的理念和举措十分敏感，全面关注新一届中央领导人“中国梦”、“新型大国关系”重要理念以及全面深化改革的各项举措对美国和世界可能带来的影响；另一方面，美媒也在试图制造议题以掣肘我发展，其中以渲染国内“左右之争”和“中国网络威胁”为典型代表，在上述两个议题的炒作过程中均扮演了“排头兵”和“急先锋”的角色。

**欧洲媒体尤其关注中国未来经济走向**。对于深陷主权债务危机的欧洲国家，他们颇为期待中国经济的持续发展能够解其之困，欧洲媒体在这方面积极为其国家和政府代言。在英、法、德等国的多家主流媒体报道中，我宏观经济走势、经济结构转型、中欧经贸合作、人民币国际化、外企在华环境等议题都被重点关注。不少媒体还十分关注中国对欧债危机的看法，力图从中寻找解答中方看待中欧关系未来发展、赴欧投资意愿等问题的线索。不过，欧洲媒体比美国媒体的“保守”特征更加突出，时常在人权、新闻自由、民族宗教等议题上对我妄加指责，反映出其明显的意识形态偏见。

**周边国家媒体重点关注我外交政策走向及动向**。由于我与部分周边国家的领土领海主权争端依然激烈，我周边国家媒体对新一届中央领导集体的外交政策取向更为敏感。日本媒体聚焦中日钓鱼岛争端，对我维护海洋权益的多项举措进行歪曲解读，渲染我对日态度“强硬”。以菲律宾为代表的东南亚媒体则表现出较为明显的“骑墙”态度，一方面对我就南海问题的各种表态和举动有所戒备，另一方面又期待与我加强双边经贸合作。印度媒体就中印边界问题的炒作势头相比前几年有所缓和，并肯定李克强总理出访首站便选择印度对于提升两国关系的重要意义。值得注意的是，在一些热点问题上，周边第三方媒体也欲“插手”。如在南海问题上，日媒经常将其与钓鱼岛问题相联系，对我立场保持警惕，企图与东南亚国家联手遏制中国。

**俄罗斯、非洲和拉美媒体期待本国在与中国互动中获利**。2013年，国家主席习近平分别对上述国家和地区进行了访问。当地媒体高度评价双边关系的积极发展，期待本国能通过对华经贸合作促进自身发展，并从中国的发展模式中获取经验。俄塔社总编辑阿布尔哈金、肯尼亚《民族日报》国际版负责人亨利·奥乌尔、墨西哥

《至上报》国际版主编何塞·卡雷尼奥等，都表示中国的发展经验和政策值得学习和研究。需要指出的是，在中国与上述国家和地区的双边关系中，西方媒体依然明显掌握国际话语权，这在非洲和拉美地区表现尤为突出。

**5．我方声音的影响进一步加大，但外媒自主“选择性”报道特征依然突出。**

2013年，针对境外涉华重大关切及关注热点，我开展了卓有成效的舆论引导工作，我方声音的影响进一步加大。但外媒出于意识形态和其自身利益考虑对消息源的自主“选择性”倾向依然突出，我争夺国际话语权的斗争依然艰巨。

新一届中央领导集体上任后，在经济、社会、外交和环保等领域出台了一系列政策方针，我官方声音已经成为外媒相关报道的主要消息来源。外媒或直接引用我领导人及政府高层在各种重要会议和出访活动中的讲话精神，或采用我官方媒体、研究机构和专家学者的解读内容，表现出对我新政策措施的高度认同。每次重要出访前和出访期间，我领导人都会接受外媒联合采访，或者在出访国家主流媒体上发表署名文章，或者在所在国发表演讲，就我与到访国关系以及我发展道路、经济形势、对国际社会的贡献等阐述看法和主张，不但给所到国民众留下深刻印象，也被所在国媒体积极引述。在经济形势方面，我政府新闻发布会和相关部委的重要文件、统计数据等都被外媒广泛转引。此外，我方声音也更多地出现在改革、反腐等“敏感”议题的外媒报道中，这在往年是不多见的。我领导人在党的十八届三中全会前后就改革发表的重要讲话和表现出的决心，国务院发展研究中心的改革计划，专家学者对全面改革、反腐倡廉等的分析都引起持续关注。

不过，为了追求报道所谓的“平衡性”，境外媒体也更加重视我国内网民、非政府组织和所谓“公知”人士的声音，这在对我社会问题和意识形态等领域的报道中表现尤为突出。外媒非常注重利用我论坛、博客及微博、微信上的片面、过激或情绪化的言论，渲染经济失衡、贫富差距、社会不公、权力滥用、环境污染、土地纠纷等我在社会转型过程中所暴露出的问题，炒作并夸大我社会矛盾与冲突。在此背景下，李天一案和夏俊峰案等反映国内社会问题的网络热点事件都成为外媒报道的重要内容。此外，在意识形态问题上，我国内所谓“左派”和“右派”代表性人物的言论也往往受到密切关注，外媒以此刻意放大政府和民间、“左派”和“右派”之间的认知差异，鼓吹对立情绪。外媒的这些报道直接引用国内声音，貌似“客观陈述事实”，没有发表自己的观点和评论，但其实通过对信息源和报道内容的选择，体现出其鲜明的倾向性，加大了国外受众对中国的负面看法。

**6．对我负面论调出现新动向，国际舆论斗争日益激烈复杂。**

2013年，境外媒体在对新一届中央领导集体的执政理念和举措给予较多肯定的同时，仍对我未来发展道路、发展模式表现出担忧和疑虑，反映出一些国家对与中国这一集世界第二大经济体、少数的社会主义国家之一、最大的发展中国家等多种身份于一身的崛起中的大国为伴，存在深深的“不安全感”。“中国发展不确定论”、“中国威胁论”、“中国强硬论”等都表现出一些新的动向和趋势，国际舆论环境愈加错综复杂、国际舆论斗争愈加激烈。

“中国发展不确定论”是近些年出现的一种重要论调，在2013年的表现更加突出，这主要集中体现在三个方面：

一是对“中国梦”和改革前景抱有疑虑。我领导人提出“中国梦”后，外媒认为目标的实现面临巨大挑战，频频攻击我党意识形态“严重倒退”、出现“左倾化”；认为“利益集团”对于改革的阻力十分强大，担心我全面深化改革能否真正落实，并指责改革计划没有触及体制等根本性问题，质疑我在缺乏“政治改革”前提下经济社会改革的前景。

二是对我经济政策形势的争论激烈。由于我月度经济数据起伏变化明显，导致外媒中一派观点在为我“正逐渐摆脱自2008年全球金融危机以来最严重的经济下滑”而叫好时，另一派观点继续“看空”中国经济和“中国模式”前景，宣称“中国模式”遇到“大麻烦”，预言中国经济奇迹将“终结”，不同观点的激烈争论透露出外媒对我经济能否持续平稳健康发展的关切。

三是突出环境污染对我政治经济的影响。2013年，以我中东部雾霾天气为突出表现的环境污染问题较为严重，外媒在报道时纷纷将其与我经济模式甚至政治体制相勾连，指污染问题给我新一届领导人带来严重的政治挑战，质疑我可持续发展的前景。综合来看，外媒对“中国梦”和改革前景、经济走势和环境污染的政经影响的疑虑，都反映出外界对我未来发展方向仍然存在深深的不确定感。

“中国威胁论”在2013年出现了新的舆论形势：

一是歪曲新一届中央领导集体的重要执政理念，诬称“中国梦”是西方和周边国家的“噩梦”。在一些外媒眼中，“中国梦”是我要“复兴”历史上的中华帝国，洗刷百年历史耻辱的“帝国梦”；也是挑战西方启蒙理性与自由民主的传统，向发展中国家输出“自由市场+威权治理”的模式，冲击“美国梦”的“威权梦”；也是我要“卖给全世界，买下全世界” 的“敛财梦”；还是我意在成为超级大国并谋求全球霸权，力图在国际格局中占据主导地位的“霸权梦”。

二是掀起所谓“中国黑客攻击”的炒作浪潮，“网络威胁论”成为新一波“中国威胁论”的突出表现。事实上这并非西方媒体第一次就“网络威胁”议题攻击中国，但像此番这般媒体扮演舆论炒作“急先锋”，政府、军方、企业各方通力合作，煞有介事地举实例、晒数字，借“网络攻击”议题对我攻击却是首次。此番看似“突然”的舆论炒作背后，蕴含着美国对信息时代其全球战略的深层考量，是处于霸权地位的美国试图在互联网领域建立于己有利的“国际信息秩序”，并以此制约中国现代化、信息化发展的新手段。

三是刻意炒作我国防和军队现代化建设进程，恶意解读我维护国家利益的举措，“中国军事威胁论”与“中国强硬论”勾连更加紧密。外媒对我核潜艇、无人机、导弹、航母等高端武器装备的研发表示担忧，宣扬我“军事威胁”；指我在周边海域主权争端特别是中日钓鱼岛问题上表现“强硬”；攻击我维护“国家核心利益”与走“和平发展道路”相矛盾，指责我军力发展对亚太地区力量平衡形成冲击，对美国亚太军事霸权地位构成挑战。

## 二、境外媒体涉华报道的关注重点和主要观点

2013年，境外媒体涉华报道的重点内容有“一个中心”和“八个热点”，前者指新一届中央领导集体执政的核心理念和举措，后者则涉及我党建和司法制度建设、宏观经济形势和政策、外交新理念和新布局、社会形势和治理措施、生态文明和环境保护、我军力发展、网络问题，以及涉台涉藏涉疆问题等八个方面。

**1．高度关注新一届中央领导集体执政的核心理念和举措。**

新一届中央领导集体上任后，展现出一系列的执政新风和新气象，提出“中国梦”的重要理念，并出台全面深化改革的一系列重要举措，引起境外媒体的热烈反响。外媒对“中国梦”和改革话题的报道贯穿全年，对其正面和负面的反映也代表了2013年涉华报道的整体基调。

**强调“中国梦”内涵丰富意义重大，但也存在不少误解和偏见。**2013年，“中国梦”重要理念的提出引起了国际舆论的极大兴趣。外媒对其“国家富强、民族振兴、人民幸福”的深刻内涵进行了全方位的深入解读。对于“中国梦”的重要意义，大多数外媒认可其在凝聚民心、鼓舞民众方面所起的作用。新加坡《联合早报》分析说，将民族复兴“中国梦”定为凝聚中国人心的新口号、新愿景，这确实找到了建立共识的最大公约数。美国《纽约时报》指出，“中国梦”的目标是建设“强盛中国、文明中国、和谐中国、美丽中国”；美国《赫芬顿邮报》则将“中国梦”定义为实现“现代中国、全球化中国和文明中国”。外媒对此目标评价积极，指出政府推出的经济结构转型、新型城镇化、社保体系建设、治理环境污染等措施，以及领导人的创新精神都是实现目标的重要保障。俄罗斯《晨报》便指出，“中国梦”具体体现在提高社会福利、保障国家安全、保持经济发展上，“所有中国人都将从这一梦想中受益”。

在评价“中国梦”时，一个绕不开的话题是“中国梦”与其他国家的梦，特别是与“美国梦”之间的关系。对此，习近平总书记在多个国际场合强调，“中国梦”与“美国梦”和各国人民的美好梦想是相通的，这也得到了积极回应。美国前国务卿基辛格博士指出，虽然发源不一样，但“中国梦”与“美国梦”的终极状态是一致的，追求的都很相似：一个更加和平、繁荣和合作的世界。“中国梦”对世界的影响到底是什么，是机遇还是挑战，是稳定还是战乱，是合作还是斗争，是“噩梦”还是“吉梦”，这是外界最想知道答案的问题。通过观察新一届中央领导集体执政一年的表现，外界逐步相信，他们可以从“中国梦”中受益。西班牙中国问题专家胡利奥·里奥斯在中国政策观察网站发表文章认为，实现“中国梦”的方式将与陈旧经验截然不同，“强调的是适应不同的历史条件以及时刻付出巨大努力”。俄罗斯《晨报》强调，中国进入变革的新阶段，对于世界经济来说，“中国梦”可能比“美国梦”更适宜。

与此同时，在解读“中国梦”的内涵、对内价值、对外影响、实现前景等方面时，境外媒体中也出现了疑虑甚至误读和歪曲的声音，主要体现在以下几个方面：一是认为内涵“模糊不清”。指“中国梦”只有空洞的口号和宣示，各方都有自己的解读，看不到具体前景；二是认为主体为党和国家。称“中国梦”就是中国的梦，只是强调国家层面的复兴，并巩固“中共的一党执政”地位，不能为个人带来自由；三是认为目标的实现面临挑战。指经济发展方式不可持续、社会保障体系薄弱、环境污染严重、腐败现象猖獗、政治改革滞后等都是“中国梦”实现的“拦路虎”，对我能否突破利益固化的藩篱、全面推进体制改革表示疑虑；四是认为带有所谓的“民族主义”色彩，担心中国的“复兴之路”可能意味着我会采取更加强硬的外交和国防政策，挑战美国全球霸主地位，冲击现有国际格局，特别是在海洋领土争端中，坚持自身的“核心利益”而采取“强硬”路线。

**肯定我全面深化改革的决心和举措，但对我改革力度提出质疑**。2013年，我经济、社会、政治等领域的全方位改革举措受到境外媒体持续且密集的关注，并在11月党的十八届三中全会召开前后达到高潮。外媒普遍将十八届三中全会的重要意义与1978年的十一届三中全会作类比，认为此次全会是中国2013年度最重要的政治事件，确定了中国未来十年的改革方向，将推动“中国发生改革开放以来最大的变革”。会议结束后不久发布的《中共中央关于全面深化改革若干重大问题的决定》得到普遍好评。新加坡《联合早报》指出，《决定》的范围之全面、表述之具体出乎舆论预料，展现出中共最高领导人致力于推进改革的坚定意志。

三中全会《公报》中的两项内容尤其受到重视：一是将市场在资源配置中的作用由以往的“基础性”提法改为“决定性”作用。认为这令人“眼前一亮”，释放出深化经济改革的信号，表明政府将减少对经济活动的干预，彻底激活中国市场经济；二是我将设立“全面深化改革领导小组”和“国家安全委员会”两个机构。认为这标志着我将推进改革和加强国家安全战略提升至新的高度，指出习近平任中央全面深化改革领导小组组长是“我改革顶层设计的重要部分”，凸显新领导人“推进改革、不惧特权集团阻力的决心”。《决定》公布后，我计划生育政策、劳教制度、国有企业、土地制度以及财税制度等重点领域的改革措施引发热议。外媒认为这些改革计划体现了重要的突破和变化，尤其是上述前两项改革得到了普遍认可，被评价为具有“历史性意义”。英国《金融时报》评价称，中共以超出任何人期望的速度公布了跟进《公报》的文件，《决定》中的改革措施“构成一份令人印象深刻的清单，如果得到切实执行，将大幅改变中国的面貌”。

不过，也有部分外媒将我改革方案定义为“毛泽东模式和市场的结合”，并因此对我改革力度提出质疑：一是认为改革计划在一些关键领域的措辞“十分含糊”。美国《国家利益》杂志认为，国企改革和户籍制度改革等都缺乏强有力的措施，在解决社会分化和收入差距等方面也缺乏具体内容。新加坡《联合早报》也认为，这次三中全会没有把社会改革提高到改革的最高议程上来“令人遗憾”；二是称改革计划未触及体制性等根本问题，指我党在公有制定位、意识形态、舆论导向和一党执政等核心问题的立场没有改变，政治体制改革与经济体制改革“相脱节”。美国《时代》周刊称，中国的“政治改革和经济自由化仍然分隔鲜明”、改革“真正的障碍是政治和经济改革之间悬而未决的紧张关系”。鉴于此，一些外媒对我改革前景抱有疑虑。美国《华尔街日报》认为，改革计划的实施过程将“艰难而漫长”，欲使改革措施“冲破利益集团的阻力十分困难”。香港《南华早报》则认为，“如果没有政治改革，市场改革的效果将是有限的”。

**2．对我党建和司法制度建设工作评价多元。**

新一届中央领导集体高度重视党建工作，在作风建设、廉政建设、组织建设和制度建设等方面出台了一系列卓有成效的举措，其中党的群众路线教育实践活动和反腐工作受到境外媒体的普遍关注。此外，我司法制度建设也引起了外界的不少注意。外媒对我上述各项工作的目的、意义和成效给予了较多肯定，但评论中仍透露出固有的意识形态偏见。

**积极评价党的群众路线教育实践活动的意义和目的，但指责攻击我对意识形态领域加强管理**。自2013年6月以来，我党分批开展为期一年的群众路线教育实践活动，受到境外媒体的持续关注。外媒注意到教育实践活动“规模和论调为近十多年来所罕见”，对活动的意义给予肯定，认为强化群众路线教育的要求既是对此前系列反腐败运动的补充和延续，也是我党为破解当前问题而出击的“重拳”，体现出我治党传统。9月，习近平总书记在河北参加省委常委班子党的群众路线教育实践活动专题民主生活会时，强调批评和自我批评是解决党内矛盾的有力武器。多数外媒对此表示肯定，认为“习式民主生活会”改变了多年来中共党内活动走过场的弊端，将成为中共各级组织效仿的标杆。新加坡《联合早报》指出，此轮民主生活会与中共早已蔚然成风的“你好我好大家好”的批评与自我批评相比有明显改进，表明中共希望借此推进党内民主，重新激发自身活力。美国《今日美国报》强调，新举措能使共产党更好地开展工作，增强自身对民众的吸引力和合法性。

同时，境外媒体普遍将此次活动与我党历史上以往的“整风”运动作类比，在报道中大量引用我领导人在各种讲话中使用的“两个务必”、“六不”、“赶考”等表述，认为这些词语体现了建国初毛泽东的语言特色，对我在意识形态上或将走向“新毛主义”表示担忧、甚至攻击。此外，外媒对于此次教育实践活动的成效也表示质疑，称“整风”的广度、强度和深度不易把握、缺乏制度和法律的硬性参照系、难以做到常态化，故相关举措效果有限且存在潜在“风险”，认为活动最终将流于形式，很难达到联系群众和反腐目的，个别媒体甚至担心此次活动将引发所谓的“政治清洗”。新加坡《联合早报》的观点较具有代表性：“活动暴露出在高度集权却缺乏制衡的政治体制下，中共自身的矛盾和局限。中共建国后多次整风教育活动难见成效，延安整风几乎是无法复制的。”

我在开展群众路线教育实践活动中，也强调要加强意识形态领域中的阵地意识、强调要坚定“三个自信”、重申党管媒体的基本原则、印发《关于当前意识形态领域情况的通报》、展开打击网络谣言的活动、对学术界出现的“宪政”思潮进行批判等，对此，外媒却不断进行非议：对我坚持和发展中国特色社会主义道路、未按西方期待的方向推进政治体制改革表示失望；指责我以“空前力度压制新闻自由”、加强自上而下的“政治控制”；一再渲染国内民众对领导层没有实施“政改”表示不满；攻击我在意识形态领域出现倒退、现行政治模式难以为继；称对我“推进政治改革的幻想已经破灭”，认为“中国的政改之路已经封死”。凡此种种，对我按西方模式进行政治体制改革施压的意图明显。

**积极评价新领导集体反腐决心和举措，但认为我反腐工作仍面临诸多难题与挑战。**2013年，新一届中央领导集体在反腐问题上态度坚决，外媒广泛引用习总书记有关“老虎”、“苍蝇”要一起打、“把权力关进制度的笼子里”等提法，认为具有新意、贴近现实、易于理解，释放出明确的反腐决心和清晰的反腐思路。

我实施一系列措施和办法坚决惩治贪污腐败现象，判决薄熙来案、刘志军案等一批大案要案，查处蒋洁敏、李东生、刘铁男等严重违纪违法事件，并颁布多项厉行勤俭节约的重要规定，不断成为外媒报道的阶段性热点，肯定我一系列新的反腐举措的效果逐渐显现，强调我反腐力度显著增强，认为在以下两方面得到体现：一是反腐领域逐渐扩大，由政府扩展至影响巨大且具有“政治敏感性”的大型国有企业；二是调查对象的级别越来越高，薄熙来是中国新领导层上任以来因腐败获罪的最高级别官员，而蒋洁敏被查是我此轮反腐的标志性事件，“这一轮反腐的严厉程度是近年来不多见的”，再度凸显我反腐决心。美国《纽约时报》指出，习近平为兑现“要在党内各层清除大范围腐败”的承诺，做出了最大胆的努力。俄罗斯《生意人报》认为，“这场反腐斗争理当为中共赢得本国中产阶层的支持”。

在肯定我反腐努力的同时，外媒却更多强调我反腐工作面临诸多难题与挑战，认为“权力集中”、“垄断加剧”、“政商不分”等现象日益凸显，成为反腐工作的最大阻力。在对我反腐工作前景展望时，很多媒体以我“缺乏”司法独立为由，质疑我反腐成效，称前路艰巨而漫长，并寄望我通过“大胆的政治改革”来实现对权力的“制约和监督”。世界报业辛迪加网站称，中国未来的繁荣取决于三个条件：“能否限制政府官员的行政决定权，能否削减国有企业的权利和补贴，能否建立独立的司法体系并加强法治”，期待“中国新领导班子开展真正的反腐改革”。

**肯定我司法制度建设取得进步，但更侧重于“暴露”我司法体系中存在的问题**。2013年，我司法制度建设进一步推进。党的十八届三中全会决定废止劳动教养制度、严禁刑讯逼供、减少适用死刑罪名并加强司法独立和透明度，司法机关还依法判决了薄熙来案、刘志军案等大案要案。外媒总体上肯定我司法制度建设进一步完善，积极评价我废止劳教制度和薄熙来案审判过程公开透明。外媒指出废止劳教制度彰显新一代领导人开启法治国家进程、推行司法改革的坚决姿态，纷纷使用“走向法治极其重要的一步”、“司法人权向前迈进的重要举措”等措辞，肯定此举对于我法治建设和司法改革的积极意义。此外，外媒特别强调我在薄熙来案审判上表现出的开放态度，认为我公布审判细节以及将此案焦点集中在腐败问题上的做法，既巧妙地避免案件被过度“政治化”，又是在公开透明方面的一次成功尝试和重大进步。路透社指出，薄案是中国首次通过微博直播公开审理的方式，将案情和权力腐败轨迹呈现在广大民众面前，在增加透明和公开度上开了个好头。英国《金融时报》也认为，从公开信息看，“审判的程序是公正的”。

然而，不少外媒仍偏好于从多角度“暴露”我司法体系中存在的问题，将“司法不公”和“收入分配不公”并列为中国“最大的两个不公”，美国《今日美国报》甚至将矛头直指“中国特色社会主义法律体系”。外媒的批评性报道有以下四个方面：一是批评我司法制度缺乏独立性。认为中共“干预”司法是中国“最基本的问题”，特别是像薄熙来案等政治敏感案件的判决结果在开审前“已经决定”，庭审只是中共“精心设计”的“政治秀”；二是批评我司法制度缺乏透明度。认为这根源于中共长期一党执政产生的“秘密控制”传统，即使微博直播薄熙来案的庭审颇受好评，但仍有观点以法院掌握信息发布的尺度以及没有进行电视转播为借口，对其真实性提出质疑；三是指称“法律面前人人平等”的理念没有有效贯彻。认为中国的司法系统保护具有强大政治人脉的人，却对普通人的违法行为施以严厉惩罚；四是法官职业道德受到抨击。认为上海法官招嫖事件的背后可能涉及腐败行为，并进而延伸至对法官能否维护司法的公平正义提出质疑。综合以上观点，外媒集中攻击我“没有”真正的法治，并借机敦促我推进政治体制改革。

### 3. 密切关注我宏观经济形势及经济政策。

由于中国经济对世界经济巨大的拉动作用，境外媒体一如既往地对我经济走势保持密切跟踪。既对我宏观形势进行实时分析与预测，又对我各项重要政策，特别是经济结构升级举措进行全方位观察。虽然媒体观点多元化的趋势更加突出，但客观、平和的总体基调没有改变。值得注意的是，外企在华投资环境受到了更多关注，其中担忧、批评的声音居多。

**对我经济走势的评论呈现明显阶段性变化，全年表现为“乐观—悲观—谨慎乐观”的发展轨迹。**境外媒体对我公布的经济数据保持密切关注。2013年我经济数据变化起伏明显，外媒观点也呈现明显的阶段性变化。1月份，由于我发布的经济数据比较强劲，外媒对我经济形势普遍持积极乐观的态度，认为中国经济已经恢复稳健增长，“进一步证明中国正逐渐摆脱自2008年全球爆发危机以来最严重的经济下滑”；尽管二三月份我公布的CPI涨幅超出预期且PMI涨幅低于预期，使外媒得出“中国经济传递出复杂信号”的结论，但多数观点仍比较乐观，强调“2013年中国继续保持平稳快速发展的基本态势不会改变”；4月份后，由于经济数据连续显示增速放缓，外界对我经济前景的担忧和疑虑加大，“中国经济正迅速失去增长势头”、“下滑速度远快于多数经济学家的想象”等评论频频出现，舆论态势与年初的乐观预期形成较大反差，甚至有分析担心中国可能达不到7.5%的GDP全年增长目标，世界银行、国际货币基金组织等多家国际金融机构纷纷下调中国经济增长预估；8月份直至年底，随着我一系列经济数据显示企稳回升信号，外媒对我经济增长信心明显增强，乐观报道明显增多，认为我各项经济数据“超出预期”，“中国的经济疲软也许已经触底反弹”，并结合国际金融机构纷纷调高我经济增长预期这一新动向，表示我完成2013年经济增长7.5%的目标“已成定局”。

不过，外媒仍对我经济前景持谨慎态度，认为“世界第二大经济体的复苏之势并不稳定”，原因在于：一是我银行“坏账”、制造业产能过剩、地方政府债务等问题依然突出；二是经济走好的原因在于政府采取的加大基础设施投资等各项“温和刺激”措施，以及全球经济好转导致外部需求有所改善。外媒预测2014年中国经济增长速度可能继续放缓，原因是“温和刺激”措施的影响将逐渐消退，同时中国可能推出利率和汇率等改革措施并控制地方债务，“这一切都会牺牲一些经济增长速度”。法新社、德国《世界报》和美国《纽约时报》等均引述经济学家的观点认为，中国在经济结构改革方面并没有取得“太多”进步，怀疑“这种复苏能否持久”。

**赞赏新一届领导集体重视经济发展转型的坚定态度，但对我经济体制改革前景持谨慎态度**。党的十八届三中全会提出，经济体制改革是全面深化改革的重点。事实上，这在2013年的经济工作中得到了充分体现，并被外媒捕捉到。在分析新一届中央领导集体发表的重要讲话时，外媒指出，习近平主席提出“宁可主动降速也要调结构”，李克强总理要求“使经济运行保持在合理区间”等宣示，都反映出新一届政府对经济放缓表现出更大容忍度。路透社认为，中国新政府的调控思路正由以往更偏重“头疼医头，脚疼医脚”转为强调“底线思维”，为推进改革换取时间和空间，彰显新领导人推进经济体制改革的坚定态度。

从具体的政策层面来看，外媒强调我新领导层力图打造更注重增长质量的经济"升级版"，着重从以下几项工作予以评价：一是英国巴克莱银行归纳出"李克强经济学"，认为核心是"不出台刺激措施、去杠杆化、结构性改革"三大支柱，评价我"在经济改革方面正以温和方式行破釜沉舟之实"，体现出新政府力推经济转型、稳中求进的经济施政风格"逐渐清晰"，是"中国经济实现可持续发展的正确道路"；二是我放开贷款利率管制，肯定这是新领导人颁布的第一个重大经济改革措施，认为在金融市场化改革中具有里程碑意义，体现出中国政府推进利率改革的力度和决心，为中国在金融领域进行更多改革奠定了基础；三是中国（上海）自由贸易试验区正式挂牌成立，将其与1978年的深圳经济特区相比拟，强调自贸区成为中国发展进入关键关口时推进改革的"试验场"，意在促进金融业和服务业发展，并显示转变经济结构的姿态，将引领中国新一轮的改革；四是2013年中央经济工作会议，指出这次会议"绘制了2014年经济改革蓝图"，认为新一年经济工作的重心将是改革，但经济政策将保持连续性和稳定性，政策基调为"稳"、"改"并重。

但境外媒体对我经济体制改革的前景多表达了谨慎的态度，认为一方面改革任务艰巨，另一方面改革面临重重阻力。对于前者，外媒认为我全面的经济体制改革仍处于起步阶段，放开贷款利率管制等措施的象征意义大于实际作用，上海自贸区的总体方案缺少具体细节，经济工作会议对于国企改革等难点问题也未涉及，"中国的经济改革之路仍然任重道远"；对于后者，外媒表示中国的经济体制改革仍未摆脱"大政府"和"国家资本主义"的模式，因此改革"会面临政治困难，即受到控制国企的政治精英和地方政府等强有力的利益集团的阻碍"。

**对我规范外企在华经营妄加非议，抱怨外国公司成为我转移国内矛盾的"替罪羊"**。2013年，多家在华外国公司接连因行贿、食品安全或售后服务等问题受到调查和舆论批评，涉及英国制药公司葛兰素史克、新西兰乳业公司恒天然、美国高科技公司苹果，以及快餐巨头肯德基和麦当劳等。境外媒体特别是西方媒体，不但没有批评上述企业的不正当行为，反而批评我"打压外国人"、"杀鸡儆猴"，突出外企在华发展面临"严峻挑战"。英国《独立报》就葛兰素史克行贿案评论称，"这不是大型外企第一次成为中国政府的目标，很可能也不是最后一次"。还有媒体质疑背后有我保护主义甚至是民族主义的因素，担心我在打击企业违规过程中采取双重标准，让西方企业成为“替罪羊”。美国《华盛顿邮报》的评论臆测称，中国“试图转移民众对国内令人担忧的食品和药品安全问题的注意力。”美国多维新闻网和新加坡《联合早报》等在报道中并与“中国梦”相挂钩，指“新政府决心转移公众对国内社会问题的不满，因此‘中国梦’正在快速演变为世界一些最强大公司的噩梦”。

**4. 我外交新理念和新布局成为关注重点。**

2013年，无论是大国关系布局，还是周边外交拓展，亦或与广大发展中国家关系，中国新一届政府的外交开局年精彩不断。在对内确定未来全面深化改革的背景下，中国新时期全方位立体外交的新格局日渐形成。境外媒体对我外交新理念、新布局都给予了广泛好评，但对我国际影响力的提升防范意味浓厚。

**肯定中俄、中美等大国关系进一步发展，“新型大国关系”构建备受瞩目。**2013年，中国的大国关系筹谋布局更显主动，中俄全面战略协作伙伴关系提升到新阶段。新任国家主席习近平的首次外访便选择了俄罗斯，年内更是进行五次“习普会”，两国“特殊”关系的发展被外界赋予了更多的象征意义。境外媒体强调，习主席的俄罗斯之行“向美国和欧洲发出中俄盟友关系重要性的信号”，具有重大的里程碑意义。俄罗斯媒体普遍指出，习近平的访问显示中国对俄政策具有连续性和稳定性，翻开了双边关系新篇章，并使两国在世界上获得新的影响力，有利于全球战略平衡。但美国、日本等国媒体则对中俄关系的进一步加强表现出明显的警惕，认为我计划通过巩固与俄罗斯的关系，制衡美国的“重返亚洲”战略和不断强化的美日同盟，并因此别有用心地放大“中俄存在竞争关系和利益冲突”一说。这一点在美、日媒体“提防中俄勾结”、“新的反美轴心”、“中俄为遏制美国组成联合阵线”等充满警惕的报道标题中可见一斑。

对于备受关注的中美关系，境外媒体讨论最为集中和热烈的，是习主席在美国加州与美国总统奥巴马举行庄园会晤时，提出以“不冲突、不对抗、相互尊重、合作共赢”为内涵的中美“新型大国关系”。对于我提出的这一新理念，外媒表现出浓厚的兴趣，并通过观察2013年中美多次高层互访、中美战略与经济对话、中美军事交流以及两国在气候变化、网络安全等问题上的立场和态度，不断探讨这种新型关系实现的可能性和实现途径。外媒重点关注该理念对于世界的现实意义并对此予以肯定，强调我提倡构建中美“新型大国关系”旨在改善和深化双边关系，认为两国在双边战略对抗出现升级的危险下，构筑一种可减少对立的新型关系是一个“积极的发展态势”。美国智库詹姆斯敦基金会中国简报编辑彼得·马蒂斯在基金会网站的一篇评论文章中，将“新型大国关系”提升到与“中国梦”并列的高度，认为两者都是我新政府的标志性理念，反映出我为中国特色社会主义开辟国际空间的努力。

但在一些外媒眼中，“新型大国关系”的概念仍然含糊，认为具体是一种什么模式目前并不明朗；对于我提出的“不冲突、不对抗，相互尊重，合作共赢”的模式内涵，认为无法为“新型大国关系”赋予充实内容。同时，很多外媒纷纷臆测我提出构建“新型大国关系”的意图，其中出现不少曲解和误读，认为该理念彰显我与日俱增的全球大国意识，称我意在与美国“平起平坐”，使中美关系超越美国与其盟友的关系，甚至称之为“冷战的代名词”。英国《金融时报》更将此解读为我具有超级大国的“野心”，臆测我将会忽视甚至牺牲与发展中国家的合作与利益。一些日本媒体则趁机再次鼓噪“中国责任论”，敦促我遵守国际准则，履行大国责任。在我宣布划设东海防空识别区而美国明确对此表示反对以后，“新型大国关系”的实现前景再次引起热议。不少外媒认为，中美在空识区议题上缺乏共识令外界质疑两国构建“新型大国关系”的现实可能。西班牙中国问题专家胡利奥·里奥斯撰文指出，在中美缺乏战略互信的情况下，建设“新型大国关系”理论的提出能否翻开两国关系的新篇章仍有待观察。

**关注我将周边外交重要性提升至新高度，但渲染我外交“强硬”的声音仍然突出**。我新一届中央领导集体上任以后，将周边外交工作摆在了更加突出的地位。2013年10月，我召开了建国以来首次周边外交工作座谈会，提出“亲、诚、惠、容”的新指针。境外媒体用“中国周边外交的顶层设计”来形容这次会议的重要意义，强调这一首次以周边外交为主题的高规格和大规模的会议凸显出我对周边外交的高度重视，以加强与周边国家的经济互惠与安全互信，应对美国的“重返亚太”战略，维护地区和平稳定大局。

2013年，我与周边国家高层互访十分频繁，我领导人立足周边交往平台提出了一系列重大合作倡议，如“丝绸之路经济带”、“中国—东盟命运共同体”、“21世纪海上丝绸之路”以及“中巴经济走廊”、“中印缅孟经济走廊”等。境外媒体对我上述一系列新提法兴趣颇高，并密切关注我与相关国家关系的发展：

一是在中亚地区，强调我中亚政策呈现出“更有信心、范围更广、更加坚决”的新特点，认为“丝绸之路经济带”一旦崛起，不仅将影响全球经济版图，也将有助于我达到全球“超级大国”地位；

二是在东南亚地区，赞赏我对东盟国家的“外交攻势”提升了双边关系，传递出让自身发展惠及周边的善意，尤其是我在解决南海问题上主动释放诚意，推动并参与“南海各方行为准则”首轮磋商的灵活姿态备受好评，被外媒视为我“伸出了橄榄枝”、“体现了更开放的态度”、“展示出希望缓和南海局势的意愿”；

三是在南亚地区，肯定我对印度和巴基斯坦的访问极具外交战略意义，提升了中国在南亚地区的地缘政治重要性，特别指出中印两国首脑在年内实现互访将双边关系提升到新水平，成为两国加强合作关系的“里程碑”。

不过，在领土主权和海洋权益等核心利益上，针对日本、菲律宾等少数国家的“不讲理”，中国坚决奉陪到底。其中，中日就钓鱼岛问题的持续博弈使两国关系受到境外媒体的极大关注。2013年，安倍政权右倾化日益严重，安倍频频搬弄是非鼓吹“中国威胁”，悍然参拜靖国神社，挑战中日关系的底线。外媒普遍对中日关系的发展不抱乐观态度，尤其对安倍参拜靖国神社多有质疑和批评，认为在东亚紧张局势已经加剧的情况下，安倍这一挑衅之举令本已恶化的中日双边关系“雪上加霜”，预计两国关系在短期内不会改善。日本共同社直言，此事件已造成日本外交上的“四面楚歌”，这一考虑欠周的“政治秀”可能需要付出超出预料的代价。此外，在南海问题上，菲律宾等国仍不时制造事端，外媒对此分析称东盟国家“对中国的戒心难以完全消除”，其内部“反对过度向中国靠拢的声音仍根深蒂固”。英国《经济学家》的观点较具代表性：“一个基本现实是东南亚国家将中国视为最大贸易伙伴国，同时将美国视为主要的安全保护神。”

值得注意的是，我划设东海防空识别区一事引发渲染和炒作。外媒纷纷将其视为我“企图改变地区现状的单方面行动”，认为我试图增强对周边有争议岛屿和海域的实际控制权，挑战美国的地区霸权和有关自由航行的国际准则，成为地区规则的制定者；蓄意夸大此举释放的信号，认为这是“最好诠释中国外交政策决定性转变的事件”，预示我外交政策可能将“更加强硬”，称此举“增加了中国是亚洲地区新的欺凌弱小者这一说法的可信度”，对我是否会坚持走和平发展道路表示质疑。

认为我与发展中国家关系进入新阶段，但对我在非洲拉美地区影响力的提升仍表现出警惕。发展中国家是中国外交的根基。2013年，习主席访问坦桑尼亚等非洲三国，用“真”、“实”、“亲”、“诚”四个字概括了新形势下的中非关系。境外媒体对此给予集中评述，认为我正在凸显加强与非洲之间关系的战略，“中国希望以新领导层执政为契机，在有望不断发展的非洲提高影响力”。非洲当地媒体对于习主席访非给予高度评价。泛非通讯社指出，在周恩来总理访问坦桑尼亚48年后，习近平任内第一次访问非洲即将坦桑尼亚作为落脚地，中国和坦桑尼亚的友谊经得起时间的考验，“中国是坦桑尼亚真正的患难之交”。甚至连一贯批评中非关系的西方媒体的倾向也出现转变迹象，英国《经济学家》强调中国在非洲的形象正在发生积极变化，认为中国在非洲扮演了“和平缔造者的角色”，并“有助于当地的经济发展”。路透社则分析称，习近平的四字方针表明“中国希望发展一种能够有助于非洲发展的平等外交关系”，以此作为对外界担忧“北京只关心从非洲获得原材料”的回应。但部分西方媒体仍对我在非影响力表示警惕与担忧，质疑我对非援助“并非完全出于无私”，是“类殖民主义者”的表现，认为“中非交易更有益于中国”。

5月底6月初，习近平主席出访墨西哥等拉美三国，引起境外媒体对我推进全方位外交布局的重点解读。法国国际广播电台指出，中国新领导人的一系列访问体现出“以点带面”的风格，中国新政府的全方位外交格局形成。外媒积极评价习主席出访取得的各项成果，认为访问加强了中拉经贸合作和双边关系。到访国媒体普遍肯定与中国的投资和贸易合作推动本国经济发展，对发展与中国的关系多持积极乐观态度。墨西哥《每日报》指出，习近平访问拉美的路线表明，中国在发达国家和发展中国家之间进行了平衡，这是中国新领导班子的全新外交模式，将有利于拉美地区的社会稳定和经济发展。不过，一些媒体特别是美国媒体对我在拉美这一“美国专属利益区”中影响力的增强表现出戒备和警惕，对美中在该地区影响力此消彼长感到担忧。美国《华尔街日报》连发数篇文章，指“中国正试图将外交和经济触角延伸至拉美，以制衡美国在该地区的力量”。

**5．关注我政府为推进新型城镇化和改善民生所做努力。**

新一届中央领导集体对于社会民生问题的重要性认识深刻，以改善和保障民生为导向出台了一系列重要举措，涉及推进新型城镇化、政府机构改革、推进社会治理等，受到境外媒体的重点关注。但与此同时，外媒仍在不断渲染我社会转型阶段暴露出的诸多问题，对我社会管理制度提出质疑。

**肯定“新型城镇化”对我发展的重要意义，但强调我推进城镇化面临的挑战。**“有序推进新型城镇化”是新一届政府施政的重要内容。境外媒体对其期待颇高，高度重视中央城镇化工作会议释放出的政策信息，频繁引述习近平、李克强等中央高层有关推进新型城镇化的讲话，将报道重点突出在“新”字上，视其为我经济改革中“最彻底”也是“最核心”的一项。路透社指出，中国的新型城镇化更加注重“以人为本”和生态文明，以带动城镇化进入提质增效的“升级版”。香港《南华早报》则对我新型城镇化的实现路径表示肯定，认为内地鼓励发展中小城市的战略十分“明智”，称赞“政府在城镇化进程中迈出了正确的一步，因为那里的发展更容易掌控”。

不过，境外媒体更多着重于分析我推进新型城镇化面临的阻力和挑战，对其前景持观望态度。众多外媒都反映，新型城镇化面临的最大阻力来自地方政府，而目前各地的城镇化进程过于迅速，并且在很大程度上仍沿袭旧有模式，推进的成本和代价十分高昂，可能会带来经济失衡、地方政府负担沉重、城市失业率上升、环境破坏、土地纠纷猛增等诸多政治和社会问题。美国《纽约时报》和《美国保守派》杂志甚至将其称为中国的第二次“大跃进”，称“第二次尝试如此大规模的集中化管理，解散固有居住区并毁灭农耕传统将不可避免地产生极端后果”。外媒强调，中国急需切实制定并落实新型城镇化政策，关键是改革户籍制度、农村土地所有制以及地方政府财税制度，并为进入城市的农民提供住房、教育、医疗等健全的社会公共服务。如果上述一系列问题无法有效解决，将如德国《时代》周报所言，城镇化会变成中国的一场“噩梦”。

**肯定新政府更为重视民生问题，但对我社会管理体制多有诟病**。新一届中央政府成立后，境外媒体普遍注意到，民生问题正受到更多重视，有关评论主要集中在以下几个方面：一是肯定新一代领导人提出的“中国梦”将改善民生作为优先考虑以及建设民生政府的目标，将“民生问题提到了新的高度”；二是指出全国“两会”期间进行的国务院机构改革的“最大亮点”是以民生领域为整合重点，反映出新领导层正确地将社会问题作为改革切入点，力图解决民生领域的突出问题；三是认为十八届三中全会做出的建立更加公平可持续的社会保障制度，以及实施“单独两孩”政策的决定标志着中国社会政策的“重要转变”，将给民众乃至整个中国经济带来“不小的好处”。

与此同时，我国内一系列的社会热点、治安事件和司法案件，在引发公众特别是网民激烈讨论的同时，也受到境外媒体的较多关注，其中对邓正加事件、夏俊峰案、李天一案、龚爱爱案、冀中星案的评论较为集中。我社会转型期所暴露出的各种问题以及社会管理体制中的弊端成为外媒聚焦和分析的切入点，批评、指责的声音居多。一方面，外媒渲染我社会不平等现象，指官员贪污腐败和贫富差距严重的现实引起了弱势群体和中产阶层的激烈批评，仇富情绪主导了民众情绪，称“社会不稳定加上政府内部贪污腐败是当今中国最致命的问题”。另一方面，外媒将批评的矛头指向我社会管理体系，特别是城管制度和信访制度，称城管“不但没有保护公民的安全，反而在伤害公民的安全”，中国政府应当结束“城管滥用暴力和不受法律制裁的状况”；认为地方政府多年来对信访案件处理不当，激化了社会矛盾，“中国未能建立公民所认为的公平体系”。新加坡《联合早报》分析称，上述事件和案件共同“照出中国社会现状热点议题的一面镜子”，暴露在外的显形问题是贫富悬殊与贪污腐败，深层次原因则为社会不公不义以及剥夺与被剥夺感的巨大反差，指出这正是民怨爆发、暴戾加剧的原因。总的来看，外媒对我“维稳”措施多有诟病。英国广播公司就表示，“稳定压倒一切”的要求使政府以“不出事”为原则，将很多事情压下去，但“这样无法化解矛盾”。

### 6. 持续雾霾天气使我环境问题受到空前关注。

2013年，我环境问题受到境外媒体的空前关注。我环境问题曾在2008年北京奥运会筹备期间成为外媒关注热点，2013年我中东部地区持续不散的雾霾天气，使外媒对我环境污染问题的关注更为持久、全面，其不断强调我环境问题的严峻性，其中既有渲染成分，也不乏理性分析与对策建议。

**突出我环境污染严重现状，认为环境问题将给我带来“政治挑战”**。2013年，我环保领域的热点事件尤为集中，中东部地区频现雾霾天气、多地出现“癌症村”、上海黄浦江死猪漂浮、山西长治苯胺泄漏等都是典型事例。境外媒体借此持续渲染我环境污染的严峻现状，集中报道批评我空气、水和土壤等方面的污染问题严重，宣称中国正在面临着“环境灾难”。特别是在第一季度，中东部地区的雾霾天气频频登上境外大报的头版，在当时与新一届中央领导集体履新后的执政表现、中日钓鱼岛争端并列，成为外媒涉华报道的三大热点，“史无前例”、“异常恶劣”、“坏到不能再坏”等极端形容词时常出现在相关报道中。

在分析污染原因时，外媒将其归咎于我“GDP至上”的传统发展模式，即过度强调大规模工业化、城市建设以及对自然资源的掠夺性开发等，直言这一发展模式已经难以持续。对于污染带来的后果，诸多媒体认为我“正在付出越来越惨重的代价”，污染不仅造成巨大的经济损失，更对国内民众的身体健康造成严重危害。美国《时代》周刊尖锐评论称，“世界持续时间最长的经济繁荣付出的代价已经渗透到空气、水、土壤和食物之中”。英国《金融时报》表示，环境污染最终会影响“中国梦”和“新型城镇化”目标的实现。在分析环境污染问题造成的社会影响时，外媒强调民众的环保意识明显提高，不断就污染问题表达不满，已给我带来巨大的“政治挑战”。美国彭博新闻社表示，民众频频就环保问题组织抗议活动，表明污染问题已取代土地纠纷，成为社会动荡的主要诱因。

**积极评价我政府治污举措，但对我持续治理的意愿和能力表示质疑**。对于我政府为治理污染作出的努力，也成为境外媒体重点关注的内容，其中不乏积极正面的声音。2013年5月下旬，习总书记在中央政治局集体学习会上强调，中国绝不以牺牲环境为代价去换取一时的经济增长；6月中旬，国务院出台大气污染防治“国十条”，并于9月正式发布了《大气污染防治行动计划》。外媒普遍对此赞赏有加，肯定习总书记的讲话是迄今我“最强有力的陈述”；而“国十条”和《大气污染防治行动计划》是“最强有力”的措施，表明我已将对生态环境问题的重视提升到空前的高度，环保已经成为今后政府的核心工作。此外，在治理污染的过程中，我公开主要城市的空气污染数据、承认污染造成“癌症村”的存在等提高信息透明度的做法得到一致肯定。外媒对中国“开始以更公开方式解决污染问题感到乐观”，认为政府正视民众对于污染的担忧具有积极意义。韩国《朝鲜日报》指出，随着环保运动变得活跃，环境投资逐渐增加，“中国最终会走上环境改善之路并实现最终目标”。

但即便如此，众多境外媒体依然谨慎看待我治污前景，对我持续治理污染的意愿和能力表示怀疑，这主要体现在两方面：一是认为中国的治污任务“异常艰巨”，直言“国十条”等措施对于污染范围如此广阔、污染程度如此严重的中国来说只是“触及皮毛”。美国《财富》杂志就表示，“考虑到几十年来对环境的忽视和中国对煤炭的严重依赖，很难让环境迅速发生显著改善”；二是强调保护环境和发展经济存在现实的“冲突”，批评的焦点直指地方政府和大型国企等所谓的“既得利益集团”，担心治污新举措可能因为“利益集团”的阻挠而无法得到严格执行。美国《纽约时报》和路透社甚至称，中国必须通过加强监管体制等“政治改革”措施来解决污染问题，否则“执政党将面临困境”。

**承认我为应对气候变化作出努力，但仍突出渲染我排放大国身份**。随着气候变化和环境保护成为全球性议题，我在其中发挥的作用也备受关注。2013年11月，《联合国气候变化框架公约》第十九次缔约方会议暨《京都议定书》第九次缔约方会议在波兰华沙举行，外媒积极评价我为应对气候变化所作的各项努力，肯定我采取的启动更多碳排放交易市场、大力发展核能和可再生能源等减排措施，以及与美国等国开展的国际合作，赞赏我将环保议题提升至新高度。俄罗斯《生意人报》明确表示，中国和美国已取代欧盟成为“世界气候政策的新领袖”。美国《彭博商业周刊》也指出，中国计划实行的很多措施都能减少温室气体排放量，“亚非拉地区更加清洁的空气将带来全球可持续发展，也为全球环境问题带来更多希望”。

与此同时，一些外媒始终强调中国“世界最大的温室气体排放国”和“世界最大的能源消费国”的两顶“帽子”，认为我污染形势和减排压力依然严峻，攻击我立场是“赞成减排但拒绝所有妨碍自身经济发展的限制措施”。法国国际广播电台播发长文，认为中国对煤炭的巨大消费给世界减排努力带来压力，也给自身治理环境污染投下阴影。法新社、英国《泰晤士报》等还纷纷引述国际组织“全球碳计划”的年度报告向我施压，称中国二氧化碳排放创下新高且已超过欧盟，“除非采取行动，否则其他国家减少碳排放的努力将意义不大”。但英国《经济学家》则对我环境治理的前景较为乐观，提出“虽然中国是世界上最大的环境污染国，大量的温室气体排放对全球环境是巨大的威胁，但又是绿色能源的最大投资国，单位GDP碳强度降低40%-45%的计划是全球最重要的国家环境政策，中国的崛起将对世界环境、经济和政治产生巨大影响”；认为中国在应对环境问题上具有自身优势，“如果中国不能成功，还有哪个国家能成功？”

### 7．对我军事新理念和新举措保持敏感。

2013年，新一届中央领导集体提出“强军梦”等多项治军新举措，大力强化军队建设，积极推进军情公开。在美国加快“亚太再平衡”步伐、我提出建设“海洋强国”目标且周边海域主权争端持续不断的背景下，境外媒体普遍对我上述军事新动向保持敏感，在肯定我提高军事透明度、积极回应外界关切的同时，对我军力发展的警惕和戒备仍然较为突出，“中国军事威胁论”在国际舆论中仍然颇有市场。

**重视我治军新理念，对我提高军事透明度予以肯定。**新一届中央领导集体上任以后，提出“强军梦”的重要理念。境外媒体对此予以密切关注，认为“强军梦”是对“中国梦”在军事领域的阐述，体现了中共高层新的国防政策以及对安全局势看法的变化，目标是要将中国建成真正的世界军事强国。

2013年，我增强军事透明度的努力颇受好评。在国内层面，我先后解密陆军集团军番号、二炮部队装备、首支核潜艇部队，在军队继续推进新闻发言人制度，并首次以专题形式发布《中国武装力量的多样化运用》白皮书等。这些新举措被外媒视为是我军事自信日益增强、军事透明度进一步提高的表现，并获得一定程度的认可和肯定。英国《金融时报》引述美国专家观点指出，“随着军事现代化不断推进，中国已经变得越来越愿意讨论其军力”。此外，我海军在进行例行军演之前公布演习计划、训练目的和参演舰艇编制等信息的做法，也赢得外媒赞誉，认为这些改善透明度和开放度的做法有助于回应外界关切，缓和亚洲国家，特别是周边国家对我战略意图的担忧。日本《外交学者》杂志在一篇题为《中国海军迈向透明》的文章中指出，任何改善透明度和开放度的做法都是受欢迎的，因为“尽可能多地提前披露演习信息，有助于减少有关中国意图的猜疑”。

在国际层面，我加大对外军事交流力度，中外军方高层互动频繁，与多国成功举行了联合军事演习，并派代表团出席在新加坡举行的“香格里拉对话会”等。围绕上述活动，境外媒体积极评价中外军事关系发展，肯定中美、中俄、中印两军关系升温且两军互信得到增强。特别是我代表在香格里拉论坛中的表现获得好评，外媒肯定我利用多边对话平台主动发声，指出中方的友善态度可减轻彼此的误解。路透社强调，我新的开放意识“令人惊讶”，中国军方的“魅力攻势旨在通过合作和磋商来缓和强势姿态”。

**渲染我军事现代化在周边国家引发恐慌和担忧，散播“中国军事威胁”论调。**然而，我军事现代化在周边国家引发所谓的“恐慌”和“担忧”，成为境外媒体尤其是西方媒体的关注重点，炒作、渲染态势突出。外媒对我军事动向的负面评论主要包括以下四个方面：

一是过度解读我提出的“强军梦”等治军理念，宣称我战争言论已取代和平言论，称“中国越是提‘强军梦’，力争回归亚洲的美国就越担忧，更不用说日本等周边的亚洲国家了”；二是紧盯我在周边海域的军事动向，认为我军事现代化在周边国家引发不安和担忧，结合划设东海防空识别区以及航母编队首赴南海拉练等我采取的正常维权措施，声称“中国正在向着增强海空军力的‘扩军路线’突进，积极打造延伸至亚洲之外、旨在挑战和遏制美国的战略军事能力”，指责中国挑起亚洲军备竞赛，频频散播“中国军事威胁”；三是捏造我军方实施网络攻击，集中炒作“中国网络威胁”，并直指中国军方是“幕后黑手”，将黑客攻击与中国政府和军方相联系，企图对我军力发展的现代化、信息化进行遏制；四是炒作我太空计划带有军事目的，对我“神舟十号”圆满完成载人空间交会对接任务、“嫦娥三号”登月成功等航天技术的发展与运用极为警惕，质疑我重视太空探索是出于对军事和经济进步的考虑，妄称我国航天新突破可能激化太空领域的“霸权”争夺战。

## 8. “中国网络威胁论”成为舆论热点。

2013年，以美国为代表的西方国家刻意掀起“中国黑客攻击”的大合唱，形成了一波“中国网络威胁”炒作浪潮。美国媒体扮演舆论炒作的“急先锋”，对我攻击、造谣、抹黑的声势持续不断。但在“棱镜门”事件发生后，舆论形势瞬间转变，我面临的巨大舆论压力明显缓解。

**诬称中国“黑客攻击”威胁美国国家安全与经济利益，渲染网络安全问题成为中美关系严峻挑战**。2013年1月，《纽约时报》、《华尔街日报》和《华盛顿邮报》等美国主流媒体爆料称其受到“中国黑客攻击”；2月19日，美国网络安全公司曼迪昂特在调查报告《APT1：揭露中国网络间谍单位》中宣称，“中国军方应为偷窃大量美国政府数据和公司贸易机密负责”，由此引发以美国为首的西方媒体的密集炒作，新一波“中国网络威胁论”来势汹汹。在此番炒作中，美国主要媒体大肆渲染“中国黑客攻击”，甚至将之上升为“中美网络战”，攻击中国“网络间谍”活动对“美国经济和国家安全构成了双重威胁”。美国《防务新闻》周刊建议，美国政府应当“与遭受同样命运的盟国采取协调一致的行动，利用这次机会加快制定全面网络安全战略，打击中国网络间谍行为”。在美国的煽动下，其他西方国家的媒体也纷纷加入到指责“中国黑客攻击”的行列中。德国《焦点》周刊指称，“中国这个庞大的帝国不遵守游戏规则，他们正在不择手段地让自己成为世界头号经济大国”。澳大利亚《金融评论报》的言论则更是耸人听闻，称“‘中国网络恐怖主义’已经成为‘9·11’事件后新的阴影”。不过，境外媒体中也不乏有一些相对客观的声音，就美国对我的指控提出质疑。香港《南华早报》指出，将中国描绘成“网络妖魔”符合美国多年的传统——“自以为是而又常常错误地指责别国，以制造出一个敌人”。

不少外媒重点解读此事件对中美关系的影响，普遍表示网络攻击已成为中美之间的一个敏感问题。美国《华尔街日报》认为，“因军事对抗和海事纠纷而吃紧的中美关系可能面临更大考验，这个考验来自全球性冲突的最新前沿：网络。”美国前贸易代表巴尔舍夫斯基也表示，“据称源自中国的针对美国公司的网络攻击”，对全球这两个最大经济体之间的关系产生了“极端负面”的影响，这“或许是目前美中两国之间最重大的经济问题”。美国《纽约时报》、西班牙《国家报》和日本

《外交学者》杂志还将中美之间的网络冲突形容为“网络冷战”，称“如果中美无法就网络规则达成一致，那么很可能出现一场危险的网络冷战”。

**“棱镜门”事件改变中美网络争端中我方被动的舆论局面，但外界对中美两国在网络领域的合作前景看法不一。**2013年6月初，美国代号为“棱镜”的秘密监控项目被美国前中情局雇员爱德华·斯诺登在媒体上曝光，令国际舆论一片哗然。境外媒体普遍意识到，在美国不断就网络安全问题向中国施压之际，“棱镜门”事件使美国失去了对我施压的“谈判筹码”和网络道义制高点，为我对美反击提供了重要的“利器”。英国《金融时报》和俄罗斯之声都指出，“棱镜门”事件“彻底扭转了中美之间有关网络安全问题的动态形势”，不但使中国在网络安全谈判中，而且在有关人权和网络自由问题的谈判中掌握了新的“王牌”。在铁证面前，美国媒体也“低下了高昂的头颅”。美国《纽约时报》批评道，奥巴马政府如果想制止中国的不良行为，那么就“不应明知故犯”。

“棱镜门”事件发生后，境外媒体纷纷猜测这将对“加州庄园会晤”后步入积极轨道的中美关系产生何种影响，认为这一具有“高度政治敏感度”的事件给中美两国出了一道“外交难题”，令两国关系可能升温的形势变得复杂。新加坡《联合早报》指出，中国并未利用斯诺登“大做文章”，显示出我不希望使刚刚得以改善的中美关系再次受损，“在现实局限中将国家的利益近乎最大化”。在展望今后的中美网络安全议题时，外媒的预测不尽相同。西班牙《先锋报》和美国之音等乐观地表示，这次“尴尬”的事件或许会促成美中在互联网这个仍缺乏管制的领域进行合作。但在2013年第五轮中美战略与经济对话期间，不少外媒从美国副总统拜登敦促我停止所谓“网络攻击”的言论以及我方的回应中得出结论——“中美在网络安全问题上的分歧依旧。”英国《金融时报》则仍不忘敦促美国向我施压，称“美国虽然在国家安全、打击恐怖主义等方面开展了大量间谍活动，但没有证据表明美国政府对外国公司展开间谍活动，而中国恰恰是在这一问题上受到指责，因此美国不应放弃对中国施加外交压力”。

### 9．涉台涉藏涉疆议题的舆论形势出现新变化。

2013年，有关台湾、西藏、新疆等传统敏感地区的境外舆论形势都呈现出一些新的动向和特点。两岸关系中，对新一届中央领导集体对台工作的好评成为舆论亮点；涉藏问题中，猜测新领导层是否改变涉藏政策也成为外媒的关注焦点；而在涉疆问题中，对新疆社会维稳形势及我涉藏政策的评论比往年更加集中。

**积极评价新一届中央领导集体对台工作思路，对台湾“国际空间与战略地位”问题反应敏感。**2013年，国共两党高层进行多次会面，两岸关系总体稳中有进、稳中向好，两岸双方各领域交流合作出现更多积极因素。境外媒体对新一届中央领导集体对台工作思路予以积极评价，认为工作“更加细腻”并“注重实效”，强调“习连会”、“习吴会”与“习萧会”在一年之内的接连实现，进一步增进了两岸的政治互信，推动了两岸关系的良性互动与发展。新加坡《联合早报》指出，国共两党高层的频繁会面，“标志着两岸关系的互动打开历史性的新局面，将为新阶段的两岸关系起到定调作用”。近来，“由经入政”或“亦经亦政”，逐步破解政治难题，是学者眼中大陆推动两岸关系发展的重要主张，也是外媒涉台报道的重要关切。然而海峡各方对两岸如何破解政治难题反应不一。外媒注意到，两岸民间就如何增进互信、展开政治对话热情高涨，而台湾当局和民进党内部对此反应较为冷淡，因此对2014年将在北京举行的亚太经合组织会议上能否实现“习马会”持观望态度。

2013年，在我周边海域主权争端不断升温的背景下，台湾方面的一连串动作引发关注，外媒认为台湾借海洋争端将自身推向世界的聚光灯下。5月发生菲律宾枪击台湾渔船事件后，台多个驻外代表处对国际媒体展开公关，连续向多家主流外媒投文，为事件朝有利于台方发展大力造势。在钓鱼岛争端上，台湾当局与日本签署渔业协议，日本允许台湾渔船进入钓鱼岛附近海域捕捞。外媒表示，马英九“政府”在中日钓鱼岛主权争端中采取抢夺渔业权的“务实主义路线”，既可转移岛内对其政绩欠佳的不满，还能借机证明“活路外交”主张的“可行性”。在外媒看来，多重因素致使两岸目前无法携手维护海洋权益：首先，台湾当局对两岸合作存在疑虑，称台湾仍然把大陆视为首要安全威胁，因此对两岸开展军事联系异常谨慎；其次，台湾当局有自己的地缘战略考量，称由“美日安保条约”和“与台湾关系法”搭建起的台湾安全平衡战略，使其不可能走上与大陆携手保钓的道路。

此外，在传统的台湾“国际空间”问题上，外媒依然反应敏感。2013年11月，西非国家冈比亚以维护“国家战略利益”为由宣布断绝与台湾的“外交关系”。外媒普遍注意到，这是自马英九上台推行“两岸外交休兵”以来，第一个与台湾“断交”的国家。舆论纷纷猜测冈比亚此举的目的与大陆有关，但我外交部和台湾当局均予以否认。美国《基督教科学箴言报》和新加坡《联合早报》等分析认为，令马英九在“外交”问题上表现欠佳对大陆来说没有任何战略利益，大陆也不会为争取非洲小国牺牲两岸关系近几年来的发展。5月底6月初，我领导人出访拉美期间，一些外媒认为大陆意在打压台湾在该地区影响力、压缩台湾“国际空间”，企图以此挑拨两岸关系。而在有关中美台三方关系这一敏感议题上，外媒的主流看法未出现根本改变，坚持台湾在美国地缘战略中具有重要意义，认为美国应履行对台出售武器的承诺。

**藏区自焚事件在上半年受到持续关注，揣测新一届中央领导集体涉藏政策走向。**2013年上半年，外媒的涉藏报道基本延续了2012年的态势，藏人自焚事件仍是报道的中心议题。我针对藏区自焚事件与达赖集团的激烈交锋，受到广泛关注。我依法审判教唆自焚杀人案、中央电视台播出揭露自焚真相的专题片等，均受到外媒关注。但外媒仍站在同情或支持达赖集团的立场上，报道重点倾斜于达赖集团指责我“涉藏政策导致藏人自焚”、呼吁国际社会对我施压的言论。由于我对达赖集团策划煽动藏人自焚真相的揭露和在藏区实施的有效管理，国际舆论和藏人内部也存在质疑和异议声音，达赖集团煽动藏人自焚、期望引发国际关注的阴谋未能得逞，进入下半年以来，藏人的自焚次数大幅下降，其在国际舆论中也几乎未引起反应，我涉藏舆论斗争可谓取得阶段性胜利。

新一届中央领导集体履任以来，境外媒体就不断猜测我新领导人是否会调整涉藏政策，对一些新的政策动向反应敏感。尤其是2013年6月，中央党校教授靳薇接受香港《亚洲周刊》采访时呼吁处理涉藏问题要有“创新思维”，而且有传言称藏区部分寺庙允许供奉达赖像，更是使中央涉藏政策受到众多境外主流媒体热议。外媒多用“出人意料”形容靳薇的表态和藏区“允许”挂达赖像。英国《经济学家》认为，靳薇的建议反映出中国内部“重新出现关于涉藏强硬政策的争论”；路透社、《澳大利亚人报》等则认为，允许挂达赖像反映出我“解决西藏问题的新思维，新领导层可能采取更加和解性的涉藏政策”。此外，美、澳驻华大使和欧盟人权事务特别代表获许访问西藏，也被一些外媒解读为新领导层“想要改变管理西藏方式的一个明显信号，以试图缓解西藏的紧张局势”。不过，仍有不少媒体对我涉藏政策的改变持谨慎态度，认为现在断言政策改变“为时尚早”。《印度斯坦时报》分析称，中国的涉藏政策可能会出现一些弹性，但政策的实质性改变不会“在短期内成为现实”。

**新疆暴恐事件成为涉疆议题热点，对我涉疆政策进行批评与妄议**。2013年，新疆自治区经济社会发展总体形势良好，但接连出现的暴力恐怖袭击事件令境外媒体对新疆的维稳形势予以重点关注，我维稳举措和涉疆政策成为评论焦点。外媒在涉疆问题的报道中仍持意识形态偏见，负面倾向明显。对我将暴恐事件定性为恐怖袭击、受到境外武装分裂势力支持等表示质疑，指称我对“恐怖活动”的指责缺乏证据；但却纷纷援引“世维会”等“疆独”组织的言论，诬称新疆各种冲突不断、暴力事件频发、民族关系紧张的根源在于我“压迫性和歧视性”的民族宗教政策，攻击“我不尊重维族人的生活习惯，压制维族人的宗教信仰及自由”。英国《卫报》称，政府虽在新疆大量投资，“但当地的维吾尔族穆斯林对中央政府控制他们的宗教、文化以及汉族移民挤占当地大量的就业机会感到失望”。新加坡《联合早报》建言称，暴恐事件的频繁发生“显示出新疆的经济发展并未有效扭转极端宗教主义在当地制造的紧张形势，政府施政需要更深入地了解发展对于当地社会和文化所造成的影响”。